여자
전쟁

여자
전쟁

**잔혹한 세상에 맞서 싸우는
용감한 여성을 기록하다**

수 로이드 로버츠 지음
심수미 옮김

일러두기

1. 이 책의 저자 수 로이드 로버츠는 이 책을 집필하던
   중 2015년 10월 백혈병으로 사망하였습니다. 이 책
   의 내용은 당시 기준으로 작성되었으므로 틀린 내용
   은 추후 이 책의 저작권사와 유족과의 논의를 통해
   수정하도록 하겠습니다.
2. 이 책에서 •은 저자 주석, ◆는 옮긴이 주석, •은 원
   출판사와 발행인 주석입니다.
3. 이 책에서 책과 정기간행물 제목은 《 》로 표시하며,
   그 외의 제목은 〈 〉로 표시합니다.
4. 12장 '제도화된 여성혐오'는 저자의 딸 세라 모리스
   가 수 로이드 로버츠의 글을 이어서 완성하였습니다.

감사의 말

수의 남편 닉 거스리와 자녀 조지 모리스, 세라 모리스

이 책을 만드는 데 참여해주신 모든 분들, 곧 BBC의 화면 뒤편에서 일하는 분들과 정의를 위해 싸우고 또 투쟁해온 모든 용감한 여자들에게 우선 큰 감사를 드립니다.

특히 이언 오라일리, 비비언 모건, 리즈 두셋, 린 프랭크스, 수 맥그리거, 캐서린 햄넷, 야스민 알리바이 브라운, 샘 스메더스, 히보 워데어, 님코 알리, 매슈 스위트, 루크 멀홀과 토니 졸리프에게 고맙다는 인사를 전합니다.

사이먼앤드슈스터 팀의 지원이 큰 도움이 되었습니다. 특히 아비게일 버그스트롬, 해리엇 돕슨, 니컬라 크로슬리 그리고 수의 에이전트 캐럴라인 미셸에게 감사드립니다.

• 출판사는 이 책을 끝까지 완성하도록 지원해주신 수의 가족에게 특별한 감사를 표합니다.

차례

이 책《여자 전쟁The War on Women》에 대한 아이디어가 떠오른 건 어느 밸런타인데이 트래펄가 광장 무대에서 연설하려고 서 있던 순간이다. 나는 홍보 전문가이자 저명한 여성해방 운동가인 린 프랭크스Lynne Franks에게 설득당해 '10억 여성 궐기 대회One Billion Women Rising rally'◆의 연사 중 한 명으로 참석했다. 희곡《버자이너 모놀로그》의 이브 엔슬러Eve Ensler가 전 세계적으로 만연한 여성 폭력에 대한 경각심을 일깨우기 위해 만든 바로 그 연례 행사였다.

신이 페미니스트가 아니라는 건 명백하다. 궐기 대회 전날과 다음 날의 런던은 겨울 햇빛으로 밝게 반짝였다. 하지만 하필이면 대회 당일, 하늘에서는 장대비가 쏟아졌다. 연단 위에는 흠뻑 젖는 걸 두려워하지 않는 수백 명의 여자 관중과 우산 아래 움츠리고 있는 몇 안 되는 남자 관중이 한눈에 들어왔다. 갑자기 이 모든 것의 부조리함이 명확해졌다. 비 이야기가 아니라, 우리 모두가 그곳에

◆ '10억'이라는 숫자는 전 세계 여성 3분의 1이 폭력에 노출돼 있다는 유엔 통계에서 기인한다. 2012년 이브 엔슬러가 만든 이 운동은 매해 확장되고 있다.

모인 이유 말이다.

티베트인, 쿠르드족, 팔레스타인인, 칼라하리의 부시먼을 위해 트래펄가 광장에서 내가 참석했던 집회들을 떠올렸다. 나는 자문했다. 도대체 왜 전 세계 인구의 51퍼센트나 되는 여자는 21세기에도 여전히 평등하고 인간적인 대우를 받기 위해 운동을 벌여야 하는 걸까? 마치 우리가 박해받는 또하나의 특정 소수민족인 것처럼.

내 친구들은 나를 BBC의 '답 없는 문제' 담당 특파원이라고 부른다. 지난 30년간 내가 해왔던 인권 관련 보도를 돌아보면 텍사스와 타지키스탄부터 아일랜드와 파키스탄까지, 불의와 고통에 대한 주의를 환기하기 위해 내가 기울였던 노력의 대부분은 여성과 관련돼 있었다. 여성은 그저 또하나의 '답 없는 문제'가 될 운명인가? 그렇다면 도대체 왜일까?

이 문제에 대한 포괄적인 견해를 보여주거나 답을 제시할 수 있는 것처럼 굴지는 않겠다. 그런 일을 하기에 여성 기자 한 명의 삶은 너무 짧다. 이 책은 지난 30년간 ITN과 BBC의 해외 특파원으로 일하면서 내 개인적인 경험들에서 얻은 일화들로서, 더 나은 대접을 받아야 할 여자들, 용감하게 맞서 싸우는 여자들과의 만남을 담고 있다.

2015년

수 로이드 로버츠

• 수 로이드 로버츠는 이 책을 미처 마무리하기 전인 2015년 10월 13일에 세상을 떠났습니다. 이 책에 담긴 내용들은 수가 글을 쓰던 시점에는 정확한 정보를 담고 있었습니다. 빠뜨린 부분이 있거나 일부 틀린 내용이 발견된다면 사이먼앤드슈스터 영국은 다음 쇄에서 기꺼이 수정하겠습니다.

머리말

들어가며

세라 모리스

엄마가 돌아가신 직후 내 아파트는 꽃으로 가득 찼다. 셀 수 없이 많은 사람들이 카드와 편지, 이메일, 문자 메시지, 페이스북 메시지 그리고 물론 꽃까지 보내와 애도를 표했다. 당시에는 어찌할 바를 몰랐지만, 돌이켜 생각해볼수록 굉장한 일이다. 얼마나 많은 사람들이 어머니를 사랑하고 존경했는지에 대한 방증이기 때문이다.

이 가운데 다른 어떤 것보다 기억에 남는 메시지가 있었다. 우리 가족과 가까운 친한 친구가 보내온 이 글은, 끔찍한 슬픔 가운데에서도 다소나마 희망과 행복을 느끼게 해주었다.

세라에게,

질문: 우리가 너희 가족이 겪는 참담한 슬픔에 함께 고통스러워하고, 수가 누렸어야 마땅할 생을 너무 일찍 마감했다는 점을 계속 괴로워하는 게 좋을까, 아니면 그녀가 더이상 이 세상에 없다는 사실을 받아들이면서, 전 세계의 수많은 사람들을 감동시키고 용기를 줬던 수의 놀라운 삶을 기리는 게 나을까?

내 답변은 이랬다. 물론, 아니야, 우린 고통스럽지 않아. 그리고 맞아, 엄마의 행동을 기려야지. 나는 이 일에 매달려왔고, 그것이 내가 독자를 위해서, 그리고 엄마를 위해서 노력하려고 하는 바다.

이 책은 엄마의 삶을 기념하는 책이다. 엄마는 이 세상을 너무 빨리 떠났지만, 죽기 전에 자신이 직접 경험한 이 놀라운 이야기들을 우리에게 남겼다. 이 책《여자 전쟁》은 우리가 엄마를 기억하게 해줄 것이다. 엄마가 전 세계의 고통받고 있는 수많은 여자들을 위해 어떻게 싸웠고 또 어떻게 도왔는지를 보여줌으로써, 엄마의 힘과 용기를 깨닫게 해줄 것이다.

엄마는 그 세대 최고의 언론인 중 한 명이면서도, 여자가 직면하는 가장 어려운 과업 중 하나 역시 훌륭하게 이뤄냈다. 바로 어머니의 역할 말이다. 오빠 조지와 나는 북런던에서 자랐는데, 우리 집은 언제나 매혹적인 사람들로 가득했다. 학교를 마치고 집에 돌아오면 엄마는 티베트 승려와 함께 소파에 앉아 있거나 파키스탄 난민을 위해 차를 끓이고 있었다. 우리 집은 엄마가 일하면서 만난 사람들의 안식처와도 같아서, 그들은 종종 하룻밤을 묵거나 주말을 우리와 함께 보내기도 했다. 로열오페라하우스에 발레 공연을 보러 티베트 승려와 함께 간 적도 있었다. 그 승려의 환한 얼굴에 엄마가 몹시 기뻐했던 모습이 아직도 눈앞에 선하다. 그는 태어나서 한 번도 그런 공연을 본 적이 없었을 것이다.

우리 집에서는 늘 모종의 파티가 열렸다. 새로운 사람들과 움직임의 중심지였고, 그래서 머스웰 힐 마을 주민들로부터 많은 관심을 받았다. 엄마는 점심과 저녁 식사를 대접하거나 파티를 준비하는 걸 가장 좋아했다. 오빠와 나는 십대였을 때부터 정부 관계자나 기자, 단체 활동가나 고국의 전쟁 등을 피해 도망친 난민과 어울릴 기회가 자주 있었다. 냉장고에는 항상 음식이 있었다. 대개 엄마의 특제 라사냐와 몇 병의 와인이 다였지만, 우리가 부엌의 큰 식탁에 둘러앉아 있으면 세상이 제대로 돌아가게 되는 것 같았다.

정말 멋진 어린 시절이었다. 우리는 우리가 좋아하는 건 무엇이든 대부분 할 수 있었다. 엄마가 '아무 생각 없다'며 별로 좋아하지 않던 텔레비전만 빼고. 우리가 보거나 읽는 모든 것은 유익하고 지적이어야 했다. 점점 커가면서 조지와 나는 늦잠을 잘 수 없었다. 주말 아침은 늘 〈오, 얼마나 아름다운 아침인지Oh What a Beautiful Mornin'〉를 부르며 발을 굴러 계단을 오르내리는 엄마의 발소리와 함께 시작했다. 숙취에 시달리던 아침이면 그 소리가 특히나 괴로웠지만, 이제 다시는 엄마의 노랫소리를 듣지 못하리라. 엄마는 항상 가장 먼저 일어났다. 와플을 굽고 베이컨, 메이플시럽을 곁들여 아침을 만들었고, 우리 집에 머물게 된 누구라도 식탁에서 따뜻한 식사를 하도록 베풀었다. 엄마의 에너지는 한계가 없어 보였다. 주말마다 커튼을 열어둔 채 벌거벗고 집 안을 돌아다니는 엄마를 친구들이 알아봤던 게 기억난다. 엄마는 이웃들의 시선에 대해 이렇게 말했다. "할 일이 그렇게 없어서 훔쳐보겠다면 마음껏 보라지." 노출증이 아니라 그저 자신의 몸에 대해 아무런 거리낌이 없었던 것이다. 그야말로 근사한 몸이었다.

머스웰 힐에 있는 우리 집 골목은 엄마가 일구고 가꾼, 진정한 의미의 공동체였다. 여왕의 즉위 50주년을 축하하기 위해 엄마가 연 길거리 파티는 지금까지도 회자된다. 엄마가 모든 것을 기획하고 준비했다. 폐쇄된 도로 한가운데에 아름답게 장식된 간이 테이블을 길게 세워두고 음식과 마실 것들을 잔뜩 올려두었다. 우리는 그날 밤 늦게까지 길거리에서 춤을 췄다. 이날 철저한 공화주의자인 엄마는 올리버 크롬웰Oliver Cromwell을 애도하겠다며 검은 옷을 입고 참석했다. 늘 반짝이는 유머와 재치, 우스꽝스러운 것들을 포착해내는 감각을 가진 사람이었다. 엄마는 모든 종류의 엄숙주의를 타파하고, 조롱하길 즐겼다.

크고 작은 문제가 생기면 엄마는 긴 시간 동안 산책을 해서 해답을 찾곤 했다. 비가 오든 해가 나든 오빠와 나도 산을 올랐다. 우리는 여러 면에서 믿을 수 없을 정도로 운이 좋았는데, 엄마를 따라 세계 방방곡곡을 갈 수 있었기 때문이다. 내가 성인이 되어 독립할 무렵 우리 남매는 이미 인도에서 달라이 라마를 만나봤고 네팔의 작은 시골마을의 전통 가옥에서 지내봤으며, 보츠와나의 칼라하리 사막에서 부시먼과, 호주 오지에서는 원주민과 함께 캠핑을 해봤다. 우리는 북웨일스의 스노든산에서 에베레스트 베이스캠프까지(물론 티베트 쪽) 점점 험준한 산을 올랐고, 탄자니아의 킬리만자로산 정상을 올랐으며 인도 북부 싱갈릴라 리지를 등반했다.

하지만 어린 시절에는 우리는 모든 방학을 프랜시스 이모할머니와 함께 북웨일스의 스노도니아에서 보냈다. 처음 스노든산에 갔을 때 나는 여덟 살이었다. 엄마는 능선 능선마다 킷캣 초콜릿으로 나를 꾀어 산을 오르게 했다. 엄마 가족의 뿌리는 북웨일스에 있었고 대대로 살아온 고향을 엄마는 중요하게 생각했다. 그런 만큼 오빠와 나에게는 올라야 하는 산이 많았다. 엄마는 자신의 유해를 스노도니아의 페넌트 계곡에 뿌려달라고 했다. 우리 선조는 북웨일스의 벨런 요새를 지어 작위를 받았다고 한다. 중조할머니 그웬돌린

원Gwendoline Wynn이 가문의 마지막 레이디였는데 의사와 결혼하면서 작위를 잃었다. 나는 엄마가 '샬롯 여왕의 무도회'에 사교계 아가씨로 데뷔하러 참석했을 때의 사진을 갖고 있다. 그것은 엄마가 십대이던 시절, 상류계급의 '런던 시즌'◆에서 최고 행사였다. 엄마는 구혼자를 만나라며 그곳에 보내졌는데, 다행히 그런 일은 일어나지 않았다. 대신 대학에 진학해 스스로 경력을 쌓았다. 엄마는 가족사에 큰 자부심을 품고 있었지만, 그로 인해 얻은 특권과 재력, 계급은 엄마를 공화주의자이자 사회주의자로 돌아서게 했다. 여왕으로부터 CBE 훈장◆◆을 받았음에도 엄마는 권위를 싫어했고 경의를 표하는 것도 싫어했다. 누구도 엄마에게 이래라 저래라 할 수 없었다.

엄마에게 속물근성은 전혀 없었다. 젠더, 인종과 계급에 상관없이 누구나 평등하고 공정한 대우를 받아야 한다고 믿었다. 엄마는 우리 남매에게 늘 친절하고 포용적이며 약자를 위해 싸우라고 가르쳤다. 본인도 자신보다 불운한 사람들의 권리를 위해 평생 몸바쳐 싸웠다. 이 책은 운명을 받아들이고 침묵하길 거부하는 세상의 약자들에게 바치는 헌사이다. 그래서 이 책은 불의에 맞서 싸우고 있는 용감한 사람들을 위한 것이다.

열정적인 페미니스트였던 엄마는 내가 아주 어릴 때부터 절대

◆ 원래 교외에서 전원생활을 하던 귀족이나 부자들이 의회활동을 위해 런던으로 돌아오던 때를 뜻하는 말이었으나, 이때 가족들이 함께 옮겨오면서 상류계급끼리 사교활동을 하는 시기를 가리키는 의미로도 쓰였다.

◆◆ 영국의 훈장은 GBE-KBE-CBE-OBE-MBE 총 5등급으로, CBE(Commander of the British Empire)는 3등급에 해당한다.

남자에게 의존하지 말라고 가르쳐왔다. 내가 무척 의지하고 있는 환상적인 남편과는 2014년에 결혼했는데, 엄마는 기꺼이 결혼식 준비를 도맡았다. "루크 멀홀과 세라 모리스의 결혼식에 초대합니다"라고 적힌 청첩장 초안을 엄마에게 보냈을 때, 엄마는 이렇게 답장을 보냈다. "세라, 네 이름이 먼저 놓이지 않는다면 나는 이 결혼식에 가지 않을 거야. 이건 네 남편이 이미 우선이라는 뜻이야." 그런 생각은 해본 적도 없지만 나는 이름 순서를 바꾸었고 엄마는 당연히 결혼식에 참석했다. 엄마는 사위를 사랑했지만 가부장제는 너무나도 싫어했고 그에 맞서 오랫동안 싸워왔다.

백혈병 진단을 받은 엄마는 2015년 7월 말에 줄기세포 이식수술을 받으러 병원에 입원했다가 영영 돌아오지 못했다. 입원 바로 전날, 우리는 캠던 패시지의 에인절 역 인근에서 손톱 발톱 손질 같은 소소한 재미거리를 즐기면서 내일에 대한 불안감을 애써 떨쳐냈다. 세일 중이었던 리스 매장에서 엄마는 밝은 빨간색 드레스를 샀다. 너무나도 잘 어울렸다. 엄마는 새 책 출간 기념회에 입을 거라고 말했다. 엄마는 2016년 3월에 사우스뱅크센터에서 열린 세계여성대회에 맞춰 이 책을 발간하려고 마음먹고 있었다.

우리는 그날 밤 근사한 저녁식사를 하면서 꼭 한번 여행가고 싶은 나라에 대한 이야기를 나누었다. 엄마는 농담처럼 '최후의 만찬'이라고 표현했지만 나는 그게 정말로 우리가 함께한 마지막 저녁식사가 될 줄은 꿈에도 몰랐다.

그로부터 3개월 뒤 장례식을 준비하며 나는 엄마를 관에 누일 때 어떤 옷을 입혀야 할지 참담한 심정으로 결정을 내려야 했다. 리스에서 산 빨간색 드레스 외에 다른 선택의 여지는 없었다. 이 책은 엄마의 삶 그 자체였다. 엄마는 최악의 경우를 우려하며, 병원에 입원하기 전에 집필을 마치기 위해 최선을 다했다. 안타깝게도 끝내 완성하지는 못했지만, 이 책의 99퍼센트는 엄마의 기록이다. 명민한 편집자 아비게일 버그스트롬의 도움을 받아 우리 남매가 이 책을 완성하는 특권을 누릴 수 있었다. 처음부터 이 책을 기획하고, 글을 쓰고, 열심히 취재해온 엄마가, 특히 자신의 인생 마지막 해에 투병 생활을 하면서도 끝까지 펜을 놓지 않은 엄마가 자랑스럽다. 엄마가 출간 기념회용 빨간색 드레스를 입은 채로 이 책을 읽고 있으면 좋겠다. 스스로를 뿌듯해하고 이 마지막 결과물을 기뻐하면서.

1

가장 잔인한 칼날, 여성 할례
감비아

잠을 설친 마이무나Maimouna가 눈을 껌뻑였다. 무언가 이상했다. 바깥 공동 텃밭이 보이는 열린 창으로 밖이 아직 어두운 게 보였는데, 이웃집에서 감비아의 전통 땅콩 스튜인 도모다domodah를 만들며 금속 볼에 땅콩을 으깨는 소리가 들려왔다. 마이무나는 배 속이 단단히 죄어오는 것을 느끼며 눈을 크게 떴다. '할례'를 하는 날이다.

그녀의 어머니, 마마 무나Mama Mouna는 마을의 할례자circumciser다. 가족은 동네 사람들로부터 존경받고 할례로 버는 가욋돈도 꽤 쏠쏠하다. 다른 일을 하기에 마이무나의 부모는 나이가 너무 많다. 어머니는 예순이 넘었는데, 마이무나가 두 딸 가운데 마을의 차기 할례자로 선택됐다고 말해왔다. 그녀의 어머니는 할례 의식을 진행하는 동안 버둥거리며 싸우는 소녀들을 제압하기에 자신이 이제 너무 약해졌다는 것을 인정한다. 마이무나는 과거 할례식에서 여러 번 어머니를 도왔고, 다음 의식에서는 직접 칼을 잡게 될 것이었다.

마이무나는 침대에 누워 눈앞에 닥친 오늘과 앞으로의 미래를 찬찬히 생각해봤다. 이 마을에서 할례 의식을 주관하는 책임을 떠안는 것은 매우 중요한 일이라는 점을 잘 알고 있었다. 활기차게 번성하고 있는 이 마을에는 약 2000명의 사람들이 살고 있는데, 압도적 다수가 여성 할례의 전통을 따르고 있다. 이곳에 사는 모든 여성들은 할례 받지 않은 딸은 결혼할 수 없다고 믿고 있다. 더럽고 불순한 여자로 간주되기 때문이다.

그녀는 딸 아미Ami가 바로 옆 매트리스에서 굴러내려와 자기 쪽으로 다가오는 소리가 들렸다. "엄마, 오늘이 그날이야?"

마이무나는 고개를 끄덕였다. 다섯 살인 아미는 그날이 실제로 무엇을 뜻하는지 모른다. 아이는 그저 엄마와 친척 아주머니들로부터 2년에 한 번씩 마을 소녀들이 가장 좋은 옷을 차려입고 마을 사람들이 북을 치고 나뭇가지를 흔들며 동행하는 가운데 '여자가 되는' 특별한 집으로 가게 된다는 말을 들었을 뿐이다.

마이무나는 전날밤 미리 펼쳐둔 가장 좋은 옷 그랜드무바grand-muba(치맛단이 바닥까지 풍성하게 끌리고 팔을 덮는 드레스)와 거기 어울리는 머리 장식을 집어들었다. 아미도 이 특별한 날을 위해 몇 주 전에 선물 받은 드레스를 조심스럽게 입었다. 어젯밤 미리 만들어둔 생선 스튜가 있었지만 엄마와 딸 그 어느 쪽도 허기를 느끼지 않았다. 한 명은 너무 긴장했고 다른 한 명은 너무나 신난 상태였다. 이제 날이 밝았고, 북 치는 사람들이 가까워지는 소리가 들렸다.

이웃집 여자아이가 달려들어와 아미의 손목을 잡았다. "서둘러, 우리 늦겠어!" 아이는 이렇게 말하며 문을 향해 내달렸다. 아미는 엄마에게 인사하는 것도 잊고 친구를 따라나갔다. 마이무나는 서두르지 않았다. 행렬은 그녀의 어머니가 사는 가족 단지에서 멈추기 전에 마을을 여러 바퀴 돌면서 소녀들을 모을 것이다. 그녀는 이미 소녀들이 회복을 위해 며칠을 보내야 하는 방바닥에 매트리스를 여럿 준비해뒀고, 벌어진 상처를 치료하는 데 쓸 토마토 반죽도 만들어둔 상태였다. 그녀는 앞서 그 방에서 죽도록 피를 흘렸던 수많은 소녀들을 떠올리며 몸서리쳤다.

그녀는 어머니 집으로 천천히 걸어간다. 어머니는 벌써 이모와 함께 할례 의식이 거행될 마당에 나와 있다. 그들은 면도날과 피를 닦아낼 헝겊을 정돈하고 있다. 마이무나는 회복실에 깔려 있던 매트리스 중 하나를 마당으로 끌고 나와서 첫번째 소녀가 도착하기를 기다린다. 눈이 가려진 채로 안마당으로 이끌려온 아이는 어머니가 빠르고 효과적으로 성기를 도려낼 수 있도록 바닥에 누여질 것이다. "나를 잘 봐라." 어머니가 마이무나에게 다시 한번 이른다. "다음번에는, 네가 직접 해야 해."

마이무나는 북소리와 행렬의 와자지껄한 소리가 점차 가족 단지에 가까워오는 것을 느낀다. "언제나 엄청나게 많은 북을 세게 두드려요." 마이무나가 설명했다. "북하고 냄비를 두드려서 시끄러운 소리를 내는 거예요. 그래야 만약 여자아이들이 소리를 지르더라도 사람들이 그 고통에 찬 비명을 듣지 못할 테니까요. 할례 순서를 기다리는 소녀들은 무슨 일이 벌어지고 있다는 것은 알지만 시끄러운 북소리와 박수 소리, 떠드는 소리 속에 파묻혀서 그게 뭔지는 모르는 거죠."

마이무나는 좁고 긴 복도를 지나 집과 안마당 사이에 걸려 있는 커튼 사이로 밀어넣어질 첫번째 소녀를 초조하게 기다린다. 비명 소리가 너무 커지면 소녀의 입에 쑤셔넣을 헝겊 조각을 이모가 준비하는 동안 어머니는 면도날을 다듬고 있다. 어머니는 이모에게 여자아이들의 팔을 잡으라고 지시하고 마이무나에게는 다리를 잡아 누르라고 한다. "만약에 여자애 덩치가 크면, 가슴을 깔고 앉아라." 어머니가 말했다.

반나절이 지나는 동안, 마이무나는 침을 뱉고, 물고, 몸부림치며 저항하는 네 명의 소녀들을 붙잡았다. 그러고 나니 육체적으로나 감정적으로나 고갈되어버렸다. 첫번째 소녀는 흥분되고 신난 표정으로 마당에 들어섰다. 아이는 아마도 선물이나, 혹은 성숙하게 자란 자신을 축복하는 특별한 음식을 기대했을 것이다. 소녀의 이모가 장차 결혼하게 될 남자아이를 살짝 보게 될지도 모른다고 했던 것이다.

하지만 이 모든 것 대신, 그녀는 누우라는 지시를 받는다. 강제로 다리가 벌려지고 클리토리스에 타는 듯한 통증이 느껴지더니 음순이 잘려나간다. 단 한 번도 느껴본 적 없는 고통이다. 소녀가 고래고래 괴성을 지르지만 할례는 끝나지 않는다. 어머니가 마이무나에게 외친다. "재를 좀 잡아, 네가 재를 가만히 있게 하지 않으면 내가 끝낼 수가 없잖니." 마침내 칼날이 멈추자, 또 다른 여자가 창문 없는 회복실로 아이를 데려가 매트리스에 누인다. 아이는 펑펑 울고, 다리 사이에서는 피가 쏟아져내린다. 죽는 건 아닐까 하는 생각이 든다.

바깥 마당에 있는 남자들은 계속 북을 두드리면서 소녀들의 비명을 뒤덮으려고 한다. 하지만 때 묻은 빨간 커튼을 지나 안마당으로 밀려들어온 다음 소녀는 겁먹고 당황한 표정이 되었다. 북소리와 함성을 뚫고 자기 친구의 지독한 괴성을 듣고 나자, 이 특별한 날에는 무언가 옳지 않은 점이 있다는 걸 직감한 것이다.

소녀는 아미였다. 마이무나는 눈가리개를 한 자신의 딸을 이미 피범벅이 되어버린 매트리스에 눕히고 팔을 고정시킨다. 아이의 할머니가 칼을 들고 베어내기 시작한다. 아미가 울부짖는다. "엄마, 엄마, 어디 있어? 도와줘, 도와줘!" 아미는 엄마가 자신의 다리를 억지로 벌려놓은 동안 이모할머니는 자신의 팔을 붙잡고 있다는 사실을 까맣게 모르는 채다.

마이무나가 말했다.

상상이나 할 수 있겠어요? 다섯 살배기 딸이 칼날 앞에서 울부짖으며 엄마를 외치고 있는데, 엄마라는 사람은 그 딸아이의 다리나 잡고 있을 뿐 달리 아무것도 할 수 없었던 현실을. 머리가 덜덜 떨리고 눈물이 쉴 새 없이 나오는데, 마음속으로 어떤 일이 생기더라도 절대로 이 짓은 또 하지 않으리라, 다시는 할례를 하지 않으리라고 생각했죠. 하지만 아무에게도 말할 수 없었습니다. 내가 사람들에게 말했다면, 지금 이렇게 살아 있지 못했을 거예요. 그래서 그저 마음속으로 다짐할 뿐이죠. 이때 정말 딸을 낳은 걸 후회했습니다.

이 여성에게는 36년의 삶을 송두리째 뒤흔든 순간이었다. 그간 배우고 지향해온 모든 것을 부정할 만큼 내면 깊은 곳에 인간애와 연민이 있었기에 일어날 수 있는 일이었다. 마이무나의 운명은 할례를 집도하는 것이었다. 그녀의 어머니, 할머니와 그보다 앞선 선대부터 그들은 지역사회를 위해 의무를 다해왔다. 그런데도 이 여자는,

어떤 교육도 받지 않았고 여성 성기 절제Female Genital Mutilation(FGM)에 반대하는 운동가들이 마을에 오기도 훨씬 전인데, 어린 소녀들에게 그토록 무참한 고통을 가하고 성기를 절단하는 짓이 잘못임을 깨달았다.

집안 전통을 깨기로 마음먹은 이후, 그녀는 마을에서 도망치지 않으면 안 된다는 사실을 알았다. 어머니가 2009년에 사망한 뒤 상황은 점점 심각해졌다. 그녀는 할례를 행하는 데 적합한 주술 도구인 주주juju를 더 모아야 한다는 둥의 핑계를 대면서 시간을 벌었다. 하지만 1년, 2년이 지나자 마을 어른들이 그녀의 집에 찾아와 대체 언제부터 소명을 다할 것인지 다그치기 시작했다.

"나는 그들에게 소녀들을 보호하기 위해 '주주'를 더 찾아야 한다고 말했습니다. 할례가 거행될 때 마녀가 할례를 받는 소녀에게 주술을 걸면 죽을 수도 있으니까요. 나는 올바른 주주를 찾을 시간이 더 필요하다고 말했어요. 사실은 그저 시간을 벌고 있던 거예요. 엄마가 죽었으니 갑자기 할례만 할 수는 없다고, 시간이 걸린다고 해서 그들을 속였지요."

하지만 어른들은 참을성이 없었다. 그들은 목걸이나 가죽 벨트, 장신구 따위의 '주주'를 갖다주면서 이거면 할례를 하는 데 충분하다고 말했다. 그들이 협박하기 시작할 즈음 그녀는 이 마을과 혐오스러운 일에서 탈출할 기회를 잡았다. 그녀에게는 몇 해 전 영국으로 이민을 간 오빠가 있었는데 그가 영국 여자와 결혼한다는 소식을 알려온 것이다. 마이무나는 결혼식에 참석해야 할 사람은 바로 자신이라고 가족들을 설득했다.

그녀는 수도 반줄에 있는 영국 고등법무관 사무실에서 비자를 받아서 더비에서 열리는 결혼식에 참석하려고 영국으로 날아갔다. 오빠에게 고향 마을로 돌아가지 않겠다고 말했지만 돌봐줄 수 없다는 답변만 들었다. 외롭고 굶주린 그녀에게 도움의 손길을 내민 건 지역 모스크에서 우연히 마주친 어느 파키스탄 가족이었다. 그들은 그녀에게 잘 곳을 제공해주고, 크롤리의 내무부 접수처에 가서 망명 신청을 해보라고 조언했다. 그녀는 여성 망명 신청자들을 감금하는 엄중 경비 구치소인 얄스우드Yarl's Wood로 보내져서는 아마 추방될 것이라는 말을 들었다.

마이무나는 법적인 심사에서 불리한 판결을 받았는데, 판사가 망명 신청자의 말을 듣는 것 외에 전문적인 증인을 부르는 등의 절차는 없었다. 판사는 그녀가 영국 비자 신청 사유를 허위로 '결혼식 참석'이라고 적었고, 입국 직후 곧바로 망명 신청을 하지 않은 점을 지적했다. 판사는 그녀를 사기로 고발했다. 그는 자신이 서아프리카의 관습을 잘 안다면서, 마이무나의 머리 장식을 묶는 방식을 볼 때 그녀가 부유하고 교양 있는 환경에서 자란 것으로 보이고, 언제든 쉽게 감비아로 돌아가 자신을 방어할 수 있을 거라고 말했다.

당시 그녀는 판사 앞에서 감히 반박하지 못했지만, 속으로는 머리 장식에 대한 근거 없는 주장을 들으며 웃어야 할지 울어야 할지 몰랐다고 나에게 털어놓았다. "머리에 천을 감싸는 방식은 부족이나 계급과는 아무 관련이 없어요." 그녀는 분개하며 말했다. "그냥 각자가 원하는 방식으로 천을 묶거든요. 그냥 패션이라고요!" 웃음을 터뜨리던 그녀는 잠시 후 눈물을 흘리기 시작했다. 아미는 다섯 자녀 중 하나다. 할례자가 되지 않으려고 그녀는 자녀를 모두 버린 셈이 됐다.

추방될 날을 기다리고 있는 마이무나는 서런던 지역인 하운즐로에 있는 자신의 방에서 이 이야기를 해주었다. 그녀의 방은 하얀색 스투코 외관의 멋진 19세기 건물 4층에 있는데, 지방의회가 망명 신청자들의 임시 거주를 위해 원래 두 채이던 건물 사이를 터서 만든 공간이다. 복도에 무질서하게 쌓인 자전거와 유모차 더미 사이로 걸어가는데 한 십대 흑인 아이가 방문 밖으로 뛰쳐나왔다. 1층에 있는 방에 사는 소말리아 가족의 아들이었다.

2층에는 한 알바니아 가족이 살고 그 맞은편에는 아프가니스탄 청년 두 명이 살고 있다. 지구상의 난민 인구 비율이 이곳에서 압축적으로 나타난다. 어떤 이들은 수천 킬로미터를 이동해오다 해협을 가로지르는 마지막 단계에서는 화물차의 짐칸에 숨기도 했다. 이들 모두 영국 내무부가 자신들이 박해받은 이야기를 믿어줄지, 영국에 머물도록 허가해줄지 여부를 기다리고 있다. 마이무나와 함께 방을 쓰는 40대 이란인 전문직 여성은 2009년 '녹색 혁명'에 참가한 이후 테헤란을 떠나 이곳에 머무는 중이다. 아야톨라들♦의 지배를 상대로 힘겨운 싸움을 벌이고 실패한 이다.

마이무나는 눈물을 줄줄 흘리며 자신이 얼마나 딸과 네 명의 아들들을 그리워하고 있는지 말했다. "하지만 나는 이럴 수도 저럴 수도 없는 처지예요. 만약 지금 집에 돌아간다면 여자아이들에게 할례를 거행해야 하는데, 오직 우리 아이들이 보고 싶어서 그런 일을 한다는 건 너무나 이기적인 짓이죠. 가끔씩 우리 아이들에게 불

♦ 시아파에서 고위 율법학자에게 수여하는 칭호로 '신의 징표'라는 뜻이다.

공평한 일인가 하는 생각이 들어서 그냥 돌아가 할례를 할까도 싶은데, 그럴 땐 자문해봐요. 우리 아이들 때문에 얼마나 많은 여자아이들이 나에게 할례를 당하게 될까? 얼마나 많은 여자아이들에게 내가 영향을 끼치게 될까? 내가 처한 현실을 얼마나 많은 여자아이들에게 대물림하게 될까?"

여성 성기 절제는 감비아에서 논쟁거리로 떠올랐다. 감코트랩 GAMCOTRAP이라는 NGO는 감비아의 마을을 돌면서 이 관습의 폐단을 알리고 있는데, 현재까지 약 3분의 1 정도를 접촉했다. 그러나 마이무나에게는 안타깝게도, 그녀의 고향에는 아직 도달하지 않은 상태다. 감코트랩은 각 마을의 남성 지도자들에게 마을 집회를 열어 자신들이 마을 사람들에게 직접 설명할 기회를 달라고 요청하고 있다. 일단 허락을 받으면, 그들은 FGM의 위험성에 대해 설명하면서 할례 이후에 많은 소녀들이, 또 출산 과정에서 많은 여성, 아기들이 숨지는 것은 통상적으로 또 편리하게 악령 탓이라고들 하지만 사실은 절제술의 부작용이라는 것도 언급한다.

만일 마을 사람들이 이 같은 설명을 받아들여 절제술을 그만두기로 결의하면, 그들은 '칼 버리기' 의식을 정성 들여 거행한다. 나는 세레쿤다 외곽의 한 마을에서 열린 이 의식에 참석한 적이 있다. 여자들은 춤추고 노래한다. 한때 소녀들의 할례식에서 불렀던 노래를 부르고, 새로운 지식과 '칼질을 멈추는' 결정을 환호하는 노래를 연이어 부른다. 여자들과 함께 춤을 다 추고 나자 나는 이것이 얼마나 대단한 성과인지 생각이 들어 감정이 북받쳤다. 나와 팔에 팔을 맞잡고 춤추던 모든 여자들은 FGM을 받은 상태였다. 음악에 맞춰 기쁨의 환호성을 지르며 그들 사이로 뛰어드는 어린 소녀들은 절제술을 받지 않았다. 역사가 진일보하는 고무적인 순간이라고 생각했다.

다음 날 아침 나는 현실을 깨달았다. 감코트랩은 아직 넘어야 할 산이 많다. 단체가 이제 막 접촉하기 시작한 한 시골 마을의 할례자들을 만나는 자리에 동행했다. 마을 원로 소유의 단지 내 마당에 둥그렇게 놓인 플라스틱 의자에 모여 앉았는데, 그중 한 명은 겁에 질려 보이는 여덟 살짜리 여자아이를 무릎 위에 앉혔다. 그녀는 자랑스럽게 말했다. "올해에만 내가 소녀 40명의 성기를 잘랐습니다. 내 손녀딸을 포함해서요. 이 애가 얼마나 잘 자라고 있는지를 보라고요!" 또 다른 이가 말했다. "아이 한 명을 할례할 때마다 3달러를 벌고, 거기다가 쌀 한 자루와 옷도 받아요." 그들은 지역사회에서 자신들이 얼마나 존중받고 있으며 또 이 일을 즐기고 있는지를 열심히 설명했다.

감코트랩의 카리스마 있고 용감한 상임이사, 이사투 투레이 Isatou Touray 박사는 현실주의자다. FGM 반대 운동을 하다가 투옥되기도 했던 그녀는 바닥까지 끌리는 눈부신 노란색 전통 드레스를 입고, 그와 잘 어울리는 머리 장식에 큼지막한 액세서리를 했다. 그녀는 좀더 많은 공동체를 접촉하고, 또 파티와 축제를 벌였던 지역이 이후에도 단체의 가르침을 지속적으로 따르고 있는지 방문 점검하기 위해서는 더 많은 기금이 필요하다고 말한다. 전통을 거스르는 것은 왜 이다지도 힘든 일일까?

그녀가 말했다. "FGM은 여성의 섹슈얼리티를 억제하는 장치죠. 성감대를 통해 여성이 느끼는 기쁨을 통제하려는 거예요. 섹스를 즐기는 일에 대한 것이라는 걸 모두가 알아요. 여성 신체의 존엄성과 고결성에 대한 문제이고, 그것들은 사실 매우 강력한 힘을 갖고 있어요. 한마디로, 여성의 몸을, 여성의 기쁨을 통제하기 위한 것이에요. 만약 여성이 기쁨을 모른다면, 더욱 쉽게 수동적이 될 테니까요. 그리고 아프리카의 너무 많은 남성들이 그 통제력을 지키고 싶어합니다."

자신의 약초 치료법으로 에이즈를 치료할 수 있다고 주장하는 등 기이한 행동으로 유명한 야히아 자메Yahya Jammeh 감비아 대통령◆은 FGM이 감비아 문화의 일부라고 천명한 바 있다. 2013년 감비아의 FGM 실태를 취재한 나의 기사가 BBC를 통해 방송된 지 한 달여 만에 그는 감비아가 영국연방에서 탈퇴한다고 선언했는데, 자기네 나라가 더이상 신식민주의의 대상이 되기를 원치 않는다는 이유에서였다.[1] 여성 할례를 전통적인 풍습으로 미화한 그의 결정은 FGM 반대 운동가들의 활동을 위축시킬 것이 뻔했다.＊

자메 대통령은 나의 인터뷰 요청을 거절했다. 정부 고위층 가운데 그나마 접근 가능한 사람은 이 나라에서 가장 나이 든 이맘◆◆인 이슬람 최고위원회 의장 마호메트 알하이지 라민 투레이Muhammed Alhaijie Lamin Touray였다. 금요 기도회에 맞춰서 콤보 사우스 지역 군주르 마을에 있는 그의 사원에 도착했을 때는 폭우가 쏟아지고 있

◆ 야히아 자메는 23년의 집권 끝에 선거에서 패배했으나 정권 이양을 거부하다 국제사회의 압력에 굴복, 2017년 1월 적도기니로 망명했다.

◆◆ 이슬람교 교단의 지도자로서 학식이 뛰어난 이슬람 학자에 대한 존칭이다.

＊ 야히아 자메 대통령은 2015년 11월 감비아에서 사실상 FGM을 금지한다고 발표했다. 감비아 정부는 2015년 12월 31일 여성 할례를 불법화하는 법안을 승인했다. 새로운 법은 여성 할례에 관여한 것이 발각되면 누구나 최고 3년의 금고형 혹은 5만 델라시(미화 1250 달러)의 벌금형에 처해질 수 있다고 명시한다.

27

었다. 남자들은 모스크 건물 안에 있었지만, 여자들은 지붕이 얼기설기 덮여 우기를 이겨내기에는 역부족인 외부 복도와 쪽방에 모여 있었다. 나는 이 여자들 사이에 앉아 이맘이 설교를 끝내기를 기다렸다.

이맘은 나와 촬영기자를 자신의 집으로 불렀다. 벽을 둘러싼 의자에 남자들이 앉아 있었는데, 나를 제외하고 여자는 아무도 안 보였다. 그날 설교에서 그는 FGM이 이슬람 율법의 일부이며 성기 절제가 여성에게 좋다고 했다. 어째서? "그것은 아름다운 것입니다. 그것은 좋은 일입니다." 그는 말을 이었다. "이것이 이슬람 문화권에서 받아들여져온 이유이며, 우리가 그것을 실천하는 이유, 또 그것에는 아무 문제도 없다는 점을 보여주는 이유입니다."

배석한 남자들이 동의의 뜻을 담아 연신 끄덕거리는 분위기에 취해, 이맘은 말을 계속했다. "FGM은 여성에게 이로운 일입니다. 할례할 때 잘라내는 것은 매우 가려운 부위예요. 너무나 간지러워서 그걸 완화하려면 철수세미로 문질러야 할 정도라고요. 그리고 어떤 경우에는 말이죠, 할례를 하지 않은 여자는 축축한 분비물이 나와요. 의자에서 일어날 때마다 옷이 잔뜩 젖을 지경이라 공공장소에 있다면 정말 망신스러운 일이 될 거예요."

이쯤 되자 이 자리에 있는 유일한 여자로서, 약간의 분노를 담아 끼어들지 않을 수 없었다. "나는 클리토리스를 가진 채 60년을 살았어요. 그리고 단 한 번도 그런 일을 겪지 않았습니다!"

그는 능글거리는 눈빛으로 답하며 웃음을 터뜨렸다. "글쎄요. 당신은 일반적인 여자들과는 좀 다른가보죠."

앞선 무식한 주장보다도 이 웃음에서 더이상은 화를 참을 수 없었다. 만일 그가 진심으로 어린 여성들의 성기 절제가 신의 섭리이고, 여성에게 좋은 일이라고 생각했다면 웃지 않았으리라. 그는 자신이 내뱉는 말이 상식에 어긋난다는 걸 알고 있었고 바로 그 점이 재미있었던 것이다. 이 상황 자체가 성기 절제는 오직 여성 통제를 목적으로 한다는 사실을 그가 인정하는 것이나 마찬가지였다. 그럼에도 불구하고, 어금니를 꽉 깨문 채 나는 인터뷰에 응해주어 감사하다고 인사했다. 최소한 그는 나와의 인터뷰에 응했고 내 리포트 의도대로, 그의 답변은 '관습'이라는 명목 뒤에 숨은 뿌리 깊은 여성혐오를 생생하게 드러냈으니까.

어린 소녀들을 상대로 한 성기 절제, 끔찍한 고통, 이른 사망, 쾌락 차단, 도무지 이해할 수 없는 여성혐오적 행동 논리의 근원은 무엇일까? 기독교나 이슬람교가 아프리카 대륙에 도달하기 훨씬 이전, 파라오의 무덤들에는 소년소녀 모두 할례를 받는 벽화가 그려져 있다. 여성의 섹슈얼리티를 통제해야 한다는 신념은 인류의 오랜 역사에서 뿌리 깊이 자리하고 있다. 이브가 금단의 열매를 훔친 이래로, 초기 기독교 교부敎父들은 여성은 믿을 만한 존재가 못 된다고 경고해왔다. 기독교의 기풍은 성 삼위일체의 교리부터 오늘날 남성 중심적인 교회의 계층 구조에 이르기까지 가부장제를 확고하게 지켜왔다. "성경은 창세기에서 요한계시록에 이르기까지 여성이 열등하다고 가르치고 있다." 여성참정권 운동가 엘리자베스 캐디 스탠턴Elizabeth Cady Stanton은 이렇게 적었다. "그리고 여성은 복종하는 역할로만 그려져 있다."[2]

성경이 가르쳐온 창조론의 오류를 폭로했던 19세기의 혁명적인 과학 사상가조차도 이러한 성차별적 시각에는 굴복했다. 진화론을 주장한 찰스 다윈Charles Darwin은 아담과 이브의 신화는 부인했을지 몰라도, 그의 자연선택설은 인간 종의 수컷을 편애했다. 약하고 지능이 떨어지는 여성은 자연선택의 영향을 덜 받고, 덜 진화될 수밖에 없다고 믿었던 것이다. 결혼을 고려할 때 여성의 마음은 아이의 그것이나 다름없다면서, 아내의 장점은 다음과 같은 부분에 우선순위를 두고 숙고하라고 적었다. "지속적인 동반자(나이 먹으면 친구)―사랑해주고 놀아줄 대상―최소한 개보다는 낫다―집안 살림을 잘 꾸릴 수 있는 사람."[3]

20세기 초에 프랑스 인류학자 귀스타브 르봉Gustave Le Bon은 "여성들 다수의 뇌는 가장 발달된 남성의 뇌보다는 고릴라의 그것과 비슷한 크기"라면서 "이것이 바로 여성들의 일관성과 인내심, 사고력과 논리 그리고 추론 능력이 부족한 이유"라고 설명했다.[4] 그는 이 때문에 여자아이에게 남자아이와 동일한 교육을 제공하면 위험할 것이라는 결론도 내렸다. 여성에게 논리성과 책임감이 결여돼 있다는 서구의 사고방식은 기독교나 이슬람교 할 것 없이 뿌리 깊게 자리해왔다. 그것은 여성은 남성에게 종속되어야 하고 무엇보다 엄격하게 통제받아야 할 대상이라고 강조한다.

코란에서 여성에 대한 장은 암소 다음에 나오는데, 여성의 역할을 엄격하게 감독해야 할 가정주부로만 묘사한다. 여성은 믿을 수 없고 판단력이 부족하다는 것이다. 이슬람의 법 규범상 여성 두 명의 증언은 남성 한 명어치밖에 되지 않는다. 더군다나 여성은 성적으로 유혹하는 위험한 요부다. 마호메트는 이렇게 말했다. "여성이 너에게 다가가는 것은, 사탄이 접근하는 것이나 마찬가지다. 너희들 중 누구라도 여성을 보고 그녀에게 끌린다면, 서둘러 아내에

게 가라.” 여성은 사람들 사이에 갈등fitna과 불화, 분열을 조장한다
고 그는 경고했다.[5]

성경이나 코란 어느 것도 여성 성기 절제를 주창하지는 않지
만, 여성은 열등하고 또 성욕이 왕성하기 때문에 위협적이라는 추
론이 담겨 있다. 그러므로 성적 쾌락을 모르는 여성은 더 정숙하고
순종적일 가능성이 크다. 여자에게 중요한 건 ‘3V’로 압축되는 듯한
데, 질vagina, 처녀성virginity 그리고 정조virtue다. 여성은 (질을 활용한)
출산으로 의무를 다하게 되는데, 이때 처녀성과 정조는 사회질서
를 유지하기 위해 반드시 필요하다. 이 같은 믿음을 토대로, FGM
은 진화를 거듭해왔다. 여성의 결혼 전 순결과 결혼 후 정절을 보증
하고 수동적인 성행위만 하도록 고심해온 결과다. 그렇다면 당연히
여성에게 클리토리스는 있어서는 안 될 기관인 것이다.

클리토리스에 대한 설명 중 내가 가장 좋아하는 묘사는《뉴욕
타임스》의 과학 전문 기자이자 작가인 내털리 앤지어Natalie Angier가
쓴 문장이다. “클리토리스는 목적이 분명하다. 신체에서 순수하게
쾌락만을 위해 설계된 유일한 기관이다. 클리토리스는 단순한 신경
다발, 정확하게는 8000개의 섬유질 뭉치다. 손가락 끝, 입술과 혀를
포함해 신체의 그 어느 곳보다 고밀도의 신경섬유를 갖고 있으며,
남성의 음경과 비교해도 두 배가량 된다. 자동소총을 갖고 있는데
권총이 왜 필요하겠는가?”[6] 여성에게 적대적인 사람들이 클리토리
스를 ‘위험한 것’으로 간주할 만도 하다.

세계보건기구(WHO)는 FGM을 “여성의 외부 생식기 일부 혹
은 전부를 잘라내거나 없애는 모든 절차, 또는 의학적 치료가 아
닌 이유로 여성의 생식기관에 상처를 주는 행위”로 정의하면서 이

를 네 가지 유형으로 구분하고 있다. 유형 1은 클리토리스 절제술clitoridectomy로 클리토리스의 일부 혹은 전체를 제거하는 것을 말한다. 유형 2의 절제술excision은 대음순의 절제 여부와 상관없이 클리토리스와 소음순의 일부 혹은 전체를 제거하는 방식이다. 유형 3은 음부 봉쇄술infibulation로, 성기를 덮어버리는 피막을 만드는 방식으로 질 입구를 좁힌다. 클리토리스는 제거할 수도 놔둘 수도 있지만, 소음순, 대음순을 절제하고 위치를 변경함으로써 피막을 형성하는 것이다. 유형 4는 의학적 목적 이외에 여성의 생식기를 훼손하는 모든 방식을 뜻한다. 예를 들면 찌르기, 꿰뚫기, 째기, 긁어내기, 심지어 지지는 것까지.7

　　마이무나의 어머니는 유형 3을 시술했다. 클리토리스를 제거하고 음순을 꿰매어서 겨우 소변과 생리혈이 빠져나갈 구멍만 남기는 것이다. 마을의 할례자는 이 구멍을 결혼식날 밤에 크게 열어준다. 그래야 삽입이 가능하기 때문이다. 때로는 구멍이 너무 작은 여자는 삽입까지 도달하기 위해 6개월간이나 고통을 겪기도 한다. 성관계가 출산만큼이나 고통스러웠다고 내게 말한 여자들이 있던 것도 당연하다. 부정한 성관계를 즐기는 것이 여성의 타고난 성향이라는 믿음 때문에, 이런 방식으로 고통을 주어 효과적으로 억제하는 것이다.

　　마이무나는 말한다. "이 FGM이라는 게요, 항상 아프기도 하지만 너무, 너무나도 끔찍한 고통을 세 번 줍니다. 잘리는 날의 고통은 이후로도 두세 달 정도 계속돼요. 그리고 결혼을 앞두고, 남편과 성관계를 하기 전에 성기를 열어야 하는데 그게 또 엄청나게 아파요. 그리고 임신을 하게 되면, 아기를 위해 또다시 열어야 해요. 정말 미칠 것 같은 통증이에요. 그렇게 지속적으로 우리는 그처럼 큰 고통을 겪어야 하는 겁니다."

현존하는 FGM의 증거로는 가장 오래된, 약 4000년 전의 흔적을 자랑하는 이집트는 오늘날에도 가장 높은 여성 할례 시행률을 보이고 있다. 이집트의 전체 인구는 약 9000만 명으로 추산되는데, 2013년 유니세프(UNICEF)의 통계에 따르면 여성 인구의 91퍼센트 정도인 약 3000만 명이 성기 절제를 해서 전 세계 국가 가운데 가장 높은 수치를 기록했다.[8] 이 수치는 광활한 사막 대지를 가로지르는 나일강 상류 지역으로 올라갈수록 높아져서 100퍼센트에 근접하는 마을도 있다고 한다. 먼지투성이의 비포장도로를 따라 낙타와 당나귀 들이 수레를 끌고, 진흙 웅덩이 속에서 해오라기가 뽐내듯 걸으며, 후투티◆는 야자수 사이로 날아오르며 특유의 '우, 우' 소리를 내며 운다.

이곳에는 감비아의 마을과 같은 생동감이 전혀 없다. 화려한 드레스를 입고 옷과 어울리는 스카프로 머리를 둘러맨 채 얼굴을 가리지 않고 길거리를 자유롭게 나다니는 여자들을 찾아볼 수 없는 것이다. 나일강 어귀 마을의 삶은 진흙 벽돌로 쌓아올린 집 안에만 존재한다. 직장에서 일하고 쇼핑을 하는 것은 남자들뿐, 여자들의 모습은 눈에 띄지 않는다. 여자들이 집을 나설 때면 머리를 완전히 가린다. 내가 방문한 마을들에는 무슬림과 기독교도가 나란히 살고 있는데, 두 집단 모두 FGM을 시행한다.

◆ 머리에 관모가 있고 부리가 긴 새다.

FGM과 맞서 싸우는 카이로의 시민단체 일원이 취재진의 가이드 역할을 해줬다. 첫번째로 찾아간 곳은 기독교도인 여자의 집이었다. 성모마리아와 아기예수의 그림 아래 놓인 침대에, 나와라Nawara는 십대 딸과 함께 앉아 있었다. 그녀는 담담하게, 자신이 할례를 당함으로써 결혼생활에서 얼마나 많은 어려움을 겪었는지, 또 몇 년 전 FGM 반대 운동가들이 자신의 집에 찾아와 이집트에서 이제 FGM이 불법이라고 말해줬을 때 얼마나 고마웠는지를 이야기했다. "내 딸들은 할례를 받지 않게 할 거예요." 그녀가 웃으며 말했다. "내가 겪었던 고통과 아픔을 대물림하지 않을 거예요."

우리는 바로 옆집인 무슬림 여자와 그 가족들도 방문했다. 어머니인 파티마Fatima는 나에게 아들 넷과 딸 다섯을 소개해줬다. 그녀는 막내딸인 열한 살의 아이샤Aysha를 가리키면서 유일하게 할례를 받지 않은 아이라고 말했다. "하지만 곧 절제술을 받게 될 거예요. 그렇지 않으면, 아이가 그걸 가지고 놀 수도 있고, 소년에게 그 부분을 만져달라고 하고 즐길 수도 있겠지요. 그게 낯선 사람이거나 심지어 남자 사촌 중 하나일 수도 있습니다. 그러니까 할례가 딸애를 보호해줄 거란 말이죠. 그 고통을 느껴야지만, 몸의 이 부분에 대해 더 조심하게 될 테니까요." 아이샤는 엄마가 말을 잇는 동안 어리둥절한 표정을 지을 뿐이었다. 나는 아이샤를 안타깝게 바라보며 이 아이가 이웃집의 딸이었다면 좋았을 텐데 하고 생각했다.

몇 주 내로 아이샤에게 할례를 거행할 예정이었던 마을 조산사는, FGM에 관해 취재 중인 기자가 이 마을에 왔다는 사실을 듣고 크게 기뻐하며 나를 몹시 만나고 싶어했다고 한다. 크고 기세등등한 조산사는 녹색과 검은색으로 된 긴 가운을 휘날리며 일장 연설을 토해냈다. 그녀는 내 코앞까지 자기 얼굴을 들이대며 손가락을 연신 휘둘렀다. "깨끗해진purified 소녀들만이 키가 커지고 신랑감을 찾을 수 있습니다. 깨끗해지지 않은 아이들은 키 작은 노처녀로 남게 되지요!" 그녀는 웃음을 터뜨리면서 신이 나서는 내 무릎을 찰싹 때렸다. 나는 기세에 질려 뒤로 물러섰지만 가까스로 질문을 하나 더 했다. 이 일을 즐기고 있는 걸까? "너무 좋죠. 내 두 눈보다 이 일이 더 좋습니다. 돈을 엄청 많이 벌 수 있거든요. 왜 좋지 않겠어요?"

마을에서 마을로 캠페인을 벌이며 크고 작은 성공을 거둔 FGM 반대 운동가들은, 기독교 교회 지도자들이 이슬람교의 이맘들보다 활동가들의 설명을 훨씬 더 잘 이해하는 경향이 있다고 말한다. 아카카 마을의 야쿱 이야드Yacoub Eyad 목사는 나에게 하느님의 성회 교회Assembly of God Church 주변을 보여주면서, 아브라함이 자신의 아들에게는 할례를 했지만 성경 어디에도 여성 할례의 사례를 찾아볼 수 없다는 점을 내게 일깨워주었다. "우리는 하느님의 도움으로 사람들에게 진리를 가르칠 수 있기를 기도합니다." 그가 힘주어 말했다.

나는 같은 마을에 있는 모스크 바깥에서 기다렸다. 금요일 기도회가 시작되기 전, 이맘을 상대로 인터뷰를 시도하기 위해서다. 나는 얌전하게 헐렁한 바지와 긴팔 셔츠를 입었지만 머리에 스카프는 쓰지 않은 채였다. 이맘이 대규모 수행원들과 함께 도착했지만 그는 나를 쳐다보려고도 하지 않았다. 나는 통역사에게 그가 FGM을 막기 위해 무엇을 하고 있는지 물어봐달라고 했다. 그는 이렇게 답했다. "예언자가 행했고, 평화는 그분과 함께 있으니, 이는 이슬람 율법에 의해 합법화된 것입니다."

이 답변은 예언자 마호메트와 코란에 대해 익히 알려진 역사를 뻔뻔하게 무시하는 행태였다. FGM에 대한 언급은 전혀 없기 때문이다. 더 나아가 그것은 2007년에 이미 FGM이 이슬람에 반하는 것이라고 선언한 이집트의 최고 종교지도자 알리 고마Ali Gomaa와도 모순된다.[9] 그 뒤로 이집트 정부는 할례 관습을 금지했다. 이맘은 나를 본체만체하고는 사라져버렸다. 사람들은 그가 가는 길마다 머리를 숙이고 종종걸음으로 길을 터주었다. 그는 분명 많은 사람들의 존경을 받는 사람이다.

카이로에 있는 정부가 FGM을 금지한 것은 특히 나일강을 따라 자리잡은 외딴 마을들에 어떤 변화를 가져왔을까? 아주 근소한 차이라고, 이집트의 소설가이자 FGM 반대 운동가 나왈 엘 사다위 Nawal El Saadawi는 말한다. 엘 사다위는 1970년대에 보건부에서 공무원으로 일할 당시 FGM에 반대하는 목소리를 내다 해고당했다. 그녀는 그때와는 많은 것이 달라졌다고 인정하면서도 이렇게 말했다. "법만으로는 역사적으로 뿌리 깊은 그런 관습을 근절할 수 없습니다. 개별 가정의 어머니, 아버지에 대한 교육이 필요합니다. 할례가 여성들에게 유익하다는 잘못된 정보가 너무 많지만 모두 거짓말이죠."[10] 통상적인 무슬림 가정이 아카카의 이맘 같은 사람에게서 주로 정보를 얻는다면 진정한 변화를 기대할 수는 없는 노릇이다.

엘 사와디는 FGM을 처녀막에 대한 집착의 결과라고 설명한다. "아랍 사회는 아직도 외부 생식기의 입구를 둘러싼 얇은 막이 소녀의 몸에서 가장 소중하고 중요한 부분이라고, 눈이나 팔, 다리보다도 더 귀중한 것이라고 생각합니다. 아랍계 가족이라면 한 소녀가 한쪽 눈을 잃는다고 하더라도 처녀성을 잃는 것만큼 슬퍼하지는

않을 겁니다. 사실, 소녀가 목숨을 잃는 편이 처녀막이 훼손됐을 때
보다 덜 파국적인 결과를 낳을 거예요."[11]

WHO는 최소한 전 세계 30개국 1억 3000만 명의 여성들이
FGM을 당했다고 추산하고 있다. 이들 대부분이 이슬람교인이
다.[12] FGM 반대 운동가들이 최선을 다하고 있지만 넘어야 할 산이
너무나도 높다. FGM은 유럽과 중동, 그리고 아프리카의 20여 개
국가—서쪽 끝 세네갈부터 동쪽 끝 에티오피아까지, 최북단 이집트
부터 최남단 탄자니아까지—에서 자행되는데, 특히 기니와 소말리
아, 시에라리온의 경우 이집트와 마찬가지로 여성 인구의 90퍼센트
이상이 FGM을 받았다고 전한다.

2012년과 2013년에 BBC를 통해 방송된 나의 취재물은 영국
방송에서 FGM 문제를 처음으로 다룬 것 중 하나다. 나는 이집트,
프랑스, 영국과 감비아의 실태를 연속 취재했다. 파리 편의 경우, 아
프리카 이민자들이 증가하면서 점점 심각해지는 FGM 문제를 프랑
스인들이 얼마나 실용적이고 합리적으로 풀어나가고 있는지에 집
중해서 보도했다. 프랑스에서는 1983년에 FGM을 금지하는 법이
통과됐다. 100명의 할례자와 이들에게 할례를 의뢰한 부모들이 이
죄목으로 감옥에 갔다. 프랑스 정부의 메시지는 명료하다. 어린이
성기 절제는 용인되지 않으며 이를 어긴 자는 엄벌에 처해진다는
것이다.

"영국의 문제는 개별 이민자들 나름의 커뮤니티가 지키는 전
통을 지나치게 존중한다는 것입니다." 성차별적 폭력에 대항하는
NGO인 여성 성기 절제 폐지를 위한 단체Group for the Abolition of Female
Genital Mutilation(GAMS)의 수장인 이자벨 질레트 페이Isabelle Gillette-

Faye는 이렇게 말했다. "우리나라는 완전히 다릅니다. 우리는 이주민들도 프랑스의 법과 전통을 지키고 통합될 것을 기대하죠." 우리는 파리의 북역에 있는 유로스타 터미널에서 만났다. 할례를 받기 위해 런던으로 향하던 두 명의 소녀를 GAMS가 막 구해낸 직후였기 때문에 그녀는 영국인들에게 더욱 화가 난 상태였다.

"우리는 프랑스에서 FGM을 근절하기 위해, 주목받는 재판을 여러 건을 하고 있습니다." 질레트 페이는 말했다. "그런데 부모들이 아이들을 영국에서 할례시키려고 갑작스레 해협 건너편으로 보내고 있다는 사실을 알게 됐죠. 커뮤니티의 누군가가 우리 조직에 연락해서, 여섯 살짜리 여자아이 두 명에게 성기 절제술을 받게 하려는 가족이 런던행 유로스타 티켓을 샀다고 알려줬어요. 전화는 금요일에 왔고 가족은 토요일에 열차를 탈 예정이었죠. 그래서 우리는 매우 빨리 움직여야 했습니다." 부모들은 학력도 높고 부유층에 속했기 때문에, 질레트 페이는 이들이 런던의 사설 의료원에 별도로 의뢰했을 거라고 생각한다.

프랑스 시스템은 더 강제성이 높다. 출생 직후부터 여섯 살이 될 때까지 프랑스의 모든 어린이는 특정 산부인과 의원에서 무료로 검진과 치료를 받는다. 이 연령대의 모든 프랑스 아동은 어느 민족 출신이냐에 관계없이 성기 검사를 받는다. 여섯 살 이후에는, 의사나 교사 및 학교의 보건 전문가 들이 위험스러운 출신 성분의 어린이들을 면밀하게 관찰하도록 돼 있다. 자녀를 학교에서 빼내어 성기 절제 관습이 만연한 국가에 데려가려고 하는 부모들은 귀국한 아이들에게 무엇 하나 달라지는 일이 있으면 기소될 거라는 강력한 경고를 받는다. "프랑스에서 성기 절제술을 받은 사람은 한동안 보지 못했습니다." 질레트 페이가 말했다.

영국은 지역의 관습을 존중하고, 통합을 강요하지 않는 전통이 있다. 우리는 문화적 차이를 받아들이고 관용적이어야 한다고 생각하지만, 그것은 때때로 닫힌 문 뒤에서 은밀하게 벌어지는 학대를 허용하는 결과를 낳기도 한다. 이는 NHS◆에서 일했던 가나 이민자 출신의 에푸아 도케누Efua Dorkenoo의 말이다. 그녀는 운동단체 포워드Forward를 만들고, 1985년 여성 할례 금지법the Prohibition of Female Circumcision Act을 끌어내는 데 큰 역할을 했다. 에푸아는 그 공로를 인정받아 훈장 OBE를 수여했고, 2015년 10월에 갑작스레 세상을 떠날 때까지 지치지 않고 이 캠페인에 헌신했다. 그녀는 기소가 제대로 되지 않는 현실에 실망하며 자주 이렇게 말했다. "지금 이 시간에도 어린이들이 학대를 당하고 있는데 쉴 틈 따위는 없다."[13]

프랑스와 영국, 해상으로 약 32킬로미터 떨어져 있을 뿐인 두 인접국의 국민들이 왜 그렇게 많은 사안에 대해 전혀 다른 입장을 취하는지는 알 수 없는 노릇이다. 영국이었다면 의사가 어린이들의 성기를 정기적으로 검사한다는 발상 자체가 큰 거부감을 불러일으킬 것이다. 또 현재까지 가장 시끄럽고 첨예하게 대립하는 논쟁거리 즉 개인의 자유와 공공의 이익(이 경우 성기 절제술로부터 수만 명의 영국 소녀를 보호하는 일)이 충돌할 때 어느 것을 우선해야 하느냐로까지 발전할 수 있다. 하지만 그럴 기회조차 주어지지 않는다. 런던 경찰청의 한 고위 아동보호 담당관은 이렇게 말했다. "우리나라 상황에

◆ 영국의 공공 건강 의료 제도로, 국민건강서비스National Health Service의 약자다.

서 성기 검사는 그 자체가 일종의 학대로 받아들여질 수 있습니다."

프랑스와 마찬가지로 영국 내에서도 FGM 관습이 있는 국가에서 오는 이민자들이 증가함에 따라 성기 절제술을 받은 여성의 수도 늘어나고 있다. 에푸아 도케누가 숨지기 전 런던시티대학교와 함께 진행한 연구에 따르면 잉글랜드와 웨일스만 하더라도 이미 FGM을 받은 여성이 10만 명이 넘고, 매해 2만 명의 어린이들이 절제술을 받을 위기에 처한다. [14]

영국 내에서도 은밀하게 불법적인 성기 절제술이 자행되고 있다는 것은 분명하다. 비바람이 몹시 불어닥치던 어느 날, 수백 명의 난민이 살고 있는 글래스고 빈민가 레드로드Red Road 아파트 단지의 한 건물 17층에서 가나 여자와 만난 것을 기억한다. 1년 전 조국인 가나를 떠난 스물세 살짜리 어머니 아야나Ayanna는 남편의 폭력과 6개월 된 아기의 성기 절제를 막아달라면서 영국으로 도망쳐와 망명 요청을 한 상태였다. "남편은 할례를 고집했을 거예요." 그녀는 설명했다. "우리 커뮤니티의 모든 여자들이 성기 절제를 당했거든요."

황량한 거리 풍경을 바라보면서 아야나는 말했다. "나는 영국에서 행복하게 지내고 있지만 두렵기도 해요". 그녀는 아프리카인 커뮤니티와 접촉을 피하려고 애쓰고 있었다. "그들은 내 딸이 할례를 받아야 한다고 말해요. 할례는 이곳에서도 자행되고 있어요." 창문을 통해 레드로드 단지의 다른 건물을 가리키며 그녀가 말했다. "나이 든 여성들이 그걸 해요. 주로 할머니들. 바로 지난주에도 세 살짜리 아기와 2주 된 아기의 성기가 잘렸는걸요." "도대체 무엇으로 그런 짓을 하는 거죠?" 내가 물었다. "면도칼과 가위죠 뭐." 그녀의 대답이다.

그러면 기소는 어떤가? 프랑스가 100여 건의 유죄판결을 끌어내고 있는 데 비해 왜 우리는 비참하게 실패하고 있는 걸까? 영국 법원에서 FGM 사건은 단 한 건뿐인 듯한데, 영국 왕립검찰청의 명성을 보호하기 위한 궁여지책으로 보인다. 앨리슨 손더스Alison Saunders 검찰총장이 "왜 성공적인 기소가 없었느냐"는 질문에 답하기 위해 국회 하원의 내무위원회에 출석하기 며칠 전, 북런던의 휘팅턴 병원에서 일하는 32세의 산부인과 의사 다누슨 다르마세나 Dhanuson Dharmasena가 FGM 시술을 한 혐의로 기소된 것이다. 경찰 고위 관계자는 의사에 대한 수사 자체가 "FGM을 자행하는 사람들이 붙잡혀 처벌을 받을 것"이라는 강력한 메시지를 전하는 "좋은 소식"이라고 말했다.[15]

배심원은 불과 30분 만에 다르마세나 사건을 기각했다. 재판 과정에서 이 의사에게 유리한 증언이 튀어나왔기 때문이다. 환자가 소말리아에서 어렸을 때 할례를 받았고, 음순끼리 단단하게 꿰매어져 있다는 사실을 병원 직원이 의사에게 미처 보고하지 않았다는 것이었다. 다르마세나는 분만을 돕고 아기를 살리기 위해 재빨리 성기를 절개한 뒤, 뿜어져 나오는 피를 지혈하기 위해 그저 다시 꿰맸을 뿐이라는 주장이다. 해당 병원의 팀원 중 한 명이 이를 '음부 재봉쇄술'이라며, 다르마세나를 FGM 시술 혐의로 고발한 상태였다. 다르마세나는 산모의 출혈을 막기 위해서는 1.5센티미터, 여덟 바늘을 꿰맬 수밖에 없었다고 주장했다. 그는 자신을 지지해준 동료들에게 감사를 표하며, 배심원단에게 "나는 늘 FGM이 의학적 정당성이 없는 혐오스러운 관행이라는 입장을 견지해왔다"고 말했다.[16] 이렇게 뜨거운 화제를 모았던 영국 최초의 FGM 재판은 싱겁게 끝나버렸다.

　영국의 산부인과 전문의들은 할례 당한 여자들이 출산이 임박한 상태로 응급실에 처음 나타났을 때 모두 경악했다. 분만실에서 전에 해본 적 없던 응급처치법을 익혀야 했기 때문이다. 산도産道가 때때로 너무나 잘 밀봉되어 있어서 도저히 아기가 빠져나올 수 있는 상태가 아닌 경우, 출산에 걸리는 시간이 길어지고 난관을 겪는다. 이런 여성들의 자연분만은 산후 출혈량이 많아 제왕절개가 필요한 경우도 많다. 정교한 의료 조치가 취해지지 않는다면 출산 중 사망할 확률이 높은 것이다.

　아프리카의 여자들은 생식기 부위에 궤양과 종기 증상으로 부인과를 찾곤 한다. 런던 세인트토머스 병원에서 일하는 조산사 컴퍼트 모모Comfort Momoh는 여자의 외음부 가장자리에 생긴, 아기 머리만 한 크기의 낭종 사진을 내게 보여줬다. 그녀가 일하면서 여러 번 맞닥뜨린, FGM으로 인해 목숨이 위태로운 사람들 가운데 한 명이었다. 등이나 골반에 만성적인 통증을 호소하거나 신장 감염으로 병원을 찾는 여자들 가운데 FGM의 희생자인 경우가 많다. 모모가 환자들의 슬라이드를 연달아 보여주면서 우리는 근거 없이 전통이라는 이름으로 자행되는 불필요한 고통에 함께 몸서리쳤다.

　우리는 영국에서도 이 끔찍한 전통을 충실히 이어가려고 하는 커뮤니티에 맞서야 한다. 글래스고에 머무르는 동안 나는 소말리아 노동자들이 자주 모이는 카페를 물어물어 찾아갔다. FGM에 대한 남자들의 시각을 듣고 싶었기 때문이다. "여자들 일이죠." 한 남자가 이렇게 말했다. "전통이니까 어머니들, 할머니들이 그걸 하죠." 또 다른 남자는 이렇게 말했다. "여자들의 선택에 달린 문제 아닌가요.

누구는 자르는 걸 좋아하고, 누구는 아닐 수도 있고요." 그들은 대부분 어느 쪽이든 상관없다는 투였다. 하지만 내가 만난 여자들은 자기 딸들이 할례를 받지 않으면 결혼을 못 할까봐 두렵다고 말한다. 두 성이 마주앉아 이 주제를 터놓고 이야기할 필요가 있어 보였다.

영국에서 FGM 취재를 하며 유일하게 희망적인 기미를 발견한 곳은 브리스틀이었다. 시티 아카데미 브리스틀 고등학교 교사인 리사 지머먼Lisa Zimmerman은 여성 할례 문화권에서 온 학생들이 자발적으로 나서도록 독려했다. 학생들은 〈조용한 비명The Silent Scream〉이라는 제목의 영화를 만들었다. 이주민 가정의 큰딸이 여동생에게 할례를 시키지 말라고 부모를 설득했을 때 이민자 가정에서 나타나는 긴장 관계를 조명한 내용이다. 뮤직비디오를 만들고 영국 전역의 공공행사에 참가한 뒤 지머먼 선생과 열여덟 살의 파마 무함마드Fahma Mohamed는 반기문 유엔 사무총장과 만나는 자리에 초대되었다. 반 총장은 파마에게 "당신은 우리 미래의 희망입니다"라고 말했다.

14~17세의 이 청소년들은 내가 만나본 그 또래의 누구보다도 열정적이고 박식하며 단호했다. 아미나Amina는 브리스틀 지역에서 열리는 '할례 파티cutting parties'에 대해 냉소적으로 말했다. "할 만한 모든 여자아이들을 모아요. 그렇게 하는 것이 더 싸게 먹히니까요. 나이 많은 여자, 할머니가 보통 그걸 해요." 이 아이들은 총리가 FGM에 대응해 무엇을 해야 한다고 생각할까? "금발 머리와 파란 눈을 가진 어린 소녀들이 같은 위험에 처했다면 어떤 일이 일어났을지 묻고 싶습니다." 무나 하산Muna Hassan이 답했다. "데이비드 캐머런David Cameron 총리에게 배짱을 갖고 용감하게 FGM에 대해 뭔

43

가 조치를 내려달라고 말하고 싶습니다. 만일 할 수 없다면, 그 자리에 있을 필요가 없다고 생각해요."

소녀들은 자신의 부모라는 위험으로부터 보호받기를 원하고 있다. 소녀들이 만든 영화 〈조용한 비명〉은 아이들이 사랑하고 믿는 가족들의 확고한 신념에 반발하는 일이 얼마나 어려운지를 영리하면서도 뭉클하게 지적하고 있다. 아이들은 부모가 범죄자로 전락하기를 원치 않기 때문에, 영국에서 불법적인 할례가 기소로 이어지지 못하는 경우가 많다. 파마는 FGM에 대한 교육이 정식 교육과정에 포함되기를 원했다. "부모님을 설득하고, 부모님과 논쟁을 벌이려면 도움이 필요해요. 모든 소녀들이 FGM의 위험성과, 그것이 우리 종교에 아무런 근거도 없다는 사실을 정확하게 알게 된다면 우리는 훨씬 편해질 거예요."

영국 정부와 유니세프가 2014년에 주최한 소녀정상회담the Girl Summit에서, 데이비드 캐머런 총리는 FGM과 싸우고 있는 수백 명의 여성과 NGO 대표들에게 이렇게 말했다. "우리가 성취하려는 바는 명백합니다. 단순하지만 고귀하고, 큰 포부인데, 여성 성기 절제술(FGM)이나 강제조혼 같은 관습을 법적으로 금지하는 것입니다. 동시대를 살아가는 누구에게나, 어디에서나 이 같은 일을 불법화하려는 것입니다. 이것이 목표이고, 포부입니다."17 총리의 말은 과감했지만 솔직하지 않았고, 행동으로 뒷받침되지도 않았다. 더욱 실질적인 정치적 의지와 뚜렷한 방책이 필요하다. 수세기 동안 딸의 성기를 잘라낼 권리가 있다는 믿음을 이어온 수천 명의 이민자들에게서 변화를 끌어내려면 말이다.

포워드의 새 상임이사 나나 오투 오요테Naana Otoo-Oyortey는 소녀정상회담에 종교 지도자들이 거의 초대받지 못했던 점을 지적했다. 이들 종교 지도자들은 FGM을 정당화하는 종교적 오독이 잘못됐다는 도전을 받아야만 한다. 전통과 문화에 대한 존중이 정면대립의 필요성에 우선하는 것으로 보인다. 이 같은 회담에 이어 정부는 영국 내 FGM을 근절하기 위한 예산으로 140만 파운드♦를 할당했다. 오투 오요테는 이렇게 일축했다. "모욕적이에요…… 정부는 이 사안이 하등 중요하지 않다는 메시지를 보낸 거예요."[18]

긍정적인 측면을 보자면, 새로운 법은 보건, 교육 및 사회 부문에 종사하는 이들에게 그들이 접하는 모든 FGM 사건을 경찰에 신고하도록 강제했다는 점이다. 이는 관련 사건 기소율을 높일 수 있는 방안이다. 또 정부는 방학 동안 소녀들이 할례를 받으러 이민 전의 고국에 보내지는 것을 막기 위해 국경 통제를 강화하겠다고 약속했다. 2003년 영국 국경 바깥이라고 하더라도 영국인에게 FGM을 시술하면 불법으로 처벌하도록 여성 성기 절제법Female Genital Mutilation Act이 개정됐다.[19] 하지만 여전히 이와 관련해 기소된 사례는 없다.♦♦

감비아에서 나는 아야Aja를 만났다. 마을의 할례자인 그녀는 자신의 손녀인 영국인 소녀들에게 할례를 거행했다고 인정했다. 아야의 딸들이 여름방학을 이용해 자신의 딸들을 감비아에 데려오는

♦ 약 20억 5000만 원이다.

♦♦ 이 법령에 근거해 최초로 기소된 사례가 앞서 소개한 휘팅턴 병원의 산부인과 의사 다누슨 다르마세나였다. 그는 2014년 3월 기소되어 2015년 2월에 혐의를 벗었다.

것은 너무나 쉬운 일이었다. "영국에 살고 있는 네 딸 가운데 영국인 하고 결혼한 애는 한 명이에요. 걔는 딸에게 할례를 시키지 않았지요. 하지만 감비아 사람과 결혼한 다른 세 명은 딸들을 이곳에 데려와서 할례를 받게 했어요."

영국 국제개발부DFID는 국외 FGM 퇴치를 돕기 위해 3500만 파운드◆를 지원하겠다고 약속했다. 이것은 간접적으로는 부모의 출신 국가에서 할례 당할 위험에 처한 영국 소녀들을 도울 것이다. 그러나 영국과 해외를 오가며 FGM을 3년간 취재한 내가 보기에는, 영국 정부가 자국 내에서보다 해외에서 이 문제와 싸우는 데 더 열의를 보이고 있다는 인상을 지울 수 없다. 프랑스와 비교해 현저히 낮은 기소율은 불가해한 부분이다. 일상적인 어린이 성기 검사는 어차피 실효성이 없다. 훨씬 쉬운 선택지, 예컨대 FGM의 실상을 알리는 교육을 학교 교과과정에 도입하는 것에 대한 논의조차 제대로 이뤄진 적이 없다.

다시 마이무나의 이야기로 돌아가보자. 오직 할례를 하지 않기 위해 살던 곳을 떠나 도망친 여자. 왜 그녀의 망명 신청은 거부됐을까? 그녀는 5년 전에 영국에 왔는데, 얄스우드 구치소에 억류되어 지낸 지는 6개월이 됐다. 그녀는 한 번의 법적인 심사를 거쳤지만 재판부는 그녀의 신청을 받아들이지 않았다. 할례의 실상을 알리는 감코트랩의 운동가들은 이제 그녀의 고향에 마을 집회를 열 수 있게 해달라고 요청해야 한다. 만일 마이무나가 강제로 송환된다면,

---

◆ 약 511억 원이다.

그녀는 어쩔 수 없이 할례를 집도할 수밖에 없을 것이다.

마이무나는 하운즐로의 방 침대에 앉아 내게 이렇게 말했다. "할례를 하지 않겠다고 선언하면 나는 죽은 목숨이에요. 가족들에게 죽을 때까지 맞을 거예요." 2주 뒤, 감비아에서 그녀의 언니를 마주했다. 인터뷰를 위해 마당으로 끌고 나온 철제 침대 프레임 위에 마주앉은 터였다. 콤베Kombeh는 눈이 거의 안 보였는데, 자매의 어머니가 자신의 대를 이을 할례자로 마이무나를 선택한 이유가 바로 이것이었다. 콤베에게 만약 마이무나가 마을에 돌아와서 할례자가 되기를 거부한다면 어떤 일이 벌어지겠느냐고 물었다. 그녀는 눈곱이 잔뜩 낀 눈으로 나를 쳐다보더니 강한 적의를 띠고 힘주어 말했다. "흑인들이 사는 어디에나 전통이라는 것이 있는데 만약 그 전통을 따르지 않는다면 나쁜 일을 겪게 될 겁니다. 그 애는 마을 할례자이고 할례를 해야만 해요. 저항하지 못할 저주가 내려질 겁니다. 내 단언하건대, 그 아이에겐 무슨 일이든 생길 수 있어요."

마이무나의 다섯 자녀들을 만나러 갔다. 아이들은 집에서 몇 킬로미터 떨어진 이웃집에서 돌봐주고 있었다. 다른 여자와 재혼한 아이들의 아버지는 이제 아이들과 아무런 관계도 아니다. 원래 마을에서 마이무나의 자녀로 살아간다는 건 너무나도 위험한 일로 여겨진다. 나는 아이들 양육비가 어떻게 조달되는지 전혀 들은 바가 없다. 아이들을 돌봐주는 집은 큰 농장이지만, 다섯 명의 십대 청소년들은 집 바깥에 있는 어두운 방 한 칸에 모여 살고 있는 것 같았다.

최근에 어머니를 만나고 왔는데 아이들을 몹시 그리워하고 있다는 말을 해주니 아이들의 눈이 반짝였다. 하지만 그 말이 끝나자 아이들은 곧바로 슬픈 표정의 방치된 모습으로 돌아갔다. 집 주인은 아이들의 근황에 대해 이렇게 설명했다. "아이들이 정말 힘든 시기를 겪고 있어요. 늘 슬퍼하고 있답니다. 너희 엄마가 곧 돌아올 거라고 말하면서 안심시키려고 해요. 엄마가 없다는 충격은 여자아이가 가장 크게 받은 것 같아요. 특히 학교생활에서 티가 나요. 늘 엄마 생각에 아무것도 하지 않으려 들어요."

아미를 보며 다섯 살 소녀를 떠올린다. 할머니가 성기를 잘라내고 엄마가 자신의 두 다리를 단단히 잡고 있는 동안 고통에 몸부림치면서 엄마를 애타게 불렀다는 아이. 그 순간이 마이무나를 자녀들로부터 떼어놓는 계기가 되었다. 이 아이들에 대해 이야기하면서 눈물을 줄줄 흘리던 마이무나도 떠올랐다. "아이들이 너무나 보고 싶어요." 그녀는 이렇게 말했다. "아이들도 나를 그리워하고 있다는 걸 알아요. 하지만 만약 아이들을 돌보러 돌아간다면, 마음속으로 부당하다고 믿는 것에 진실한 태도가 아니겠죠."

놀랍게도, 마을 사람들은 여전히 마이무나를 기다리고 있다. 그녀의 어머니가 사망하고 마이무나가 도망간 뒤로 아무도 할례를 받지 못하고 있다고, 마이무나의 언니인 콤베는 내게 말했다. 마을 어른들이 할례를 할 수 있는 집안은 따로 있다고 강하게 주장하고 있기 때문이다. "그 일을 할 수 있는 것은 오직 우리 가문뿐이에요. 마이무나는 돌아와야만 합니다." 하지만 그녀가 도망가 있는 덕분에, 수십 명의 어린이들이 할례를 당하지 않고 있다.

내무부는 마이무나 주장의 신빙성을 검증하기 위해 영국 정부 공무원이 그녀의 고향을 방문한 적은 없다고 확인해주었다. 또 그녀의 망명 신청은 기각이 확정됐다고 대변인이 나에게 말했다. "고국 송환이 그녀에게 더욱 안전할 것이라는 믿음에 의거한 판단입니다." 어쨌거나 판사는 그녀가 머리에 스카프를 싸맨 방식을 근거로 그녀가 부자이고 잘 교육받았으며, 감비아의 다른 곳으로 가서 "식자층 가운데서 어울리며" 새 출발을 할 수 있을 것이라고 판단을 내린 뒤였다.

첫번째 인터뷰를 한 지 2년여 만에, 하운즐로의 한 단칸방에서 마이무나를 다시 만났다. 그녀는 같은 집에 살고 있었지만 이제는 방을 혼자 쓰고 있었다. 종일 텔레비전을 보고, 감비아에 있는 자녀들에게 전화를 걸고, 한 달에 한 번씩 식료품 교환권을 받으러 난민 보호소에 찾아갈 때마다 그녀는 언제 갑자기 추방될지 모른다는 사실을 매번 떠올린다. 일할 수 있는 허가를 받지 못했기 때문에 돈이 없지만, 때때로 10파운드◆씩 보내주는 오빠 덕분에 그나마 아이들에게 전화를 걸 수 있다.

그녀는 재판에 져서 낙담한 상태다. "만약 그들이 나를 고국에 돌려보낸다면, 별다른 선택지가 없죠. 돌아가서 할례 일을 해야만 해요. 만약 하지 않으면 그들은 나를 죽이려 할 것이고, 달리 숨을 데도 없거든요." 그녀의 뺨 위로 눈물이 흘러내린다. "그게 내 아이들을 다시 만날 수 있는 유일한 길이에요. 나는 전투에서 졌어요. 할례를 해야만 할 거예요."

◆ 약 1만 5000원이다.

2

5월광장의 할머니들
아르헨티나

그날은 내 아들의 스물네번째 생일잔치 날이었습니다. 축하하려고 아들 집에 모여 저녁식사를 했지요. 생일 축하 노래를 부르고 케이크를 나눠먹었습니다. 그러고 나서 우리는 카드놀이를 하고 있었어요. 자정이 막 지났을 무렵, 민간인 복장을 한 세 명의 남자가 문을 두드렸습니다. 들어와서는 우리더러 뭘 하고 있었는지 묻더군요. 나는 우리 아들의 생일을 축하하는 중이었다고 설명했습니다. 그들은 집 안의 책을 보여달라고 했습니다. 딸이 책을 넣어두는 찬장을 열어 보여줬지요.

남자들은 책을 꼼꼼히 들여다보더니 정치적인 책을 몇 권 발견하고는 아들과 며느리를 경찰차 안에 밀어넣었습니다. 그들은 아들 부부에게 몇 가지 물어볼 게 있어서 그렇다면서 몇 시간 후에 다시 집에 데려다주겠다고 했어요. 나는 통곡하기 시작했는데, 남편은 그런 내게 애들을 곧 돌려보내준다는데 왜 그러느냐고 묻더군요. 나는 그들에게 남편이 아르헨티나에서 무슨 일이 벌어지고 있는 지 도통 모르고 우리가 안드레스Andres와 릴리아나Liliana를 다시는 보지 못하게 될 거라고 말했어요. 내 말이 맞았답니다.

라켈 라디오 데 마리스쿠레나Raquel Radío de Marizcurrena를 만나기로 한 '5월광장의 할머니들Abuelas de Plaza de Mayo' 사무실은 부에노스아 이레스 중심부, 유대인 지구에서 가까운 우아한 거리에 자리하고 있다. 사무실 문에는 변호사, 건축가, 회계사 사무실 간판이 여러 개 붙어 있다. 무거운 나무문을 밀고 들어가자 유니폼을 입은 나이 지 긋한 수위가 고풍스러운 승강기로 안내해서는 철문을 열고 친절하 게도 4층 버튼을 눌러주었다.

사무실 자체는 일종의 바쁜 법률 회사 같았다. 전화에 매달려 있는 안내원, 서류 더미를 들고 바쁘게 걷는 사람, 열린 문틈으로 보 이는 회의하는 사람들, 컴퓨터 앞에서 일하거나 차를 마시는 사람 들. 여기까지는 여느 회사와 다름없지만, 이곳의 한 가지 다른 점은 모든 직원들이 희끗희끗한 머리를 한 70~80대의 여자들이라는 것 이다.

나는 라켈을 포함해 세 명의 할머니와 만나기로 돼 있었다. 델 리아 히오바놀라 데 칼리파노Delia Giovanola de Califano와 로사 타르로 브스키 데 로이신블리트Rosa Tarlovsky de Roisinblit가 함께 나왔다. 이 곳에는 엄격한 관례가 하나 있다. 모든 방문객은 반드시 아르헨티 나 전통 케이크를 잔뜩 들고 찾아가야 한다. 나는 그들을 실망시키 지 않았다. 현지 특산품인 달콤한 아몬드 케이크, 도넛, 리코타 치즈

타르트로 채운 가방을 들고 갔다. 그들은 커피와 차를 내왔고 우리는 사무실에 둘러앉았다. 앞쪽 벽은 환하게 웃는 젊은 커플들의 사진으로 도배돼 있다.

라켈의 아들이 사라진 1976년 4월 24일은 이른바 '더티 워Dirty Wars'라고 불리는 쿠데타가 일어난 지 한 달여가 지난 때였다. 비델라Videla 장군이 이끄는 군대가 이사벨 페론Isabel Perón의 사회주의 정부를 끌어내렸다. 이전 정부에 충성하는 사람은 누구라도 군국주의와 우파, 기독교적 가족관이 중심이 되는 새로운 시대에 설 자리가 없는 사회주의자이자 '불순분자'로 여겨졌다.

장군들은 신실한 가톨릭교도였는지는 몰라도 복수심에 불타 극도로 포악해진 상태였다. '불순분자' 척결 작업은 주로 한밤중에 이뤄졌는데, 군인들이 교통을 통제하기도 쉽거니와 이웃 주민들이 거리를 활보하는 권총을 찬 사복 경찰들에게 맞서 싸우느니 집 안 이불 속에 숨어 있는 편을 선호하는 시간대이기 때문이기도 했다. '페론주의자Perónist'나 사회주의 동조자라면 누구나, 문 두드리는 소리를 두려워하게 됐다. 델리아는 이렇게 말했다.

1976년 10월 16일 새벽 2시쯤이었대요. 군인들이 우리 아들 호르헤Jorge와 며느리 에스텔라Estela를 찾아왔죠. 한밤중에 갑자기 이 아이들을 데려간 거예요. 아기침대에서 자고 있는 세 살 된 손녀를 홀로 남겨두고요. 군인들은 떠나면서 이웃집 문을 두드리며 이렇게 말했답니다. "문 열지 마세요. 육군입니다. 옆집에 혼자 있는 아기가 있습니다." 이웃집 여자가 열쇠 구멍으로 내다보니까, 아들 부부가 수갑을 차고 복면을 쓴 채로 끌려가고 있더래요. 에스텔라는 임신한 티가 제법 났는데, 집에 혼자 남은 딸 때문에 매우 고통스러워했다고 하더군요.

아들 집 현관문이 열린 채로 있어서, 군인들이 떠나자마자 이웃집 여자가 우리 손녀딸 비르히니아를 자기 집으로 데리고 왔대요.

초등학교 교사였던 델리아는 다음 날 출근해서 일하던 도중 이 이웃집 여자에게서 손녀딸을 데려가라는 전화를 받았다. "무슨 영문인지 도대체 이해할 수가 없었어요. 호르헤와 에스텔라가 끌려갔다니 그게 무슨 말이냐고 물었지요. 왜요? 누가 걔들을 데려가요? 어디로요?"

아무도 답할 수 없는 것 같았지만 자녀의 행방을 묻는 어머니들이 군대 담벼락과 경찰서 밖에 속속 모여들면서 비단 한두 사람의 문제가 아니라는 점만은 분명해졌다. 비슷한 납치가 부에노스아이레스뿐 아니라 전국 곳곳에서 반복되고 있었다. 어머니들은 저마다의 노트를 비교하고 서로 만나기 시작했다. 이들의 활동은 당시 아르헨티나에서 사회적 혁명에 가까운 일이었다. 결정을 하고 질문을 하는 건 남자들의 몫이었고, 여자들은 그 배경에 머물러 있어야 하던 시절이었으니 말이다. "남자 없이도 여자들을 연대하게 하고 거대한 운동을 시작하게 한 건 모성애였다." 리타 아르디티Rita Arditti는 자신의 책《삶을 찾아서Searching for Life》에서 이렇게 적었다.

여자들은 처음에는 종교계와 언론에 자식들을 찾는 일을 도와달라고 조심스럽게 청했다. 하지만 가톨릭 교단은 당시 정권을 지지하고 있었고 대부분의 언론인들은 너무 두려워했다. 그 시절 아르헨티나의 파시스트들은 언론을 조장해서 마치 독일 나치가 자녀

Kinder, 부엌Kuche, 교회Kirche에 헌신하는 여성을 이상화했던 것처럼 어머니와 주부로서 여성의 역할을 강조하게 했다. 여성 잡지들은 자녀들이 '불순분자'와 어울리지 않도록 잘 지키라고 여자들에게 경고했다.

어머니들의 목소리를 감히 지면에 실어준 것은 영자신문인 《부에노스아이레스 헤럴드Buenos Aires Herald》뿐이었다. 아르헨티나 군사정부는 언론 검열을 엄격하고 광범위하게 실행하고 있었지만 군인들은 영어로만 발행된 이 신문을 굳이 침묵시키고자 애쓰지 않았다. 비탄과 울분에 찬 어머니들이 신문사의 문을 열고 들어가 누구라도 자기들의 이야기를 들어주는 사람과 말하고 싶다고 요청해서 만나게 된 사람은 우키 고니Uki Goni라는 젊은 기자였다. 편집국 신참이었던 그는 리셉션에 내려가서 이 여자들을 처리하라는 지시를 받았다. 그로부터 보고를 받은 편집장은 곧 중대한 사안이라고 판단했고, 고유명사가 되어버린 데사파레시도스desaparecidos(실종자)에 대한 기사를 신문 1면에 실었다.

부에노스아이레스에 있는 우아한 아파트에서 고니를 만났다.

《부에노스아이레스 헤럴드》에서 그 기사를 쓰던 시절 똑똑하게 기억나는 것 중 하나는 자녀들의 납치를 제보하기 위해 신문사를 찾아온 사람들 대부분이 여자였다는 점이에요. 남자들은 거의 없었죠. 어쩌다 남자들이 계단을 올라오는 걸 볼 때면 대부분 아내한테 질질 끌려오는 모습이었어요. 이야기를 듣기 위해 마주앉게 되면, 남자들은 이렇게 말했죠. "조용히 해! 이 건에 대해 말도 꺼내지 마. 회사에서 잘릴지도 몰라. 아주 위험하다고. 애들은 언젠가 돌아오겠지."

나는 이게 모성애와 여성성을 단적으로 드러낸다고 생각해요. 당시 나는 스물서넛 정도밖에 안 됐을 때인데, 그 여자들이 남편들에게 보이는 반응이 매우 인상 깊더라고요. 이렇게 말하곤 했어요. "닥쳐! 그들이 나를 죽이든 당신을 죽이든 상관없어. 나는 애들이 어디로 끌려갔는지 알아야겠어." 어머니들은 신문사와 경찰서 담장 밖에서 하나둘씩 마주치기 시작했고 그러면서 점차 조직화되었어요.

그것은 매우 독특한 성과였다. 대부분의 여자들이 중등교육도 거의 마치지 못한 상태였고, 결혼 이후 사회활동을 거의 하지 않은 가정주부였다. 한밤중에 집에서 갑자기 끌려나간 자녀들이 갖고 있던 이상주의적이고 좌파적인 정치 논리나 신념을 공유하기는커녕, 이해하는 사람도 거의 없었다. 21세기에 살고 있는 우리가 1970년대 남아메리카의 가부장적 전통에 흠뻑 젖어 있던 이 여자들이 얼마나 큰 위험을 무릅쓰고 움직인 것인지를 제대로 실감하기는 어렵다. 공포의 분위기가 팽배한 시절이었다. 누구네 집 자녀가 납치됐다고 하면 아무리 가까운 가족이라 하더라도 연좌제에 대한 두려움으로 그들과 왕래를 끊으려 했다. 라켈은 그때를 이렇게 기억한다. "아들 부부가 사라진 후, 내 여섯 자매와 남자형제는 우리 일에 아무것도 상관하지 않으려고 했어요. 내 형제자매들은 우리 부부와 똑같은 일을 겪을까봐 두려웠던 거죠." 그럼에도 불구하고, 분노와 연대에 힘입어 '할머니'들은 열두 가지 피해 사례를 정리해서《부에노스아이레스 헤럴드》와 전 세계 인권단체에 접촉했다. 델리아는 이렇게 설명한다.

어머니들은 싸울 준비가 돼 있었어요. 내 아들, 내 사랑하는 아들 호르헤는 유일한 아들이었다고요. 어미로서 어떻게 찾지 않을 수 있겠어요. 그 애를 포기하지 않을 셈이었어요. 내 생각에 우리가 낸 용기의 원천은 고통이에요. 돌이켜 생각하면, 우리가 어떻게 그 일들을 해냈지 싶어요. 어찌 됐건, 우리나라 역사상 여자들이 이런 일을 벌인 전례가 없었거든요. 모든 게 임시방편이었지만 일단 단체를 만들고 나니까 그다음부터는 운영이 아주 잘됐어요.

내 입장에선 마땅히 해야 할 일이었어요. 아들, 며느리, 그리고 지금 나와 살고 있는 손녀딸 비르히니아에게 빚을 졌으니까요. 난 며느리 에스텔라를 그 애가 아주 어릴 때부터 알고 지냈답니다. 그 애는 내 제자 중 하나였고 내가 읽고 쓰는 법을 가르쳤어요. 열다섯 살이 되자 에스텔라가 우리 아들과 데이트를 하기 시작하더군요. 그렇게 어릴 때부터 알고 깊이 아껴온 애예요. 납치되기 전 마지막으로 봤을 때, 며느리는 나에게 "우리는 정말 행복해요"라고 말했어요. 납치되기 불과 일주일 전이었죠.

내 앞에 앉아 있는 세 명의 여자들이 느꼈을 공포와 충격은 비단 자식들이 사라진 것에만 국한되지 않았다. 델리아의 며느리 에스텔라는 납치될 당시 임신 8개월이었다. 라켈의 며느리는 임신 5개월이었고, 로사의 딸은 임신 3개월의 몸으로 끌려갔다. 처음에 이 여자들은 출산을 앞둔 딸이나 며느리를 가진 여느 어머니들이 할 법한 걱정을 했다. 애들이 제대로 된 음식과 의료 조치를 받고 몸조리를 잘하고 있을까? 출산 전에 집에 돌아올 수 있을까?

하지만 아무런 기약 없이 1년이 훌쩍 지나자, 여자들은 공개적으로 우려의 목소리를 내기로 결정했다. 그들은 매주 목요일 오후에 모여서 대통령궁 앞 광장을 걸어다녔다. '불법 집회' 개최 혐의로 체포되지 않으려면 걸어야만 했다. 당시 군사정권은 단 몇 사람이 모이는 것조차 금지한 상태였다. 매주 집회가 반복될수록 점점 더 많은 어머니들이 이 걸음에 합류했다. 머리에는 하얀 스카프를 쓰고 저마다 자녀의 사진으로 만든 플래카드를 든 이 여자들을, 사람들은 '5월광장의 어머니들'로 부르기 시작했다.

정부는 이들을 멈추기 위해 온갖 애를 썼다. "경찰은 끔찍했어요." 라켈은 이렇게 말했다. "우리를 땅바닥에 던졌죠. 긴 막대기로 때리고 최루탄을 뿌렸어요. 우리는 최루탄에 대비해서 입안에 레몬을 물고 있곤 했죠. 기마경찰이 최악이었어요. 무자비했죠. 우리들 위로 그냥 말을 타고 덮쳤어요. 우린 거의 미친 사람들처럼 달려야만 했습니다."

경찰의 진압 방식은 군사정권이 포클랜드전쟁을 준비하며 아르헨티나 국민들을 국가주의라는 광풍에 휩쓸리게 하려고 작심하면서 더욱 극렬해졌다. '불순분자'의 가족들은 역적에 비유됐고 만만한 사냥감이 됐다. "최악의 날은 갈티에리 장군이 말비나스◆에 전쟁을 선포하기 일주일 전이었어요." 라켈은 계속 말했다. "그 주 목요일, 그러니까 침공 직전의 목요일에 경찰은 우리를 거칠게 밀

◆ 포클랜드의 아르헨티나식 명칭이다.

어붙였죠. 쓸 수 있는 모든 걸 썼어요. 끔찍했죠. 경찰 진압봉으로 때리고, 고무탄까지 쐈어요. 경찰은 우리를 광장 밖으로 내보내기 위해 할 수 있는 모든 걸 했지만 우리는 자기 자리를 굳건히 지켰습니다."

1982년 포클랜드전쟁에서 아르헨티나 군대가 영국군에 패한 결과 갈티에리Galtieri◆와 군사독재도 끝이 났다. 650명의 아르헨티나 군인과 255명의 영국 군인이 사망한 뒤, 아르헨티나는 항복했고 군사정권은 무너졌다. 장군들은 물러났지만 실종된 사람들은 돌아오지 않았다. 1만~3만 명에 달하는 '불순분자'들이 숨지거나 실종됐는데, 끝내 행방이 알려지지 않았다.[1] 비슷한 시기에 '5월광장의 어머니들'은 《부에노스아이레스 헤럴드》의 편집장에게 충격적인 이야기를 듣게 된다.

"기예르모 쿡Guillermo Cook이 나에게 말하길, 납치된 임신부들은 사라진 그날부터 이미 죽을 목숨이었다고 하더군요." 델리아가 설명했다. "임신한 여성들은 아무도 살아 돌아오지 못했어요. 우리 손주들이 태어나기를 기다리는 군인 부부들의 명단이 있다는 사실을 알게 됐죠." 납치한 여성은 출산하자마자 죽임을 당하고, 태어난 아기는 대기하던 부부에게 보내졌다. '5월광장의 어머니들'은 '5월광장의 할머니들'로 바뀌었다. 자녀들은 죽었지만 이제 그들은 손주들을 찾아나서기 시작했다.

어느새 해가 뉘엿했다. '할머니들'의 사무실 창문으로 들어오

◆ 아르헨티나의 군인 출신 정치인. 1981년 대통령이 되었으나 이듬해 포클랜드전쟁 패배의 책임을 지고 물러났다.

는 햇살이 노년인 세 여자의 은빛 머리카락과 고단한 얼굴을 도드
라지게 비췄다. 잠시 불편한 침묵이 내려앉았다. 라켈과 델리아는
로사를 바라본다. 지난 30년 동안, 그들 중 손주를 찾은 사람은 로
사가 유일하다. 이제 그녀의 이야기를 듣는다.

군인들이 로사의 딸 파트리시아Patricia 부부의 집에 들이닥친
건 1978년 10월의 어느 밤이었다. 파트리시아는 임신 8개월이었
다. "그 아이는 이상주의자였어요. 태어날 아이와 다음 세대에게 더
좋은 나라를 만들어주기 위해 최선을 다하고 싶어했죠. 잔인한 군
부독재와 싸웠고 이 일에 목숨을 바쳤습니다." 라켈의 사례처럼, 파
트리시아 부부를 체포한 군인들은 두 살배기 마야네Mayane를 아기
침대에 내버려두고 떠났다.

22년이 지나 로사가 손녀딸 마야네에게 잠시 '할머니들' 사무
실에 나와 도와줄 수 있는지 물었다. 로사의 이야기다.

손녀는 그날 오후 이 사무실에서 자원봉사를 하다가 익명의 전
화를 받았습니다. 당시 감옥으로 사용됐던 육군 기계공학 학교,
ESMA에서 태어난 아기에 대한 내용이었죠. 전화를 건 사람은 아
기가 1978년 11월 15일에 태어났다고 말했습니다. 우리 딸의 출
산 예정일도 그즈음이었죠. 산모는 스물여섯 살의 의대생이었다
는데 그 역시 내 딸의 특징이었어요.

우리 할머니들은 그런 제보 전화를 받을 때 신중하고 조심스럽지
만, 젊음의 열정으로 가득 찬 마야네는 그렇지 않았죠. 마야네는
아무에게도 말하지 않고, 익명의 제보자가 불러준 주소, 나의 손자
로 추정되는 남자가 일하고 있다는 주소로 달려갔습니다. 거기서

일하고 있던 남자에게 마야네는 자기소개를 했다고 해요. "그래서 뭐요?"라고 묻는 그 남자에게 "우리가 아마 남매인 것 같아요"라고 답했다지요.

마야네가 결국 옳았다.

꽤 많은 '할머니'들의 손주가 이 같은 익명의 제보 전화와 편지로 발견됐다. 이제는 나이 들어 죄책감을 느끼고, 어떻게든 속죄를 하고 싶은 과거 군인들의 제보가 아닐까 하고 할머니들은 추정할 뿐이다. 하지만 이런 제보들은 매우 신중하게 다뤄진다. 할머니들은 증거가 필요하다. 자녀와 손주를 찾는 그들로서는 분자생물학 분야에서 가장 주목할 만한 과학적 진보, 즉 DNA 분석을 통해 친자 확인을 할 수 있게 된 현실이 다행스럽다.

모든 할머니들은 미국 시애틀의 혈액은행에 피를 보내 저장해 두었다. 로사는 이렇게 말했다. "그날 오후, 기예르모Guillermo가 우리 사무실에 와서 이 여자와 진짜 남매지간인지 알고 싶다면서 혈액검사를 해달라고 소매를 걷어붙였어요. 마야네는 기예르모에게 부모의 사진을 보여주었는데, 그때 비로소 그는 사진 속 남자가 깜짝 놀랄 정도로 자신과 닮았다는 걸 알게 된 것이죠. 내 피는 바로 이 순간만을 기다리며 시애틀의 한 실험실에 오랫동안 보관돼왔던 거예요."

로사는 피검사 결과가 얼마나 걸릴지 알 수 없었기 때문에, 미국에서 예정돼 있던 일정을 그대로 소화했다. 그녀가 기억을 더듬는다. "나는 보스턴에 있었어요. 매사추세츠대학교에 명예학위를 받으러 가는데 누가 나에게 전화가 왔다고 하더군요. 수화기를 들었는데 유전학자가 말하길, '로사, 그 사람이 당신의 손자가 맞습니다'라고 하더라고요." 당시를 떠올리며 말을 이어가는 그녀의 눈이 반짝였다. 로사를 잘 모르는 미국 학자들도 함께 기쁨을 나누었다. "우리는 춤추고 노래하고 웃고 울다가 잔뜩 흥분해서는 발을 동동 굴렀어요."

딸의 실종 이후 그나마 가장 행복했던 그 순간을 기억하며 잠시 웃었던 로사는 이내 죄스러운 눈빛으로 델리아와 라켈을 바라본다. 두 사람은 아직 이런 기쁨을 맛보지 못했기 때문이다. 이미 손주를 찾은 할머니들도 다른 사람들을 위해서 '할머니들' 사무실에 교대로 출근하고 있다. 어찌 되었든 그들 모두는 자녀들을 잃었던 앞서의 참사, 그 비극으로 여전히 똘똘 뭉쳐 있다.

로사는 국가가 어떤 범죄를 벌였는지 인정하기 전에는 딸 파트리시아의 죽음을 받아들일 수 없다는 입장이다. "나는 누가 그 아이를 데려갔는지, 어떤 근거로 누가 유죄판결을 내렸는지 알아야겠어요. 나는 내 딸이 어떤 일을 겪었는지 그들이 이야기하기 전에는 결코 그 아이가 죽었다고 말하지 않을 거예요. 나는 우리 딸이 너무도 자랑스럽습니다. 그 아이는 호전적이었죠. 맞아요. 하지만 국가의 폭력에 맞서 싸웠던 거예요."

파트리시아가 수감 중에 아이를 출산한 ESMA, 악명 높은 육군 기계공학 학교는 부에노스아이레스 근교에 있지만 로사는 그곳에 일절 발을 들이지 않는다. 대신 그녀의 손자이자 파트리시아의 아들 기예르모에게 나와 함께 가달라고 부탁했다. 우리는 화창한 봄 오후, 한때 사람들을 가둬놓고 강제노동과 고문과 출산까지도 하게 했던 두꺼운 철제 문 안으로 수십 명의 관광객들과 함께 줄을

지어 들어갔다. 이곳은 가까운 과거에 아르헨티나에서 일어난 일을 더 알고 싶어하는 아르헨티나인들에게 인기 있는 관광지가 되어가고 있다.

일반 대중은 과거 실제 구금시설로 사용된 곳 내부까지는 들어갈 수 없다. 기예르모만이 생존자로서 안으로 들어갈 수 있는 허가를 받았고 덕분에 나 역시 둘러볼 수 있었다. 우리는 콘크리트 계단을 걸어올라 경사 지붕 바로 아래, 젊은 수감자들이 수감돼 있던 꼭대기 층으로 간다. 창문은 작고, 바닥은 나무로 만들어져서 여름에는 끔찍하게 더웠을 것이다. 기예르모는 나를 작은 감방으로 데려가더니 자신의 탄생에 대해 알고 있는 바를 말해줬다. 엄마의 출산 당시 보조 역할을 했던 동료 죄수로부터 들은 내용이었다.

"내가 태어난 곳이에요. 엄마는 탁자에 묶여서 나를 낳았는데, 병원에서 출산할 때 쓰는 종류가 아니라 그냥 통상적으로 쓰는 탁자였대요. 군의관 한 명과 출산 경험이 있는 두 명의 여자 죄수들이 보조 역할로 거기 있었다더군요. 엄마가 의사에게 나를 안아봐도 되느냐고 물었대요. 내 이름을 기예르모 페르난도로 지었고요. 나에게 말을 걸고, 나에게 '내가 네 엄마야'라고 말했대요." 그러고서 의사는 그녀에게서 아이를 빼앗아갔고 그것이 마지막이었다. 기예르모는 장교 부부에게 주어졌다.

군부독재 기간에 체포된 수천 명의 젊은 여자들 가운데 수백 명은 임신 중이었을 것이다. 아무리 군부를 지지하는 가톨릭 교단이라 하더라도 임신부와 아기를 살해하는 것까지 지지하지는 못하고 주저하자 군부는 입양을 원하는 부부들의 목록을 작성했다. 임신한 여자들이 출산하면, 효용을 다한 그들은 목숨을 잃었다. 태어난 아이들은 군인 부부나 정치적 '건전성'이 인정된 사람들에게 보내졌다.

로사가 딸이 어떻게 죽었는지 추측하기를 거부하는 동안 기예르모는 연구를 거듭했고, 자신의 어머니가 "악명 높은 '죽음의 비행기'에서 약에 취한 채 허공에 내던져진" 사람들 중 하나라고 확신하고 있다. 그의 어머니가 한때 머물렀을 어두운 복도를 함께 걸어내려오면서 그는 분노에 찬 목소리로 말했다. "이곳에 갇힌 사람들은 독재에 맞서 싸운 죄밖에 없어요. 그들은 변화, 평등, 자유와 민주주의를 원했습니다. 여기에서 아이를 낳은 여자들 대다수는 그 어디에서도 발견되지 않았어요. 우리는 그들이 '죽음의 비행기'에 태워졌다고 생각합니다."

이는 일상적인 살해 방법이었다. 비행기는 현재는 추모공원이 된, 도시 외곽에 있는 라플라타강 어귀와 가까운 군사 공항에서 이륙하곤 했다. 조종사는 인간 화물들을 바다로 던지라는 지시를 받았다. 그런데 부에노스아이레스와 가까운 라플라타강 기슭에서 파도에 휩쓸린 시체들이 하나둘씩 나타나기 시작했다. 사람들이 '데사파레시도스'에게 실제로 어떤 일이 벌어지고 있는지 궁금해하자 조종사들은 시체들을 더 먼 바다로 나가 내다버리라는 명령을 받았다.[2]

세 할머니와 인터뷰를 한 날, 기예르모가 할머니 로사를 데리러 사무실에 나타났다. 로사는 손자의 아내와 두 자녀가 기다리는 집에서 저녁식사를 할 예정이었다. 두 사람은 애정을 가득 담아 껴안으며 인사를 나누었다. 나는 아르헨티나가를 함께 걸어내려가는 그들을 바라보았다. 그냥 보면 상당히 특이한 커플이다. 삼십대 후반,

햇볕에 그을린 키 크고 잘생긴 검은 머리의 남자가 빼빼 마른 빨간 머리의 여자와 대화하기 위해 몸을 거의 절반 정도로 굽혀서 걸어가고 있다. 여자는 그의 존재만으로도 안도와 기쁨, 긍지를 느낀다는 듯 얼굴에 가득 미소를 띠며 올려다본다.

나는 다시 라켈과 델리아와의 대화로 돌아왔다. 로사와 기예르모의 재회는 비교적 쉬운 편이었다. 익명의 제보 전화 한 통이 딱 맞아떨어진 것이다. 다른 사람들도 결코 적지 않은 노력을 했지만 그렇게까지 운이 따라주지 않았다. 델리아는 1980년대 중반, 손주들이 살아 있을지도 모른다는 것을 알게 되면서 "우리 없이 낯선 사람들 손에서 자라고 있는 아이들을 볼 수 있는 날이 얼마 남지 않았다"는 무서운 긴박감이 있었다고 말했다. 그들은 각자 역할을 나눴다. ESMA 같은 강제수용소 간수들에게 간청해 정보를 수집하는 동시에, 실종된 자식들의 사진을 부여잡고 거리에서 무작정 그들과 닮아 보이는 아이들을 하염없이 찾아 헤매기도 했다.

"나는 부에노스아이레스 북부의 라 루실라La Lucila 지역을 담당했어요." 라켈이 말했다. "거기가 내 영역이었죠. 우리는 어느 피해 가정의 손녀를 찾았고 내가 그 아이의 할머니를 데리고 갔어요. 우리 둘은 골목 어귀에 서서 소녀가 아침에 학교를 갈 때부터 수업을 마치고 오후에 집에 올 때까지 함께 지켜봤죠. 아이의 할머니는 그저 바라만 볼 수 있다면 얼마든지 서 있을 기세였어요. 그녀는 그것만으로도 만족했어요. 우리가 아이의 피를 채취할 수 있을 때까지는요." 하지만 그러려면 법적인 허가가 필요했고 법원에서 늘 기꺼이 해주는 것도 아니었다.

델리아는 이처럼 함께 훔쳐보던 일을 생생하게 들려줬다. "막연하게 사무실로 제보가 들어온 집의 초인종을 누르기도 했어요. 주인이 문을 열자 나는 당신의 아들이 내 손자일 수도 있다고 말했지요. 곧바로 쫓겨났지만 조사를 계속해봤습니다." 해당 소년의 출생 증명서 정보가 허위라는 점을 찾아내자 법원은 혈액검사를 허용했다. 비록 델리아의 혈육은 아니었지만, 그 아이는 다른 '실종자 어머니'의 손자로 밝혀졌고 진짜 가족의 품으로 돌아가게 됐다. "되찾는 여정을 함께했기 때문에 내 손자나 다름없이 느껴졌어요. 잃어버렸던 손주들은 하나같이 참 애정이 넘친답니다. 그 아이들은 마치 우리 모두가 자신들의 할머니인 것처럼 따뜻하게 대해줘요."

델리아에게 어떻게 손자를 찾을 생각을 했는지 물었다. "아들이 실종된 뒤 손녀딸 비르히니아를 내 딸이라고 생각하며 키웠어요. 그 아이는 한 번도 속 썩인 일이 없었지요. 내가 계속 그 아이의 부모와 남동생을 찾아 헤매는 동안 나와 함께 5월광장에 나와주곤 했답니다. 물론 그 아이는 너무 어려서 잘 이해하지는 못했어요. 그저 광장의 비둘기들과 놀면서 즐거워했을 뿐이죠."

비르히니아가 열여덟 살 되던 해 프로빈시아 은행에 취직했다. 사실상 은행이 비르히니아 아버지의 옛 직업을 물려준 것이나 다름없다. 프로빈시아 은행뿐 아니라 아르헨티나의 많은 깨어 있는 회사들이 실종자들의 자녀들에게 이 같은 혜택을 줬다. 2년 후 그녀는 결혼했다. "비르히니아가 남동생을 찾기 시작한 건 이때부터예요." 델리아가 말했다. "〈사람을 찾는 사람들〉이라는 텔레비전 프로그램에 출연도 했지요. 은행 직원들 중에는 또 다른 실종자들 사례도 있었기 때문에 은행은 비르히니아가 가족을 찾는 일을 적극 지원해줬습니다. 이런 은행의 후원으로 쌍둥이, 톨로사Tolosa 쌍둥이가 발견되었지만 내 손자는 아직 실종 상태입니다. 2년 전부터 손녀딸은 너무 힘들어하더니 정신과 상담을 받기 시작했어요. 그러고는 은행을 그만두고, 8월에 자살을 했어요."

책임 있는 기업과 형제애에 관한 델리아의 이야기를 편안하게 듣고 있었을 뿐이다. 그때 델리아의 입에서 돌연 '자살'이라는 단어가 튀어나왔다. 차 한 잔과 케이크를 앞에 두고 나눈 대화가 맞는지 내 귀를 의심했다. 그녀가 참으로 담담하게 그런 말을 한다는 것에 더욱 깊이 충격을 받았다. 왈칵 눈물이 쏟아져서 휴지를 찾으려고 핸드백에 손을 뻗으며 스스로에게 물었다. 이 여자가 감내해야 할 고통은 도대체 어디까지인가?

델리아가 내 손을 잡고 토닥여줬다. 겸연쩍고 당황스러웠다. 위로해야 할 사람은 그녀가 아니라 나였다. "알아, 알아요." 그녀가 고개를 가로저으며 말했다. "내 인생은 타격의 연속이었어요. 비르히니아는 두 아이를 두고 떠났는데, 그러니까 그때 일어난 일에 피해를 입은 네번째 세대가 되겠지. 이 쿠데타는 우리 세대, 그러니까 5월광장의 어머니 세대, 우리 아이들인 실종된 사람들 세대, 실종자들의 자녀인 손주들 세대, 그리고 이제 내 경우에는, 엄마를 잃은 채 살고 있는 증손자 세대까지 영향을 미치고 있는 거죠." 아내의 죽음을 델리아 탓으로 돌리고 원망하고 있는 비르히니아의 남편은 그녀에게 증손자를 만나게 해주지 않는다고 한다.

라켈을 바라본다. 아들의 스물네번째 생일을 축하하러 모인 날 밤 아들을 잃어버린 라켈 역시 눈가가 젖어 있다. 두 여자는 서로의 손을 꼭 잡고 있다. "나는 아직도 찾고 있어요." 라켈이 말한다. "내 나이 때문에라도, 조만간에 끝이 나기를 바라죠. 나는 이미 여든한 살이고 꼭 내 손자를 보고 싶어요. 나는 그 아이를 알고 싶어요. 최대한 빨리 아이를 찾게 해달라고 신에게 늘 기도합니다."

사람들이 그들을 필요로 할 때 신의 종복들은 도대체 뭘 하고 있었을까? 군부는 교회의 축복을 받아 통치했다. 할머니들은 몹시 실망감을 느낀다. "교회는 언제나 우리를 무시했어요." 델리아가 말한다. "더이상 교회에 가지 않아요. 내가 갈구하는 안식을 얻을 수 없었으니까. 다시는 교회에 발을 들이지 않을 거예요." '할머니들' 중 한 명은 이런 일이 있었다고 한다. 마을 신부가 실종된 딸의 이야기를 한사코 듣지 않으려고 하자 할머니는 신부의 팔을 잡고 고성을 지르기 시작했다. "부인, 진정해요." 신부가 이렇게 말했던 것을 그녀는 기억한다. "목소리 낮추지 않으면 당신에게도 무슨 일이 일어날 겁니다."

할머니들은 교황 바오로 6세♦에게 이 비극을 알리고 도움을 청하기 위해 여러 차례 로마로 향했다. 아들 부부가 살해되고 손녀는 유괴된 치카 마리아리Chica Mariani는 교황 알현 시도에 대해 이렇게 설명한다. "교황이 우리를 잘 볼 수 있도록 첫 줄에 있으라고 그러더군요. 교황이 한눈에 알아보도록 우리 그룹의 이름을 적은 포스터도 준비해갔어요. 그런데 막상 등장한 교황이 검은 옷을 입은 수행원의 귓속말을 듣더니 우리를 건너뛰더라고요. 교황은 우리 앞에 있는 사람들에게 인사하고, 우리 뒤에 있는 사람들과는 악수를 했습니다. 정말 큰 충격을 받았어요." 그녀는 바티칸 관리들에게 아르헨티

♦ 1897~1978. 제262대 교황. 재임 기간은 1963년부터 사망 시까지다.

나의 실종자들에 대한 정보를 남겨두었다고 한다. 하지만 "그[교황]는 아무것도 하지 않았어요. 아이들을 위해 아무 목소리도 내지 않았습니다. 어마어마하게 실망했죠."

어머니들 운동에 대한 가톨릭의 무관심은 스캔들이 되어 현재 교황청 성직자들에게까지 흠집을 남겼다. 프란치스코 교황은 군사정권 기간에 호르헤 마리오 베르고글리오Jorge Mario Bergoglio 신부로 알려진 예수회 신부였다. 1977년 10월, 그는 엘레나 데 라 쿠아드라Elena de la Cuadra의 아버지에게 연락을 받았다. 엘레나는 그해 초, 임신 5개월의 몸으로 실종된 상태였다. 베르고글리오 신부는 라플라타의 대주교에게 이런 편지를 보냈다. "저와 대화를 나누었던 로베르토 루이스 데 라 쿠아드라Roberto Luis de la Cuadra 씨를 뭐라고 소개해야 할지 모르겠습니다…… 그가 대주교님께 직접 설명드릴 것입니다."

'더티 워' 중에 다섯 명의 가족을 잃은 엘레나의 언니 에스텔라 데 라 쿠아드라Estela de la Cuadra는 아버지가 당시 어머니의 등쌀에 못 이겨 베르고글리오 신부에게 가서 딸이 실종됐고 임신한 상태이기 때문에 무척 걱정된다고 말하게 됐다고 기억한다. 그녀의 어머니는 성직자가 여자인 자신의 말에는 그다지 귀를 기울이지 않을 것이라고 생각했다. 대주교는 나중에 로베르토에게 "어느 가족이 아기를 잘 키우고 있다"고 말했다. 하지만 그들은 아나 리베르타드Ana Libertad라고 세례를 받았다는 소녀를 끝내 찾지 못했다.

2010년 베르고글리오는 군사정권의 폭력과 관련해 법정에 증인으로 출석해서, 엘레나 데 라 쿠아드라가 납치된 사실은 알고 있었지만 임신 사실은 몰랐다고 진술했다. 감옥에서 태어난 아이들의 실종에 대해 알고 있었느냐는 질문에는 1980년대 중반 군사정권에 대한 첫 재판이 있을 때까지 몰랐다고 말했다.[3] 납득할 수 없는 답변이다.

'5월광장의 어머니들'은 수년 동안 부에노스아이레스의 중심가에서 실종된 아이들을 알리는 시위를 해왔다. 그때마다 경찰에 의해 무자비하게 진압당했고, 그들의 노력과 고난은 세계 각국의 언론을 통해 알려졌다. 국제적인 예수회 소속의 학식 높은 성직자가 실종된 아이들에 대해 아무것도 몰랐다고 말하는 것은 극도로 위선적인 처사다.

2013년 3월 〈뉴스나이트Newsnight〉를 통해 아르헨티나의 할머니들에 대한 나의 보도가 나간 뒤, 제러미 팩스먼Jeremy Paxman은 나를 스튜디오에 불러 '데사파레시도스' 이야기와 관련해 호르헤 베르고글리오 신부의 역할에 대해 인터뷰했다. 베르고글리오 추기경이 막 로마 교황으로 선출된 직후였다. 이날 나는 부에노스아이레스에서 가져온 몇 가지를 들고 나갔다. 그가 대주교에게 보낸 서한의 사본과 실종된 아이들에 대해 몰랐다고 주장하는 재판 기록이었다. 다음 날 몇몇 영국 가톨릭교도들로부터 로마 가톨릭교회에 대한 편견을 가진 부정직한 기자라고 비난하는 분노에 찬 항의를 받았다.

1990년대에 아르헨티나 주교들은 독재 치하에서 드러난 교회의 역할에 대해 "자성하겠다"고 약속했다.[4] 하지만 이 약속을 지키기 위한 노력은 거의 보이지 않았다. 베르고글리오 추기경을 프란치스코 1세 교황으로 선출한 선거 그 자체는 가톨릭에 신선한 충격으로서 환영받을 일이었고, 그가 가난하고 소외된 사람들에 대해 헌신해온 점 역시 칭송받을 만하다. 하지만 그가 아르헨티나 '더티

위’ 기간 중에 어떤 일을 했거나, 혹은 하지 않았는지에 대한 질문은 언제나 그를 따라다닐 것이다.

　실종자들의 아이들이 100명 이상 발견된 것은 오롯이 ‘할머니들’의 용기와 투지 덕분이다. 내가 아르헨티나에서 만난 사람들은 40년 전 군대에 저항했을 만큼 대담했던 그들 부모의 피를 고스란히 물려받은 것이 분명해 보인다. 정말 대단히 예외적인 상황에서 살아남아야만 했던 사람들이다. 그들은 육군 장교나, 최소한 군대가 정치 성향을 검증한 사람들에게 입양돼 자랐다. 어떤 이들은 진짜 부모의 목숨을 빼앗는 일에 직접 관여한 인물들의 손에서 자라기도 했다. 자신들의 유괴범들에게서 배운 신념과 가치는 그들의 생물학적 부모가 가졌던 것과는 완전히 배치되는 것들이었다.

　대개 부와 특권을 누리며 자랐던 그들이 출생의 비밀을 알게 됐을 때 일부가 화를 내거나 주저하는 모습을 보였던 것도 이해할 만하다. 부에노스아이레스 외곽 라플라타강가에 있는 국가 주도 테러 피해자 기념관에서 빅토리아 몬테네그로Victoria Montenegro를 만났다. 그곳에는 군부에 의해 살해당한 약 3만 명의 이름이 화강암 벽에 새겨져 있다. 우리는 그녀의 부모, 로케 오를란도 몬테네그로Roque Orlando Montenegro와 일다 로마나 토레스Hilda Romana Torres의 이름을 찾았다. 그녀의 어머니는 빅토리아를 출산한 지 열흘 만에 실종됐는데, 당시 열여덟 살이었다.

　이 기념비를 등지고 서서, 빅토리아는 ‘5월광장 할머니들’이 찾아왔을 때 분노했다고 인정한다.

　나는 진짜 가족에 대한 진실이든 뭐든 그 어떤 것도 알고 싶지 않앉어요. 그 단체의 어머니들과 할머니들에게 몹시 화가 났고, 마음 깊이 그들을 싫어했죠. 당시 내가 유괴범들의 생물학적 딸이라고 확신하고 있었거든요. 나에게는 정치적인 문제였어요. 나는 그들이 대령, 그러니까 내가 아빠라고 믿었던 그 사람에게 단지 복수하기 위해 나를 이용한다고 생각했죠.

나는 우리나라가 전쟁을 겪었고 아버지, 아니 대령이 이 전쟁에서 싸워야만 했다고 믿으며 자랐기 때문에, 그런 아버지를 상대로 그들이 복수하려 한다고 생각했던 거예요. 나는 군대 병영에서 자랐고 어린아이 때부터 철저한 이념교육을 받아왔습니다.

그녀는 이 이야기를 상당히 방어적으로 했다. 벤치로 걸어가는 몇 분 동안 일요일을 맞아 추모공원을 찾은 방문객들을 바라봤다. 살해된 희생자들의 이름이 새겨진 거대한 화강암 석판 사이로 노인들, 손을 꼭 잡은 커플들 그리고 어린아이들이 산책하고 있었다. 현재 아르헨티나는 스스로 과거의 아픈 역사와 마주할 준비가 됐고 이미 극복하고 있다는 점을 증명해왔다. 고위 육군 장교와 성직자 들조차 재판을 받고 실형을 선고받았다. '결코 다시는'이라는 뜻의 '눙카마스Nunca más'는 일반 대중의 동의를 얻은 구호다.

하지만 국가 테러의 희생자들, 빅토리아 같은 이들은 여전히 혼란스럽다. 특권층 고위 군 간부의 철없는 딸로 자랐던 마리아 솔 테츨라프María Sol Tetzlaff는 '할머니들'의 연락을 받고 혈액검사를 거친 끝에 자신이 실은 좌익 운동가들의 딸 빅토리아 몬테네그로였다는 사실을 알게 되었다. 그녀는 자신이 받아온 교육에서 완전히 벗어나기가 힘들다고 털어났다. "나는 혈육인 삼촌, 사촌, 할아버지,

할머니와 상당한 심리적 거리감을 느끼고 있어요. 강력한 신념을 배우며 자라왔고, 그건 쉽사리 지워지지 않거든요."

'5월광장의 할머니들'에게 처음 연락을 받았을 때 할머니들에게 반감을 가졌듯이, 이제는 자신을 속여온 부모에게 비슷한 분노를 느끼고 있다고도 토로했다. "나를 부모님에게 묶어놓은 감정은 사랑과는 거리가 멀었다는 걸 이제야 깨달은 거죠. 그들에게는 나 같은 애들이 그저 전장에서 약탈해온 전리품에 불과했던 거잖아요. 이제 나 스스로 내 삶을 과거로부터 구원해야 한다는 걸 알아요. 그건 진정한 내 정체성을 인식함으로써만 가능할 거예요." 전후 사정에 대해 더 깊이 추적해가면서, 빅토리아는 자신이 아버지로 따랐던 대령이 비단 유괴범에 그친 것이 아니라 자신의 친부모를 체포하고 결국 죽음에 이르게 한 인물이라는 점도 알게 됐다.

빅토리아의 남편과 세 명의 십대 아들들이 추모공원 입구에서 그녀를 향해 손을 흔든다. 그들은 매주 이곳에 올 때마다 여기에서 그녀를 만나기로 했다. "남편과 아들들로서는 노력하고 이해하는 것이 중요해요." 그녀가 말한다. "우리 아이들에게도 할아버지가 '가짜'라는 사실은 상당한 충격이었거든요." 빅토리아는 아들들과 이야기하게 해달라는 나의 요청을 거절했다. "아니요. 나는 아이들을 보호해야 해요." 단호한 목소리다. "우리는 천천히 변화를 받아들이고 있습니다."

'5월광장의 할머니들'은 아직 찾아내지 못한 손주들이 수백 명에 이른다고 믿고 있다. 오늘날 텔레비전과 라디오 방송에서는 정기적으로 '할머니들'의 캠페인과 관련한 뉴스를 향후 재판 내용과 함께 전한다. 종종 데사파레시아도스의 가족인 라디오 진행자들은 의구심이 든다면 연락을 취해달라고 촉구하기도 한다.

"텔레비전에서 광고를 보았을 때, 마른 하늘에 날벼락을 맞은 것 같았어요." 카탈리나 데 상크티스Catalina de Sanctis가 말했다. "나는 평생 혼란스러웠거든요. 항상 내가 누구인지 의심스러웠어요. 일고여덟 살 때쯤, 거울 속의 자신을 보면서 내가 아는 누구와도 닮지 않았다고 생각했어요. 엄마에게도 물어봤어요. 왜 나는 엄마나 아빠와 다르게 생겼느냐고요. 엄마는 나에게 자기 삼촌을 닮았다고 말해줬지만 나는 믿지 않았죠. 외모만 달랐던 게 아니라, 부모님이 보낸 가톨릭 학교와도 전혀 맞지 않았고 나를 입양한 아빠의 생각에도 사사건건 동의할 수 없었어요. 그는 군인이었고 우리는 사고방식이 완전히 달랐어요."

텔레비전 광고를 본 뒤 그녀는 부모에게 다시 정면으로 맞섰다. "용기를 내서 그동안 엄마라고 불렀던, 나를 납치한 여자에게 물어봤죠. '나는 데사파레시도스의 딸이 맞죠? 그렇지 않나요?' 눈물을 흘리면서 맞다고 시인했지만, 그런 사람들, '테러리스트'의 가족들은 아이를 전혀 책임질 생각이 없었다는 식으로 말하더라고요. 그녀는 '할머니들'이 거짓말을 하고 있고 사랑하는 가족에게서 아이들을 꾀어내고 있는 거라고 말했어요. 자신의 말이 진실이라고 했어요."

빅토리아처럼, 카타리나도 상반되는 감정으로 고통스러워한다. 그녀는 자신의 유괴범들을 감싸며 이렇게 말했다. "나의 유괴범들의 죄책감에 내가 공감한다고 느꼈어요. 그들이 저 때문에 체포되기를 원하지 않았어요." 빅토리아와 마찬가지로, 그녀 역시 유괴범들의 신념을 주입받으며 자라왔다. "어린애 같은 소리지만 그들은 '할머니들'이 나쁘다고 믿게 만들었습니다. 나는 할머니들을 두려워했고, 심지어 미워했어요." 혼란에 빠진 그녀는 몇 달 동안 남자친구와 파라과이로 떠나 있었다. 집으로 돌아오자, 신변에 위협을 느낀 유괴범들은 그녀에게 위협적으로 바뀌어 있었다. 아버지로 따랐던 남자는 폭력적인 알코올중독자로 변했다. 어머니로 여겼던 여자는 우울증 환자가 됐다.

그즈음 이 가족을 알고 있고 또 카탈리나와 같은 의심을 품고 있던 한 이웃이 '할머니들'에게 제보를 했다. 할머니들은 카탈리나에게 혈액검사를 제안했다. 검사 결과 그녀는 미리암 오반도Myriam Ovando와 라울 레네 드 상크티스Raúl René de Sanctis의 딸이었다는 걸 알게 됐고 원래 친족들까지 만나 따뜻한 환영을 받았다. 그들에게서 1977년 당시 어머니 미리암은 심리학을, 아버지 라울은 인류학을 전공하던 학생이었다는 사실을 들었다. 둘 다 '젊은 페론주의자'의 회원이었다. 그해 4월 부부가 사라졌을 때 미리암은 스물한 살이었고 임신 5개월째였다.

카탈리나의 친부모가 사라진 1977년, 그녀의 유괴범들이 '기독교 가족운동'에 접근했던 사실도 뒤늦게 드러났다. 이 단체는 '불순분자' 어머니들이 낳은 아이들을 선별해 독재정권에 충성하는 '믿을 만한' 가족들에게 보내주는 핵심 역할을 했던 곳이다. 나중에 카탈리나를 입양해 어머니 역할을 해온 마리아 프란시스카 모리야María Francisca Morilla는 오랫동안 임신을 시도했지만 실패한 터였다. 1977년 4월, 그녀는 도움을 얻기 위해 '기독교 가족운동'의 문을 두드렸고, 당시 집을 떠나 먼 곳에서 근무하던 군인 남편에게 아기 할당 담당 직원을 만났다며 기쁨의 편지를 보냈던 것으로 밝혀졌다. 그녀는 이렇게 적어 보냈다. "담당 직원이 말하길, '기독교 가족운동'에서 수년 동안 일했는데 아기들이 건강상의 문제나 기형을 보인 경우가 한 번도 없다고, 아기들이 모두 매우 건강하고 출산 과정도 대체로 꽤 정상이었다고 해요."

하지만 병원 기록에 따르면, 출산 과정은 꽤 정상적이지 않았다. 부에노스아이레스에 있는 캄포 데 마요Campo de Mayo 육군병원 기록에 따르면 마리아 프란시스카 모리야는 1977년 8월 17일 오후 5시에 여자아이를 낳았다고 돼 있다. 또 다른 기록에 따르면 이보다 6일 전인 8월 11일 오전 10시에 카탈리나의 친모인 미리암 오반도의 자궁에서 죽은 태아를 제거했다고 적혀 있다. 이 기록들은 누가 보아도 아기 약탈자들에게 알리바이를 주기 위해 고의로 위조된 것이 분명하다.

이처럼 구체적인 사실관계들은 유괴 혐의로 기소된 마리아 프란시스카 모리야와 카를로스 이달고 가르손Carlos Hidalgo Garzón에 대한 14일간의 재판에서 드러났다. 가르손은 자신이 신경쇠약 증세를 겪고 있다면서 재판을 받기 힘든 상태라고 검사를 설득하려 노력했다. 하지만 판사는 다른 결정을 내렸다. 카탈리나는 매일 그 재판에 참석해서, 한때 아버지와 어머니라고 불렀던 사람들과 불과 몇 미터 떨어진 곳에 앉아 있었다.

이 유괴범들의 선고심 일주일 전에 카탈리나를 만났다. 그녀는 내가 자신의 집에 방문하는 것을 원치 않았을 뿐 아니라, 만나기로 했던 약속도 두 번이나 취소한 끝에 '할머니들' 사무실에서 점심시간 한 시간 동안 만나주겠다고 겨우 승낙했다. 매력적인 여자였지만, 어딘지 초조하고 불안해하는 모습이 역력했다. 그녀가 겪어온 일 때문에 정신적 손상을 입었음이 분명해 보였다. 재판이 주는 중

압감이 엄청나다고 그녀가 말했다. 매일 새롭고 고통스러운 사실이 하나씩 드러나고 있었다.

그녀는 법정에 제출된 편지와 증언 들을 통해 어머니가 자신에게 라우라 카탈리나라는 세례명을 지어주었다는 것과 출산 이후 빼앗긴 딸은 자신의 가족이 돌보고 있다고 믿었다는 점을 알게 됐다. 카탈리나의 어머니는 자신이 곧 살해될 것을 알게 되자, 본인의 어머니에게 "나를 기억하고 내 딸을 통해 나를 사랑해달라"는 편지를 썼다. "카탈리나는 비록 모르겠지만, 내 피가 그 아이의 혈관을 지나고 있어요"라고 덧붙였다. 스물한 살이었던 미리암 오반도의 소식은 이후로 영영 들을 수 없었다.

우리는 2013년 3월 12일 선고심 촬영을 허락받았다. 덩치가 크고 심각한 표정의 모리야는 재판 내내 무표정하고 감정 없는 눈빛으로 판사를 응시하고 있었다. 그녀의 남편 가르손은 머리를 숙인 채 앉아 있었다. 모리야에게 12년형, 가르손에게 15년형이 각각 선고되는 동안 두 사람 모두 아무런 반응을 보이지 않았다. 법정 내에서는 우렁찬 박수 소리가 울려퍼졌다.

카탈리나는 흥분을 감추지 못했다. 그녀는 남자친구를 껴안고서서, 곧 징역형을 살러 교도소로 향하게 될 피고인 부부를 도전적인 눈빛으로 바라보고 있었다. 법정 밖에는 재판 결과를 들으려고 인권운동가와 기자 들이 아침부터 모여 있었다. 카탈리나는 행복하게 웃으며 나에게 정말 행복하다고 말했다. 이제 아무런 의구심이 없다는 것이다.

"나에게 가장 중요한 것은, 이게 유괴범들에 대한 나의 태도가 바뀐 이유이기도 한데, 우리 부모님의 죽음에 그들이 당위를 제공했다는 점을 내가 깨달았다는 거였어요. 미리암과 라울은 유괴범들이 나를 계속 키울 수 있게 하기 위해 살해된 것이니, 유괴범들은 이 죽음의 공범입니다."

이날 법정 밖에서는 '할머니들' 일행 역시 재판 결과를 기다리고 있었다. 이 가운데 여든한 살의 델리아가 끼어 있는 것을 보고 나는 깜짝 놀랐다. 아르헨티나의 '더티 워' 때문에 딸과 손자, 손녀, 증손자까지 잃은 사람이었다. 그녀는 다른 할머니들과 카탈리나와 함께 얼싸안고 웃으며 승리를 기뻐하고 있었다. 내 눈길을 포착한 델리아는 마치 이렇게 말하듯 나에게 환한 웃음을 보였다. "봤지요? 나는 희망을 포기하지 않았어요."

3

종교가 박해한 '타락한 여자들'
아일랜드

우리는 매일 새벽 6시에 일어나서 미사에 갔어요. 일주일 치의 빵한 덩어리와 버터 반 파운드가 든 서랍을 하나씩 정해줬어요. 그게 아침이었어요. 만약 미사에 가지 않는다면 서랍을 빼앗아갔을 거예요. 아침식사 후에는 곧바로 세탁소에 갔어요. 엄청나게 고된 일이었습니다. 12시가 되어야 점심식사를 위해 잠시 쉴 수 있었습니다. 감자, 양배추와 생선이었죠. 그리고 다시 저녁 6시까지 일을 하는 거예요. 그러고서 죽을 먹고 다시 세탁소로 가서 저녁 8시까지 일해야 했어요.

스물네 살의 메리 메릿Mary Merritt은 어느 날 밤 더이상은 참을 수 없다고 결심했다. 지난 8년 동안 돈 한 푼 받지 못하고 더블린의 하이파크 막달레나 세탁소High Park Magdalene Laundry에 감금돼 일을 해온 터였다. 다른 20명의 여자들과 함께 쓰는 숙소로 돌아오는 길에, 메리는 1층 창문이 열려 있다는 것을 알아챘다. 그녀는 룸메이트들과 그들을 감독하는 수녀들이 잠들 때까지 기다렸다가 아래층으로 살금살금 기어가서 창문을 넘었다.

"태어나서 한 번도 바깥세상 구경을 못했어요. 내가 알던 거라곤 오직 수녀와 신부뿐인 세상이었죠." 한밤중에 길 한가운데에서 헤매다가, 메리는 신부의 집으로 가는 길을 물었다. 문을 두드리자 남자가 나왔고, '안으로 들어오라'고 했다. 자리에 앉은 그녀는 남자에게 말했다.

"하이파크 막달레나 세탁소에서 막 도망쳐 나왔는데 도움이 필요해요." 그렇게 말했는데 신부가 다가와서 내 옆 의자에 앉더니, 내 무릎을 문지르기 시작하더라고요. 그러더니 자기 바지를 내리고 나를 강간했어요.

나는 뭐가 어떻게 돌아가는 건지 도무지 알 수가 없었어요. 그런 일에 대해서는 전혀 아는 바가 없었거든요. 눈이 부을 정도로 펑펑 울면서 아프다고 외칠 뿐이었죠. 다 끝내더니 그가 말하더군요. "이건 우리 둘 사이의 일이야. 6펜스를 줄 테니 누구에게도 말하지 마라. 난 그저 널 도와주려는 것뿐이다." 그는 나에게 6펜스를 주고 문을 열더니 밖으로 내쫓았습니다. 그리고 밖에서 대기하던 경찰차가 나를 다시 세탁소로 데려갔습니다.

메리가 세상으로부터 단절되어 성적으로 학대를 당하고 30년 동안이나 시설에 감금돼 살아가게 만든 그녀의 죄목은 사생아로 태어났다는 것이다. 그녀는 1931년 '모자의 집Mother and Baby Home'에서 태어났다. 당시 분노한 부모들이나 엄격한 마을 사제들이 미혼모를 보내버리는 시설이었다. 미혼모가 출산 뒤 아기와 보낼 수 있는 시간은 길어야 몇 개월이었다. 그런 다음 아기를 강제로 엄마에게서 떼어내어 입양시키거나 고아원으로 보냈다. 메리의 어머니는 자신이 엄청난 죄를 지었고 메리는 그 죄의 증거이기 때문에 모녀가 앞으로 함께할 권리가 없다는 말을 들었을 것이다.

메리는 아일랜드 독립 9년 뒤에 태어났다. 재정난에 처한 아일랜드 정부는 사회복지 책임을 종교단체에 기꺼이 위임해버렸다. 가톨릭교회는 학교와 병원, 고아원, 미혼모 시설 등을 운영했다. 성스러운 결혼을 무시하고 부정한 성관계로 더럽혀진 여자들을 신부와 수녀보다 더 잘 다룰 수 있는 자가 누구겠는가? 미혼모들과 그들의 불행한 자녀들은 이들을 벌주고 감독할 최고의 자격이 있다고 여겨진 사람들의 손에 넘겨졌다.

법에 따라 메리는 열여섯 살이 될 때까지 수녀들의 보호를 받으며 지냈다. 당시 고아원들은 적절하게도 '산업학교'로 불리기도 했는데, 비록 정부가 아동보호 명목으로 돈을 지급했지만 종교단체는 아이들을 일터로 내보냈기 때문이다. 감독하는 정부 관리는 들쑥날쑥하게 너무나도 가끔씩만 찾아왔기 때문에 수녀들은 그럴듯한 각종 구실을 대며 고아원 소녀들에게 급료도 주지 않으면서 세탁소 일을 시킬 수 있었다.

처음 6년 동안 메리는 지역 학교에 다닐 수 있었다. "그 아이들은 언제나 우리보다 10분 늦게 수업에 들어오고, 또 10분 늦게 학교를 떠났기 때문에 우리는 그 애들과 어울릴 수 없었어요." 골웨이의 지역 역사학자 캐서린 콜리스Catherine Corless는 이렇게 기억한다. "그 아이들은 우리와 분리되어서 반 뒷자리에 앉았어요. 아직까지도 나는 그 아이들이 둘씩 짝을 지어 학교를 오갈 때 나던 큰 징이 박힌 촌스러운 구두 발자국 소리가 뚜렷이 기억나요. 모습이 보이기 전에 그 아이들이 온다는 걸 이미 알 수 있었죠. 동네 사람들은 그 아이들을 '창녀의 자식들'이라고 불렀어요."

메리는 열한 살부터 학교를 다닐 수 없었다고 기억한다. "매일 아침 긴 복도 세 개를 문질러 닦아야 했고, 그러고 나면 수녀들의 농장에 일하러 갔습니다." 조금이라도 농땡이를 부리거나 반항을 하면 여지없이 매서운 체벌을 받았다. "어느 날 한 수녀가 내려왔는데, 나한테 정확히 뭐라고 했는지는 기억이 안 나지만, 그 등에 대고 내가 볼멘소리를 했어요. 그녀는 두꺼운 가죽 벨트를 풀더니 내 등과 엉덩이를 후려쳤어요. 그들은 벌어진 상처를 치료해주지 않고 그냥 둬서 나는 2주 동안이나 피를 흘렸답니다. 아직도 내 엉덩이에는 그 상처가 남아 있어요."

"열여섯 살 때였어요. 농장 일을 마쳤는데 너무 배가 고파서 과수원에서 사과 몇 개를 따 먹다가 걸렸어요. 그 즉시 더블린의 드럼콘드라에 있는 하이파크 수녀원으로 보내졌습니다. 도둑질을 멈추는 법을 배울 때까지 지내야 한다는 거였어요." 그래서 그곳에서 얼마나 머물렀느냐고 물었다. "14년이요." 그녀가 대답하고는 이렇게 덧붙인다. "요즘은 살인을 해도 그보다는 덜 살아요." 사과 몇 개를 훔쳤다고 해서 왜 14년이나 세탁소에 감금됐는지 물어보기는 했을까? "네, 당연히 물어봤죠. 여기서 언젠가 나갈 수는 있느냐고, 여기서 죽을 때까지 있어야 하느냐고요. 나는 가족이 없었어요, 아무도 없었죠. 거기서 나갈 수 있도록 나를 도와줄 사람이 아무도 없었어요."

제도는 엄격했고 새로 들어온 사람의 인격을 박탈해버리도록 고안돼 있었다. 메리는 세탁소에 도착해 의복 보관소에 끌려갔을 때를 기억한다. "수녀님은 '너는 이제 이 옷에 너를 맞춰야 한다'고 말했어요. 크고 긴 서지 스커트와 흰 앞치마와 머리쓰개였죠. 그러면서 이렇게 말했어요. '이제부터는 네 이름은 메리가 아니다. 네 이름은 아트락타Attracta가 될 것이고 앞으로 너는 그렇게 불릴 때마다 대답해야 해.' 한 3주 동안은 그 이름을 거부했어요. 내 이름은 메리라고, 나는 항변했지만 그게 끝이었죠." 독방에 갇히는 벌을 받은 끝에 그녀는 어쩔 수 없이 지시에 순응하게 됐다.

켄트 지역에 살고 있던 메리 메릿이 아일랜드로 돌아와서 나에게 과거 일을 들려주기까지는 수차례의 전화 설득이 필요했다. 그녀는 조국을 증오한다고 말하면서도, 자신의 이야기를 세상에 밝히기로 굳게 마음먹은 터라 아일랜드해를 건너오는 데 동의했다. 우리는 더블린의 글래스네빈 공동묘지에서 만났다. 이곳에는 자신의 잠재력을 발견할 기회를 전혀 얻지 못했던 수백 명의 소녀와 여자 들이 마이클 콜린스Michael Collins나 에이먼 데벌레라Éamon de Valera 같은 국민 영웅들과 함께 잠들어 있다. 인터뷰 촬영을 위해 메리는 머리를 짙은 갈색으로 염색하고 단발머리로 자르고 왔다. 또 오늘을 위해 새로 산 검은 에나멜 가죽 구두가 발에 아직 익지 않아 묘지를 걸어다니기에는 조금 불편해 보였다.

9월의 쌀쌀한 비바람에 재킷을 단단히 여미면서, 메리는 엄숙한 표정으로 집단 묘지로 나를 데리고 올라가 꽃다발을 내려놓았다. 거대한 비석에는 160개의 이름이 새겨져 있다. 모두 더블린의 드럼콘드라에 위치한 하이파크 막달레나 세탁소에서 일했던 여자들이다. "누군가 죽으면 시체를 여기에 눕히는 것도 내 일 가운데 하나였어요." 메리가 말했다. "기꺼운 마음으로 그 일을 했죠. '적어도 이들은 이제 수녀들로부터 벗어났고, 비로소 고생도 끝난 거야'라고 스스로에게 말하곤 했거든요." 그녀가 비석에 새겨진 메리 브리하니Mary Brehany라는 이름을 어루만지면서 나를 돌아봤다. "수, 여기 내 친구가 잠들어 있어요. 그 사람들이 그녀를 세탁소에 56년간이나 가뒀어요. 만약 메리가 없었다면 나는 그 시간들을 견뎌내지 못했을 거예요."

하이파크 막달레나 세탁소에 갇혀 착취당한 노동자들이 땅에 묻힌 곳은 여기 더블린 공동묘지가 처음이 아니었다. 메리와 나는 한때 수도회 소속의 광활한 사유지였던 곳으로 함께 차를 타고 가서 입구 안으로 걸어들어갔다.

"화물차는 여기서 더 못 들어가요." 그녀가 버려진 회색 돌 건물의 앞마당을 손가락으로 가리키며 설명했다. 과거에 자신이 강제로 노동을 해야 했던 바로 그 세탁소다. "수녀들은 빨랫감을 갈색 종이로 싸서 나눠주곤 했죠. 우리는 그 빨랫감을 수거하러 오는 사람들 근처에는 얼씬도 할 수 없었어요." 그녀는 벽돌을 쌓아 가린 창문이 있는 건물의 한구석을 가리켰다. 저기가 "우리가 '구멍'이라고 불렀던 장소예요. 감옥 같은 건데, 우리에게 벌을 주기 위한 용도로 쓰였죠."

당시 사유지였던 그곳은 이제 더블린의 주요 개발 지역이다. 우리는 뒤쪽으로 빙 둘러 크레인과 굴삭기를 지나 호텔 주차장으로 걸어갔다. 애덕성모수녀회Sisters of Our Lady of Charity에서 성금을 마련하고 싶어했던 1990년대 초, 그들은 이 땅을 팔았다. 지금 이 땅에는 더블린을 방문한 사업가와 여행객 들의 차가 깔끔하게 주차되어 있다. 1993년에만 해도 녹지였던 이곳은, 과거 세탁소에 갇혀 일했던 노동자들의 시신으로 가득하다.

우리가 잡은 호텔에서 메리가 좀 쉴 수 있도록 두고 나왔다. 여든세 살에 과거를 회상하는 일 자체가 감정적으로 고되었을 터다. 촬영기자 이언 오라일리Ian O'Reilly와 함께 더블린에서 차로 한 시간 거리에 있는 킬데어 주로 향했다. 수녀회에 고용되어 매장된 여자들을 파내는 일을 맡았던 바니 커런Barney Curran을 만나기 위해서다. 은퇴한 그는 작고 하얀 영국식 연립주택에서 혼자 살고 있다. 약간 다리를 절며 문을 열어준 그는, 20년도 훨씬 전에 벌어진 일에 대해 질문하는 것을 전혀 놀랍게 받아들이지 않았다. 그는 평생 무덤을 파는 일을 해오면서 그처럼 혼란스러운 일은 없었다고 했다.

나는 그와 식탁 앞에 마주 앉았다. 그는 오래된 신문 더미를 한쪽으로 치우고 머그잔 두 개를 놓다. "그게, 수녀들은 그 땅을 팔려고 애쓰고 있었어요. 큰돈이 걸려 있었거든요." 그가 운을 뗐다. "비밀을 유지해야 했기 때문에, 누구도 모르게 일을 진행하고 싶어했습니다. 우리는 큰 장막을 치고 일했고, 누구에게도 그런 일을 하는 걸 말하지 말아야 했어요."

수녀들은 그곳에 133구의 시신이 별다른 표지 없이 묻혀 있다고 그에게 말해주었다고 한다. "얼마 지나지 않아서 그보다 더 많은 시신이 묻혀 있다는 걸 알게 됐습니다. 수녀들에게 이를 알렸지만, 그들은 '시신은 133구뿐'이라고 주장하더군요. 우리는 땅을 계속 팠습니다. 수녀들이 거기 있는지도 몰랐다던 22구의 시신을 추가로 발견했습니다." 바니가 이 거대한 묘지에서 발견한 건 이뿐만이 아니었다. "손목, 팔, 다리, 발, 발목 부위에서 엄청나게 많은 깁스가 나왔습니다. 부러진 팔다리도 있었어요. 그 여자들은 그들이 하던 일을 하기엔 너무 작고 연약해 보였지요."

대체 아일랜드의 종교단체가 운영한 세탁소 체인에서 무슨 일이 벌어진 걸까? 1767년 처음 문을 열었던 세탁소는 200년 이상 지속되어 마지막 세탁소가 1996년 문을 닫았다. '타락한 여자들'로 낙인 찍힌 여자 수만 명이 창피해하는 가족들과 위선적인 사제들에 의해 이곳으로 보내졌다. 도덕적 탈선으로부터 지역사회를 지킨다는 명목이었다. 단체의 이름은 예수의 추종자 가운데 한 명이자 '회개한 창녀'로 일컬어지는 막달라 마리아에서 비롯됐다.

여성의 성에 대해 성모마리아가 비현실적으로 엄격한 기준을 세운 이래 남성들은 이에 대비되는 '타락한 여자'에 집착해왔다. 초기 기독교의 현자로 통하는 성 예로니모는 4세기에 "여성은 만악의 근원"이라는 글을 남겼다.[1] 13세기에 발의된 교회법Canon laws은 여성 감금을 정당화했다. "추악한 육욕으로 인해 결혼의 침상을 내버리고 타락한 여성들은 하느님을 위해서 …… 종교에 귀의한 여성들이 있는 수녀원에 배속시켜 영구적인 고행을 하도록 해야 한다."[2] 19세기 초 아일랜드에서는 이런 사상이 인기를 얻었고 대부분의 대형 세탁소가 이때 지어졌다.

빅토리아 시대에 '타락한 여자들'에 대한 집착에 사로잡혔던 바다 건너 영국에서도 대형 세탁소가 발견된다. "글래드스턴Gladstone 수상의 일기에는 정치적인 모임을 주최하는 여자들보다 창녀에 대

86

한 내용이 더 자주 등장한다." 앤 이즈바Anne Isba는 자신의 책《글래드스턴과 여자들Gladstone and Women》에서 이렇게 적었다. "품위 있는 빅토리아 시대의 여성 명사들과 연회장, 무도회를 찾은 기록보다 런던 거리의 '타락한 여자들'을 방문한 횟수가 더 많다."[3]

아내를 경멸하고 정부를 두었던 찰스 디킨스Charles Dickens는 타락한 여자들을 돌보는 보호시설 운영에 관여했다. 그는 '여성의 속죄를 위한 우라니아 코티지Urania Cottage for Redemption of Women'가 "질서와 꼼꼼함, 청결, 그리고 세탁, 수선, 요리 같은 모든 일상의 가사 임무"라는 덕목을 떠받쳐야 하며 그러면 비로소 구원의 길을 보장할 수 있다고 말했다.[4] 아일랜드와 영국에서는 정신 없이 바쁜 세탁 일이 영혼을 정화하는 공인된 방법이라고 여겼다. 하지만 금지된 성교에 관여한 남자들을 찾아내고 처벌하는 데 이런 에너지를 쏟은 적은 없었다.

아일랜드에서는 전통적인 아일랜드 도덕 관습에 조금이라도 어긋난 행동을 하는 것처럼 보이는 여자 누구에게나 '타락한 여자'라는 꼬리표를 너무나도 쉽게 붙였다. 창녀는 물론이고 근친상간이나 강간 혹은 사고로 인해 임신하게 된 결혼하지 않은 여자들도 '타락한 여자'로 분류됐다. 어떤 여자들은 심지어 '예방 차원'에서 세탁소로 보내졌다. 학교에서 아이들을 가르치던 수녀들은 외모가 특출하게 빼어난 소녀들을 '타락할 위험이 높다'며 세탁소로 보냈다. 메리 메릿은 아마 반항기가 지나치다는 이유로 세탁소에 보내졌고, 그것이 파멸의 원인이 되었을 것이다.

가부장적 사회의 도덕적 질서를 엄격하게 유지해야 할 필요와, 노동자를 공짜로 부려먹으면서 이익을 얻으려는 종교단체의 이해

3 종교가 박해한 '타락한 여자들'

관계가 맞아떨어지며 이들 세탁소는 그 정당성을 더욱 공고히 확보했다. 제임스 스미스James Smith가 세탁소의 역사를 다룬 저술에서 지적한 것처럼, 세탁소끼리는 "횡포한 특성들"을 공유했다. "기도요법, 침묵, 세탁 방식, 영구 재소자에 대한 선호 등"이 그것인데 이는 "보호, 교화, 재활 등 종교적인 모임에서 겉으로 내세웠던 사명과 모순되는 것이었다."[5]

세탁소의 내부에 대한 가장 정확한 묘사 가운데 하나는 아일랜드 시인이자 극작가 퍼트리샤 버크 브로건Patricia Burke Brogan의 글에서 발견된다. 1963년 수련 수녀가 된 브로건은 골웨이에 있는 자비의 수녀회the Sisters of Mercy가 운영하는 세탁소에 감독관으로 부임했다. 세탁소에 간 첫날 그녀를 안내해 준 수녀는 "이곳이 우리 교단에서 가장 수익을 많이 내는 점포입니다"라고 말했다.

그 수녀가 묵직한 이중문을 열자, 엄청난 소음이 우리의 귀를 때린다. 수증기를 뿜어내는 거대한 기계가 있는 방이다. 지붕과 창에는 교도소 같은 창살이 있다. 회색 벽에는 물방울이 맺혀 흐른다. 더러운 옷에서는 악취가 풍긴다. 표백제 연기가 내 목구멍을 찌른다. 숨이 막힌다. 정신을 차리고 난 뒤에야 나는 이 방에 여자들이 가득하다는 것을 안다. 나이 든 여자, 중년 여자와 소녀 들이 세탁기 모양을 한 회색 자궁 속으로 빨려 들어가는 것 같다. 지금 나는 단테의 초열지옥으로 들어온 것인가?[6]

"저 여자들은 왜 여기에 있나요?" 불안해진 신참 수녀가 묻자 이런 답변이 돌아왔다. "저들은 회개하는 중입니다. 너무나 유약해서 스스로를 제어할 수 없는 사람들이죠. 저들은 여섯번째와 아홉번째 계명을 어겼습니다. 누구도 저 여자들을 원하지 않습니다. 우리는 저들의 욕정으로부터 저들을 보호하고 있습니다. 먹을거리와 잠 잘 곳, 옷도 제공하지요. 우리는 영적으로도 저들을 보살피고 있습니다." 몇 주 뒤, 브로건은 수녀가 되지 않기로 결심하고 교단을 떠났다. 이후 〈빛의 소멸Eclipsed〉이라는 제목의, 세탁소에서의 경험을 담은 희곡을 썼다.

그 세탁소에서 찍은 사진 몇 장이 보존되어 당시 상황을 보여준다. 성인 여자와 소녀 들이 유니폼을 입고 수녀들의 감시 속에서 세탁일과 다림질을 하고 있다. 사진 속에는 대형 탈수기도 보인다. 묘지기 바니 커런이 여자들이 입는 부상의 원인이라고 지목한 기계다. 그는 메리가 일했던 하이파크 막달레나 세탁소 내부에 몰래 들어가봤을 때, 빼빼 마른 수감자 대여섯 명이 탈수기를 작동시키려고 달라붙어 있었던 것으로 기억한다고 나에게 말했다. 사진 속 여자들 중 몇 명은 머리카락을 면도기로 민 상태다. 체벌의 일종으로, 망신 주기 위한 대표적인 방식이다. 메리 메릿도 머리카락을 깎인 경험이 있다.

신부로부터 강간당했다는 그녀의 말을 수녀들은 도무지 믿으려 하지 않았다. 수녀들은 도망쳤다는 이유로 그녀를 처벌실에 가두었을 뿐이다. "수녀 한 명이 '구멍'으로 내려와서 내 머리카락을 박박 밀어버렸어요. 나는 위층에 끌려갔고 무릎을 꿇어야 했습니다. 거기 있던 다른 모든 여자들과 마찬가지로 무릎을 꿇은 채 바닥에 입을 맞추고 '잘못했습니다. 두 번 다시 이런 일을 하지 않겠습니다'라고 말하게 했어요. 물론 나는 어떤 맹세도 하지 않았죠. '아니요, 난 아무것도 약속하지 않겠어요. 여기서 나가고 싶으니까요.' 나는 이렇게 말했어요. 다시 탈출을 시도할 생각이었거든요."

몇 달 후, 메리는 세탁소에서 다시 나오긴 했다. 강간의 결과로 임신을 했고, 수녀들은 그녀를 더블린에 있는 '모자의 집'으로 보내 아이를 낳게 했다. 그녀의 어머니처럼, 역사는 그렇게 반복됐다. 메리는 딸에게 프랜시스 크리스티나Frances Cristina라는 이름을 붙였지만 딸의 세례식에 참석할 수 없었고, 수녀들이 딸의 세례명을 카멜Carmel이라고 정했다는 사실조차 알 수 없었다.

메리는 딸에게 1년 동안 모유 수유를 할 수 있었다. "수녀들은 나에게 '너는 네가 원래 있던 하이파크 막달레나 세탁소로 돌아가야 해, 거기가 네가 있던 곳이니까'라고 말했습니다. 정말 비참했어요. 내 딸을 두고 가고 싶지 않았죠. '이 애는 제 인생의 전부예요.' 나는 그들에게 호소했습니다. 하지만 수녀들은 아기는 자기들이 잘 돌볼 테니 다시는 볼 생각조차 하지 말라더군요." 메리가 잠시 눈을 감는다. 눈물이 그녀의 속눈썹을 타고 뺨으로 흘러내린다. 83세의 나이를 감안하면, 그녀의 기억력과 체력은 놀라울 정도다. 하지만 오늘 더 이상의 인터뷰를 진행하는 건 무리다.

취재 과정에서 세탁소에서 살아남은 사람들을 많이 만났지만, 어떻게 그 모진 세월을 견뎌내고도 미치지 않은 상태로 이토록 강인하게 살아남았는지 의아하지 않을 수 없었다. 표면적으로 그들은 상당히 회복한 것처럼 보인다. 언론과 협력하고, 아일랜드 정부에 항의하고, 심지어 유엔에도 출석해 증언하며 보상을 요구하는 모습을 보면 무한한 에너지를 가진 것만 같다. 그들은 분노가, 그리고 여전히 현재진행중인 불의가 싸움을 계속해나가게 하는 원동력이라고 말한다.

하지만 생존자들과 대화를 계속 이어갈수록, 이들의 불안감과 예민함, 낮은 자존감 등이 점차 명백해진다. 일부는 서로 질투하고, 자신의 증언이 다른 생존자의 그것보다 주목을 받지 못할까봐 두려워한다. 만약 우리가 취재 과정에서 메리에게 더블린의 호텔 2박을 제공했다는 사실을 누군가 알면, 자신에게도 같거나 더 나은 대우를 해달라고 요구하는 식이다. 그들은 무시당했다고 느끼면 서로 말다툼을 했고 착취당했다고 느끼면 떼 지어 나를 공격했다. 정신과 의사라면 이런 행동을 두고 방치와 유기로 인한 전형적인 행동양식이라고 분석할 것이다.

아일랜드 남동부 워터퍼드에 있는 세탁소에서 일했던 64세의 엘리자베스 코핀Elizabeth Coppin을 바로 그 장소에서 만난다. 오래된 수녀원 건물은 지금은 교육대학으로 사용되고 있지만, 종교적인 그림과 예수 조각상이 길게 늘어서 있는 타일이 깔린 복도가 과거 수녀원의 거대한 성당이었음을 짐작하게 한다. 우리가 그 건물의 문을 열자, 엘리자베스는 몸서리를 친다. "매일 아침 미사를 드리러 이곳에 와야 했습니다." 그녀가 말한다. "한쪽엔 세탁소 노동자, 다른 한쪽에는 산업학교 학생들이 섰고, 중앙에는 수녀들이 자리했었죠." 고해실을 지날 때 그녀는 얼굴을 찡그린다. "우리는 매주 일요일마다 고해성사를 해야 했습니다. 대체 왜 우리가 고해성사를 해야 한 걸까요? 죄인은 우리가 아닌 그들인데 말이죠."

메리와 마찬가지로 엘리자베스도 산업학교를 다니다 세탁소로 끌려왔다. 역시 메리처럼, 그녀가 세탁소에 도착하자 수녀들은 머리카락을 밀었고 유니폼을 입힌 뒤 이름을 바꾸었다. "그 즉시 정체성은 사라져요. 이름이 달라지고, 머리카락이 잘리고, 원래 내 소유였던 옷조차 입을 수 없으니까요." 그녀가 말한다. "열네 살에 그곳에 갇혔어요. 누군가 '엔다Enda'라고 부르면 답을 해야 했는데, 그건 아일랜드에서는 남자 이름이에요. 겨우 그 나이에 무슨 대응을할 수 있었겠어요?" 나는 그녀에게 수녀들이 왜 그렇게 했다고 생각하느냐고 물었다. "그저 인간성을 말살하고 싶었겠지요. 내가 사회에서 아무것도 아니라고 생각하도록 말입니다."

세탁소에서 일했던 그 여성들은 모두 공통적으로, 수녀들로부터 쓸모 없는 사람이라는 말을 들었고, 수없이 반복해서 그런 말을들으면 정말 그렇게 믿게 된다고 했다. 메리처럼 엘리자베스도 과거의 낙인으로부터 도망쳐 새 삶을 찾기 위해 영국으로 이주했다. 하지만 두 사람 모두에게 어린 시절의 육체적, 정신적 학대로 인한상처는 여전히 깊이 남아 있다. 이들은 새로운 삶을 개척하려고 열심히 노력해왔음에도 불구하고, 아직도 악몽에 시달린다. 메리와엘리자베스는 둘 다 영국인과 결혼했는데, 두 남편은 나에게 수녀들로부터 벗어난 지 수십 년이 지났는데도 여전히 한밤중에 악몽을꾸고 괴성을 지르는 아내들을 달래야 한다고 말했다.

사과를 훔친 벌로 아이를 14년 동안 일하게 하고, 신부에게 강간당한 여자를 처벌하며 아기까지 빼앗는 여자들은 대체 어떤 생각을 하고 살았길래 이럴 수 있었을까? 우리가 아일랜드 편에서 다루는 건, 여자들에 의한 '여자와의 전쟁'이다. 세탁소에 갇힌 여자들의머리카락을 박박 밀고, 경미한 죄를 범한 이들을 '구멍'에 가둔 건,바로 여자들이었다. 현재 애덕성모수녀회 온라인 웹사이트에는 이수녀회에 가입하려면 빈곤과 순결, 순종을 맹세해야 한다고 적혀 있다.[7] 이 구인 공고에서 '돌봄'이나 '연민' 등의 단어는 찾아볼 수 없다. 영적인 삶과 신에 헌신하는 삶을 강조할 뿐, 지역사회에 대한 봉사는 언급하지 않는다.

그러나 200년 이상 수녀들은 아일랜드 사회에 그런 종류의 서비스를 제공했다. 수녀들은 사회적 약자나 버림받은 자를 그들의 '돌봄' 안에 들였다. 몇몇은 동정심으로 어려움을 극복하며 책임을 다했지만, 많은 수녀들은 자신들에 대한 믿음을 유린했다. 아일랜드의 가톨릭 가정은 전통적으로 대가족을 이뤘고, 다섯번째 혹은 여섯번째 딸은 종교에 귀의하라는 권유를 받았다. 먹여야 할 입을 하나 줄이는 동시에 지역사회의 존경을 받을 수 있는 방법이었다. 이는 동시에 많은 수녀들이 실제로는 소명의식이 없었다는 것을 보여준다. 이 수녀들은 수녀원 담장 밖에서 벌어지는 일들로부터 배제됨으로써 속았다고 느꼈을지도 모른다. 수녀들이 메리와 엘리자베스를 그토록 가혹하게 대한 이유로 내가 떠올릴 수 있는 것이라고는 그들이 품은 도덕적 우월감, 시기심, 분노, 좌절감 같은 게 전부다.

로마 가톨릭교회는 매우 가부장적이다. 교황이 규율을 정하고, 주교는 강단에서 이를 발표하고, 신부들이 현실에서 이를 수행한다. 여성이 사제가 될 수 있다는 생각은 로마에서 아예 논의조차 되지 않는다. 임신한 소녀들을 수녀원 문 앞으로 끌고 온 건 언제나 신부들이었다. 목적으로 보나 의도로 보나 감옥 간수나 다름없는 수녀들은 권위 있는 남자들의 부름에 늘 응답할 준비가 돼 있었다.

퍼트리샤 버크 브로건은 수녀들이 얼마나 신부들에게서 호감을 얻으려 했는지, 또 지역 주교가 얼마나 하느님의 권위를 넘어설 정도의 위세를 떨쳤는지에 대해서도 묘사한다.[8]

수녀원장이 나를 자기 집무실로 부른다. 그녀는 왕좌 같은 의자에 앉아 있다. 그녀의 책상 위에는 은색 프레임에 담긴 주교의 사진이 있는데 가장자리에 섬세한 자수가 달린 진홍색 옷 가운데 루비 반지를 낀 주교의 손이 축복의 자세를 하고 있다.

"자매여, 무릎을 꿇어라." 수녀원장이 수련 수녀가 들어오자 명령한다. "명심해라. 항상 눈을 내리깔고, 신중하게 매사를 바라보도록!" 전화벨이 울리고, 수녀원장이 수화기를 든다. 그녀의 세련된 구두가 자단목 책상 아래서 위치를 옮긴다. "네, 네, 신부님, 듣고 있습니다. 좋은 아침입니다, 주교님." 그녀는 그녀가 낼 수 있는 가장 부드러운 목소리로 주교에게 말한다. "네, 주교님. 지금 원장元帳을 작성하고 있습니다. 내일까지 그 일을 끝내겠습니다, 주교님. 네, 수표를 보내겠습니다. 감사합니다, 주교님." 나는 그녀의 엄청난 태도 변화에 놀란다.[9]

버크 브로건이 들려주는 우스꽝스러운 수녀원장의 일화는 내가 이란에서 만났던 비슷한 지위의 여자들을 떠올리게 했다. 나는 제이납 자매회Sisters of Zeinab 수장을 인터뷰한 적이 있다. 그녀는 여자들에게 이란의 엄격한 도덕 관습을 강요하고 시위 중에 폭력을 행사하는 부대를 책임지고 있었다. 그녀는 60세가 넘었음에도 매우 강인해 보였다. 공식적인 복장 규정에 맞추기 위해 과장되게 긴 옷을 입은 데다 촬영기자 이언에게 유혹적인 살갗을 조금이라도 보이지 않으려고 튼튼한 가죽 부츠와 긴 장갑까지 착용하고 있었다.

그녀는 아마디네자드Ahmadinejad 대통령의 집무실에서 온 전화를 받았다. 테헤란에서 열릴 '미국에 죽음을! 이스라엘에 죽음을!'

시위에 관한 전화였다. 그녀는 전화 통화 내내 억지웃음을 지으며 과장되게, 검은 아바야abaya◆를 입은 여자 수백 명을 시위에 동원하겠다고 약속했다. 사적으로는 남성과 접촉 자체가 금지되는 여성들이 남성들로부터 필사적으로 승인을 받아야 하는 이런 상황을 어떻게 봐야 할까? 그들은 남성들이 하달한 종교 규율에 스스로 복종하고, 다른 여성들을 처벌해 맹목적인 열정으로 따르게 압박한다. 자신들의 진정한 힘을 부정한 채 그저 거꾸로 자신들을 통제하는 남성들에게 칭찬을 받으려고, 필사적으로 자신이 통제하는 여성들을 학대한다.

이른바 '타락한 여자들'은 왜 사제들에게 대항하지 않았을까? 어떻게 순순히 갓난아이를 꾸준히 수녀들에게 넘길 수 있었을까? 나는 더블린대학교 역사학과의 린지 어너 번Lindsay Earner-Byrne을 학교 연구실로 찾아갔다. 그녀는 이런 여성들이 느낀 무력감을 이해하는 건 정말 어려운 일이라고 일깨워줬다.

그 당시 문화가 너무나 적대적이었기 때문에 그런 여성들은 대부분 선택의 여지가 없다고 생각했을 겁니다. 첫째, 이런 집에서 생활할 수밖에 없고, 둘째로 그곳에 있는 한 요구받는 게 무엇이든 해야만 했죠. 만약 그것이 아이와 떨어져서 다시는 그 아이와 만날 수 없다는 것을 뜻했다면 더욱더 선택의 여지가 없다고 느꼈을 겁니다.

◆ 이슬람권 여자들의 전통 복식의 한 종류로 얼굴과 손발을 제외한 전신을 가린다.

나는 1950~1960년대에 아이 입양 동의서에 서명한 여성들을 많이 만나 구술 조사를 해왔습니다. 하지만 그들은 서명한 기억이 없다고 해요. 자유로운 선택권이 없었고, 심각한 트라우마에 시달려왔기 때문이죠. 1972년까지도 결혼하지 않고 아이를 낳은 여성들은 어떠한 경제적 지원도 받지 못했습니다. 사회는 이런 행동을 범죄로 간주했어요. 첫 아이를 낳은 여성은 '초범', 두번째 아이를 낳은 여성은 '재범'이라고 불렀습니다. 이런 범죄 용어와 관용구는 1970년대 말까지도 쓰였습니다.

내가 린지 어너 번을 만난 때는 아일랜드 서부 골웨이의 투암에 있던 '모자의 집'에서 1925년부터 1960년 사이에 800명의 아기와 아이 들이 죽었고, 이들의 시신이 묘비 없이 묻혔을뿐더러 심지어 몇몇은 정화조로 쓰던 곳에 버려졌다는 사실이 뒤늦게 드러난 지 몇 주 뒤였다. 전 세계 기자와 방송 관계자 들이 투암 시내로 몰려들었다. 그들은 아기들의 시신이 묻힌 곳으로 추정된 과거의 수녀원 부지를 마구잡이로 들쑤시고 다녔고, 무고한 사람들이 대량학살을 당했다고 기사화했다.

"지금의 충격은 이런 일이 일어났던 사실을 몰랐다는 데서 비롯한 겁니다." 어너 번은 '투암 사망사건'의 뉴스 헤드라인을 보고 매우 놀랐다면서 이렇게 말했다. 그녀의 연구에 따르면 '모자의 집' 영아 사망률은 수녀원 담장 바깥의 평범한 가정에서 태어난 영아의 사망률보다 다섯 배 높았다. 이곳에서 아기들은 일렬로 늘어선 간이침대에 놓였는데 때로는 두 명이 한 침대를 쓰기도 했다고 한다. 감염, 영양실조, 방치로 인해 많은 아기가 사망했다. "어떤 결론을 내려야 할까요?" 어너 번은 묻는다. "도덕적 우월감에 대한 환상을 만끽하고자 아일랜드 사회가 기꺼이 지불한 대가라고 해야 할까요?"

어너 번이 만난 여자들은 아기가 죽었을 때 어찌되었건 아이들이 더 좋은 곳으로 갔으니 슬퍼하지 말라는 말을 들었다고 증언했다고 한다. "가엾은 아이들이 부모의 죄를 안고 간다는 말도 지속적으로 들었다고 합니다. 아기들이 세례를 받고 죽으면, 최소한 그들은 천국에 곧바로 다다르기 때문에 그 죄를 사함받을 수 있다는 겁니다. 이런 생각은 아기가 죽더라도 무기력하게 받아들이게 만들었습니다. 그처럼 높은 사망률을 받아들이는 건, 도덕적 그림의 일부였죠."

게다가 아기의 죽음은 그다지 특별한 일이 아니었다. 로라 맨 Laura Mann은 1940~1950년대에 더블린에서 조산사로 일했다. "끔찍하게도 가난했던, 10명의 아이가 있는 가족이 방 두 칸짜리 집에서 살며 생존을 위해 싸워야 했던 시기"였다고 그녀는 기억한다. 피임은 불법이었고, 불임수술은 엄두도 못 내었다. 아이들이 죽어나가고 어머니들은 쇠약해져서는 사제들에게 잠깐 휴식시간을 갖게 해달라고, 남편과 잠자리에 들지 않는 것을 허락해달라고 간곡하게 부탁했다. "그러나 사제들은 '당신들이 해야 할 일을 하지 않으면 속죄받을 수 없다'고 말하는 게 고작이었답니다." 로라 맨이 말한다. 남편에게 복종하게 함으로써 결과적으로 계속 임신을 장려한 셈이 되었고, 이는 더 많은 아이들을 죽음으로 몰고 갔다. "중요한 건 아이를 낳는 거였으니까요." 출산 중에 불구가 되거나 죽더라도 말이죠. 실제로 많은 산모들이 그렇게 됐고요." 1931년에 교황은 회칙을 통해 "아이를 낳다가 사망한 여인은 순교자다"라는 교령을 내렸다.[10]

30분짜리 다큐멘터리 〈아일랜드의 숨겨진 시체와 숨겨진 비밀Ireland's Hidden Bodies, Hidden Secrets〉을 만들기 위해 나는 막달레나 세탁소 생존자들에 대해 광범위한 조사를 벌였고, 아일랜드에서 여자들과 그들의 아이들이 당한 학대와 모욕의 증거를 최종본에 모두 다 담지 못할 만큼 방대하게 수집했다.

'모자의 집'에서 사망한 아기들의 시신은 의대생들의 해부 실습에 사용됐다. 엘리자베스 코핀 같은 아이들은 약물 실험에 이용됐고, 오늘날까지 이 기간에 그녀의 의료 기록은 교묘하게 편집돼 있다. 무엇보다 가장 충격적이고 이해할 수 없었던 건 '치골결합절개술symphysiotomy'◆ 실습이었다.

이 수술은 1944년, 제왕절개술을 경계하는 종교 지도자들에게 영향을 받은 의사들에 의해 아일랜드에 처음 도입됐다. 대부분의 의사는 제왕절개술을 세 번 한 여성은 건강을 위해 불임수술을 받을 것을 권장했다. 하지만 종교 지도자들에게 불임수술은 '여성이 꼭 해야 할 일'을 할 수 없게 되는 것을 의미했다. 독실한 가톨릭교도 의사들은 이것이 은밀한 피임법으로 활용될 것을 우려했다.

아일랜드 의사들은 기발한 아이디어를 떠올렸다. 여성의 골반이 너무 작아 자연분만을 하기 힘들다면 골반 뼈를 부러뜨려서 출산하도록 처치한다는 것이었다. "의사가 어디론가 사라지더니 쇠톱을 가져오는 걸 봤습니다." 노라 클라크Nora Clarke가 기억을 떠올린다. "정육점에서 동물을 자를 때 그걸 사용하는 걸 봤기 때문에 의사

◆ 난산일 때 치골결합의 섬유연골을 절단하여 분만을 가능하게 하는 수술이다.

가 가져온 게 쇠톱인 걸 알았죠. 그 의사는 내 뼈를 자르기 시작했습니다. 피가 샘처럼 솟아올랐고, 사방으로 튀었어요. 간호사들은 뼈를 자르는 걸 보고 속이 뒤집혔어요. 의사는 피가 안경에 튄다며 화를 냈고요."[11]

아일랜드에서는 1983년까지 수백 명의 여성이 이 수술을 받았다. 1968년 교황 바오로 6세는 산아조절에 대한 회칙 〈인간 생명 Humanae vitae〉[12]을 발표했다. 교황은 이를 통해 어떤 형태로든 피임과 불임수술에 대해 가톨릭교회가 반대하고 있음을 더 강하게 드러냈다. 치골결합절개술을 반대하는 캠페인을 벌인 작가 마리 오코너 Marie O'Connor는 가톨릭교회가 "중세 암흑기의 의료기술"을 활성화시켰다고 비난했다. "고위 성직자들이 성행위에 집착하고 산아제한이라는 범죄에 철저히 반대하느라 장려한 것이다. 오직 통제, 야망, 그리고 종교에 근거해 벌어진 일이다."[13]

2012년, 아일랜드 전역에 흩어져 살고 있던 치골결합절개술 생존자 100여 명은 자신들의 단합된 목소리를 내고 보상을 요구하기 위해 더블린으로 향했다. 그들은 스미스필드 지역의 라이트하우스 시네마에서 모였다. 케리주에서 온 86세의 리타 매캔 Rita McCann은 더블린이 낯선 탓에 쉽게 약속 장소를 찾지 못했다. "그때 다리를 저는 여자 둘을 봤고, '저들도 거기에 가고 있구나'라고 확신했습니다. 다리를 저는 사람을 보면 딱 알 수 있거든요."[14] 많은 여자들이 휠체어를 타고 왔다. 걷는 게 불편하다고 호소하는 사람도 있었고, 만성 요통과 요실금을 앓는 사람도 많았다. 그 수술을 받은 또 한 명의 생존자 클레어 캐버나 Claire Kavanagh는 "우리 중 50명을 한 방에 밀어넣으면 저마다 다른 사연을 말하겠지만 결론은 같습니다. 우리

는 모두 불구라는 것이죠"라고 말했다.[15]

'치골결합절개술 생존자 모임Survivors of Symphysiotomy'(SOS) 회원 누구도 도살이나 다름없는 수술을 앞두고 동의서에 서명했다고 말하지 않는다. 다시 더블린대학교 어너-번의 말을 들어보자. "당시 사회에서 여성의 사회적 지위를 고려해야 합니다. 당시 여성들은 '아니요' '싫어요'라고 말하긴커녕, 목소리조차 낼 수 없었어요. 계속해서 의무와 책임만을 강요받았습니다. 깊은 신앙심에 사로잡힌 사회에서 여성들에겐 어떤 권리도 없었던 것이죠." 결혼을 하지 않은 여성이 출산을 하면 처벌을 받고 아이를 빼앗기는 한편으로 결혼한 여성은 죽을 때까지 모든 방법을 동원해 아이를 낳아야 했다.[16]

영화 산업은 아일랜드에서 제도화된 학대를 수면 위로 끌어올렸다. 생존자들의 이야기를 모으고, 대학에서 연구하는 것을 넘어 아일랜드 대중이 그들의 이름을 내걸고 자행되어온 것에 정면으로 마주하도록 국가적 공론의 장에 이 주제를 올려놓은 것이다. 앤 데일리Anne Daly와 로넌 타이넌Ronan Tynan이 만든 치골결합절개술에 관한 영화 〈역경에 맞선 어머니들Mothers Against the Odds〉이 상영된 후, 아일랜드 의회는 치골결합절개술에 대해 논의했다. 새로운 지원 단체들이 생겼고, 변호사들이 개입해 희생자에 대한 보상을 요구했다.

피터 멀런Peter Mullan이 2002년에 제작한 〈막달레나 수녀들The Magdalene Sisters〉은 막달레나 세탁소들을 다룬 장편 극영화로, 퍼트리샤 버크 브로건의 희곡 〈빛의 소멸〉을 원작으로 하고 있다. 이 영화를 본 사람들은 모두 충격에 빠졌다. 오랫동안 세탁소들이 오갈 곳 없는 처지의 여자와 소녀 들에게 중요한 복지시설로서 기능해왔다는 것이 일반적인 믿음이었다. 코크에서 자란 내 시누이는 어머니와 함께 세탁물을 인근 막달레나 세탁소에 맡기러 간 일을 기억한다. 그녀의 어머니는 수녀들이 오갈 데 없는 절박한 상황의 여자들을 돌보고 있으며, 세탁소 노동자들은 마땅히 수녀들을 돕는 본분을 다하고 있다고 말했다고 한다.

1960년대에 더블린의 세탁소에서 감금된 채로 일한 여자 네 명을 다룬 멀런의 영화는 많은 논란을 일으켰고, 의문을 증폭시켰다. 영화로 용기를 얻은 메리 메릿을 포함한 생존자들은 그들의 경험을 유엔 고문방지위원회The United Nations Convention Against Torture(이하 UNCAT)에 알렸다. 이들의 사연을 파악한 UNCAT는 아일랜드 정부에 진상을 규명하라고 압박했다. 아일랜드 정부는 이에 응했지만, 2011년 당시 엔다 케니Enda Kenny 총리는 독실한 로마 가톨릭교도인 마틴 매컬리스Martin McAleese 상원의원에게 이 문제를 조사하고 보고하도록 했다. 그 결과는 놀라웠다.

〈막달레나 세탁소에 대한 보고서(2013년 2월 공개)〉 서문은 독실한 가톨릭교도이자 교단에 동조하는 남자만이 쓸 수 있는 내용을 담고 있었다. "네 개 교구의 수녀회에서 이런 시설을 운영했고 …… 최근 막달레나 세탁소에 대한 대중의 관심이 커지고 논쟁이 벌어지면서 많은 수녀들은 깊은 상처를 입었다. 수녀들의 입장은 자신들에게 보내진 소외된 여자와 소녀 들에게 피난처, 식사, 일자리를 제공함으로써 …… 실리적인 방식으로 최선을 다했다는 것이다."[17]

매컬리스의 보고서가 발표된 2013년 초에 마침 스티븐 프리어스Stephen Frears의 영화 〈필로미나Philomena〉도 개봉됐다. 출산하자마자 아들을 미국으로 입양보내야 했던 필로미나 리Philomena Lee라는 여성이 50년 동안 아들을 찾아 헤맸던 실화를 바탕으로 한 영화다. 필로미나 역을 맡은 주디 덴치Judi Dench는 오스카상 후보에 올랐다. 필로미나는 미국으로 갔지만, 아들은 이미 1년 전 세상을 떠난 뒤였다. 수녀들은 아들에게 어머니가 그를 일부러 버렸다고 말했다.

영화 〈필로미나〉는 너무 많은 아일랜드 여성들이 로마 가톨릭 교회의 사제들에게 과도하게 고통받아왔음을 알렸고, 대중의 분노에 다시 불을 지폈다. 필로미나 리는 프란치스코 교황의 초청을 받아 그를 만난 자리에서 카타르시스를 느꼈다. "그 수녀들은 이제 나를 질투하겠지요." 그녀는 바티칸을 떠나며 이렇게 말했다.[18] 이런 상황에서도 매컬리스 상원의원은 계속해서 수녀들을 변호했다. 그는 보고서에 "부당한 처우, 신체적 처벌과 학대는 …… 하이파크 막달레나 세탁소에서 벌어지지 않았다"고 적었다.[19]

매컬리스의 보고서는 아일랜드 언론의 강한 질타를 받았다. 《아이리시 인디펜던트》는 "너무 부끄럽다"면서 정부의 은폐를 비난했다.[20] 국제인권단체 엠네스티는 "과거 인권유린 혐의에 대한 조사를 어떻게 전혀 수행하지 않는지를 보여준 야비한 사례"라고 논평했다.[21] UNCAT는 "전혀 독립적이지 않았고, 철저하게 조사하지 않았다. 많은 요소가 결여된 보고서"라고 평가하며 "이번 조사에서는 생존자의 증언보다 국가와 교단의 기록에 우선 순위와 지위를 부여한 것이 아닌가"라고 물었다.[22]

나는 1000쪽이 넘는 매컬리스의 보고서를 읽고 나서 충격을 받아 그에게 인터뷰를 요청했지만 거절당했다. 매컬리스의 대변인은 그가 현재 로마에 있으며 보고서에 대한 입장은 변함이 없다고 전해왔다. 나는 그에게 도대체 왜 세탁소에서 일한 여자들의 개인사를 외면하고 높은 벽 아래서 고통받은 수천 명의 사람들을 모욕했는지 묻고 싶었다. 통계 자료로 장난을 친 그의 보고서는 진실을 왜곡할 소지가 있다. 예를 들어, 보통 이렇게 긴 보고서는 대체로 개요서만 읽는 경우가 많은데, 여기에서는 세탁소에서 여성들이 머문 기간의 중간값이 27.6주, 약 7개월이라고 하지만, 150쪽 뒤에 있는 '통계 분석'에서는 여성들이 머문 평균 기간을 3년 6개월이라고 계산한다. 많은 기록이 유실됐고, 교단에 의해 의도적으로 폐기됐기 때문에 정확한 실상은 누구도 알 수 없다.

메리 메릿은 세탁소에 14년이나 있었고 자신의 이야기를 더 신중하게 들어야 했다고 말한다. 매컬리스와 인터뷰했을 때를 떠올리며 그녀의 눈은 분노로 가득 찼다. 매컬리스는 보고서를 작성하기 위해 100여 명의 여성을 인터뷰했고, 그보다 더 많은 사람들이 진술서를 제출했다. '막달레나 정의 구현을 위한 변호사들'은 잔혹한 처우에 시달린 몇몇 생존자들의 증언을 수집해 건넸지만, 매컬리스는 그의 보고서에 이 증언을 반영하지 않았다. 메리는 그가 자신도 무시했다고 말한다.

"체벌실과 강간당한 경험을 이야기했습니다. 그는 강간에 대해 철저히 무시했어요. 다른 주제로 전환하려고 노력하기에 이렇게 말했습니다. '나는 매우 심각한 주제를 말하고 있는데, 당신은 마치 그런 일이 전혀 없었다는 듯 그냥 흘려듣고 있군요, 게다가 당신은 나를 믿지도 않네요!'" 매컬리스와 불만족스러운 대화를 나눈 뒤, 메리는 아일랜드공화국 경찰에 강간 피해 사실을 이야기했지만 너무 오래전 일이라는 이유로 아무런 조치도 취해지지 않았다. 메리는 시간 낭비가 될 거라는 점은 인정한다. 그녀를 강간한 1955년에 이미 중년이었던 그 신부는 지금쯤 사망했을 테니 말이다.

아일랜드 정부의 공식 조사 보고서는 막달레나 세탁소에서 벌어진 학대를 그럴싸하게 얼버무렸다. 피해자와 이들의 변호사, 아일랜드 종교 제도의 역사를 연구한 학자들에게는 충격적이게도, 보고서는 세탁소들이 이윤을 내지 못했다는 결론이었다. 수녀들은 상업 거래와 관련한 회계감사 보고서를 제출했는데, 수녀들이 고용한 회계사들이 만든 이 장부에는 대중의 접근이 아예 불가능했다. 회계 교육을 받은 매컬리스는 "막달레나 세탁소는 상업적이거나 높은 이윤을 냈다기보다는 생계를 유지할 정도로 운영되었거나 수입액과 지출액이 거의 같은 수준"으로 운영되었다고 결론내렸다.[23]

나는 막달레나 세탁소의 또 다른 생존자 개브리엘 노스Gabrielle North를 만나기로 한다. 개브리엘의 어머니는 딸이 남자친구와 영국으로 도망가려는 계획을 세웠다는 걸 알고 지역 신부에게 도움을 청했다. 그 신부는 개브리엘을 리머릭에 있는 막달레나 세탁소로 보내버렸다. 우리는 과거 수녀회 건물이었던 곳의 입구에서 만났다. "내가 넘어서 탈출하려고 했던 담벼락이에요." 그녀는 과거 수녀회 소유지를 둘러싼 3미터 높이의 벽을 가리키며 말한다. "당시에는 뾰족한 유리 조각들이 담 위에 깔려 있었어요. 도망가려고 했지만, 결국 담을 넘지 못했죠. 저기에서 떨어진 순간이 기억납니다. 아직 내 다리에도 그 사건을 증명할 상처가 남아 있고요."

우리는 개브리엘이 갇혀 있던 건물로 걸어가 마당에서 철문 안을 들여다본다. "우리가 걸어다니는 게 허용됐던 운동장이에요. 그게 우리에게 허용된 유일한 운동이었어요. 그저 걸어다니는 것뿐이었죠. 얼마나 오래 이곳에 있었는지 기억도 나지 않아요. 마치 감옥 같았어요. 대부분 처벌 탁자에서 혼자 밥을 먹었던 것 같아요. 나는 거의 매일 거기로 보내졌는데 이유는 말이 너무 많다는 거였어요."

개브리엘은 세탁소에서 일하지 않았다. 그녀는 유명한 '리머릭 레이스'를 만드는 일에 투입됐는데, 이 레이스가 어찌나 유명했던지 미국 백악관에서 전화로 문의해온 날을 그녀가 기억할 정도다. "우리는 케네디 대통령의 셋째 아이가 세례식에서 입을 드레스를 만드는 일을 주문받았습니다. 숨진 꼬마 패트릭 말이에요. 많은 미국 관광객이 수녀원 작업장으로 와서 우리를 지켜봤고, 주문이 밀려들었습니다. 우리는 레이스 깃, 손수건 따위를 팔았어요. 수녀들은 분명 돈을 많이 벌었을 겁니다. 장사를 하려던 게 아니었다고 말하겠지만, 사실은 장사였어요. 그들은 대단히 비밀스럽게 작업했습니다."

수녀들은 계좌도 비밀스럽게 관리한 것으로 알려졌다. 하지만 수녀들의 낡은 거래원장이 이상하기 짝이 없는 곳에서 발견됐다. 나는 1950년대쯤 만들어진 먼지투성이의 거대한 가죽 장부 네 권이 리머릭의 화이트하우스라는 이름의 술집에 있다는 제보를 받았다. 그 펍의 주인은 세탁소가 문을 닫을 때 가구들을 잔뜩 사들였는데 거기서 그 장부들이 발견된 것이다. 그는 이 장부들을 바 위쪽 선반에 장식용으로 두고 있었다.

인심 좋은 그는 사다리를 타고 올라가 장부들을 가져와서 내 앞에 펼쳐 보였다. "이 장부를 보여달라는 사람은 많지 않았어요. 대부분의 사람들은 그 세탁소와 수녀들이 사라진 게 그저 기쁜 것 같아요." 거래원장은 깔끔한 글씨로 가득 차 있다. 고객 목록에는 개인, 수십 개의 대학과 수녀원, 레스토랑과 호텔, 기차역 그리고 단골로 리머릭 테니스 클럽 등이 있다. 수녀들이 세탁소로 돈을 벌지 않았던 리머릭에서는 많은 일이 있지는 않았다.

펍에서 점심을 먹은 뒤 개브리엘과 나는 현재 수녀들이 소유한 현대식 주택단지로 걸어간다. 그 옆이 예전 세탁소 자리다. 잔디 위에는 '선한 목자 그리스도'의 큰 동상이 있다. 이웃 주민들은 방갈로를 가리키며 저곳에서 나이 든 세탁소 노동자들이 여전히 수녀들과 살고 있다고 했다. 문에는 CCTV 카메라가 있고, 우리가 벨을 누르자 창문이 열렸다. 커튼이 움직였다가 창문이 다시 굳게 닫혔고, 아무도 문가로 나오지 않았다. "세탁소에서 나를 알았던 수녀들 몇 명이 아직도 여기 있는 걸 알아요. 내가 열일곱 살 때 수녀들에게 왜 나를 여기 가두느냐고 물었습니다. 지금 또다시 묻고 싶어요. 역시나 그들은 아무 말도 하지 않겠지만요."

수녀들은 아무 말도, 또 어떤 보상도 하지 않으려 한다. 아일랜드 정부는 과거 세탁소 노동자들에게 수천만 유로에 달하는 보상금 지급 계획을 세웠다. 수녀들이 이 생존자들을 통해 돈을 벌었음에도, 세탁소를 운영했던 네 곳의 종교단체는 기부를 거부하고 있다. 그들은 자신들로 인해 벌어졌을 수 있는 고통에 대해 '후회'한다는 입장을 밝혔지만 보상에 대해서는 꿈쩍도 하지 않는다. 아일랜드 정부의 장관들은 "실망"의 뜻을 표하며 수녀회와 "협상이 진행 중"이라고 밝혔지만, 누구도 기대하지 않는다.[24]

나는 《아이리시 이그재미너》 코크 지사의 클레어 오설리번 Claire O'Sullivan을 방문했다. 이 언론사는 정보공개법을 이용해 수녀회의 재정을 조사한 몇 안 되는 곳이다. 그녀는 분노했다. "수녀들은 약삭빠른 장사치들이고 매우 영리하게 돈을 관리해왔습니다. 세탁소를 운영한 네 곳의 종교단체는 매우 부유합니다. 그들은 아일랜드 경제 호황기에 최대 3억 유로◆ 상당의 부동산을 매각했습니다. 2012년 기준으로 그들은 약 15억 유로◆◆의 자산을 소유했어요. 그들은 그 돈을 신탁했습니다. 막달레나 세탁소 피해자들에 대한 배상금 지급 계획에 단 1페니도 주지 않겠다고 딱 잘라 거절한 것이나 마찬가지예요."*

오늘날 아일랜드는 현대적이고 비종교적인 나라로 자국의 이미지를 드러내고 싶어한다. 하지만 여전히 로마 가톨릭교회에 사로잡힌 소수 엘리트들이 지배하는 사회로 보인다. 오설리번은 수녀들이 세탁소 운영으로 전혀 이익을 얻지 않았다는 매컬리스 보고서의 결론 때문에 피해자 보상 계획에 기여해야 한다는 압박이 심하지 않았다고 지적한다. "아일랜드가 국가로 탄생한 이후, 가톨릭교회는 정부, 국가와 나란히 작동되어왔습니다. 두 권력은 분리된 적이 없고, 국가가 교회를 강하게 비판할 장치조차 없습니다."

대신 아일랜드 사람들이 가톨릭교회를 떠나고 있다. 2015년 5월 동성결혼 찬반 투표에서 62퍼센트가 찬성표를 던졌다.[25] 더블린의 대주교 디어미드 마틴Diarmuid Martin은 그 결과에 당황했다고 털어놨다. "스스로 되물었습니다. 찬성표를 던진 대부분의 젊은이들은 12년 동안 우리 가톨릭 학교 제도에서 교육받은 이들입니다. 내 말은 우리가 사람들에게 교회의 가르침을 어떻게 전달할지 제대로

◆ 약 3911억 원이다.

◆◆ 약 1조 9557억 원이다.

* 네 개 중 두 개 종단은 피해자 배상 계획에 지급할 자금이 없다고 주장했다.

살펴봐야 하는 엄청난 도전에 직면해 있다는 것이지요."[26] 사실 너무 늦었다. 최근 몇 년 동안 아일랜드 가톨릭교회의 추문이 연이어 터졌다. 미혼모와 아기 들에 대한 폭력뿐 아니라 성직자들의 끔찍한 아동성추행, 이어진 교회 당국의 은폐가 수면 위로 떠올랐다. 오늘날, 인구의 20퍼센트 미만이 미사에 참석한다.[27]

1922년, 아일랜드의 사회적 문제를 가톨릭교회가 처리하던 시절에는 인구의 93퍼센트가 실생활에서 가톨릭교도였다.[28] 아일랜드는 한 세대에 지나지 않는 시간 만에 신정神政을 떨쳐냈다. 하지만 좀더 신을 공경했던 시대로부터 전해내려온 법을 바꾸는 데는 시간이 더 걸린다. 1983년, 인구의 3분의 2가 낙태 합법화에 반대했다.[29] 아일랜드에서 여성들은 여전히 합법적으로 안전하게 낙태를 할 수 없다. 매년 4000명에 가까운 아일랜드 여성이 자신의 신체에 대한 권리를 행사하고자 영국으로 건너간다. 이혼과 동성결혼이 국민투표로 지지를 얻은 상황에서, 다음에 넘어야 할 장애물은 낙태다. ◆

메리 메릿은 14년이 지난 뒤에야 스물일곱 살의 나이로 세탁소를 떠날 수 있었다. "일이 점점 줄어들면서 수녀들이 몇몇 여자들을 세탁소에서 내보냈습니다." 수천 명의 막달레나 세탁소 노동자들처럼, 그녀는 아일랜드를 떠나 영국으로 향했다. 서런던의 세탁소에서 일하며 돈을 모았고, 남편 빌Bill과 함께 가게를 열었다.

메리는 정부의 계획에 따라 보상금을 받고 있지만, 여전히 분노하고 있다. "그들은 내 인생, 인권, 머리카락, 옷, 이름을 빼앗았습

◆ 2018년 5월 25일 국민투표 실시 결과 낙태금지법 폐지가 확정됐다. 투표 참여자 가운데 66.4퍼센트가 폐지에 찬성표를 던졌고 반대표는 33.6퍼센트였다.

니다. 그리고 가장 끔찍한 건 내 딸까지 훔쳐갔다는 사실이죠." 메리는 수차례 '모자의 집'을 찾아가 그녀가 강제로 버려야 했던 딸이 어디에 있는지 알려달라고 애원했지만 거절당했다.

1999년, 메리는 영국의 사회복지사에게서 편지 한 통을 받았다. 그녀의 딸 카멀이 어머니를 찾고 있었고, 만나기를 원한다는 내용이었다. "도대체 말이 되나요? 수녀들에게 수없이 내 딸이 어디에 있는지 알려달라고 요청했지만 아무런 답변을 들을 수 없었습니다. 그들은 모른다고만 했어요. 그런데 영국 사회복지기관으로부터 편지를 받자 자기들이 내내 갖고 있던 정보를 주다니!" 메리는 딸을 만나려고 아일랜드로 돌아왔다. 그녀는 딸을 막달레나 세탁소와 딸이 태어난 더블린의 '모자의 집'으로 데리고 가서 자신의 과거를 설명해주려 했다.

메리가 우리와 아일랜드에 머무르는 동안, 글래스네빈 공동묘지에 있는 카페에서 딸 카멀과 만나기로 했다. 이번이 겨우 두번째 모녀 상봉이다. 메리는 딸에게 줄 깜짝 선물을 갖고 왔다. 어느 동정심 많은 간호사가 메리가 세탁소로 다시 끌려가 딸을 빼앗기기 전에 모녀의 모습을 찍어준 사진을 발견한 것이다. 스물다섯 살의 젊은 엄마 메리는 딸 카멀을 두 팔로 안고 있다. "너는 정말 사랑스러운 아기였어. 네 모습을 봐. 내가 네 금발을 질투할 정도였다니까!" 카멀은 격정에 휩싸인다. "이 사진을 내 보물로 삼을 거예요. 집에 도착하자마자 이 사진을 액자에 넣을 거예요." 그녀가 말한다. 옆테이블에 앉은 손님들이 80대와 60대의 두 여인이 울먹이며 나누는 대화를 들으려고 몸을 기울인다.

"혹시 나를 원망하진 않니?" 메리가 걱정스럽게 카멀에게 묻는다. "물론 아니죠. 전혀 그렇지 않아요." 눈물이 카멀의 뺨을 타고 흐른다. 현재 더블린에서 가게를 운영하고 있는 카멀은 두번째 남편과 살고 있다. 카멀은 우연한 기회에 자신이 입양됐다는 사실을 알게 됐고, 어머니의 흔적을 찾아 헤매면서 그녀 역시 아일랜드의 참혹한 역사의 희생자라는 것도 알게 됐다고 한다. 그녀는 어머니와 작별 인사를 하면서 나에게 말한다. "우리 둘 다에게 쉽지 않은 시간이었어요."

메리와 나는 헤어지기 전에 다시 공동묘지에 들른다. 그녀는 옛 친구 메리 브리하니에게 작별 인사를 한 번 더 하고 싶다고 했다. 무덤 근처에 왔을 때, 우리는 굴착기 소리를 듣는다. 브리하니가 묻힌 곳 옆에 최근에 발견된 세탁소 희생자들을 묻을 새 무덤이 만들어지고 있다. 하이파크 세탁소는 1991년에 문을 닫았지만, 그곳에서 강제노동을 했던 많은 여자들이 보호시설 생활에 너무도 익숙해진 나머지 세탁소가 문을 닫았어도 수녀들의 '돌봄'에서 벗어날 수 없었던 것이다. 무덤 위의 비석에는 최근에 매장된 사람들의 이름이 있다. 조앤 오라일리Joan O'Reilly는 2012년, 메리 라이언Mary Ryan은 2013년, 샐리 도허티Sally Doherty는 2014년에 사망했다. 얼마나 많은 사람이 수녀들로부터 영영 벗어나지 못했는지는 아무도 모른다.

메리는 공동묘지를 떠나 영국행 비행기를 타기 위해 공항으로 향했다. "지금도 늦었어요!" 그녀는 택시에 오르며 이렇게 말한다. 딸을 다시 보러 올 때를 제외하고는 아일랜드에 발을 들이고 싶지 않다고 한다. "내가 원하는 건 사과입니다. 수녀들, 신부들, 정부, 교황, 그 누구라도. 내가 죽기 전에 꼭 사과를 받고 싶어요."

4

세계에서 가장 큰 여성 감옥
사우디아라비아

"나와 같이 갈 곳이 있어요. 직접 봐도 못 믿을걸요." 림 아사드Reem Asaad가 말했다. 최근 딸아이의 모유 수유를 중단한 그녀는 새 브래지어를 구입하고 싶었지만 현재 가슴 사이즈가 어느 정도인지 확실히 알 수 없었다. 그녀는 나를 데리고 리야드 중심가에 있는 속옷 가게로 가서 브래지어가 전시된 매대를 훑어보며 얼굴을 찌푸렸다. 파키스탄인 남성 점원이 나와서 도움이 필요한지 물었다. "이제 잘 보세요." 나에게 이렇게 이야기한 뒤, 림은 점원에게 말을 걸었다. "여성 점원은 없나요? 제가 사이즈를 좀 재야 하거든요." "죄송합니다, 부인. 여성 점원은 없습니다." 그녀는 세 장의 브래지어를 사서는 에스컬레이터를 네 번 타고 꼭대기층으로 올라가 공중화장실에서 입어봤다. 세 장 모두 맞지 않았다. 그녀는 이를 반품하고 다른 사이즈의 브래지어 세 장을 샀다. 이 절차를 네 번 반복하고서야 그녀는 딱 맞는 브래지어를 찾을 수 있었다.

전 세계에서 여자가 운전할 수 없는 유일한 국가, 사우디아라비아에서 여자로 살아가는 어려움을 단적으로 보여주는 일화라고 그녀는 설명했다. 친족이 아닌 남녀는 어울려 대화를 나누는 것조차 금지돼 있다. 따라서 여자들은 상점에서 일할 수 없고, 여성 속옷 가게에서조차 일하는 사람은 모두 남자여야 한다. "그러면 우리가 어떻게 속옷을 사겠어요? 친구들에게도 말하지 않을 신체적 특징과 사이즈를 생판 모르는 남자와 의논하라는 말인가요?"

브래지어 사례가 주요 인권 문제가 아니라 그저 짜증나는 일에 불과하다는 점을 인정하면서도, 페미니스트이자 운동가인 림은 사우디아라비아 여성들에게 부과된 제한들 내에서 "어디에서든 시작하긴 해야 한다"고 말한다. 그녀는 투자 분석가이자 경제학 저술가이며 제다의 다르 알헤크마Dar Al-Hekma 대학교의 재무·경영학 강사이기도 하다. 기혼이며 두 딸을 키우고 있는 그녀가 사우디 여성들이 의무적으로 착용해야 하는 검은 아바야를 입고 얼굴만 빼고 온몸을 꽁꽁 감싼 채 복도를 쓸면서 쇼핑몰에 나타났을 때, 나는 그녀가 매우 자신감 넘치고 아름다운 여성이라는 사실을 바로 알아차렸다.

극단적인 이슬람 율법학자들의 논리에 따르면 사우디 여자들이 몸을 꽁꽁 싸매서 가족이 아닌 사우디 남자들의 시선에서 벗어나는 것이 가게에서 낯선 남자에게서 신체 치수를 측정받을 가능성보다 중요한 일이다. 이는 가게에서 일하는 '낯선 남자'의 대부분이 진정한 남자로 간주되지 않는 동남아시아인이기 때문일 것이다. 속옷 가게에서 일하는 남자들의 입장에서 보자면, 여성 쇼핑객만큼이나 이들에게도 불공정한 세상이다. 부조리함 그 자체인 사우디아라비아 왕국에 오신 것을 환영합니다!

림과 함께 속옷 쇼핑의 험난한 여정을 떠났던 시기는 2011년 3월로, 그녀가 캠페인을 벌인 지 3년이 되는 때였다. "세상은 바뀌어야 합니다. 우리의 요구는 흠 잡을 데 없어요. 여성 속옷을 여성이 여성에게 판매하게 해달라는 건 지극히 당연한 일이기 때문에 다른 선택지는 아예 말이 안 돼요." 그녀는 페이스북 캠페인 페이지와 블로그를 운영하며 해외 속옷 제조사들의 지지 속에 사우디 속옷 가게 불매운동 청원 활동을 벌이고 있다.[1]

수천 명의 사우디 여자들이 이 캠페인에 호응했다. 외국 기업들과 해외 각국의 인권운동가들 역시 지지했다. 무슬림 성직자들은 상점에서 일하는 여자들이 남편들에게 반항하도록 여자들을 부추겨 결국 국가 기강을 무너뜨리게 될 것이라고 경고하며 반발했다. 하지만 마침내 이성이 승리했다. 압둘라Abdullah 국왕은 전국 7300개의 속옷 소매점에서 남성 점원을 고용하지 못하도록 했고, 이로써 사우디 여성들을 위한 4만 개의 일자리가 창출됐다.[2]

나는 림을 좋아하지만 쇼핑몰은 좋아하지 않는다. 평범한 나라였다면 인터뷰 촬영을 마친 뒤 카페나 작은 식당으로 가서 남은 이야기를 나눴을 것이다. 하지만 사우디아라비아는 평범한 것과는 거리가 멀다. 여자 둘이서만 거리를 자유롭게 걷거나 식당에서 식사를 한다면 모두가 달갑지 않은 눈길로 바라볼 게 분명하다. 이 나라에서 여자가 외출을 한다는 건, 운전기사가 밖에서 기다리는 동안 쇼핑몰에 가는 것을 의미한다. 여자가 바깥세상을 바라볼 수 있는 기회란 쇼핑몰 가는 길에 선팅된 차창을 통해 엿보는 것이 전부다.

우리는 운전기사가 기다리고 있는 림의 차를 타러 갔고 그녀는 나를 집으로 초대했다. 사우디에서는 수수한 편으로, 승강기가 있는 이층집이었다. 몸집이 크고 친절한 그녀의 남편은 사우디인 아버지와 레바논인 어머니 사이에서 태어난 사람으로, 그래서인지 여성 문제에서는 비교적 진보적인 남자였다. 자신의 아내를 자랑스러워하는 기색이 역력했고, 사우디 남자치고는 특이하게도, 우리가 대화에 집중할 수 있도록 두 딸을 기꺼이 돌봐주었다.

"보시다시피, 우리는 부자가 아니에요." 림이 말했다. 학자인 그녀가 받는 월급은 넉넉한 편이 아니지만 남편이 회계사다. 덕분에 자신의 급여에서 상당액을 들여 운전기사를 고용할 수 있고, 독립적인 직장 생활을 유지할 수 있다. "여자들이 일할 수 없는 또 다른 이유가 여기에 있어요. 여자들이 이용할 수 있는 대중교통 수단도 없고, 운전도 못 하죠. 결과적으로, 남편이 일하러 나가면 운전기사가 없는 이상 집을 나설 수조차 없는 겁니다."

부유층이 아닌 여자가 일자리 제안을 받아들일 수 있는 게 아닌 이상, 란제리 가게에서 여자가 일할 수 있는 권리를 얻어낸 것이 실효성이 별로 없다는 점을 림도 인정했다. 국왕이 여자들에게 4만 개의 일자리를 만들어주긴 했지만 왕국의 근본적인 토대가 변하지 않는 이상 여자들은 아예 지원조차 하기 어렵다. 그녀의 다음 목표는 여자들이 개인 운전기사에게 의존할 필요가 없도록 안전한 대중교통 체계를 만들기 위해 싸우는 것이다. 그다음에는 일하고 싶은 여자들을 위해 자녀를 안심하고 맡길 수 있는 보육시설을 위해 싸울 것이다. 대부분의 경우 감옥이나 다름없는 가정이라는 환경에만 갇혀 있는 수백만 명의 여자를 해방시킬 수 있는 유일한 방법은 일이라고, 림은 확고하게 믿고 있다.

평균적인 사우디 남자들은 여자들이 '더 편안'하고 '특권'을 누리는 삶을 산다고 주장한다. 필리핀인 가정부가 집안일을 하는 호화로운 집에 앉아 남편을 기다리다가, 파키스탄인 운전기사가 모는 차로 쇼핑몰을 드나드는 삶이라는 것이다. "여자들이 왜 일하고 싶어하겠어요?" 그들은 묻는다. 일만이 여성들에게 자존감과 지적인 자극, 성인들끼리의 친교와 재정적 독립을 가져다준다. 이 모든 것이 집안의 여자들을 통제하는 게 하는 일의 전부인 사우디 남자들이 아주 싫어하는 요소다. 림 말이 맞다. 사우디아라비아는 여자들이 일하러 갈 수 있는 인프라 구축이 시급하지만, 그에 앞서 전통과 교육의 족쇄에서 벗어날 필요가 있다.

딸은 어머니의 인생을 보고 배운다. 나는 여자와 남자는 동등하며, 네가 원하는 무엇이든 성취할 수 있다고 내 딸에게 수없이 강조해왔다. 사우디의 소녀들은 자신의 어머니가 마치 어린아이처럼, 모든 활동을 집안의 남자들에게 엄격히 통제받고 그들의 지시에 복종하며 지내는 것을 보면서 자란다. 태어나면서부터 여성의 자존감과 자부심은 땅에 떨어져 있다. 이런 상황에서 림 아사드와 다른 사우디 여성인권 운동가들이 보여주는 용기는 대단히 인상적이다. 이들은 자신을 가두는 틀을 깨뜨려왔지만 수백만의 여자들은 아직 감히 도전할 꿈도 꾸지 못하고 있고, 슬프게도 그들의 딸들 또한 어머니처럼 살아갈 것이다.

사우디아라비아의 젠더 분리를 옹호하는 사람들은 이 제도가 코란, 그리고 예언자의 가르침, 즉 수나Sunna를 옳게 해석한 것이라고 주장한다. 반대자들은 이것이 잘못된 해석이며 마호메트의 삶이 그 근거라고 반박한다. 마호메트의 첫번째 부인 카디자Khadija는 권력을 가진 나이 든 여자로, 마호메트를 고용했고 나중에는 그에게 청혼했다. 또 다른 부인 아이샤Aisha는 656년 바스라 전투 당시 군대를 지휘했다. 그들은 마호메트가 "남편은 아내에 대한 권리가 있고, 아내는 남편에 대한 권리가 있다"고 말한 것을 인용한다.[3]

하지만 사우디아라비아에서 여성의 권리는 턱도 없이 부족하다. 예언자의 가르침은 오직 여성혐오적 성직자들의 입맛에 맞게 해석되고 있다. 사우디아라비아의 소수 지배 세력인 와하브파는 여성을 죄악의 구현으로 여기는 가장 순수하고 근원적인 무슬림 신앙을 복원하는 일이 자신들의 임무라고 주장하고 있다. 이 극단적으로 보수적인 와하브파 성직자들은 예로부터 사우디 왕가의 통치에 영향력을 행사해왔다. 이는 사우디아라비아 여성들의 희생으로 이어졌다.

시작은 사우디 왕조의 시조로 땅을 정복하러 나선 무하마드 이븐 사우드Muhammad ibn Saud와 그를 지원했던 성직자 무하마드 이브 압둘 알 와하브Muhammad ibn Abd Al Wahhab 가 협약을 맺은 18세기로 거슬러 올라간다. 사우디 국왕은 이들의 엄격하고 근본주의적인 신념을 지원하기로 했다. 250년이 넘도록 이 협약은 20세기 전환기에 사우디아라비아라고 알려지게 된 나라에 사는 여성들에게 재앙을 가져다주었다.[4]

와하브주의는 여성을 정신적으로 결함이 있는, 영원히 성숙한 인간이 될 수 없는 존재로 취급한다. 여성은 집을 나서기 전에 반드시 남성의 허락을 받아야 하며, 병원 치료를 받거나 은행 계좌를 개설하거나 교육기관에 입학하거나 또 여행을 할 때도 집 밖에서 보내는 매 순간 남성의 보호를 받아야 한다. 남성 보호자는 여성이 몇 살이든 상관없이 결혼시킬 수 있다. 만일 이혼한 여성에게 아버지와 남자형제마저 없다면, 십대 아들에게서 이러한 특권을 누릴 허가를 받아야 할 수도 있다.

여성의 배제와 종속은 여성을 학대에 취약하게 만든다. 사우디 정부는 최근 가정폭력을 금지하는 진보적인 법률을 도입했으나 여성이 이 법에 어떻게 접근할 수 있는지에 관해서는 지침을 제시하지 않았다. 여자는 혼자서 경찰서에 찾아갈 수 없다. 남편에게 두들겨맞은 여자는 신고하기 위해 바로 그 남편에게 경찰서에 데려다달라고 부탁해야 한다. 현실적으로 불가능한 일이다.

젠더 분리의 관습은 엄격히 시행되고 있다. 고위 와하브파 성직자들이 근거로 드는 개념은 크게 두 가지다. 여성을 잠재적 타락으로부터 보호해야 한다는 것 그리고 여성의 '능력 부족' 때문에, 즉 여성은 너무나 음탕한 성향을 갖고 있기 때문에 그냥 내버려두면 부정한 짓을 저지르고 말 것이라는 주장이다.[5] '미덕 함양과 악덕 방지 위원회'의 종교 경찰 무타윈Mutaween은 여성을 상대로 복장 규정과 절제, 분리 정책이 잘 이행되는지 감시하고 있다. 이들은 열정적으로 임무를 수행한 나머지 치명적인 결과를 낳기도 했다.

2002년에 화재를 피해 도망치던 15명의 여학생을 무타윈이 막아섰다. 옷차림이 부적절하다는 이유였다. 기숙사 창문 바깥으로 화염과 연기가 치솟고 있어서 소녀들은 문밖으로 달려나가기 전에 아바야를 입을 시간이 없었다. 그들은 복장 규정을 지키라며 방으로 되돌려보내졌고 한 명도 살아 나오지 못했다. 무타윈에게 소녀의 정숙함은 목숨보다 소중한 것이다. 그럼에도 불구하고 1년 뒤,

압둘라 국왕은 무타윈의 예산을 연 4억 달러♦로 증액했다.6

　무타윈은 여성의 운전 금지를 강제하는 역할도 한다. 사우디아라비아 현행법에는 여성이 운전해서는 안 된다는 조항이 없다. 오직 종교적인 칙령일 뿐이다. 1991년 6월에 세속법과 종교법 사이의 혼란을 노리고 50명의 여성 운동가가 시험 삼아 리야드 시내로 자동차를 몰고 나갔다. 이들은 체포됐다. 이 문제를 명확히 정리하기 위해, 무슬림 최고 종교 지도자인 고故 셰이크 압둘라지즈Sheikh Abdulaziz가 여성 운전을 금지하는 파트와fatwa♦♦를 발표했다. 그는 여성의 운전을 허용하면 남녀가 마주치는 일이 잦아지고 그러면 사회에 혼란을 가져올 것이라며 자신의 행보를 정당화했다.

　또 다른 근거는 2013년 사우디의 성직자 셰이크 살레 알루하이단Sheikh Saleh Al-Luhaidan이 제시했다. 여성이 자동차를 운전하면 신체적으로 나쁜 영향을 받게 된다는 것이다. "기능적이고 생리적인 의학 연구 결과, 운전은 자동적으로 난소에 영향을 미쳐 골반을 위로 향하게 압력을 가하는 것으로 나타났다. 규칙적으로 운전을 하는 사람들이 다양한 수준의 임상적 문제를 가진 아이를 출산해온 이유가 바로 이것이다."7 멍청한 소리가 아니라면 웃기는 소리다. 감비아에서 만난 이맘과 마찬가지로, 이 사람들은 자기들이 잘하는 것, 즉 경전 연구에나 몰두하는 편이 낫겠다.

　여성들이 일하고 운전할 권리를 위해 싸워온 운동가이자 언론

♦ 약 4600억 원이다.

♦♦ 권위 있는 이슬람 학자가 이슬람 법에 대해 내놓는 의견으로, 사우디아라비아를 비롯한 몇몇 나라에서는 법 이상의 권위를 가진다.

인인 와제하 알후웨이더Wajeha Al-Huwaider는 사우디아라비아를 "세계에서 가장 큰 여성 감옥"이라고 표현했다.[8] 그녀는 아랍 국가의 여성들이 관타나모 감옥의 죄수나 다름없다고 한다. 최소한 죄수들은 햇볕을 쬘 수 있고 언젠가 석방될 수도 있겠지만 사우디아라비아의 여성들, "단 한 번도 테러리스트 조직에 가입하지 않았고 누구에게도 피해를 입힌 적도 없는 여성들은 평생 죄수처럼 갇혀 살고 있다"고 주장한다.[9] 2008년에 그녀는 자신이 운전하는 모습을 담은 사진들을 유튜브에 올렸다. 그보다 1년 전에는 압둘라 국왕에게 여성들이 운전하고 일할 수 있도록 규제를 풀어달라고 간청했던 터다. 그 후 정부는 그녀를 탄압하기 시작했다.

2011년에 알후웨이더는 한 여자로부터 제보를 받았다. 남편이 그녀와 아이들을 집에 가뒀는데 먹을 게 전혀 없다는 내용이었다. 그녀는 동료 운동가와 함께 차를 운전해 그 집을 찾아갔지만 그 여자를 만나기도 전에 대기하고 있던 경찰에게 체포됐다. 지나고 생각해보니 그 전화는 고의로 판 함정이었다. 그녀는 "남편 몰래 그 아내를 지원함으로써 타인의 결혼생활을 침해한 혐의"로 기소됐고, 2013년에 열린 재판에서 법원은 그녀에게 징역 10개월을 선고했다.[10]

사우디아라비아를 "거대한 여성 감옥"이라고 묘사한 알후웨이더의 글을 읽은 이후, 직접 내 눈으로 확인하고 싶었다. 손꼽히는 인권 후진국―따라서 언론의 관심에 적대적인―을 보도할 때 나는 통상 잠입취재를 해왔다. 구소련, 차우셰스쿠Ceaușescu의 루마니아, 군부독재하의 버마, 중국이 점령한 티베트, 그리고 가장 최근에는 내전 중인 시리아에 이르기까지 나는 늘 그저 "북런던에 사는 두 아이의 어머니"이자 관광객으로서 험지를 돌아다녔다.

알고 보니 내가 여자라는 사실이 큰 도움이 되었다. 자칭 페미니스트에게서 좀더 투지 넘치는 행동을 기대하는 사람들에게는 미안하지만, 나는 총을 든 남자를 맞닥뜨렸을 때 그에게 수작을 걸거나 눈물을 터뜨리거나 아이들의 사진을 꺼내어 보여주는 일을 마다하지 않았다. 어렵고 때로는 목숨에 위협을 느끼는 상황을 빠져나올 수 있다면 무슨 일이든 했다. 이런 방식은 지금까지는 늘 잘 먹혔다.

하지만 핫즈Haj◆를 수행하기 위해 메카와 메디나로 향하는 수백만 명의 순례자 중 하나가 아니라면 관광객으로 사우디아라비아에 들어갈 방법은 없다. 무슬림이 아닌 사람을 위한 관광산업 자체가 없다. 사실 쇼핑몰과 교통 체증, 사막으로만 이뤄진 나라를 누가 기꺼이 여행하고 싶겠는가? 홍해의 백사장에서조차 여성들이 검은 아바야를 뒤집어쓴 채 격리되어야 하는 나라를?

어쩔 수 없이 공식 허가를 받아야 했고 런던의 메이페어에 위치한 사우디아라비아 주영 대사관을 자주 방문하게 되었다. 그곳에서 나는 대변인실 공보관의 감독 아래, 대사관에서 여성 정책을 담당하는 다니시 엘함Danish Elham 박사를 만났다. 내가 그녀의 사무실에 도착했을 때 그녀는 깜짝 놀라고 당황스러워했다. 이전까지 그녀에게 사우디 여성들의 실태를 취재하겠다고 요청한 기자가 단 한 명도 없었던 것이다.

◆ 메카의 성지를 순례하며 종교적 의례에 참가하는 일로, 무슬림의 5대 의무 가운데 하나이며, 일생에 한 번은 참가해야 한다. 이슬람력 12월 8일부터 10일까지다.

여성 정책의 대표자로서 업무가 무엇이냐고 내가 그녀에게 물었다. 그녀는 압둘라 국왕이 대사 아내들의 높은 자살 건수를 해결하라고 자신을 이곳 런던에 보냈다고 털어놓았다. 남편들이 각종 공식 외부 일정을 소화하거나 온 나라를 여행하며 돌아다닐 때, 영어도 못 하고 일도 못 하고 그저 호화스러운 주택에 갇혀 지내던 여자들이 죽음을 오히려 안식으로 여기며 나이츠브리지 아파트 단지의 꼭대기 층에서 뛰어내리는 건 놀라운 일이 아니다. "국왕께서는 매우 걱정하고 계십니다." 그녀가 강조했다.

나는 사우디에서 새롭게 전개되고 있는 흥미로운 여성해방 움직임을 영상으로 담고 싶다고 그녀에게 말했다. 당시는 압둘라 국왕이 노라 빈트 압둘라 알파예즈Norah bint Abdullah Al-Fayez라는 여성을 교육부 차관으로 임명하여 여학생 교육을 전담하는 업무를 새롭게 부여한 직후였다. 나는 엘함 박사에게 알파예즈 차관을 인터뷰하고 싶다고 말했는데, 차관이 남성 동료들과 회의를 할 때는 커튼 뒤에 있어야 한다는 사실을 알게 되었다. 알파예즈 차관이 인터뷰에 동의한다면, 나와 촬영기자는 커튼 반대편에 앉아 촬영을 해야겠거니 짐작했다. 나는 이 대목이 그 어떤 구구절절한 설명보다 많은 것을 보여주는 한 장면이 될 것이라고 생각했다.

이토록 꽉 막혀 있는 업무 방식에도 불구하고, 개혁론자들은 21세기에 단지 여성을 차관으로 임명했다는 것만으로 압둘라 국왕을 진보적이라며 칭송했다. 하지만 고위 성직자들은 국왕을 강하게 비판했다. 여성의 교육을 장려함으로써 여성들이 "집안 살림이나 자녀 양육과 같은 기본적인 의무는 저버리고" 대신 "외모를 치장하고 방탕하게 나다니는 것"을 국왕이 조장한다는 주장이다. [11] 사우디아라비아 성직자들의 여성혐오는 아무런 합리적 근거도, 한계도 없다.

고위 공직에 이름을 올린 다른 사우디 여자들을 수소문해봤다. 룰와 알파이살Loulwa Al-Faisal 공주처럼 해외에서 교육을 받았고 대개 왕족과 친족 관계인 여자들이었다. 압둘라 국왕의 사촌인 공주는 여성인권의 용감한 옹호자로서 칭송받고 있다. 하지만 사우디아라비아의 페미니즘 운동에 관해 함께 토론할 사람을 찾고 있던 나는 그녀가 무슬림 여자들은 "남성과 평등하지만 반드시 똑같은 권리를 누릴 필요는 없다"고 언급한 사실을 알고는 실망했다.[12]

엘함 박사에게 인터뷰하고 싶은 여성들의 명단을 제출했다. 그녀는 당황해하다가 무관심으로 일관했고 나는 명단에 들어 있던 여자들 중 과연 나의 인터뷰 요청을 전달받은 사람이 있기는 한지 의심스러웠다. 엘함 박사는 나와의 약속을 거듭해서 취소했다. 그녀의 비서로부터 건강상 문제라든지, 예상치 못한 긴급 회의(런던에서 그렇게 많은 대사관 가족들의 자살이 있었던가?)가 있다는 이메일들을 줄줄이 받았을 뿐이다. 결국 나는 끈기로 그들을 굴복시켰다. 3개월 동안 매주 대사관을 방문해서는 내 존재와 고집이 아주 성가시고 난처하게 느껴지도록 만든 것이다. 나와 촬영기자에게 비자를 내준 것은 아마 대사관에서 더이상 나를 보고 싶지 않아서였을 거라고 생각한다.

이렇게 나는 우여곡절 끝에 제다행 사우디항공에 탑승하게 됐다. 탑승객 가운데 유럽인은 몇 명 안 되었는데 대부분 이른바 '오일 맨oil men'이었고, 나머지는 런던에서 흔히 볼 수 있는 사우디인들이었다. 쇼핑백을 잔뜩 들고 아바야를 입은 부인들을 동반한 사업가들. 해로즈와 막스앤드스펜서의 속옷 매장 통로를 가로막고 있을 법한 사람들.

그리고 아르마니 청바지를 입고 지미 추 스틸레토힐을 신은 젊은 여자들이 있었다. 그들로서는 런던에서 살고 공부한 시기가 태어나서 가장 자유로웠던 시간이었을 것이다. 이 여자들 중 상당수가 국제운전면허증을 취득했을 테지만 고국에서는 절대 운전대를 잡지 못하리라. 그들은 정략결혼과 가정 감금을 당하는 '세계에서 가장 큰 여성 감옥'으로 돌아가고 있었다.

저 문구를 지어낸 와제하 알후웨이더는 미국에서 교육받았다. 놀랍게도 많은 사우디아라비아의 사회지도층 가정에서 딸들에게 이 같은 특권을 제공하고 있다. 이는 혁명적인 사고와 말썽으로 이어질 수밖에 없다. 알후웨이더는 미국에 도착하기 전에도 스스로가 '인간'이라는 것을 알고는 있었다고 말했다. "하지만 미국에 와서야 그게 진정 어떤 의미인지를 느꼈습니다. 비로소 한 인간으로서 대접받게 됐거든요. 자유 없는 인생이란 아무것도 아니라는 걸 배웠습니다. 그래서 진짜 여성인권 운동가가 되어야겠다고 결심했어요. 조국의 여성들이 자유롭도록, 그들이 진짜 인생을 살 수 있도록 돕기 위해서요."[13]

이 같은 젊은 여성들의 인생을 다룬, 라자 알사니아Rajaa Alsanea의 책《리야드 소녀들Girls of Riyadh》을 최근에 읽었다. 표지에는 "사랑과 욕망, 남자와 돈. 금기를 깨는 베스트셀러 '섹스앤더시티' 같은 이야기"라는 광고 문구가 적혀 있었다. 지구상에서 이런 일들과 가장 거리가 멀 것 같은 도시에서 섹스와 마약, 환락에 대한 재기발랄한 에피소드가 펼쳐질 것만 같다. 사실 이 책은 내가 그간 읽은 책 가운데 가장 우울한 것 중 하나로 꼽힐 수준이었다.[14]

리야드에 사는 네 명의 여자—감라Gamrah, 라미스Lamees, 미셸 Michelle, 사딤Sadeem—의 삶을 추적해 보여주는 이 이야기는 실제 사건을 토대로 재구성한 것이다. 이 여자들과 이들의 연인 대부분은 해외에서 공부했기 때문에, 남녀가 평등하고 모든 청년의 의사가 동등하게 존중받는 세계도 어딘가 있다는 것을 알고 있다. 하지만 그들은 지구상에서 가장 전근대적이고 남녀차별적인 국가에서 사랑하고, 결혼하고, 아이를 낳아야 하는 처지라는 것을 알게 된다.

내가 가장 슬프게 읽었던 대목은 사딤의 이야기였다. 사딤과 와리드Waleed는 부모들의 주선으로 정략결혼을 하기로 한 사이지만, 다행히도 첫눈에 서로에게 반했다. 그들은 공식적인 약혼 서류를 등록하기 위해 구청을 찾았다. 대학 교육을 받은 사딤은 서명을 하지 못하게 하는 구청 직원에게 항의했고, 그러자 그녀의 이모가 타이른다. "애야, 너는 지문만 찍으면 그걸로 끝이야. 교주님이 말씀하시기를 지문을 찍어야지 서명은 안 된대. 남자들만이 자기 이름으로 서명할 수 있어."

이 커플은 이제 정식으로 결혼을 준비하는 약혼 기간인 '밀카 milkah'에 진입했다. 이 시기에는 둘이 함께 외식을 하거나 집에서 영화를 보는 것이 허용된다. 볼에 하는 수줍은 뽀뽀는 열정적인 키스로 발전했다. 와리드는 더이상 참을 수 없다는 분명한 신호를 보냈고, 어느 날 밤 사딤은 "자신과 그를 위해 그어두었던 선을 넘도록" 허락했다.

이후 하루에 수십 번씩 전화하던 와리드의 전화가 갑자기 멈추었다. 사딤은 걱정으로 끙끙 앓게 되었다. 뭐가 잘못된 걸까? 애초에 선을 넘고자 한 것은 그가 아니었던가? "연회장, 손님, 라이브 가

수와 저녁식사"로 이뤄진 식만 올리지 않았다 뿐이지 이미 남편이나 다름없지 않았던가? 신랑 측 가족으로부터 도착한 메시지는, 와리드가 더이상 신부를 좋게 보지 않는다는 것이었다. 신부가 엄격한 사우디 도덕 규율을 어겼다는 이유였다. 와리드는 다른 사람과 결혼할 예정이었다. 사딤의 평판은 회복 불능 상태로 망가졌다.

너무 잔인하지 않은가! 사딤은 평생 집안의 남자들에게 복종해야 한다는 가르침을 받으며 자랐다. 그녀는 곧 남편이 될 남자와 시간을 보냈고 따라서 그에게 순종했을 뿐이다. 와리드는 주도권을 쥔 남자였고 사딤은 그가 이끄는 대로 따르도록 길들여져 있었다. 하지만 그가 부추긴 성관계 이후, 그는 사딤을 더이상 믿지 못하게 되었다. 충실하고 순종적인 아내로 신뢰할 수 없고 자녀들을 제대로 된 사우디인으로 키울 만한 여자가 되지 못한다고 생각했던 것이다. 그는 마치 닳고 닳은 창녀인 양 그녀를 내버렸다.

10분 뒤 제다에 착륙한다는 기장의 안내방송이 흘러나올 때이 이야기가 다시 떠올랐다. 저마다의 장점을 드러내는 딱 붙는 청바지와 캐시미어 스웨터를 입고 있던 사우디의 젊은 여자들이 모두 일어나 일제히 수하물 선반에 손을 뻗어 아바야를 넣어둔 가방을 꺼내고 있었다. 몇 분 뒤, 패셔너블하고 현대적인 젊은 여자들은 거대한 검은 장막 속으로 고유의 아름다움과 개성을 숨겨버렸다.

나도 아바야를 꺼내어 입으면서 아무런 공식 인터뷰 일정을 잡지 않은 채 사우디아라비아에 입국했고, 그런 고로 사우디 정부 관계자가 내 일거수일투족을 감시할 일도 없을 테니 정말 현명했다고 생각했다. 하지만 공항에 도착하자마자 잘못 판단했는지도 모른다는 생각이 들었다. 촬영기자 토니 졸리프Tony Jolliffe와 나는 거창한 텔레비전 촬영 장비 일습을 가지고 공항에 내렸다. 이민 및 세관 당국자는 우리를 어떻게 대해야 할지 전혀 갈피를 잡지 못했다.

우리 둘 다 공식적인 취재 비자를 가지고 있는데도 우리를 감시하고 보증해줄 만한 정보부 감독관이 공항에 나오지 않았다는 사실에 그들은 당황스러워했다. 그들이 리야드에 전화를 걸어 자초지종을 알아보는 동안 우리는 대기 구역에서 기다렸다. 문제는 그때가 새벽 2시가 다 된 시간이라 아무도 전화를 받지 않았다는 것이다. 대기 구역에서 길고 불편한 밤을 보내야 할 판이었다.

토니에게는 당황스러운 일이었겠지만 나는 혼자서 그런 나라를 방문할 때마다 써먹었던 비법을 썼다. 공항 바닥에 앉아 울기 시작한 것이다. 눈물 콧물을 훌쩍이며 이런 푸대접을 받을 줄은 상상도 못 했다고 말했다. 런던의 대사관에서는 현재 사우디 대사이자 왕족인 무함마드 빈 나와프 빈 압둘라지즈 알 사우드Mohammed bin Nawwaf bin Abdulaziz Al Saud 왕자로부터 따뜻한 환대를 받았었는데 당신들이 이럴 수 있느냐고 말했다. "자애로우신 왕자님은 나에게 비자를 내주면서 사우디 여행이 즐겁기를 바란다고 덕담도 해주었어요. 그런 나를 이따위로 대해요?" 거짓말이었지만 깜짝 놀란 표정의 공무원은 우리를 풀어줬다.

내가 아는 한 우리는 감독관 없이 사우디아라비아에 입국할 수 있었던 첫번째 방송 취재진이었고, 우리는 이 상황을 기회로 삼기 위해 서둘렀다. 입국 후 급선무로 해결해야 할 일은 아바야 구입이었다. 제다 공항에 도착하자마자 둘러쓸 수 있도록 BBC의 동료 기자에게 빌린 것을 대체해야 했다.

가게의 매대를 샅샅이 뒤지다가 쨍한 핫핑크 아바야에 눈길이 멈췄다. "그건 안 돼요!" 방글라데시인 남성 점원이 경고했다. "침실에서만 쓰는 겁니다." 그는 얌전한 검은색 종류가 걸려 있는 쪽으로 나를 이끌었지만, 나는 그중에서도 조금이라도 대담한 구석이 있는 되바라진 남색과 오묘한 갈색을 골랐다. 그런 다음 나는 이곳에서 림 아사드의 캠페인이 반대하는 부조리를 경험했다. 내가 아바야를 걸치자 남성 점원은 흐트러진 머리카락을 정돈하고 얼굴을 모두 감싸 매는 방법을 보여주기 위해 내 턱과 어깨 근처를 조심스럽게 만질 수밖에 없었던 것이다.

이성 간의 우연한 만남조차 금지하는 나라에서 이 같은 접근과 접촉은 분명 역설적이었다. 물론 그는 방글라데시인이었고 사우디 기준에 비추어 '진정한 남자'로 여겨지지 않기 때문에 가능한 일이다. 같은 논리로 사우디 여자들은 남성 '보호자'들로부터 아무런 의심을 받지 않은 채 아시아인 남자 운전기사의 차를 타고 돌아다닐 수 있는 것이다. 어느 미친 이슬람 율법학자가 욕정에 가득 찬 여성의 음탕함과 '능력 부족'으로부터 보호해야 하는 것은 오직 사우디 남성뿐이라고 믿었던 것이 틀림없다. 취재가 다 끝나갈 무렵에는 나역시 사우디에서는 진정한 여자가 아니라는 사실을 깨닫게 됐지만.

전직 텔레비전 진행자이면서 현재 사회복지사이자 운동가로 일하는 파드와 알타야프Fadwa Al-Tayaf를 만났다. 나는 그녀에게 외국인들은 거의 가지 않는 곳에 데려다달라고 부탁했다. 세계에서 가장 부유한 나라의 국민 가운데 가장 가난하고 궁핍한 사람들이 모여 사는 곳으로. 우리는 좁고 지저분한 제다 빈민가의 길을 따라 걸었다. 길고 하얀 토브를 입은 남자들이 골목길을 느릿느릿 걸어가고 있었다. 검은 아바야를 온몸에 두른 여자들은 배경에서 유령처럼 표류했다.

몸을 숙여 아치문을 통과하자 진흙으로 지어진 작은 집들이 미로처럼 얽혀 있는 마을이 나타났다. 파드와는 나에게 정체성 없이 사는 여자―남자 없이 사는 여자―들을 만나게 해주려는 참이었다. 사우디아라비아 여자들은 남자들의 손아귀에서 고통스럽게 살고 있지만, 그런 남자들이 없는 여자들은 더욱더 비참한 나락으로 떨어진다고 그녀는 설명했다.

파드와가 소개한 사람은 남편과 사별한 파티마Fatima로 당뇨병으로 병상에 누워 있었다. 그녀는 도움을 구하러 밖으로 나갈 수 없기 때문에 적절한 약물 치료를 받지 못하는 상태였다. 가족과 친지를 통틀어도 남자가 없어서 집을 떠날 방법이 없고, 병원이나 관련 정부 부처를 찾아갈 수도 없다. 그저 죄수처럼 집에 갇혀 있을 뿐이다. 파드와가 음식을 주고 있지만, 존재하지 않는 남자의 허락 없이 파티마가 의학적 치료를 받을 방법은 없다. 오직 남자가 없다는 어처구니없는 이유로 파티마는 죽게 될 것이다.

이웃집으로 가서 네 명의 딸과 함께 사는 40대 이혼녀 와리파Warifa를 만났다. 예멘 출신으로 사우디 남자와 결혼했지만, 남편은 다른 여자 때문에 그녀를 버렸다. 이민자 출신으로 조력을 받을 아버지도, 남편도, 아들도 없는 다섯 명의 여자들은 이웃들에게 동냥해서 살고 있다. 와리파는 방 안에 있던 열네 살부터 스무 살 사이의 네 딸들을 내 앞으로 불러 앉혔다.

긴 아바야로 온몸을 감싼 네 딸들이 나타났다. 수줍게 얼굴을 가렸지만 유일하게 드러난 두 눈에 슬픔이 가득했다. 이들 역시 죄수처럼 집에 갇혀 있다. 남자의 허락이 없기 때문에 학교에 다니거나 일을 하러 집을 떠날 수 없다. "나는 어떤 좋은 분이 와서 딸들 중 하나와 결혼하게 해달라고 매일 기도해요." 와리파가 말했다. 하지만 그게 어떻게 가능하단 말인가? 나는 속으로 생각했다. 사우디아라비아에서 불행히도 딸로 태어났다는 이유로 사실상 감옥에 갇혀버린 이들을 어떤 남자가 찾아낼 수 있단 말인가?

남자 없이 살아가는 여자들의 어려움은 놀라울 뿐이었다. 그간 알려진 바가 거의 없었기 때문에 당초 우리의 사우디아라비아 취재 일정에도 아예 포함돼 있지 않았다. 현지에서 발견한 또 다른 놀라운 사실은 여성혐오적인 남성 성직자들이 정한, 그들의 삶을 지배하는 규칙들을 떠받치는 여자들도 존재한다는 것이다. 이름부터 우스꽝스러운 '내게 가장 좋은 건 나의 보호자가 안다My Guardian Knows What's Best for Me'라는 운동단체의 설립자인 라우다 알유세프Rawda Al-Yousef는 도대체 어떤 생각을 하고 있는 건지 너무나도 궁금했기 때문에, 나는 그녀를 취재할 기회를 얻기 위해 갖은 애를 썼다.

유세프는 리야드에서도 출입이 통제된 상류층 지역의 한 아파트에 살고 있었다. 필리핀 여성 가정부의 안내를 받아 들어간 어두운 응접실에는 육중한 가죽 가구와 유리와 금 장식품이 넘치게 진열돼 있었다. 혼자서 막연하게 상상했던 유세프는 화장과 머리 손질을 과하게 하고 디자이너의 고급 드레스를 입은 채 아양 떠는 웃음을 지으며 엄격한 남편의 잣대에 기꺼이 순종하는 여자의 모습이었다.

놀랍게도, 실제로 마주한 유세프는 평범한 외모를 한 강단 있는 중년의 이혼녀로, 대단히 이해 불가한 그녀의 캠페인과는 상당히 거리가 있어 보였다. 그녀는 쏟아지는 서구적 가치의 위협 속에서도 사우디아라비아가 "이상적이고 순수한 이슬람 국가"를 지켜나

가고 있는 만큼 여성들이 전통적으로 부여받은 역할에 충실해야 한다고 주장함으로써 왕가와 고위 성직자들에게 두터운 신임을 얻고 있었다.

유세프는 차를 내오게 한 뒤 자신이 제작한 비디오를 대단히 자랑스러워하며 보여줬다. 영상 속에서 하늘하늘하고 정숙한 실크 드레스를 입은 여자들은 한없이 유약하고 사랑스럽게, 근육질의 위풍당당한 남성 보호자들의 곁을 배회하고 있었다. 동화 속의 한 장면처럼, 대리석 궁전과 이글거리는 횃불, 울룩불룩 부푼 가슴근육과 무기를 갖춘 이상화된 남자들이 등장했다.

10분짜리 이 동영상은 사우디 텔레비전에서 정기적으로 상영되는데, 대개 심각한 얼굴의 이맘들과 유세프가 함께 스튜디오에 나와서 '보호자'의 필요성을 토론하는 프로그램 시작 전에 방영된다. 더 많은 시청자에게 메시지를 전달하기 위해 그녀는 영어 자막도 달았다. 번역은 못 봐줄 수준이지만 메시지는 분명하다. 여성이라는 존재는 약하고 무식하고 휘둘리기 쉽고 의존적이라는 것, 여성이 인생을 헤쳐나갈 유일한 희망은 누가 되었든지 남성 보호자의 우산 아래 지내는 삶이라는 것이다. 이혼녀인 유세프에게는 그녀의 남자형제가 보호자 역할을 해야 한다.

여성 동족에 대한 이 반역자에게 향하는 분노를 감추기 위해 손톱으로 연신 손바닥을 긁으면서, 나는 최선을 다해 인터뷰를 예의 바르게 진행했다. 우선 가장 민감한 문제인 운전에 대한 질문부터 던졌다. 유세프는 이것을 단순히 실용적인 문제로 보고 있었다. "우리는 부족사회이고 아직 여자들이 운전할 여건이 아닙니다. 여자가 운전을 하다가 사고라도 나면 어떻게 합니까? 보호자도 없이 어떻게 그녀가 병원이나 경찰서에 갈 수 있겠어요? 심지어 감옥에 보내질 수도 있어요. 보호자들은 그런 일들을 미연에 방지하고 여자를 보호하기 위해 여자가 운전하는 것을 허락할 수 없는 거예요." 하지만 림 아사드가 돕고 싶어하는 여자들은 어떤가? 일하러 갈 방법이 없어서 일을 할 수 없는 여자들은? 내 질문에 대한 유세프의 답은 간단명료했다. "운전기사를 고용할 만한 경제적 여력도 없다면, 도대체 차는 어떻게 산다는 말이죠?"

파드와 알타야프를 통해 알게 된 사람들은? 병원까지 갈 수 있는 방법이 없어서 집 안에서 죽어가는 사람들은? 제대로 된 교육을 받을 수도, 직업을 구할 수도, 결혼을 할 수도 없는, 남자 없는 여자들이 모여 사는 게토에 갇혀 있는 어린 소녀들은? 이들이 마치 부주의해서 이런 불행에 맞닥뜨리기라도 한 것처럼, 유세프는 레이디 브랙넬Lady Bracknell◆ 식의 경멸적인 태도를 보이며 고개를 가로저었다. "단순합니다. 여자는 보호자 없이 살아남을 수 없는 존재예요. 그런 보호자가 아무도 없다는 건 본인 스스로의 잘못입니다." 그녀는 이 여자들의 운명을 탓했다.

"우리나라에서는 대다수가 나를 지지하고 있습니다." 그녀는 자랑스럽게 말했다. "내 지지자들은 중도·보수주의자들입니다. 자유주의자들로 말할 것 같으면, 내가 아는 자유주의자들이라고는, 제 여자들은 집 안에 안전하게 두고는 다른 여자들의 자유만 지지하는 자들뿐이지요."

◆ 오스카 와일드의 《진지함의 중요성The Importance of Being Earnest》의 등장인물로 빅토리아 시대의 전형적인 상류층 여자다.

그녀는 정말 대다수의 지지를 받고 있을까? 정확히 알 수는 없는 노릇이다. 2007년 사우디아라비아에서 갤럽이 여론조사를 돌린 결과, 사우디 여성의 66퍼센트와 사우디 남성의 55퍼센트가 여성에게도 자동차 운전이 허용되어야 한다고 응답했다.[15] 같은 설문조사에서 적절한 자격을 갖추었다면 여성도 어떤 직업이든 가질 수 있어야 한다고 답한 사우디 여성은 80퍼센트 이상, 사우디 남성은 75퍼센트에 달했다.

여론조사 결과는 질문 주체에 따라 큰 편차를 보이는 듯하다. 2006년 사우디 정부의 여론조사에 따르면 사우디 여성의 80퍼센트 이상이 여성에게 자동차 운전이 허용돼서는 안 된다고 답했다. 보다 최근 통계로는 2013년 메카에 있는 움 알큐라Um Al-Qura대학교에서 여성 엘리트 교육을 담당하는 알리스Al-Lith여자대학의 여성 강사가 실시한 여론조사 결과가 있는데, 이곳의 젊은 학생들도 같은 수치로 동의한 것으로 나타났다. 특권층에 속한 이 젊은 여성들 가운데 한 명은 사우디아라비아 여성이 운전할 필요가 없는 이유에 대해 이렇게 말했다고 한다. "사우디의 모든 여자들은 여왕처럼 대접받고 늘 누군가로부터 보호를 받아요. 여성은 자기를 사랑하고 부족함 없이 보살펴주는 남성이 있다면 그것으로 충분합니다."[16]

슬프게도 그동안 만나왔던 용감한 여성 운동가들과 사우디의 대다수를 차지하는 평범한 인생 사이에는 상당한 차이점이 있을 수 있다는 것을 깨닫게 된 계기였다. 제다에서 정부의 감독관 없이 다니는 동안, 나는 림 아사드, 와제하 알후웨이더, 파드와 알타야프 같은 용감하고 반체제적인 여자들의 목소리와 접촉하는 게 쉽다는 걸 알았다. 제다는 그나마 개방적이고 자유주의 성향이 강한 도시로 알려져 있다. 더욱 보수적인 리야드에 도착할 무렵 사우디 당국은 우리 취재진의 존재를 인지하고 담당 감독관을 배정했다.

정보부 소속 공무원 오마르Omar는 여성 문제에 대해 대안적인 목소리를 담고자 하는 우리의 취재 의도 자체를 납득하지 못했고, 사우디의 기본 방침을 잘 대변할 수 있는 극단적 보수주의자 라우다 알유세프를 소개해준 것 외에는, 취재에 거의 아무런 도움을 주지 않았다. 많은 사우디 사람들과 마찬가지로 오마르는 일에 대한 열정이 거의 없었다. 30세 미만의 사우디인 가운데 3분의 1은 직업이 없다. 정부는 사우디 왕국에 진출한 외국 기업들이 더 많은 사우디인을 고용해야 한다고 고집하고 있다. 외국 기업 경영자들은 헌신적인 사우디 내국인 노동자를 찾기가 쉽지 않다고 어려움을 토로하는데, 풍족한 산유국에서 별다른 노력 없이도 넘치는 부를 주체하지 못하고 살아온 사람들이 너무 많기 때문이다.

직업이 있는 대부분의 사람들은 정부를 위해 일하고 오마르 또한 예외가 아니다. 그는 가족의 재산에 대해 자랑스럽게 떠벌리면서, 정보부에서 맡은 업무를 티 나게 귀찮아했다. 그는 우리 취재진이 묵는 호텔 로비에서 매일 오전 11시에 보자고 하고는 오후 5시 전에는 일을 마치라고 했다. 우리로서도 아주 다행이었는데, 오마르와 공식적으로 일하는 시간 전후로 반체제 인사나 여성인권 운동가 들을 만날 수 있었기 때문이다.

어느 날 저녁, 오마르가 의외의 제안을 했다. 이 나라에서 주요 의사결정이 어떻게 이루어지는지, 이 과정에 여성들의 관여가 얼마나 불필요한지를 보여주겠다는 것이었다. 그리하여 나는 거대한 크리스털 샹들리에가 빛나는, 하얀색과 금색으로 칠해진 넓은 방에서 두꺼운 카페트 위에 책상다리를 하고, 화려한 자수가 놓인 쿠션에 기대어 앉게 되었다. 내 주변에는 50명의 중년 남자들이 둘러앉아 있었다.

지방정부의 의결 사안은 부족 단위로 논의된다. 리야드 같은 대도시라 할지라도, 토호 부족장은 매주 자신의 집에서 신임을 얻은 남자들을 모아 회의를 열고 지역 현안에 대해 논의한다. 나는 이 의사결정 과정을 지켜보도록 초대되었다. 사우디아라비아 전통의 상과 머리장식을 두른 남자들이 기도를 올린 뒤, 보건·교육 문제와 지역 사원에 새로운 이맘을 임명할지 여부 등을 상의했다.

당연하게도 참석자 가운데 여자는 오직 나 하나였다. 그날 저녁의 공식 행사가 다 끝나자 부족 수장인 파이즈 알마히드Faiz Al-Mahid가 내가 앉은 방향으로 고개를 끄덕였다. 질문을 받을 준비가 되었다는 신호였다. 명백한 질문부터 시작했다. "이 자리에 사우디 여성은 왜 한 명도 없습니까?" 그는 놀랍다는 듯 눈썹을 치켜올리더니 이해가 늦은 아이에게 타이르듯이 답변했다. "그것은 우리의 관습이며 우리의 전통입니다. 그나저나 왜 여자들이 이 자리에 있어야 합니까? 왜 여성이 우리 가운데 끼어야 하죠?"

인구의 절반 이상을 차지하고 있는 여성이 당연히 제 목소리를 내야 하지 않겠느냐고, 내가 대답했다. "그들은 목소리를 내고 있습니다." 알마히드가 반박했다. "집에서, 가정에서, 아이들에게 목소리를 내지요. 여성은 자녀를 기르고 돌봐야 할 책임이 있습니다. 이곳 사우디아라비아는 다른 나라와 다릅니다. 여기서 남성은 가족을 부양해야 하고, 여성은 자신이 뭘 해야 하는지 잘 알고 있습니다. 만약 여성이 집에서 내 자식들을 키우지 않는다면 내가 무슨 수로 일을 하겠습니까?"

그는 내가 성가시다는 듯 경멸적인 표정을 지으며 자리를 박차고 일어나 방을 떠났다. 나를 보는 오마르의 표정은 마치 이런 말을 하는 것 같았다. "이 정도면 답이 됐겠지. 이제 제발 그만 귀찮게 해줄래?" 그는 저녁 늦게까지 일하는 데 익숙하지 않다면서, 내일은 늦게 만나자고 말했다. 다음 날 점심시간이 지나고 만나자는 그의 요구를 나는 얼씨구나 하고 받아들였다.

예정됐던 취재 일정은 거의 끝나가고 있었다. 국왕의 선택을 받아 정부 관료로 일하고 있는 몇 안 되는 여성들을 만날 기회는 끝내 얻지 못했다. 역시 아주 소수에 불과한 기업 고위 간부 여성들도 모두 인터뷰 요청을 거절했다. 국왕의 진보적인 면모를 보여주는 징표라며 국왕의 '전도사'들이 떠벌리고 다니던 여자대학의 학장들은 나를 결코 교문 안으로 들이지 않았다.

사우디아라비아의 차별을 극복한 여자들은 자신들의 이야기를 해외에 알리기 위해 이 땅을 찾은 외국인 기자에게 그간 어떤 일들을 겪어왔는지 말하고 싶지 않은 게 분명해 보였다. 심지어 성공했다는 축에 드는 사람들도 공개 발언을 하는 것을 두려워하고 있었다. 어쩌면 괜히 그들의 존재를 깨달은 남자들의 반발을 사느니 그저 대중의 관심 밖에서 조용히 하던 일을 계속하고 싶다고 생각했는지도 모르겠다.

사우디아라비아에서 경제활동이 가능한 연령대의 여성 가운데 80퍼센트가 일하지 않거나, 할 수 없는 상태다.[17] 가난한 여성들은 그저 집에 갇혀 있다. 부유한 여성들은 자정까지 영업하는 쇼핑몰에 출몰한다. 운전기사를 바깥에 대기시켜둔 채, 아르마니와 구찌, 롤렉스 따위의 브랜드로 가득 찬 밝게 빛나는 상점들을 돌아다 닌다. 이곳은 보호자의 허가 아래 집을 벗어날 수 있는 유일한 장소다. '비非 남성'인 동남아시아인 점원을 제외하고 나는 이곳에서 남녀가 부정하게 만나는 장면을 단 한 번도 보지 못했다. 미연의 사고를 방지하기 위해 젊은 여자들 곁에는 늘 어머니나 이모 들이 잔뜩 붙어 있다.

물론 남자들에게는 즐길 거리가 훨씬 많다. 제다에서 보낸 마지막 밤에 우리는 주유소에 기름을 채우러 온 사우디의 할리데이비슨 동호회 사람들과 마주쳤다. 술집도 클럽도 없는 사우디아라비아에서는 사막 인근의 황량한 도로를 따라 아찔한 속도를 즐기는 모터사이클이 큰 인기를 끄는 유흥거리다. 오늘 밤 그들이 향하려는 목적지는 사막이 아니라 홍해의 경계를 따라 야자수가 늘어져 있는 환상적인 해안 절벽 도로였다. 10여 명의 동호회원들에게, 혹시 오늘 밤 라이드에 나를 끼워줄 수 있는지 물어봤다.

의외로 그들은 선뜻 동의했다. 바지를 입고 있었으므로, 뒤집어썼던 아바야를 가방 안에 욱여넣고 머리에 큰 헬멧을 써서 남자처럼 가장한 뒤 동호회장의 할리 뒷좌석에 올라탔다. 남녀 간의 접촉을 엄격히 금지하는 법과 관습을 모조리 어긴 상태로 이슬람 사원과 압둘라 국왕의 근엄한 얼굴이 새겨진 커다란 광고판을 지나쳐 제다 북부 해안가를 향해 달렸다. 도착한 곳은 그들의 단골 바였다. 신선한 레몬과 라임 주스를 마시며 시샤shishas로 알려진 물담배도 피울 수 있는 곳이었다.

나는 위험을 즐겼고 그들도 그랬다. 사실 약간 걱정이 됐다. 오토바이 뒷자리에 여성을 태운 사실이 종교 경찰 무타윈에게 적발되기라도 한다면, 그는 그 자리에서 매질을 당하고 구속될 수도 있었기 때문이다. 우리는 헬멧을 벗고 떠들썩하게 웃으며 바를 향해 걸어갔다. 그때까지의 상황을 고려할 때, 나는 법과 전통에 반기를 들 준비가 돼 있는, 깨어 있는 사우디 남자를 드디어 찾았다고 확신했다. 우리가 여성에 대해 갖고 있는 일반적인 사고방식을 그들도 갖고 있지 않을까?

무알콜 음료를 주문한 뒤 남자들을 인터뷰했다. 이렇게 재미있는 일을 왜 당신의 아내와 함께 즐기지 않느냐고 물었다. 이제까지 나의 라이딩 짝이었던 남자는 조금도 고민하거나 부끄러워하는 기색 없이 이렇게 답했다. "아내는 집에 있어요." 왜냐고 나는 물었다. 아내도 재미를 볼 권리가 있지 않느냐고. 그는 답했다. "여자들이 집에 있다고 해서 우리가 여자들에게 권리를 주지 않는 게 아니에요."

눈 하나 깜짝하지 않고 그는 말을 이었다. "아내는 집에 편히 앉아서 원하는 대로 먹고 마실 수 있습니다. 모든 게 그녀를 위해 준비되어 있어요. 우리 종교에서는 남자들이 여자들, 그러니까 어머니나 여자형제, 아내를 책임집니다. 나는 그들이 집에서 안전하게 지내도록 돌볼 의무가 있어요. 그녀가 일하기를 원한다면, 내 허락을 받아서 할 수야 있겠지요. 하지만 나는 억지로 그렇게 하지는 않을 겁니다." '내게 가장 좋은 건 나의 보호자가 안다'의 라우다 알유세프가 했던 말이 떠올랐다. 자유주의자란 제 여자들은 집 안에 가둬놓고선 다른 남자들의 여자들을 돕겠다고 설치는 인간들이라고.

나는 그 무리의 다른 남자에게 같은 질문을 던졌다. 그가 말했다. "우리나라에서 여성은 남성과 동등하지만, 약간의 문화적 차이가 있습니다. 여자들은 그들을 어디든지 데려다주는 운전기사가 있기 때문에 자동차나 오토바이를 운전하지 않는 거예요. 당신 나라에서 당신에게도 운전기사가 있다면 당연히 좋지 않겠어요?" 그는 웃으면서 나에게 질문했다. 나는 그 미소에 화답하지 않고 자리를 떴다.

그제야 깨달았다. 그들이 나를 끼워주었다고 한들 아무런 위험이 없었다는 것을. 방글라데시인 남성 점원이 '남자'가 아니듯이, 나는 보호받아야 할 제대로 된 '여자'가 아니었다. 사우디아라비아에서 여성의 행동을 규제한다는 것은 오직 사우디 여자에게만 국한되는 일이었다. 로스앤젤레스와 런던 등 해외로 나가는 젊은 사우디 여자들은 이 왕국에 돌아오면 다시는 경험하지 못할 자유를 잠간이나마 맛본다.

와예하 알후웨이더와 동료 인권운동가들은 사우디 남자들이 이처럼 여자를 고의적으로 '유아화'하는 데 절망하고 있다. "동물에게 갖는 감정과 비슷한 겁니다. 아무런 존중도 없는, 단순한 동정에서 비롯한 친절이에요. 한 여성에 대한 소유권은 한 남성에게서 또 다른 남성에게로 이전될 뿐이죠."[18] 이것은 여성혐오의 궁극이다. 동등한 존재로서 여성이 응당 갖고 있는 지성이나 능력을 부인하고, 그저 먹여주고 보호해줘야 하는 아종亞種으로 취급하는 것이다.

알후웨이더는 이와 같은 체제 이면에 비겁한 두려움이 있다고 지적했다. "여성들은 궁극적으로 두려움의 대상이라고 생각합니다. 다른 아랍 문화권 남성들에 비교해볼 때, 나는 감히 사우디 남성들만이 오직 여성들과 경쟁하지 못하는 인간들이라고 말하겠어요." 더 많은 여성들이 대학에 진학하게 되면서, 남성들이 더욱 겁을 먹고 여성들을 일터에서 배제하고자 단단히 애쓰고 있다고 그녀는 말한다. "만약 사우디 여성과 경쟁하지 않는다면…… 세상 모든 풍경을 혼자 누릴 수 있겠죠. 모든 직업이며 직책을 다 차지할 수 있잖아요. 정말 제멋대로에 이기적인 인간인 거죠."[19]

이 원고를 작성하는 동안 압둘라 국왕이 세상을 떠났다. 개혁적이라는 찬사를 받으며, 여성들이 고등교육을 받으러 대학에 갈 기회를 확대하도록 내각의 교육부 차관에 여성을 앉힌 인물이다. 2013년에는 사우디아라비아 국정자문회의인 슈라Shoura♦의 30석을 여성에게 할당하기도 했다.[20] 의원들이 국왕에 의해 임명되는 국정자문회의는 장관에게 질의를 하거나 국왕에게 제안할 수는 있지만 법안을 만들거나 거부할 권한은 없다. 여성 의원들은 반드시 별도의 출입문으로 다니며 남성 의원들과 분리된 지정 좌석에 앉아야 한다. 압둘라 국왕은 또 지방선거에서 여성들에게 투표권을 주는 법안을 통과시켰다. 그러나 여성을 위한 개혁은 거기까지였다.

사우디 여자들의 블로그 커뮤니티는 정치적인 개혁을 긍정적으로 평가했다. 사브리아 자와르Sabria Jawhar는 자신의 블로그에 이렇게 적었다. "여성에게 선거권과 슈라의 의석을 부여한 압둘라 국왕의 칙령을 두고 역사적인 진일보라고 표현하는 것은 현실을 축소해서 말하는 처사일 터다. 여성 참정권은 이야기의 일부일 뿐이다…… 국왕은 큰 도약을 이뤘지만, 우리가 밟아야 할 많은 단계의 겨우 첫걸음일 뿐이다. 미안하지만, 이제 나는 내 차에 올라타 슈라

♦ 국왕이 임명하는 의장 한 명 및 의원 150명으로 구성된다. 의원의 임기는 4년으로, 전직 각료, 공무원, 의사, 기업인, 군인, 학자, 언론인 등 사회 각계 전문가 그룹에서 임명된다.

의원에 지원하기 위해 리야드로 직접 운전해 가려 한다."[21] 남성 보호자가 있어야 한다는 규율을 폐기해버리고 여자들이 직접 운전할 수 있게 되기 전에는 사우디 여자들에게 실질적인 지위 변화는 없을 것이다. 하지만 사우디 여자들은 담장 밖 세상에 자신을 지지해 줄 아군이 별로 없을 것이라는 데 두려움을 느끼고 있다.

수천 명의 공개 처형을 직접 관장하고, 테러 단체에 자금을 시원했으며, 여성 운전을 허용하겠다던 약속을 저버렸던 압둘라 국왕의 죽음에 대해, 영국은 불명예스럽게도 버킹엄궁전, 웨스트민스터 사원과 같은 런던의 명소에 추모기를 게양하며 애도를 표했다. 데이비드 캐머런 총리와 찰스 왕세자는 장례식에도 직접 참석했다. 특히 찰스 왕세자는 새로 왕위에 오른 살만 빈 압둘라지즈 알사우드Salman bin Abdulaziz Al Saud에게 경의를 표하기 위해 장례식이 치러진 지 불과 몇 주 뒤 리야드를 또다시 방문한 최초의 세계 지도자들 중 한 명이었다. 영국이 사우디에서 석유를 사고 사우디가 영국에서 무기를 사는 이상, 영국 왕실은 사우디 왕가와 친밀한 관계를 유지할 필요가 있다.

사우디를 자주 방문한 여왕, 고故 다이애나 비와 콘월 공작부인 커밀라 모두 이 폭압적인 정권에 맞춰 '사우디가 인가한' 의복을 갖춰 입고 소심하게 머리를 조아렸다. 그들은 비행기에서 내려 사막의 열기 속으로 걸어 들어갈 때마다 긴 드레스와 긴 장갑을 착용함으로써 정숙하고 순종적인 사우디 여성상을 지지한다는 것을 보여줬다. 특히 늘 패션에 신경 썼던 고 다이애나 비는 드레스 속에 바지까지 입어서 혹시라도 발목이 드러나 사우디 왕가의 눈에 거슬리지 않도록 조심했다. 벼락부자가 된 사우디 왕족들은 다른 왕족들과 어울리기를 좋아하고, 특히 유서 깊은 왕가일수록 선호한다. 그들이 사우디의 규칙을 따르기만 한다면 말이다. 영국 왕실은 이런 항목들에 매우 잘 들어맞을 뿐 아니라 언제나 기꺼이 이들의 요구에 따른다.

하지만 나는 엘리자베스 여왕이 사우디 왕가에 한번 대차게 맞서고는 1998년에 밸모럴에서 벌어진 그 일에 대해 외교관에게 자랑스럽게 말한 것을 보게 되어 기뻤다.

오찬 이후 여왕은 사우디 왕가에서 온 손님에게 영지를 구경하고 싶은지 물었다. 대답을 망설이던 압둘라 왕세자는 세련된 매너를 갖춘 외무부 장관 사우드Saud 왕자가 권유하자 이 제안을 받아들였다. 왕가의 SUV 차량, 랜드로버가 성 앞에 세워졌다. 안내에 따라 왕세자는 랜드로버의 보조석에 앉았고, 통역사가 뒷좌석에 올랐다. 놀랍게도, 여왕이 운전석에 올라타더니 시동을 걸고 차를 몰기 시작했다. 사우디아라비아에서 여성은—아직—운전할 수 없고, 압둘라로서는 여왕은커녕 여성이 운전하는 차에 탄다는 것은 상상할 수 없는 일이었다. 제2차 세계대전 당시 수송보급 장교로서 군용 트럭을 몰았던 여왕이 쉴 새 없이 떠들며 좁은 스코틀랜드의 도로를 따라 속도를 높일수록 압둘라의 긴장감도 함께 고조됐다. 통역사를 통해 그는 여왕에게 속도를 줄이고 운전에 집중해주실 것을 간청했다.[22]

안타깝게도 여왕이 보여준 모범은 압둘라 국왕에게 아무런 영향을 미치지 않았고 후임자인 79세의 살만 국왕에게도 인상을 남기지 못한 것 같다. 그의 통치는 처음부터 불길한 조짐을 보였다. 그 나라에서 사형선고 수가 눈에 띄게 늘어났고, 국제적인 비판 여론에도 불구하고 사우디의 블로거 라이프 바다위Raif Badawi에게 "자유주의 사상을 전파한다"는 혐의로 선고한 태형 1000대의 집행을 취소하지 않았다. 그의 처벌 혐의에는 밸런타인데이를 맞아 블로그에 여성단체를 옹호하는 글을 올리면서 사우니아라비아의 '노력 경찰'인 '미덕 함양과 악덕 방지 위원회'를 조롱했다는 이유도 포함돼 있었다.23

국왕이 저지른 일 가운데에서도 최악은 정부 내각의 최고위직 여성으로서 여학생 교육을 담당했던 노라 빈트 압둘라 알파예즈 교육부 차관을 해임한 것이다. 알파예즈는 내가 주영 사우디 대사관에 처음 제출했던 인터뷰 요청 명단 속에 있던 인물이다. 그녀를 끝내 만나지 못한 게 아직도 무척 아쉽다. 그녀는 사우디 공립학교 여학생 교육과정에 체육 수업을 넣으려고 노력했는데, 이것이 그녀가 공직에 있어서는 안 된다고 주장했던 극보수주의 성직자들의 쌓였던 분노를 폭발시켰다.

다행히 이 일대의 지정학이 변하고 있고, 사우디아라비아도 변화의 물결을 거스르지는 못할 것이다. 아직까지는 사우디에 '아랍의 봄'이 오지 않았다. 통치자들이 국민들을 매수해 암묵적인 동의를 받아왔기 때문이다. 이른바 '분노의 날'로 불리는 2011년 3월 11일에 나는 리야드에 있었다. 이날 시위대는 아랍권 전역을 휩쓸고 있는 시위를 지지하고 또 사우디에서도 민주적 권리를 요구하기 위해 모였다.

약 3만 명의 사람들이 행동할 것을 요구하는 페이스북 캠페인 페이지에 가입했다. 전날 저녁, 나는 준비 상황을 취재하기 위해 택시를 불러 리야드를 둘러봤다. 도심에는 탱크와 군인 들이 줄지어 서 있었다. 사진을 찍으려고 휴대전화를 들어올리자마자 군인들이 차를 멈춰 세우더니 택시기사에게 나를 곧장 호텔로 돌려보내라고 명령했다.

'분노의 날'은 끝내 이루어지지 못했다. 최고위 성직자 셰이크 압델 아지즈 알라셰이크Sheikh Abdel Aziz Alasheikh는 디데이 며칠 전 "하느님의 뜻에 따라 왕이 통치하는 사우디 왕국에서는 항의 시위가 엄격하게 금지된다"고 국민들에게 공표했다.²⁴ 시위에 참여한 사람들은 엄청난 벌금과 태형, 구속 및 국적 상실이 처해질 것이라는 경고도 뒤따랐다. 하지만 무엇보다도 가장 큰 영향력을 끼친 것은 왕족이 뿌린 '당근책'이었을 것이다. 압둘라 국왕은 예정된 시위 직전, 370억 달러♦ 규모의 실업수당, 교육·주택 지원금 분배 계획을 발표했다. 누가 여기에 반기를 들겠는가? 민주주의, 언론의 자유와 여성인권은 후순위로 밀리고 말았다.

시위는 처참한 실패로 끝났다. 길거리에는 시위대보다 군인이 더 많았다. "보이는 그대로 보도하십시오." 찍을 만한 걸 찾아 돌아다니는 우리에게 어느 군인이 말했다. 외로운 집회 참여자, 40세의 교사 하리드Halid가 취재진에게 다가와 말했다. "나는 자유를 원합니다. 나는 민주주의를 원합니다. 이 나라는 의회와 헌법이 필요합니다." 정부에서 보낸 우리 감독관과 군 장교 들도 듣고 있었다. "공개적으로 발언하는 것이 두렵지 않습니까?" 내가 물었다. "무엇이

♦ 약 41조 원이다.

143

두렵겠습니까? 나는 이 일로 감옥에 가겠지만 이 나라 자체가 이미 감옥입니다." 나는 그의 차까지 동행해서 앞으로도 연락을 취하고 싶다며 전화번호를 받아냈다. 경찰차가 그의 차를 뒤쫓아갔다. 역시나 그가 그날 밤 체포돼 구속됐다고 그의 가족이 우리에게 알려왔다.

하지만 과연 언제까지 사우디 왕가가 거액의 '당근책'을 쓰면서 국민들을 입막음할 수 있을까? 사우디아라비아는 여전히 세계 석유 매장량의 5분의 1을 차지하긴 하지만 오일 셰일 혁명◆ 이후 미국 판매량이 급감했다. 한때 왕국의 가장 충실한 후원자였던 미국은 이제 사우디 석유에만 매달리지 않는다. 사우디 지도자들로서는 분노할 일이겠지만 미국은 핵에너지 협약을 통해 이란과의 관계를 회복했다.◆◆ 미 국무부는 이라크와 시리아에 있는 ISIS와의 전쟁에서 이란이슬람공화국을 '키 플레이어key player'로 판단하고 있다. 이와 같은 동맹국 재편 과정에서 사우디아라비아는 수니파 테러 집단을 지원했던 것에 대해 받았어야 마땅한 항의를 마침내 듣기도 했다.

사우디아라비아 왕족의 위상은 위태로워 보인다. 25세 이하 인구의 40퍼센트가 실업자인 가운데 8000여 명에 이르는 왕자들은 아무 일도 하지 않으면서 '왕족 급여'로 풍요롭게 살고 있다. 블로

◆ 퇴적암의 셰일에 매장돼 있는 석유와 가스를 경제성 있게 추출하는 기술 개발을 뜻한다. 이를 통해 미국은 2017년 러시아와 사우디아라비아를 제치고 세계 최대 산유국에 올랐다.

◆◆ 그러나 2018년 5월 미국의 도널드 트럼프 대통령은 2015년 7월 미국 등 주요 6개국 (미국, 영국, 프랑스, 독일, 중국, 러시아)과 이란이 체결한 이란핵협정에서 일방적으로 탈퇴하고, 8월 6일 대이란 제재를 부활시켰다.

거 에만 알나프잔Eman Al-Nafjan은 페이스북 '분노의 날' 페이지에 올린 글에서 시위 당일 누구 하나 자신의 분노를 제대로 표출하지 않아 실망했다고 밝히면서도 "언젠가는, 10년쯤 뒤에는 반드시 벌어질 것"이라고 적었다. "청년 실업자는 시한폭탄이나 다름없다. 특히 여성인권 실태와 관련해서 현상 유지는 머지 않아 불가능해질 것이다…… 변화와 더 많은 권리에 대한 요구는 크다."[25]

여성의 일할 권리를 주장하는 학자 림 아사드와 헤어질 때, 그녀는 제다의 자택에서 두 살, 다섯 살배기 딸들과 놀아주고 있었다. 그녀는 풀이 죽어 있었다. 그녀가 열심히 싸워 얻어낸 '여성 직원 고용' 속옷 가게들의 상당수가 구인난으로 문을 닫은 것이다. 여자들이 출근하기 위해 드는 비용이 너무 높았기 때문이다. "언젠가는 끝이 날까요?" 그녀가 물었다. "끝이 있다면 내가 죽기 전에 끝이 날까요? 내 두 눈으로 꼭 변화를 보고 싶지만, 적어도 우리 딸들만큼은 달라진 세상에서 살기를 바랍니다."

5

민주화를 외치는
광장에서의 성폭력
이집트

나는 이집트의 '아랍의 봄'을 여성이 두드러진 역할을 했던 엄청나게 흥분되고 경이로운 장면 가운데 하나로 기억한다. 거의 매일 밤 BBC 뉴스는 이집트 카이로의 타흐리르 광장에 설치된 임시 스튜디오를 연결했고, 지적이고 유능한 여성 기자와 평론가 들이 나와 완벽한 영어로 바깥세상의 시청자들에게 현지에서 어떤 일이 벌어지고 있는지를 생중계했다. 광장을 내려다보도록 설치된 카메라가 잡은 화면에는 이례적으로 여자들이 남자들과 나란히 서서 혁명 구호를 외치고 있었다. 18일 동안 군대의 무자비한 진압에 맞서 싸우며 수많은 희생자를 낳은 끝에 호스니 무바라크Hosni Mubarak 대통령의 30년 독재정권이 마침내 종식되었다.[1]

   퓰리처상을 수상한 언론인이자 작가인 아다프 수에이프Ahdaf Soueif는 《가디언》의 정기 칼럼에서 이 현상에 주목했다. "혁명은 '기사도의 시대Age of Chivalry'와 함께 도래했다. 18일간 벌어진 이집트 혁명에서 가장 눈에 띄는 대목은 거리와 광장에서 아무런 괴롭힘 행위가 없었다는 점이다. 여자들은 갑자기 자유로워졌다. 혼자서 걸어다니고, 낯선 이와 대화를 나누고, 얼굴을 가리거나 가리지 않고, 담배를 피우고 웃고 울고 잠들 자유가 있었다. 그리고 그곳의 모든 남사 개개인은 편의를 도보하고 돕고 보호하는 역할을 했다. 우리는 이것을 '광장의 윤리'라고 불렀다."[2]

이집트에서 공공장소에서 감히 시위하는 여자들에 대한 희롱이 너무나 빈번하게 일어났다는 점을 감안하면 실로 놀라운 변화였다. 2005년 무바라크의 노골적인 부정선거 시도에 반발하여 군중이 거리로 나왔을 때 정부는 시위 진압을 위해 특수 훈련을 받은 무자비한 폭력배로 민병대를 조직해 투입했는데, 이들은 남자와 여자를 상대로 각각 다른 전술을 사용했다. 이집트 작가 아다프 수에이프의 표현을 빌리자면, "그들은 남자는 두들겨패고 여자는 움켜쥐었다. 진압군은 여자들의 옷을 찢고 여자들을 때려눕히는 동시에 주물럭댔다. 길거리 시위에 참여한 여성들은 추행당하기를 바라는 것이라고 암시하기 위한 착상이었다."[3]

하지만 2011년 '기사도의 시대'에도 문제는 있었다. 그해 2월 11일, 집회 13일째 되던 날, 미국 CBS 뉴스 이집트 특파원인 39세의 라라 로건Lara Logan과 그녀의 방송사 취재진은 어느 때와 다름없이 타흐리르 광장의 집회를 취재하고 있었다. 그날의 군중은 특히 흥분한 상태였다. 전날 무바라크는 자신의 모든 통치 권한을 부통령에게 이양하겠다고 밝혔다. 여전히 대통령직 사임은 완강히 거부하고 있었지만 그의 입지는 점차 좁아지고 있는 게 사실이었다.[4]

광장의 군중은 벌써부터 성취감에 들떠 있었다. 수백만 명이 카이로로 몰려들어 도심을 마비시킨 시위에 동참했다. 군중과 언론에는 아직 알려지지 않은 상황이었지만, 이날 늦게 무바라크는 자리에서 물러났다. 그러는 동안 CBS 취재진은 그 상황에서 방송사 취재진이 마땅히 하는 일을 하고 있었다. 흥분한 군중을 촬영하고, 다음에 어떤 일이 일어날지 파악하려 했다. 로건은 통역사를 통해 이런 질문을 하고 있었다. "대통령 자리는 누가 대신 채울까요? 그들은 군사 쿠데타를 두려워한 것일까요?"

"…… 갑자기, 무슨 일이 벌어졌는지 알아채기도 전에, 내 가슴을 움켜잡고, 가랑이를 움켜잡고, 뒤에서 와락 잡아채는 수많은 손들을 느꼈습니다. 한 사람의 손이 아니었어요. 멈추었다가도 한 사람이 하고 또 다른 사람, 또 그다음 사람으로 추행이 끝없이 이어졌습니다. 내 보디가드인 레이Ray가 바로 그 자리에 있었는데 그는 나를 부여잡고 '라라, 나를 꽉 잡아! 나를 꽉 잡아!'라고 외쳤어요." 그러나 그녀는 폭도들에게 끌려갔고 약 30분 동안 촬영팀과 떨어져서 그들 속에 고립돼 있었다.

…… 내 셔츠와 스웨터가 갈가리 찢겼어요. 내 셔츠는 목에 걸려 있었고요. 브래지어가 찢어지던 순간의 느낌이 기억나요. 그들은 브래지어의 금속 클립을 뜯어버렸습니다. 열리도록 그냥 뜯어버린 거예요. 그걸 알아챈 건 공기 때문이죠. 가슴에 한기가 들이닥치는 걸 내 피부로 느꼈으니까요. 그리고 바지가 찢어지는 느낌, 그들은 문자 그대로 내 바지를 갈가리 조각내버렸습니다. 그런 다음 팬티도 벗겨진 것을 알았죠. 내가 고개를 들었을 때 눈에 보인

건 휴대전화로 내 사진을 찍던 사람들이에요. 휴대전화 카메라의
번쩍이는 플래시였죠.[5]

로건은 몇 주 뒤 뉴욕의 CBS 스튜디오로 돌아와 이렇게 말했다. "내
게 정말 충격적이었던 것은 그들의 잔혹함입니다. 그들은 진심으로
내가 고통스러워하는 모습을 즐겼습니다. 갈수록 폭력성이 고소됐
죠." 그녀는 말했다. "상당히 긴 시간 동안" 200~300명의 폭도들 가
운데 수많은 폭행범들이 "나를 손으로 강간했습니다."[6] 당연한 일
이지만 이 증언은 전 세계 언론을 통해 대대적으로 기사화되었다.
우리 여성 기자들 대부분은 군중이나 때로는 해외 취재 과정에서
운전기사 또는 도움을 얻고자 고용한 현지인 등으로부터 성희롱과
성추행을 경험한다. 하지만 최근까지도 오직 남성 기자들만 있었던
언론 환경에서 우리 여성 기자들 대부분은 살아남기 위해 필사적이
며, 혹시라도 다음 취재 기회를 잃어버릴까 두려워 이런 문제를 거
의 표면화하지 않는다.

로건을 상대로 한 군중의 폭력은 공론화해야 마땅하다. 이 끔
찍하고 충격적인 집단폭력 사례는 타흐리르 광장에서 일상적으로
벌어진 행동들의 시작에 불과했다. 로건은 이집트와 다른 국가들에
서 여성들이 흔히 받는 희롱과 학대의 수준에 대해 무지했다고 털
어놨다. "그런 실상을 조금이라도 알고 있었다면 훨씬 주의를 기울
였겠죠. 여성을 업신여기고 유린하는 사회는 여성의 동등한 자리
를 부정합니다. 여성들은 공공장소에서도 배제됩니다. 오직 남성들
이 장악하죠. 이렇게 사회에서 남성의 억압적인 역할이 재확인됩니
다."[7]

하지만 어떤 변화 때문에 이런 공격이 일어나게 되었을까? 시위가 시작되고 불과 며칠 만에 수백 명의 사망자가 발생했고, 무바라크는 나중에 평화적인 시위자들을 고의로 죽음에 이르게 한 혐의로 재판을 받게 되었다. 혁명 초기에 참여한 여자들은 내게 시위대의 면모가 바뀌었다고 말했다. 초기의 이상주의적 주도자들은 여자들의 참여를 환영했다. 이 사람들 덕분에 혁명 초기에 '기사도의 시대'라는 이름이 붙었다. 하지만 살해되거나 체포된 사람들 중에 바로 이 젊은이들이 있었다. 점차 그 자리를 폭도들이 차지했다. 그리고 군대는 제압하기 쉬운 여성 참가자들을 겨냥했다.

나는 로건이 폭행당한 지 1년여 뒤 타흐리르 광장에 도착했다. 용감하게 시위에 참여했던 여자들이 어떤 일을 당했는지 취재할 목적이었다. 2012년 2월, 광장에는 과거의 희미한 그림자만 남아 있었다. 불과 1년 전 수십만 명이 빽빽하게 몰려들었던 광장에는 이제 기껏해야 수백 명의 사람들이 서성거리고 있을 뿐이다. 음식을 파는 매점, 다가오는 대선 후보들의 선거운동을 하는 부스 등과 함께, 사망자와 실종자의 사진이 끝없이 나붙어 있었다. 이 가운데 여자는 거의 없다. 집회 초기 며칠 동안 남자들과 어깨를 나란히했던 여자들은 군중과 군인 양쪽 모두에게 짓밟혀 사라졌다.

카이로의 먼지가 자욱한 교외로 차를 몰고 가 군사법원 밖에서 사미라 이브라힘Samira Ibrahim을 기다렸다. 타흐리르 광장에서 열여섯 명의 젊은 여자들이 집단폭행을 당한 사건에서 그녀만이 유일하게 가해자인 이집트 군인을 법정에 세우는 용기를 발휘했다. 그녀가 여러 개의 문과 보안검색대를 지나 법원 건물 주 출입구로 걸어나오는 모습을 지켜봤다. 낙심 가득한 얼굴이었다. "그들은 내 이야기를 들으려 하지 않았습니다. 그들은 나를 거짓말쟁이, 창녀라고 불렀어요."

운전기사와 통역사, 촬영기자 토니 졸리프, 촬영장비 일체, 나, 사미라와 그녀의 동생까지 모두가 작은 차에 끼어 탔다. 사미라의 동생은 재판 심리에 참석하려고 카이로까지 차로 장장 여덟 시간 거리를 사미라와 동행한 터였다. 사미라는 내 무릎에 앉아야 했다. 인터뷰 대상자들과 그렇게까지 가까이 앉을 기회는 별로 없었는데, 사미라로서는 분노와 좌절을 쏟아낼 수 있는 좋은 기회가 됐다. "모두 정치적이에요. 군인들을 지원하기 위해 더 많은 증인을 법정에 세우려 하기 때문에 재판 일정이 계속 늘어집니다. 한편으로는 그러는 게 나를 위해서 좋을 수도 있겠죠." 씁쓸한 웃음에 이가 활짝 드러났다. "덕분에 단순한 물리적 폭력에서 성폭력으로 기소 내용을 변경할 기회가 생겼어요. 그게 사실이거든요. 그리고 또 누가 알겠어요." 그녀가 덧붙였다. "다음 재판에서 다른 피해 여성들 중 하나라도 저와 함께 설 수 있지 않을까요?"

우리는 차에서 빠져나와 내 호텔 방으로 올라갔다. 토니가 사미라의 인터뷰 촬영을 위해 조명 설치 등 이런저런 준비를 하는 동안, 우리는 클럽 샌드위치와 콜라를 주문해서 내 침대에 앉아 저녁을 먹었다. 주어진 시간은 넉넉하지 않았다. 두어 시간 뒤면 사미라는 집에 가는 버스를 타야 했다. 나는 나일 북부에 위치한 그녀의 마을을 방문하게 해달라고 간곡히 부탁했다. 겨우 스물다섯 살의 나이로 이집트 군대와 싸우는 용기를 지닌 이 특별한 여성에 대해 좀 더 알고 싶었다. 하지만 그녀는 수락하지 않았다. "부모님은 나를 지지해주지만 동시에 당혹스러워하는 것도 사실이에요. 기자들이 우리 집에 드나들기 시작하면 이웃 사람들이 우리에게 등을 돌릴지도 몰라요."

2011년 3월 9일, 세계여성의날을 사미라는 평생 잊을 수 없으리라. 이보다 6주 전, 그녀는 마을 친구들과 함께 카이로 집회에 참석하기 위해 불편한 버스에 올라탔다. 그들은 집회가 시작될 때부터 그곳에 있었다. 밤에는 도시에 있는 학교 교실에서 자고 낮에는 타흐리르 광장으로 갔다. 3월 9일에 무바라크는 카이로를 떠나 샤름 엘 셰이크 해변에 있는 별장으로 도주했지만 사미라와 그의 친구들은 "혁명의 목표가 전부 달성되기를 바랐기 때문에" 계속 광장으로 향했다. 그것은 이집트의 폭군 독재자와 그의 내각 관료들이 모두 재판에 넘겨지는 것을 의미했다.[8]

라라 로건 폭행 사건 이후에도 비록 외부로 알려지지는 않았지만, 훨씬 많은 이집트 여자들에 대한 집단 공격이 일어났다. 광장 중심으로 들어가면 위험할 수 있다는 것을 잘 알았기 때문에 이들은 광장 한쪽에 있는 KFC 앞, 군인들이 광장에서 열리는 주요 집회의 저지선으로 사용하기 위해 세워둔 철제 바리케이트의 바깥쪽에 기대어 있곤 했다. 사미라의 설명은 계속 이어졌다. "KFC 밖에 앉아 있던 우리를 군인들이 공격했습니다. 군인 중 한 명이 내 머리채를 휘어잡고 펜스 밖으로 끌어내더니 그대로 광장 건너편의 박물관까지 끌고 갔습니다." 이집트 유물박물관은 군인들의 작전 기지 및 고문 장소로 사용되고 있었다.

"군인들은 우리를 박물관 문까지 질질 끌고 가 손을 등 뒤로 돌리게 해서 수갑을 채운 뒤 난간에 매달아두었습니다. 그 상태로 우리를 때리기 시작했고, 전기 고문도 했어요. 우리에게 창녀, 매춘부라고 욕을 했습니다." 이들은 건물 안쪽으로 끌려들어간 뒤 더욱 심하게 구타당했다. "그들은 전기 고문을 계속했고, 머리에 쓴 스카프를 벗기고, 우리를 바닥에 내동댕이친 뒤 육중한 군홧발로 수없이 걷어찼습니다. 이런 상태로 구타가 일곱 시간 정도 계속됐고, 몇몇 여자애들은 심하게 다쳐서 죽어나갔습니다. 아니면 영구적인 신체 손상을 입었어요. 그래서 그들은 여선히 극심한 두려움에 벌고 있어서 나와 함께 증언하지 않으려는 것 같아요."

일곱 명쯤 되는 살아남은 여자들은 버스에 태워져 군 검찰 본부에 끌려갔다. 사미라는 군 검사들이 신문하고 나면 집에 가게 해 줄 거라고 생각했다고 한다. "믿을 수 없었습니다. 그들은 탁자에 병에 담긴 사제 폭탄과 무기 들을 올려놓았습니다. 우리에게 억지로 그 무기들을 들게 하더니 사진을 찍었습니다. 며칠 후 이집트 신문들에 그 사진들이 '타흐리르 광장에서 잡힌 이집트 폭력배'라는 설명을 달고 대문짝만 하게 실렸더군요." 이제 그들은 창녀, 매춘부뿐만 아니라 테러리스트라고도 불리게 되었다.

이 여자들은 이후 군 감옥으로 옮겨졌고, 그곳에서 또다시 두들겨맞았다. '처녀성 검사'를 실시하겠다며 여성 군의관이 방문하기도 했다. "옷을 벗으라고 말했습니다. 구타와 전기 고문에 너무나 지쳐 있었기 때문에 나는 그냥 시키는 대로 했어요. 마치 예능 프로를 보듯 박수치며 웃고 환호하는 군인들이 보는 앞에서 그녀는 나를 검진했습니다. 고의적으로 수치심을 주는 거였죠. 나는 자유를 쟁취하기 위해 광장에 갔는데, 이런 식으로 앙갚음을 당해야 했습니다." 이뿐만이 아니었다.

"그러더니 그 여자는 책임장교가 직접 나를 검사하고 싶어한다고 말했습니다. 나는 다시 옷이 벗겨졌습니다. 그건 성폭력이었어요. 어떤 남자가 강제로 옷을 벗게 하고 자기 손을 여자의 내밀한 부위에 넣고 5분간이나 그대로 둔다면, 그건 성폭행이죠. 나는 완전히 모멸감을 느꼈고 좌절했습니다."

사미라가 울기 시작해서 잠시 휴식을 갖기로 했다. 나는 인터뷰가 거의 끝나가고 있고, 질문을 딱 하나만 더 하겠다고 그녀를 안심시켰다. 이런 식으로 당신을 학대해서 그들이 전하고자 했던 메시지는 무엇이냐고 내가 물었다. "아주 간단해요." 그녀가 말했다. "그들은 대놓고 말했습니다. 애초에 혁명에 참가한 것 자체를 후회하도록 나를 모욕할 거라고 계속해서 말했어요. '사회정의나 자유를 요구하며 거리를 점거한다면, 너의 명예도 더럽혀주겠다.' 그게 비단 우리뿐 아니라 사회 전체에 그들이 전달하고자 했던 메시지예요."

그러나 사미라는 그저 겁먹은 채 주저앉아 있지 않았다. 민간법원에 소송을 제기했고 법원은 처녀성 검사를 금지하라고 신속히 판결했다. 승리의 기쁨은 오래가지 못했다. 군이 민간법원의 판결을 받아들이지 않았기 때문에 사미라는 다시 군사법원에 소송을 제기해야 했다. 내가 그녀를 군사법원 앞에서 만난 날도 이 재판의 여러 기일 중 하루였다.

모두의 예상대로 군사법원은 처녀성 검사를 수행한 군의관 아흐메드 아델Ahmed Adel에게 무죄 판결을 내렸다. 체포되어 감옥에 수감되는 여성은 반드시 처녀성 검사를 받아야 한다는 피고인 측 변호인의 주장에 재판부가 손을 들어줬다. 변호인은 젊은 남성들 수천 명이 가득 차 있는 타흐리르 광장에 여성이 갔을 때는 이미 강간당할 위험까지 기꺼이 받아들인 셈이라면서, 그런 여성을 수감한 군인들은 괜한 비난을 피하고 싶어한다고 주장했다.

내가 런던에서 사미라와 통화할 당시 그녀는 매우 분노하고 또 낙담한 상태였다. "사실 군사법정을 상대로는 아무것도 기대하지 않았어요. 군이 스스로를 기소할 리가 없잖아요. 나는 가망이 없었어요." 그녀와 가족들은 이 상황을 어떻게 이겨내고 있는지 물었다. "아주 나빠요." 그녀의 부모는 마을에서 손가락질을 받았고, 사미라에게 결코 우호적이지 않은 이집트 주요 언론들은 "왜 여자가 그곳에 갔는지"를 계속해서 물었다. 여론은 시위에 참여한 여자에게 비난의 화살을 집중시키는 편이 다른 책임 소재를 찾아내는 것보다 쉽다고 생각한 것 같다. "이제 이집트 여자들은 양쪽 모두에게 핍박을 받습니다. 한쪽은 군대, 다른 한쪽은 무슬림이죠." 그녀가 말했다.[9]

아랍대안포럼Arab Forum for Alternatives의 정치 연구원 하비바 모센Habiba Mohsen은 이집트 여성들이 처한 현실을 '일그러진 판단 twisted judgment'이라는 개념으로 설명하고 있다. "이집트 여성들은 남성들보다 세 배는 더한 압박을 마주하고 있습니다. 첫째, 시위대로 참여하며 군사정권에 맞서고, 둘째, 그저 여성으로서 살아간다는 그 자체로 사회와 맞서며, 셋째, 공적 생활에 참여할 권리를 주장하기 위해 모든 것들과 또 싸워야만 해요. 각양각색의 핑곗거리가 주어집니다. 소위 전통, 문화, 심지어 종교의 중요성 같은 것들 말이죠. 한마디로, 언제나 여성의 잘못으로 귀결됩니다. '품위 있고' 정숙한 여성은 시위나 연좌 농성에 참여하려고 집 밖으로 나갈 리가 절대로 없다는 논리예요. 그러니까, **이** 여자가 애초에 시위에 참여한 이유는 무엇일까? '그녀는 왜 그곳에 갔나?'"[10]

시위 초기에 여성 지도자 중 한 명이었던 하디르 파루크Hadir Farouk를 타흐리르 광장 인근 카페에서 만났을 때 이 질문을 던졌다. "여자로서, 거기 왜 가셨습니까?" "나는 무바라크 대통령과 그의 부정부패가 지긋지긋해서 타흐리르 광장에 갔습니다. 나는 진정한 민주주의와 표현의 자유를 원했습니다. 물론, 우리 여성들이 이 혁명을 통해 무언가를 얻게 되길 바랐고요. 존엄성과 인간적인 대우 말입니다." 어느 육군 장교가 접근해 시위대를 대표해 인근 빌딩에서 대기 중인 장군과 협상을 해달라고 요청받았을 때는 그녀는 내심 우쭐한 기분이 들었다. 마침내 여성들도 지도자로 인식되는구나 싶었다는 것이다.

이 생각이 얼마나 구제 불능일 정도로 천진난만했던 것인지 그녀는 이제 잘 안다.

그들은 나를 어떤 방 안으로 밀어넣었는데, 나중에 보니 고문실이었습니다. 그곳엔 이미 두들겨맞고 강간당한 여자들이 있었고 그들은 나를 그 여자들 가운데로 내던졌어요. 군인들은 막대기를 이용해서 우리를 잔인하게 때렸고, 분명 그런 일을 즐기고 있었습니다. 그들은 우리에게 맞는 것과 강간당하는 것 중에 어떤 게 더 고통스럽냐고 물었습니다. 군인들이 남자들보다 여자들을 더 공략했다는 건 분명해 보였습니다. 우리가 그들을 두려워하게 하고 싶었고 또 시위를 벌인 남자들이 여자들을 보호하지 못했다는 굴욕감, 패배감을 느끼게 하고 싶었던 것 같아요.

당연한 귀결이지만 여자들은 광장에서 사라지기 시작했다.

'파란 브라를 한 여자' 사건은 감히 길거리로 뛰쳐나온 여자가 처할 수 있는 위험을 가장 극적으로 보여주는 사례다. 청바지와 운동화, 가늘고 긴 팔, 윗옷이 벗겨진 채 의식을 잃은 게 분명해 보이는 젊은 여자의 사진은 그것을 본 모든 이에게 충격을 안겼다. 군인 두 명이 그녀를 질질 끌고 길거리를 따라 걸어가고 있었고, 그녀의 검은 아바야는 머리까지 말려올라가서 파란색 브래지어가 고스란히 드러나 있었다. 세번째 군인은 막 그녀의 가슴을 짓밟으려던 참으로, 불과 몇 센티미터 위에 군홧발이 있었다. 2011년 12월의 일이었다. 무바라크 대통령이 물러난 자리는 군사정권이 차지했고 시위대는 군이 선택한 총리에 대한 항의 표시로 평화로운 연좌 농성을 이어가고 있었다. 군인들은 집회 참가자들을 무자비하게 진압했고, 여자도 예외는 아니었다.

'파란 브라를 한 여자'는 국제적으로 유명해졌지만 그녀는 결코 자신의 신원을 밝히지 않았다. 사미라처럼 그녀 역시 가족들이 겪어야 할 수난을 두려워했을지도 모른다. 혹은 가족에게 아예 집회 참가 사실 자체를 숨겼을 수도 있다. 또는 여자로서 망신스러운 사진―상의가 벗겨진 채 파란색 브래지어가 고스란히 드러난―이 전 세계 주요 신문 1면과 소셜 미디어에 대문짝만 하게 실린 만큼 자신의 평판이 영원히 망가질 것을 우려했을 수도 있다. 어쨌든 그녀는 아바야를 입고 있었고, 이는 종교적으로 보수주의자였음을 암시한다. 혹은 사미라 이브라힘과 하디르 파루크가 언급했던 잔혹한 고문실에서 살해당했을 수도 있다. 누구도 끝내 알 수 없는 일이다. [11]

이집트의 가장 저명한 페미니스트이자 소설가, FGM 반대 운동가이자 투사인 나왈 엘 사다위가 이토록 폭력적이었던 2011년의 타흐리르 광장에 무척이나 자주 방문하고 심지어 밤에 야영까지 하며 자리를 지켰다는 사실을 듣고 나는 매우 놀랐다. 분명 강인하고 매력적인 여성이지만, 여든의 나이로 최루탄과 곤봉을 휘두르는 군인들에 맞서는 모습은 쉬이 상상하기 어렵다. 카이로에 있는 그녀의 아파트, 책이 가득 꽂힌 우아한 거실에서 그녀를 마주하고 차를 마셨다. 그녀는 광장의 무자비한 폭력배를 어떻게 이겨냈을까? 내가 물었다. 그녀는 자리에서 일어나서는 촬영기자 토니를 목표물 삼아 갑작스레 무릎을 들어올리더니 심각한 부상을 입힐 수 있는 곳에서 겨우 몇 센티미터 떨어진 위치에서 멈췄다. "나는 급소를 노리지요." 그녀는 웃으며 말했지만 토니의 안색이 조금 창백해 보였다.

나는 두 편의 보도 영상물을 만들려고 이집트에 왔다. 하나는 광장의 여성들을, 다른 하나는 광범위하게 자행되는 FGM을 다뤘다. FGM 취재 당시에도 엘 사다위에게 인터뷰 요청을 했었다. 그녀는 자신도 어린 시절에 잘렸다고 말했다. "여섯 살 때의 일입니다. 다야daya(조산사)가 면도날을 들고 방 안으로 들어와서 내 허벅지 사이에서 클리토리스를 잡아 잘라내었습니다. 그녀는 이게 신의 뜻이며, 자신은 신의 종으로서 그 계명을 따라야 한다고 말했지요. 나는 온통 피범벅이 된 바닥에 누워 그 여자가 신에게서 내 몸의 어떤 다른 부분도 잘라내라는 계시를 받았을까 궁금해했습니다."

작은 마을에서 아홉 남매 가운데 하나로 태어난 그녀는 똑똑하고 당돌한 아이였다. 당시 마을에는 여자아이들이 12세가 되면 결혼시키는 풍습이 있었지만 그녀는 여자아이라면 응당 따라야 한다고 여겨지는 전통을 거부했다. 그녀의 자서전에는 할머니로부터 남자아이 하나가 여자아이 15명의 가치가 있다는 말을 들었을 때 치

밀었던 분노가 고스란히 담겨 있다. "여자아이들은 병충해야." 할머니는 손녀에게 이렇게 말했다고 한다. 어린 엘 사다위는 할머니가 틀렸다는 것을 보여주겠다고 결심했다.

다행히 운도 따랐다. 그녀의 아버지는 여자아이들에게도 교육이 필요하다고 생각한 진보주의자였고, 덕분에 그녀는 당시 이집트 여자로서는 불가능했던 것들을 성취했다. 의과대학에 입학했고 1955년에 의사 자격증을 땄다. FGM 반대 캠페인을 앞장서서 벌인 결과 이집트 공공보건 국장으로도 임명됐다. 하지만 그녀는 FGM 반대 운동이 여성의 사회적·지적 권리의 쟁취를 위한 투쟁과 따로 떨어져 존재할 수 없다는 것을 이내 깨달았다. 국장직에서 파면된 그녀는 사다트Muhammad Anwar Sadat 대통령 재임 시절에는 구속 수감까지 되었으며 다시는 공직에 오르지 못했다.

공직자로 일할 당시에도 업무에만 매달리기 어렵다는 것을 알았던 것처럼, FGM에 관한 우리의 대화도 금세 현재의 정치적인 맥락으로 이어졌다. 역설적이지만 전 대통령 부인인 수잔 무바라크 Suzanne Mubarak는 이집트에서 FGM을 근절하자는 캠페인을 후원했었다. 엘 사다위는 이제 이 캠페인도 같이 위축되지 않을까 우려하고 있다. 새 정부에서는 질색하는 전 정부가 승인한 일이라면 그게 무엇이든 반대하려고 할 공산이 크다고 그녀는 설명했다. 관습으로 안 고쳐지면 법으로라도 우선 FGM을 금지하려고 2008년부터 그녀가 기울였던 모든 노력들이 이제 수포로 돌아갈 위기에 처해 있다. 그렇다고 해서 그녀가 무바라크의 퇴진을 아쉬워했다는 말은 아니다.

이 강인하고 노련한 운동가에게 1월 25일의 혁명은 어릴 때부터 꿈꿔왔던 광경 그 자체였다.

나는 2000만 국민이 거리로 쏟아져나오리라고는 상상하지 못했습니다. 이집트 전역의 모든 사람들이 카이로로 몰려들기 시작한 것은 무바라크가 사람들을 죽이기 시작하면서였지요. 이집트 국민들이 노예제도, 식민지 잔재와 폭정에 맞서 일어나는 날을 나는 언제나 꿈꿔왔습니다. 나는 늘 저항 세력이었어요. 의과 대학생 시절에는 파루크Farouk 왕과 싸우고 그다음엔 영국의 제국주의와 싸웠습니다. 나세르Gamal Abdel Nasser 대통령, 또 나를 구속했던 사다트 대통령, 나를 망명시킨 무바라크 대통령과도 맞섰고요. 단 한순간도 멈추지 않았습니다.

그러나 집회 초기의 희열은 그리 오래가지 않았고, 이내 환멸을 느꼈다고 털어놨다. "화가 납니다. 여자들, 심지어 나 같은 할머니까지도 위험을 무릅쓰고 광장으로 가서 시위에 참여했습니다. 그런데 시위대의 첫번째 목적, 즉 무바라크의 퇴진이 달성되자마자 이집트는 구체제로 돌아갔고 우리는 고립되어버렸다는 걸 깨달았어요. 헌법을 개정하고 선거를 준비하기 위해 꾸려진 개헌위원회는 온통 나이 든 남자들로만 구성돼 있었기 때문에 젊은이들 역시 분노하고 있습니다. 우리는 위원회 전체 구성원 가운데 최소한 35퍼센트는 여성이어야 한다고 생각합니다."

그녀는 혁명 이후 취해진 조치들에 낙담해 있었다. 퇴진한 무바라크가 샤름 엘 셰이크 해안가 별장에 숨어 재판을 기다리는 동안, 임시 군사정부가 2012년 초로 예정된 선거를 준비했다. 무슬림형제단The Muslim Brotherhood◆이 내세운 자유정의당Freedom and Justice Party(FJP)이 가장 많은 의석을 차지했고, 이슬람 강경파인 살라프파 ◆◆ 알누르당Al-Nour Party이 그 뒤를 이었다. 두 당은 연합 전선을 구축했다.12 엘 사다위는 이를 두고 "여성에 대한 백래시로 이어질 것"이라면서 "무바라크 체제 아래에서 겪었던 상황보다 나빠질 것"이라고 경고했다. 그녀는 독재자만큼이나 종교를 싫어한다.

나중에 엘 사다위는 무함마드 무르시Mohamed Morsi 대통령과 무슬림형제단이 집권한 짧은 기간에 대해 "정령, 영혼과 엉터리들의 시대"였다고 표현했다. 그녀는 개인의 종교는 어디까지나 사적인 영역에 머물러야 하며, 외부 권력이 강제해서는 안 된다고 믿는다. "나는 모든 종교에 대해 매우 비판적입니다. 우리 여성들은 모든 종교에 의해 억압받고 있습니다. 오늘날 여성해방 운동에서 최고의 위협은 종교적 극단주의입니다."

엘 사다위와 생일이 같아서 더욱 친밀한 감정을 갖고 있는 나는 그녀의 여러 가지 생각에도 많이 부분 동의하고 있다. 그래서 이튿날, 무슬림형제단 소속의 여성 의원(MP)을 만났을 때 의외로 따뜻하고 지적이며 강렬한 인상을 받게 되어 놀랐다. 43세의 의사이자 네 아이의 어머니인 호다 가네야Hoda Ghaneya는 카이로 북부의 알칼리우비야 지역 선거구에서 새로 선출된 의원이었다.

그녀는 자신의 선거구를 함께 걷자고 나에게 제안했다. 자동차

◆ 이슬람 근본주의 단체다.

◆◆ 살라프파는 샤리아가 지배하던 7세기 이전 초기 이슬람 시대로 돌아가자는 수니파 사상이다.

와 오토바이, 당나귀가 경쟁하듯 다니는 좁고 먼지가 자욱한 길가를 따라 콘크리트와 브리즈 벽돌로 지어진 집들이 빽빽하게 들어서 있다. 경적을 울리는 차, 길가의 장사꾼들이 물건을 파는 고함 소리와 혼비백산한 어머니들이 아이들을 혼내는 소리, 그 밖에 모든 소리치는 사람들의 소리가 뒤섞인 전형적인 중동의 불협화음이 들린다. 파란색 긴 아바야를 입은 가네야는 이 북새통 사이를 유유히 지나간다. 그녀의 지지자들이 달려와 인사를 건넬 때마다 그녀는 차분하면서도 당당한 태도다. "나는 여기에서 태어났습니다. 이 동네 사람들은 모두 나를 알고 또 좋아하죠."

심지어 남성 유권자들도 경의를 표하면서 그녀에게 다가왔다. 한 예로 푸줏간 주인은 그녀를 반기려는 목적으로 가게를 버려두고 길가로 나오기까지 했다. 왜 여성 의원을 뽑았느냐고 그에게 물어봤다. "그녀는 능력과 자질을 갖추고 있습니다. 또 자유정의당은 과거에 많은 어려움을 겪었으니 이제는 기회를 좀 줄 필요가 있어요. 그녀가 우리를 행복하게 만들고 또 이 나라를 발전시켜주길 바랍니다."

지도자들이 2005년, 2010년 선거에도 독립 후보자로 출마하긴 했지만 무바라크 대통령 재임 시절에 무슬림형제단은 금지된 조직이었다. "이슬람이 답이다"라는 슬로건은 이 단체의 목적을 뚜렷하게 보여준다. 무바라크가 국제사회에 자신의 온건주의적 면모를 과시할 목적으로 기독교도와 여성 들도 대통령 선거에 출마할 수 있게 하는 법안을 국회에 제출하자, 무슬림형제단 지지자들은 투표를 거부한 채 회의장을 떠났다.

하지만 무바라크 정부가 결과적으로 정권을 무너뜨릴 부패, 무능함, 연고주의의 늪에 점차 깊이 가라앉는 동안, 수백만 이집트 국민의 민심은 실질적인 도움을 주는 무슬림형제단을 향해 움직였다. 무슬림형제단은 마을과 지역 곳곳에 사회복지사업을 제공하는 꽤 효율적이면서도 대안적인 네트워크를 구축했다. 수백만의 사람들이 형제단에게 투표한 것은 당연한 귀결이었다. 알칼리우비야 주민들이 가네야가 걸음을 내딛는 동안 너도나도 길거리로 나와 반기게 된 것은 이 같은 선의의 통치와 자선사업 활동 덕분이었다.

한 여자는 그녀의 팔을 붙잡고 이렇게 말했다. "정말 감사합니다. 감사합니다. 의원님이 제 아들을 병원에 데려가주지 않았다면 그 아이는 죽었을 거예요." 사람들은 가네야와 이 지역의 무슬림형제단 사람들이 동네 병원을 사기 위해 어떻게 돈을 모았고, 어떻게 고아에게 머물 곳을 마련해주고 또 가난한 사람에게 음식을 제공했는지에 대해 나와 통역사에게 말해주려고 가던 길을 멈추었다. 한 여성은 이렇게 말했다. "우리의 권리를 위해 싸워줄 것이 분명했기 때문에 의사 선생님에게 투표했습니다. 전임 의원은 약속만 남발했지 실제 우리를 위해 한 게 아무것도 없었어요."

미소 띤 얼굴로 그 여인을 포옹해준 가네야는 내 쪽으로 몸을 돌리고 이렇게 말했다. "덥고 피곤하시죠? 우리 집으로 가요." 그녀의 집은 도보로 금방 닿을 수 있는 거리에 있었다. 허름한 2층 건물들 사이로 쓰레기가 널려 있는 미로 같은 길을 함께 걸어갔다. 고장난 어린이용 자전거와 바람 빠진 축구공들이 썩어가는 음식물 쓰레기 옆에 흩어져 있었다. "알아요." 난처한 얼굴로 그녀가 말했다. "피난소 모금에 더 노력을 기울일 수도 있었지만, 병원과 고아에게 집중해왔습니다." 가네야의 자택은 다른 대부분 사람들의 집보다 컸다. 다른 모든 가족들, 심지어 남자들도 그녀가 돌아오면 함께 차를 마시려고 기다리고 있었다.

나는 긴 소파에 여자들과 나란히 앉았다. 남자들은 모두 방 귀퉁이에 있는 등받이가 곧은 의자에 앉아 있었다. 가네야의 어머니와 딸들이 다과를 준비했고 나는 달콤한 홍차와 이집트식 케이크를 감사히 먹었다. 촬영기자 토니가 인터뷰 할 준비를 마쳤다고 알려 왔다. 무슬림형제단의 역사부터 이야기는 시작됐다. 국가가 그들을 금지시키려고 어떻게 했는지, 그럼에도 불구하고 그들이 얼마나 빈곤층 지원을 확대해왔는지에 대한 설명이었다. 하지만 정말로 궁금한 건 엄격한 이슬람 근본주의를 토대로 하는 정당이 어떻게 이집트 여성들의 권익을 향상시킬 수 있을지 하는 것이라고 가네야에게 질문했다.

"이제부터 우리가 변화를 보게 될 거라고 생각합니다." 그녀가 답했다. "진정한 당원의 삶, 공고한 민주주의적 삶의 방식을 이집트에서 보게 될 겁니다. 여성을 포함한 모든 시민들이 정치에 동참하게 될 것이고, 부패하지 않은, 모두의 권리에 기반한 새로운 정치를 알게 될 것입니다. 따라서, 다가오는 미래에 여성의 참여라든지 의회에서의 영향력은 이전과는 완전히 다른 모습일 거라고 생각합니다."

호다 가네야는 하나의 지역 선거구 의원으로서는 분명 훌륭한 사람이지만, 소속 정당에 대해 어리석을 정도로 낙관적인 시각에 빠져 더 큰 그림을 보지 못하고 있었다. 호스니 무바라크 재임 시절에는 국회의원 508석 가운데 여성 의원에게 64석이 의무적으로 할당됐다.[13] 무바라크가 퇴진하자 헌법이 개정되었고 여성 의원 쿼터제 또한 사라졌다. 선거운동 기간 동안 종교 정당의 벽보와 홍보 전

단지에 예를 들어 여섯 명의 후보자가 있다고 치자. 네 명의 남성 후보자들은 유권자를 향해 자신만만한 기세와 개성을 뽐내겠지만, 두 명의 여성 후보자는 익명의 검은 실루엣으로 표시될 뿐이다. 이런 선거 벽보로는 좋은 성적을 거둘 리 만무하다. 여성 국회의원은 겨우 아홉 명이 선출되는 데 그쳤다.

내가 머무르는 동안 카이로에는 차기 대통령 선거를 위한 캠페인이 한창 벌어지고 있었다. 대통령 후보자 보타니아 카멜Bouthaina Kamel을 만났다. '필참해야 하는' 사교 모임에 가기 위해 선거 회의에서 황급히 빠져나온 직후였다. 그녀는 굳이 인지도를 높일 필요는 없다. 전직 텔레비전 진행자인 카멜은 카이로의 유명인사다. 눈코뜰 새도 없이 바쁘다고 했기 때문에 인터뷰를 따기 위해 그녀가 이동하는 시간에라도 졸졸 따라다녀야 했다. 한 마디라도 더 들으려고 나는 그녀의 차에 올라탔고, 촬영기자 토니는 취재용 차를 타고 뒤따라왔다. 결과적으로는 헛수고였다. 그녀가 휴대전화로 누군가와 쉼 없이 통화했기 때문이다.

카멜은 혼잡한 카이로 도로에서 돌연 끽 소리를 내며 차를 멈추더니 주차를 하고는 차문을 열고 머리카락을 휘날리며 내렸다. 자기 쪽으로 오는 차들을 완전히 무시하고 하이힐을 신은 발로 도로를 건너는 그녀 때문에 차들이 요란한 급정거 소리를 내며 멈췄다. "이봐요, 보타니아! 행운을 빌어요!" 운전자들이 차창 밖으로 소리쳤다. "당연하죠!" 첫번째 일정을 소화하러 함께 걸어가는 동안 그녀는 나에게 투덜거렸다. "저런 남자들은 결코 나에게 투표하지 않을 거예요." 선거 캠프 관계자들과 회의하면서, 그녀는 현재의 이집트 정치 환경에서 머리에 스카프를 쓰지 않은 여성 후보가 대선에서 승리할 가능성은 매우 낮다는 것을 인정했다.

그러나 이기는 게 전부는 아니라고 그녀가 말했다. "여세를 계속 몰아간다면 언젠가 여성들이 어디까지 진출할 수 있는지를 보여주고 싶어요." 그러나 선거에서 아홉 명의 여성 국회의원만이 선출됐다는 사실은 이집트 여자들조차 여성 후보자에게 투표하지 않는 현실을 드러내는 것 아니냐고 내가 지적했다. "이집트 인구의 60퍼센트가 여성이지만, 이 가운데 문해율은 70퍼센트입니다.[14] 불리한 상황인 건 분명하죠. 많은 여자들이 투표하는 법조차 모르고, 이 투표용지를 대신 채워주는 건 주변의 남자들이거든요."

그녀가 가장 우려하는 점은 이슬람 정당들의 부상이다. "정치적으로 연대한 그들은 여성의 지위에 해로운 이슬람식 편향을 가지고 있습니다. 단적인 예로 헌법개혁위원회에는 단 한 명의 여성 위원도 들어가 있지 않아요. 우리 사회에서 여성의 권리가 더욱 축소될까봐 걱정이 됩니다."

화려한 스타일과 자신감, 야망을 가진 보타니아 카멜 같은 여성들은 이슬람 정당이 집권한 이후 이집트에 닥칠 변화를 마땅히 두려워할 만하다. 비종교적인 고학력 이집트 여자들이 어떤 기대를 품을 수 있을지 가늠조차 하기 어렵다. 여러 이집트 언론인 동료에게 전화를 걸어 도움을 호소한 끝에, 나는 강경파 이슬람주의 정당이자 국회에서 무슬림형제단과 연합한 살라프파 정당의 강경파인 알누라의 대변인, 나데르 바케르Nader Bakker와의 인터뷰를 따낼 수 있었다. 우선 보타니아 카멜 같은 비종교적인 여자들이 두려워하는 게 맞는지 그에게 물었다.

그는 이 질문에 답변을 거부하는 대신, 무바라크 정권하의 수십 년간 이집트의 종교적인 여자들이 얼마나 부당한 대우를 받았는지에 대해 설파했다. "니캅을 입었다는 이유로 대학 입학이나 교직원 채용 과정에서 차별을 받았던 여자들은 어땠겠습니까? 방송계에서 일할 수도 없었습니다! 의료계로부터는 조직적으로 기소를 당했습니다. 이슬람 정당은 현재 국회 의석수의 75퍼센트를 차지하고 있지만 그 누구에게도 그 무엇도 강요하지 않습니다. 그저 우리 종교의 관습, 머리에 스카프를 착용하는 것 등에 대해 권유할 더 많은 기회를 갖게 됐을 뿐이죠."

무슬림형제단이 이집트 여성들을 위해 펼치려 했던 정책이 정확히 무엇이었는지는 앞으로도 알 수 없을 것이다. 눈만 겨우 내놓는 니캅을 입은 여자가 집안의 남자들에게 복종하는 덕목을 논하는 사우디식 텔레비전 토크쇼도 가능하지 않았을까? 학생들과 병원 환자들이 온몸을 가린 교사와 의사를 만나게 되었을까? 영원히 알 수 없게 되었다. 무함마드 무르시 대통령과 무슬림형제단 정부는 집권 1년여 만에 군사 쿠데타로 물러났기 때문이다. 이집트 국민들은 이 쿠데타를 열광적으로 지지하는 것이 분명해 보였다.

무르시는 후보 시절 종교인과 비종교인의 권익을 두루 보장하겠다고 강조했다. 집권 불과 몇 개월 만에, 그가 비종교인들을 포용할 의지가 거의 없다는 것을 보여주는 사건들이 잇따라 불거졌다. 그는 이슬람에 편향된 헌법을 도입하고, 야당 지지자들과 언론에 독재자처럼 굴어 비난을 받았다. 무르시는 풀뿌리 민주주의의 힘으로 권력을 장악했지만, 한때 지지자였던 사람들에 의해 다시 끌어내려졌다. 국민들에게는 가장 큰 범죄인 물가 폭등과 경제 붕괴의 원흉으로 새 대통령이 지목됐던 것이다.

그리하여 2012년 11월, 이집트에 다시 시위의 계절이 돌아왔다. 보다 구체적으로는 무르시 정부가 일시적으로 헌정을 중단시키고 대통령에게 무제한적인 권한을 부여하려고 했을 때다. 민주주의가 위협받고 있다고 진심으로 느낀 수천 명의 사람들이 타흐리르 광장으로 모였다. 그리고 이들과 함께 성범죄자 무리도 광장에 섞여들었다.

하지만 그해 11월 말 즈음, 새로운 저항이 이 성범죄자들을 기다리고 있었다. 명시적이지만 썩 우아하지는 않은 이름, 반反 성희롱 작전Operation Anti Sexual Harassment, 줄여서 OpAntiSH가 그것이다. 웹사이트에 그들은 단체의 설립 목적을 이렇게 설명하고 있다. "시위 도중에 미리 계획된 여성에 대한 성폭력 범죄에 맞서 싸우고 해당 집회 장소가 안전하게 유지되도록 지원하는 세력을 형성하는 것".

집단 성폭행의 피해자도 포함돼 있는 이들 젊은 남녀 자원봉사자들은 아주 짧은 시간 동안 유지됐던 '기사도의 시대'를 다시 광장에 되돌리기를, 성폭력 걱정 없이 남녀 모두 평화적으로 항의든 환호든 할 수 있기를 바란다. 신변 보호를 위해 광장에서 작전을 수행하는 동안 자원봉사자들의 이름은 밝히지 않는다. 오직 사무실을 근거지로 일하는 직원들의 이름만 알려져 있는데, 창립위원 가운데 한 명인 살마Salma 같은 사람이 그렇다. 그는 꾸밈없이 이렇게 말했다. "이건 우리의 혁명이고 우리의 미단midan(광장)이며 아무도 그걸 빼앗아갈 수는 없습니다."

반 성희롱 작전은 성폭행범들의 전술을 연구한다. 그들이 알아낸 사실은 다음과 같다. 범죄자들은 무리 지어 움직이며, 신속하게 피해자를 고립시키고, 그녀를 둘러싼 뒤, 옷을 벗기고, 성폭행을 시작한다. 범죄자들은 가까이에 있는 남자 아무나 함께하도록 끌어들이는데 이들이 범죄자 무리에게 추가로 보호막을 만들어준다. 반성희롱 작전에는 각각 14명의 남자로 구성된 이른바 '대결 그룹'이 여섯 개 있다. 이들은 범행 집단에 파고들어서 물리력을 행사하는 역할을 한다. '보호 그룹'은 피해자들을 집이든 병원이든 적절한 장소로 데려가는 역할을 한다. 또 다른 그룹은 '대결 그룹'이 투입되어야 할 곳을 물색한다. 집회 적극 참가자들에게는 긴급 전화번호가 배포된다.

반 성희롱 작전은 무슬림형제단의 정부가 집행을 거부한 필수적인 안전망을 제공했다. 이집트 양원제 의회 가운데 상원들의 모임인 슈라 의회의 인권위원회는 집회에 참가하고 싶어하는 여성들에게 거의 아무런 공감을 표시하지 않았다. 2013년 2월, 아델 아피피Adel Afify 상원의원은 집회 참가 여성들이 "폭력배 사이에 자기들이 있다는 걸 잘 알고 있다. 내무부에 도움을 요청하기 전에 본인들이 스스로를 보호해야 한다. 그런 위험한 상황에 뛰어든 여성은 100퍼센트 본인 책임이다"[15]라고 말했다. 또다시 "그 여자는 대체 왜 갔나?"라는 인식이다.

인권위원회는 정부가 시위대를 돕기 위해 치안 인력을 배치할 준비가 되어 있지 않았다는 방향으로 결론을 내렸다. 그들 말로는 위험부담이 너무 컸다는 것이다. 그 결과 2013년 1월 25일, 무르시 대통령 반대 시위에 참가했던 파티마는 심각한 집단 성폭행에 속절없이 방치됐다.

그들은 케피에keffiyeh◆를 목에다 감고는 잡아당기고 나를 질질 끌고 갔어요…… 숨을 쉴 수가 없었죠…… 내가 반항할수록 그들은 더 잔혹하게 공격을 가했어요. 내 바로 앞에서 스웨터를 자르고 브래지어를 잘라 벗겨내는 남자를 보았습니다(나는 그의 눈빛을 똑똑히 기억하고 있습니다. 스무 살도 안 돼 보이는 작고, 극도로 흉포한 사람이었어요). 그가 계속 가슴을 움켜쥐었고 동시에 다른 사람들은 내 몸을 마구잡이로 유린하고 있었습니다. 너무나도 메스껍고 공포스러웠어요. 기절할 것 같다는 생각이 들었습니다. 그대로 땅에 떨어질까 봐 정말 두려웠습니다. 압박의 강도와 주물럭거림이 몇 배로 세졌고 불현듯 나는 더이상 비명을 지르지 않게 됐어요. 숨조차 쉴 수 없었고 정말 어지러웠어요. 쓰러져 죽을 것 같아서 겁이 났는데, 이러다 정말 죽을 수도 있겠다고 생각했습니다.[16]

이날 하루에만 25건의 심각한 성폭행이 벌어졌다. 반 성희롱 작전이 이 모두를 막아내기에는 역부족이었다. 자원봉사자들은 당시 군중 가운데 누가 성폭행을 막으려 하는지 혹은 범행에 가담하려고 하는지를 분간하기 어려웠다고 토로했다. "그야말로 카오스였어요." 한 자원봉사자는 이렇게 말했다. "피해자에게 접근하는 저를 때리는 사람들이 집단 폭행범인지, 그 여자를 도우려 하는 사람인지를 알 수가 없는 거예요." 어떤 남자들은 그 여자의 가족이나 친구라서 자신이 구해야 한다고 주장하며 여자 쪽으로 가까이 간 뒤 폭

◆ 아랍 국가에서 사용하는 터번 모양 천이다.

행에 가담하기도 했다.[17]

시위의 열기가 고조되면서 성폭행도 극심해졌다. 2013년 6월 30일에는 46건의 집단 성폭행이 벌어졌다. 반 성희롱 작전의 인지 고즈만Injy Ghozman에 따르면 대부분의 희생자는 응급치료를 받아야 했다. 단체는 공식 페이스북을 통해 이렇게 밝혔다. "타흐리르 지하철역 내 파출소에서 여의사가 어느 끔찍한 집단 성쏙행의 피해자를 상대로 '처녀성 검사'를 하려던 것을 우리 팀이 막아냈습니다." 단체의 개입으로 해당 검사는 이뤄지지 않았다. 치안 병력은 집회 참가자를 보호하려는 노력을 전혀 기울이지 않으면서도 여자들을 상대로 처녀성 검사를 할 만반의 준비는 갖추고 있었던 것이다.

7월 3일, 무함마드 무르시 대통령이 집권 1년 만에 자리에서 물러났다. 이날 그는 페이스북을 통해 이렇게 논평했다. "이 메시지는 무슬림 세계에 크고 분명한 파장을 남길 것이다. 무슬림을 위한 민주주의는 없다."[18] 이집트 역사상 처음으로 민주적으로 선출된 대통령은 시위자 살해 혐의 등으로 재판에 넘겨졌다. 2014년 3월, 그의 지지자 529명은 사형을 선고받았다.

그때 이후 이집트는 다시 군부독재 체제로 회귀했다. 그렇다면 이집트에서 '아랍의 봄'은 무엇을 남겼나? 아다프 수에이프는 《가디언》에 다음과 같은 감상을 기고했다. "과학소설 속 괴물처럼, 구체제의 잔재는 깨어지고 흩어졌어도 이내 새로운 형태로 되살아났다." 그러고는 이렇게 덧붙였다. "우리는 지금 2011년 1월 25일 이전보다 더 나쁜 상황에 놓여 있나? 헤아릴 수 없는 비통함을 느끼며 우리가 잃은 것은 죽고 다친 수천 명의 사람들 그리고 부당하게 감옥에 간 수만 명의 사람들이 잃어버렸고 여전히 잃어가고 있는 시간들이다. 모든 계산은 이런 것들로부터 시작되어야 한다."[19]

2011년에 집회에 참가했던 사람들 가운데 846명이 사망한 것으로 추정된다. 이와 관련해 유죄판결을 받고 감옥에 수감된 건 겨우 하급직 치안 인력 세 명뿐이다. 2013년 7월과 8월에 치안 병력은 무슬림형제단 시위대를 향해 총을 겨누었고 약 1150명이 목숨을 잃었다. 하지만 이와 관련해 단 한 명의 보안대원도 기소되지 않았다.

그리고 이 모든 여자들의 희생과 용기는 무엇을 성취했을까? 오직 이집트를 변화시키고자 하는 열망으로 광장으로 향했던 여성 집회 참가자들, 사미라 이브라힘을 비롯해 '처녀성 검사'를 당한 수많은 사람들, 시위 집행부 가운데 한 사람이었다는 이유로 붙잡혀 매 맞고 강간당한 하디르 파루크, 여든 살의 나이로 광장에서 숙식하며 젊은이들을 격려했던 페미니스트 작가 나왈 엘 사다위, 그리고 파란 브라를 한 여자까지, 그들이 해낸 것은 무엇인가?

나는 이집트의 많은 친구와 지식인 들에게 이 질문을 던졌다. 알렉산드리아 출신의 BBC 특파원 샤이마 칼릴Shaimaa Khalil의 대답이 잔인한 진실에 가장 근접한지도 모르겠다. 그녀와 나는 사우디아라비아, 레바논, 시리아와 이집트에서 함께 일해왔다. 혁명의 시기 대부분을 직접 겪은 이집트인으로서 그녀는 고국에 대한 아무런 환상도 갖고 있지 않았다. 샤이마는 스스로 변화를 끌어낼 수 있다고 생각했다는 것 그 자체가 솔직하지 않은 것일지도 모른다고 말했다.

이 시기에 여성인권에 관한 의제가 중요한 안건으로 취급되지 않았던 게 문제입니다. 집단 강간, 성희롱, FGM과 같은 일들은 그냥 곪아 터지도록 방치됐습니다. 여권신장은 별개의 사안으로, 더욱 화가 치미는 건, 이집트 전체 인권에서 그다지 중요한 부분이 아니라는 인식이 퍼져 있다는 것입니다. 경제와 치안 등 더 중요한 문제가 해결된 뒤에야 처리할 수 있는 사치품 같은 취급을 받는 거죠. 여성인권이야말로 경제와 치안에서 중요한 부분이라는 걸 놓지고 있는 섯입니다.

지금은 온통 방위 문제에만 집중돼 있습니다. 국경 전반에 걸쳐 임박한 위험으로부터 이집트를 구하는 문제 말입니다. 파시즘에 기울고 있는 민족주의와 음모론에 관한 것들입니다. 결론적으로, 여성의 권리는 지금도 그렇고 이제껏 단 한 번도, 우선순위에 올랐던 적이 없습니다.

치안 병력이 여성 시위자들을 표적으로 삼는 행태는 계속되고 있다. 이 글을 쓰는 동안 이집트에서 나온 또 다른 동영상이 유튜브에서 수천 회의 조회수를 기록하고 있다. 파란 브라를 한 여자의 영상과 달리 이번에는 피해자에게 이름이 있다. 아이 어머니이자 시인이며 정치 활동가인 샤이마 알사바흐Shaima Al-Sabbagh는 2011년 1월 25일 혁명기념일을 기리기 위한 작은 집회에 참여했다. 오직 타흐리르 광장의 희생자들에게 꽃을 바치고 싶은 마음에서 다섯 살짜리 아들을 알렉산드리아 인근의 자택에 남겨두고 카이로행 열차를 탔던 것이다.[20]

영상은 바지 위에 청재킷을 입은, 곱슬곱슬한 갈색 머리의 아담하고 매력적인 여자를 보여준다. 그녀는 꽃과 푯말을 들고 있는 20명가량의 소규모 시위대와 함께 있다. 그녀 옆에는 60대 남자가

서 있다. 시위대의 누구에게서도 위협적인 기색이라곤 찾아볼 수 없다. 그녀는 탈라트 하릅 거리에서 타흐리르 광장 방향으로 걸어 내려간다.

영상에서는 모두 네 번의 총성이 들린다. 걸어가던 소규모 시위대의 등을 향해 복면을 한 총잡이가 쭈그리고 앉아 세번째로 총을 발사할 때 제복을 입은 장교가 지시하는 모습도 담겼다. 알사바흐는 이 총에 맞아 숨졌다. 부검 결과에 따르면 그녀는 불과 8미터 거리에서 등과 목에 산탄을 맞았다.

알사바흐의 친구 한 명이 그녀를 데리고 길을 가로질러 시위대와 경찰의 총격으로부터 벗어난다. 사이드 아부 알이라Sayyid Abou Al-E la가 왼팔로는 너덜너덜해진 작은 인형 같은 그녀의 몸을 끌고, 오른손으로는 그녀의 핸드백 같아 보이는 것을 꼭 쥔 채 도로 위에 그녀를 조심스럽게 누인다. 알이라는 당시 자신이 알사바흐가 누운 채 죽어가는 동안 그녀의 손을 잡고 있다가 현장에 도착한 경찰에 의해 체포됐다고 국제인권단체 휴먼라이츠워치Human Rights Watch에 진술했다. 그녀를 도우려 한 사람들과 주 검찰에 증거를 제출한 목격자들 역시 체포됐다.

만일 재판이 실제로 진행된다면 주 검찰은 샤이마 알사바흐를 알던 사람들에게 틀림없이 이렇게 질문할 것이다. "그 여자는 대체 왜 거길 간 겁니까?"

6

인신매매로 사라지는 소녀들
해체된 구소련 국가들

스물다섯 살의 아이야Aija는 금발머리에 발레로 다져진 몸매의 매력적인 라트비아인이다. 그녀는 20세기 내내 대부분의 라트비아 여자들이 견뎌온 닳고 지친 일상에서 벗어나고 싶은 열망에 사로잡혀 있었다. 1991년 구소련의 붕괴는 별 도움이 되지 못했다. 그녀의 고향 리가의 주요 산업은 섹스관광이었는데 이런 위험하고 불건전한 산업에서조차 그녀 또래의 여자들은 배제될 위험이 높았다.

문제는 이전 식민 세력, 즉 러시아인의 딸들이 그들의 텃밭에 끼어들었다는 것이다. 이들은 대부분 더 젊고, 조직적인 길거리 성매매나 마사지숍, 스트립 클럽이 제안하는 일거리에 더 적은 돈으로도 만족할 태세다. 자갈이 깔린 거리와 다채롭게 채색된 집들로 아름다웠던 리가의 구시가지는 이제 이런 업소들로 가득 채워졌다. 아이야가 일을 구할 길은 해외밖에 없다.

그녀는 섹스클럽들을 지나쳐 걸어가며 영국 카디프에서 여자들 없이 주말 휴가를 즐기러 온 남자 관광객 무리의 캣콜링을 무시하고, 랩댄스 클럽과 푸시 카페Pussy Cafe 사이에 끼어 있는 지하 인터넷 카페로 숨어들었다. 그녀는 서유럽 국가에서 웨이트리스나 댄서, 객실 청소부를 구한다는 웹사이트 광고를 보고 이메일을 보냈나. "일자리 구합니다. 스물두 살. 예쁘고 댄서 경험 있습니다. 취업하려면 어떻게 해야 할까요?"

답장은 즉각 도착했다. 덴마크에서 온 것이다. "안녕, 아이야." 자신을 알베르트라고 밝힌 남성은 아이야를 안심시켰다. "아무런 경력이 없어도 되고, 원한다면 바로 이번 주부터 일을 시작할 수 있어요." 코펜하겐까지 차편을 끊어 오되, 만약 이민국에서 물어보면 관광객이라고 답하라고도 했다. 코펜하겐에 내리면 택시를 타고 '클럽8'으로 와서 곧바로 댄서로 일하면 된다고 했다. 알베르트는 자신이 클럽을 소유하고 있으며 아이야가 이곳으로 오는 모든 비용을 대주겠다고 약속했다.

아이야가 나에게 몸을 돌려 물었다. "가도 될까요?" 우리는 카페에 나란히 앉아 있었고, 성착취 인신매매 산업을 탐사취재하러 갔던 나는 아이야에게 도움을 요청해둔 터였다. 아이야는 기꺼이 나를 도와주면서 이렇게 말했다. "사명감이라고 할까요. 발트해 국가들의 너무 많은 여자들이 이렇게 덫에 걸린다고 들었어요. 난생처음으로 최저임금이나마 거머쥘 거라고 기대하고 뛰어들었다가 결국 삶이 산산조각 나더라고요."

그녀에게 위험을 감수할 의향이 있는지 묻자 아이야는 그렇다고 했다. 아이야의 신변을 보호할 수 있도록 BBC에 적정 조치를 요청한 뒤 우리는 코펜하겐으로 함께 날아갔다. 지시받은 대로 아이야는 공항에서 택시를 타고 클럽8으로 향했고, 우리는 차를 타고 택시 뒤를 쫓았다. 클럽 바깥에 주차한 뒤 아이야가 클럽 안으로 들어가는 모습을 지켜봤다. 우리는 오래 그리고 심각하게 그녀에게 무선 마이크를 몰래 달아줄지를 논의했지만 결국 그러지 않기로 했다. 만일 발각되면 우리가 클럽 안으로 들어가서 어떻게 손을 쓰기도 전에 그녀가 두들겨맞을 수 있기 때문이다.

나중에 아이야가 우리에게 안에서 어떤 일을 경험했는지 말해줬다. "루나라는 여자가 나를 맞이했고 내 여권을 가져갔어요. 안전하게 보관하겠다면서요. 여기저기 안내를 해줬는데, 다른 네 명의 여자들과 함께 써야 한다며 도미토리 숙소를 가장 먼저 보여줬고 그다음에 공용 공간으로 내려갔죠. 바를 보여주면서 루나가 이렇게 말하더군요. '여기가 사우나, 여기 옆문이 있는 방에서 섹스 파티를 여는데, 그 후의 모든 일은 위층 방에서 해.' 그래서 내가 물어봤죠. '죄송해요, 나는 여기 댄서로 일하는 줄 알고 왔는데요. 지금 내가 손님들하고 섹스를 해야 한다고 말씀하시는 건가요?' 그랬더니 이렇게 답하더군요. '너는 춤추고 섹스하려고 여기 온 거고 오늘 밤부터 시작할 거야.'"

아이야가 안으로 들어간 지 한 시간쯤 뒤, 아직 어떤 손님도 안으로 들어가지 않았을 때 우리는 덴마크 경찰에 연락해 납치와 강간 위협 사건이 벌어졌다고 신고했다. 경찰이 도착해 주인 알베르트와 아이야의 동료인 헝가리 여자 네 명을 체포했다. 그들은 알베르트의 금고에서 아이야의 여권을 찾아서 돌려주고는 그녀를 풀어줬다. 경찰은 이 사건을 본질적으로 이민 문제라고 보았다. 이튿날

헝가리 여자들은 추방됐다. 그들이 어떻게 덴마크에 왔는지, 어떤 노동조건으로 클럽에서 일했는지, 자신들의 의지와 별개로 성매매를 강요당했는지 여부에 대한 진술은 받지 않았다. 클럽 경영진은 그 어떤 혐의로도 기소되지 않았다.

성노예 피해자들을 돕는 데 평생을 바쳐온 도리트 오첸Dorit Otzen 변호사는 낙담했다. 제대로 된 검찰 기소를 위해서 성매매 피해 여성들을 증인으로 보호해야 할 필요가 있다고, 몇 번이나 경찰에 요청했는지 모른다. "경찰은 성착취 인신매매에 대해 알려고 하지도 않아요. 덴마크에 마약을 밀반입하거나 국내에서 판매하면 징역 10년형까지도 받게 되지만 지금까지 여자를 수입해서 가장 무겁게 받은 형벌은 기껏해야 1년밖에 되지 않아요. 심지어 판사가 법정에서 형량이 무겁다며 사과까지 했어요. 보다가 울 뻔했다니까요!"

여자들은 어떻게 될까? "경찰은 (단속된 후부터) 24시간을 주고 나서 강제추방해요." 오첸 변호사가 말했다. "포주들은 그냥 나와서 또 다른 여자들을 모으면 됩니다. 매주, 매달 새롭게요." 몇 주 뒤에 나는 알베르트가 여전히 영업 중인지 확인하려고 클럽에 전화를 걸어봤다. 아나나 다를까, 녹음된 메시지에서 그는 현재 데리고 있는 여자들을 광고하고 있었다. 한 명의 리투아니아인과 한 명의 폴란드인, 두 명의 러시아인이 있다고 했다. 그는 여자들의 가슴 사이즈와 기타 성적 매력을 묘사하기도 했다.

섹스산업은 암묵적으로 용인되고 은밀해서 위험하다. 숱한 라트비아 여자들이 덴마크에서 죽었다. 정확한 수치를 아무도 알 수 없는 것이, 살인은 대부분은 시신을 쉽게 처리할 수 있는 지하 클럽이나 바에서 일어나기 때문이다. 나타샤 파블로바Natasha Pavlova 역시

1996년에 덴마크 코펜하겐에 도착했을 때 희망에 부풀어 있었을 것이다. 나는 리가의 아주 작은 아파트에서 그녀의 어머니 에우게니아 파블로바Eugenia Pavlova를 만났다. 여섯 살 난 손자가 텔레비전 만화 프로그램을 보는 동안 우리는 차를 마시며 이야기를 나눴다. "덴마크에 간 지 몇 주 뒤에 나타샤에게 전화가 왔는데 그곳에서 결혼을 한다는 거예요." 모든 라트비아 어머니들을 행복하게 만들 수 있는 말이었다. "약혼자랑 막 자리를 잡는 중이고 아들 안드레이를 곧 데려가 함께 살 건데 나도 왔으면 좋겠다고 하더군요."

나타샤에게 실제 남자친구가 있었는지, 아니면 실은 포주였는지, 어쩌다가 그녀의 계획이 덴마크의 선정적인 타블로이드 신문에서 당시 '마사지숍 대학살'이라고 부른 사건으로 끝이 났는지 우리는 끝내 알 수 없게 됐다. 마사지숍이 있는 거리에 살았던 젊은 IT 기술자 마그누스Magnus는 "한 아시아 여자가 벌거벗은 채 지하에서 튀어나왔는데 상처투성이의 몸으로 피 칠갑을 한 채 휘청거리며 배회했다"고 증언했다. 주민들이 경찰을 불렀다.

한 경관이 여자를 돌보는 동안, 다른 경찰들이 마사지숍으로 내려가서는 지원 인력을 호출했다. "위의 여자는 잊어버려, 여기 내려와서 좀 보라고, 훨씬 심각해!" 거기 참혹하게 칼에 찔려 죽은 나타샤 파블로바가 낭자한 핏물 속에 누워 있었다. "전화벨이 울릴 때마다 어린 안드레이는 엄마가 곧 오겠다고 전화한 거라고 생각했어요." 에우게니아 파블로바가 말했다. "아이에게 사실대로 말하는 용기를 내기까지 6개월이 걸렸답니다." 하지만 아무도 처벌받지 않았다.

10년 전의 일들이지만 그사이 변한 건 거의 없다. 덴마크 정부가 EU의 권고를 받아들여 성착취 인신매매 범죄에 대한 최대 형량을 10년으로 늘린 것은 2012년이 되어서의 일이다. 2010년까지 인신매매 범죄로 기소된 사람은 연간 12명 안팎에 그쳤다. 이들이 재판으로 받은 형량은 징역 9개월에서 30개월 수준이다.

이 문제에 관대한 나라는 덴마크만이 아니다. 부자 나라의 수요가 늘어나는 만큼 성착취 인신매매범은 나이지리아와 태국, 동유럽 국가들에서 성노예 여성들을 실어 나른다. 그들은 이것이 투자할 만한 일이라는 것을 알았다. 위험 부담은 낮고 수익률은 높은 산업인 것이다.

성착취 인신매매의 메커니즘을 더 잘 파악하기 위해 나는 리가로 돌아가서 스물한 살의 스베타Sveta와 열아홉 살의 류바Ljuba를 만났다. 라트비아의 평범한 젊은이들이다. 잘 교육받고 야망이 넘치는 매력적인 사람들. 하지만 심각한 구직난에 시달리는 이 땅의 젊은이들은 해외에서 취업하기를 원한다. 거리는 온통 패션 부티크와 최신 스마트폰을 파는 가게들로 넘쳐나기 시작했다. 디자이너 브랜드의 선글라스와 하이힐을 신은 그 또래 여자아이들이 이따금씩 숍 앞에 멈추는 BMW에서 내리곤 했다. 이들은 1퍼센트에 속하는 사람들이다. 버스정류장 근처의 지저분한 지역에 가면 이 나라가 소련 체제의 붕괴 이후, EU 가입까지 얼마나 형편없이 망가지고 힘들었는지를 한눈에 볼 수 있다. 나이 든 사람들은 버스 정류장 벤치에 누워 잠을 자다가 저녁이면 무료급식소에서 주는 걸쭉한 죽 한 사발로 하루 끼니를 때웠다. 이게 하루 동안 먹는 유일한 음식이다. 사람들은 자포자기하고 궁핍하며 절망에 빠진 것처럼 보인다. 젊은이들이 이곳을 탈출하기 위해 극한의 위험을 감수하는 것도 놀라운 일이 아니다.

리가에 있는 여성 센터의 허름한 사무실에서 만난 타티아나 쿠로바Tatiana Kurova는 커피를 마시면서 암울한 그림을 그렸다. "여자들은 어떻게든 떠날 거예요. 여기는 말 그대로 먹고살 만한 게 하나도 없거든요. 이곳 사람들은 상상을 초월하게 가난하게 살고 있어요. 젊은 사람들이 나가는 것을 막고 다시 생각해보게 하기는 어렵습니다. 부모들이 빵 부스러기나 주워먹고 사는 걸 보면서 자란 젊은이들은 그렇게 살고 싶어하지 않거든요. 기다리지 않고 눈앞의 현실을 바꾸고 싶어하죠."

스베타와 류바 역시 범죄 산업에 연루되지 않은 라트비아의 부유한 젊은이들이라면, 서유럽 쪽에 연줄을 대어 합작 투자 사업을 한다는 걸 알고 있다. 처음 만나기로 한 날, 그들은 카푸치노 바에 앉아 구인 광고를 꼼꼼하게 보고 있었다. 그들은 아일랜드에서 자국인과 같은 조건으로 직업을 제안하는 직업소개소를 발견했다. 대단한 일자리다. 그게 최고의 부티크로 진출하는 것까지 보장해주지는 않는다는 걸 알지만, 시작해보는 거였다. "너무 설레요." 류바가 긴 검은 머리를 넘기면서 말했다. "모든 게 변할 거예요. 우리는 지도와 지리학 책들을 꼼꼼하게 보면서 여행 이야기를 하느라 시간 가는 줄도 몰라요. 벌써 짐도 싸기 시작했어요!" 아름다운 금발 머리의 스베타는 좀더 신중하다. "대학에 다닐 돈을 벌려면 전 반드시 해외에 나가야 해요." 스베타의 꿈은 수의사다.

다음 날, 그들은 나에게 혼란스럽고 걱정된다고 말했다. 직업소개소의 대표 에드거가 두 사람에게 에이즈 검사를 받아 오라고 요청했다는 거였다. 그리고 그 직업소개소 대기실에서 어떤 여자를

들을 사라지는 여성들 6

만났는데, 앞서 에드거로부터 전신사진과 가슴 사이즈를 가져오라는 말을 듣고 두번째로 오는 길이라고 했다고 한다. "이게 정상인가요?" 그들이 물었다. 전혀 그렇지 않다고 말해줬다. 그들은 에드거에게서 아일랜드 골웨이 카운티의 포텀나에 있는 폴리 호텔 레스토랑의 주인 콘 폴리 씨 밑에서 일하게 될 거라는 말을 들었다고 했다. 에드거는 라트비아와 리투아니아 소녀들을 벌써 여러 명 그곳으로 보냈는데, 다들 매우 만족스럽게 일하고 있다는 전화도 했다고 말했다. 나는 스베타와 류바에게 내가 아일랜드에 가볼 테니 일단 기다려보라고 했다.

만일 내 취재 대상이 그렇게 심각하지 않았다면 국제 성착취 인신매매 조직의 핵심 연결고리를 찾으려고 아일랜드의 소도시에 와 있는 이 상황이 코미디였을 것이다. '말 한 마리짜리 마을'이라는 별명이 어울릴 정도로 포텀나는 정말 작고 조용한 아일랜드 서부 해안의 마을이었다. 관광안내소는 승마와 마을 교회 방문을 주요 관광거리로 안내하고 있었다. 개를 데리고 산책하던 나이 든 남자에게 마을에서 라트비아인들을 본 적이 있느냐고 물었더니 "라트비아가 어디요? 유고슬라비아 도시인가?"라는 답이 돌아왔다. 포텀나 우체국 직원은 라트비아인들을 본 적이 없다고 확인해주면서 "작년에 스페인 사람들은 있었어요"라고 친절하게 덧붙였다. 그녀는 또 하이스트리트에는 폴리 호텔과 레스토랑이라는 업체도 없다고 말했다.

나는 그 지역 햄버거 가게에서 버거를 뒤집고 있는 콘 폴리 씨를 만날 수 있었다. 그의 단 하나뿐인 매장은 한 인터넷 카페 안에 있었는데, 주크박스와 플라스틱 테이블 옆에 끼어 있는 작은 부스에 불과했다. 라트비아인 웨이트리스들이 일할 만한 공간은 전무했다. 나는 그가 어쩌다가 발트해 국가 여자들을 아일랜드에 수출하는 중개업자로 리가에 알려지게 됐는지 이해하기 위해 고심했다. 폴리는 매우 유쾌한 성격이었고, 모르는 새에 자신이 연결책이 되었다는 데 대해 매우 당혹스러워했다. 그는 자신이 웹사이트에 어떤 구인 광고를 올렸는지 보여줬는데, 단순히 해외에서 온 웨이트리스를 채용하려고 한다는 언급뿐이었다. 이 광고에는 이상한 점이 전혀 없었다. 호경기가 이어져 아일랜드의 서비스산업은 심각한 구인난을 겪고 있다. 1년간 아일랜드 정부가 발행한 노동 비자는 1만 개였는데, 그중 1000개를 라트비아인들이 받아갔다. 폴리는 결국 지역에서 직원을 채용했다고 했다. 만일 리가에서 여자가 일하러 온다고 하면 에이즈 검사를 요구하겠느냐고 물었더니 그는 얼굴을 붉히며 "아이구, 아니요"라고 답했다.

더블린으로 향했다. 그 지역의 한 기자가 나를 위해 범죄 집단 관계자와의 자리를 주선해줬기 때문이다. 그가 늦게까지 일하느라 우리의 약속은 자정을 지나 스미스필드 마을의 홍등가에서 이뤄졌다. 그는 차 뒷자리에 타자마자, 익명성을 보장해주겠다고 약속해야 말하겠다고 했다. 그는 포텀나의 커넥션에 관해 이렇게 추측했다. "성착취 인신매매범들이 성수기 서비스산업 노동 비자를 받은 라트비아 여자들을 데려오기 위해 '선의의 고용주'들을 앞세우는 건 충분히 말이 돼요. 정부는 노동 비자를 한 달에만도 수천 건씩 관리해야 하는데 공무원들로서는 한 번도 해본 적 없는 일이니만큼 누군가 시스템을 눈속임하리라는 건 상상도 못 했을 거예요." 그 '누군가'가 노동허가 신청서에 손을 댈 수 있는 내부자일 거라고 했다.

"그리고 그들은 이 일로 많은 돈을 벌고 있을 겁니다."

성착취 인신매매범들은 소녀들이 합법적인 노동 비자를 들고 약속 장소인 더블린까지 오도록 모든 준비를 해주지만, 소녀들은 포텀나에는 절대 가지 못한다. 일단 더블린에만 오면 아일랜드와 영국 사이를 자유롭게 드나들 수 있다는 점을 성착취 인신매매범들이 이용하는 것이다. "런던, 버밍엄, 맨체스터 범죄 조직의 수요가 엄청나기 때문에 다 그쪽으로 보내는 거예요. 난 이곳 더블린의 거물들을 몇 명 아는데 그들이 벨파스트로 여자들을 보내면 거기서 여자들은 다시 영국으로 가게 되죠." 여자들이 아일랜드의 노동 비자를 가졌다는 사실은 그녀들을 훨씬 더 취약한 상황으로 몰아넣는다고 그는 설명했다. "여자들은 영국에서 불법체류자가 되고, 포주들은 그걸 빌미로 으름장을 놓죠. 여자들의 여권을 빼앗고는 영국에 여자들을 데려오느라 쓴 비용이 1~2만 파운드에 달한다고 주장할 겁니다. 그러면서 성매매를 하라고 여자들을 윽박지르는데, 그게 자신에게 빚진 돈을 갚을 수 있는 유일한 길이라는 거죠. 원금 회수 명목으로, 하루에 20명의 손님을 받게 하기도 해요. 여자애들은 포주가 이용해먹을 수 있는 한 사실상 감옥에 갇힌 죄수나 다름없습니다."

리가로 돌아가서 류바와 스베타를 다시 만났다. 콘 폴리 씨는 이 모든 일에 대해 결백하지만, 직업소개소가 어디로 보낼지도 알 수 없는 상태에서 무턱대고 그들을 따라 출국하는 것은 위험 부담이 너무 크다고 말해줬다. 그들은 망연자실했다. "좋은 일자리를 얻어서 학교에 다닐 수 있을 거라고 엄청 기대했거든요." 류바가 말했다. "꿈꿨던 장기 계획이 있었는데, 그 미래가 갈갈이 찢겨버렸네요." 스베타는 완전히 풀이 죽었다. "너무 끔찍해요. 눈이 번쩍 뜨이네요. 이제 바깥세상 사람들이 우리를 그저 먹잇감으로만 보고 있다는 걸 깨달았어요." 하지만 류바와 스베타가 에드거와의 대화에서 정말 뭔가를 배웠을까? 내가 꿈을 산산조각 내 그들이 무척 화가 났다는 느낌을 받았다. 며칠 뒤, 같은 카페에서 그들을 마주쳤다. 또다시 구인 광고를 샅샅이 훑어보는 중이었다.

　다시 리가에 있는 여성 센터의 타티아나 쿠로바를 만나러 갔다. 왜 정부 당국은 성착취 인신매매 산업, 특히 에드거와 같은 대행업체를 단속하기 위한 어떠한 움직임도 보이지 않는지 물었다. "우리가 감당하기 힘든 지경이에요. 나만 해도 그래요. 나도 학교에 찾아가서 곧 학교를 떠나게 될 소녀들을 더 많이 만나 바깥세상이 얼마나 위험한지 경고해주고 싶어요. 하지만 나는 겨우 탈출해 말도 못 하게 끔찍한 상태로 이 도시로 되돌아오려고 하는 사람들을 돌보기에도 하루가 모자랍니다."

　그녀는 뒤에 쌓여 있는 수많은 파일 무더기에 손을 뻗어 그중 하나를 꺼냈다. "뭐부터 설명해드릴까요? 네, 여기 보세요. 이 소녀는 여기에 와서 자기가 폴란드 강제수용소에 있었다고 했어요. 거기엔 여자들이 300명쯤 있었대요. 수용소는 철조망 울타리로 둘러싸여 큰 개들이 지키고 서 있었다고 해요. 성노예였던 여자들은 제대로 된 음식도 먹을 수 없었대요. 그중 세 명이 탈출에 성공했는데, 번화가와 이민국의 감시를 피해서 밤길을 몰래 걸어온 거죠. 내가 돕고 있는 소녀가 그중 한 명이에요. 말 그대로 네 발로 기어서 이 사무실에 들어왔습니다."

　자신이 돌보고 있는 여자 이리나Irina와 직접 이야기해보는 게 좋겠다며, 타티아나는 내게 저녁에 다시 와달라고 했다. 스물여섯 살의 골초 이리나는, 리가의 성매매 업소에서 일하던 중 이스라엘에서 더 많은 돈을 벌 거라는 이야기를 들었다. "우리가 한 달에 1000달러는 받을 거라고 했어요. 우리 모두를 이스라엘의 온갖 곳으로 데려가서는 각기 다른 포주에게 넘겼습니다. 나는 첫 포주에게 1만 5000달러에 팔렸고, 두번째에는 1만 날렸는데 나를 아무도 원하지 않을 때까지 가격이 계속 내려가더라고요. 우리는 하루에 15명의 손님을 받아야 했어요. 나는 하루에 33명까지 받은 적도 있어요. 포주를 위해 한 달에 2만~3만5000달러는 벌어준 것 같아요. 하지만 막상 나는 1페니도 손에 쥘 수 없었죠." 포주들은 중개인들이 스베타와 류바처럼 어리고 순진한 여자들을 데려올수록 좋아한다고 덧붙였다. "잘 아시겠지만 쉽게 겁을 먹잖아요. 이스라엘에서 오페어au pair◆로 한 달에 600달러를 주겠다는 광고에 지원서를 낸 한 소녀가 있었대요. 성착취 인신매매범은 그녀에게 적당한 가족을 찾았고 와서 일하기만 하면 된다면서 모든 준비를 해줬죠. 그녀가 텔아비브에 도착했을 때, 그들은 바로 사창가로 데려가 포주에게 팔아버렸어요. 우리에게 한 짓과 똑같이요. 그들은 우리 앞에서 그 아이의 일화를 자랑스럽게 떠벌리곤 했어요."

비단 라트비아와 발트해 국가들의 일만은 아니다. 나는 성노예 여성들에 관한 영상 보도물을 일일이 기억할 수 없이 많이 만들어

◆ 외국인 가정에서 일정한 시간 동안 집안일을 해주는 대가로 숙식과 일정량의 급여를 받고, 자유시간에는 어학 공부를 하고 그 나라의 문화를 배울 수 있는 일종의 문화교류 프로그램이다.

왔다. 나는 피부결이 고운 네팔 여자가 뭄바이의 사창가에 팔리는 모습을 추적하고 우크라이나의 수많은 알렉산드라, 루드밀라, 나탈리야가 미국의 랩댄스 클럽으로 팔려가는 슬픈 행렬의 흔적을 쫓았다. 사람들이 그런 정도의 모험까지 감수하는 것은 더이상 내려갈 곳 없는 절망 때문이다. 오늘날 시리아인과 소말리아인이 익사할 위험을 무릅쓰고 리비아에서 람페두사까지 과적 보트를 타고 지중해를 건너는 것과 마찬가지로, 구소련 사람들도 15년 전에 비슷한 위험을 감수했다. 구소련은 지속 불가능했고 붕괴될 만했지만, 아무리 불충분했다고는 해도 '요람에서 무덤까지' 국가가 책임진다는 사회안전망의 확실성도 함께 사라져버렸다. 그 대가로 사람들이 겪은 비극은 실로 어마어마한 것이었다.

내가 반복해서 꾸는 최악의 악몽 중 일부는 이 시기의 경험에서 비롯된다. 새 이름을 갖게 된 상트페테르부르크◆를 방문했을 당시 청소년 교도소에서 풍기던 땀과 배설물 냄새가 아직도 기억난다. 창문 없는 4인실 지하 감옥에 18세 미만의 소년들이 20명이나 수감돼 있었다. 어떤 아이들은 열두 살밖에 되지 않았는데, 굶주리는 가족들을 위해 빵을 훔치다가 걸려 무기한 구금 중이었다. 정부는 이들이 재판을 받게 할 만한 여력도 없었고, 그들에게 사치나 다름없는 기분전환을 시켜줄 간수를 고용하거나, 최소한 맹렬한 기세로 확산되는 결핵을 막아줄 의약품을 구입할 만한 돈도 없었다.

앞선 러시아제국 때부터 반복되는 비극의 패턴이 있다. 문자

◆ 구소련 체제에서의 이름은 레닌그라드다.

그대로 '지구상의 지옥'이 있다면 그곳은 러시아 극동지역, 한때 스탈린의 강제수용소로 악명이 높았던 마가단일 것이다. 그곳에 닿으려면 '뼈의 길Road of Bones'을 운전해 가야 한다. 지역 주민들 말로는 강제수용소에 갇혔던 죄수들이 이 길을 닦느라 일하다가 쓰러지면 그 자리에 묻혀 그들의 뼈가 이 길의 기초가 됐다는 데서 붙은 별명이다. 얼어붙을 듯 춥고 검소한 양로원에서 나타샤 르보프Natasha Lvov를 만났다. 1953년 스탈린의 사망과 함께 강제수용소에서 풀려나긴 했지만, 고향인 레닌그라드까지 갈 돈이 없어 죄수의 땅에 그대로 남아 살아온 사람이다. '위대한 애국전쟁'—러시아인들은 당시 제2차 세계대전을 이렇게 불렀다—이 한창이던 1943년, 그녀는 로스토프 근처에서 철도를 놓는 공사에 투입됐다. 독일군의 전진을 피해 전쟁 물자를 동부 지역으로 옮기려던 정부 시책의 일환이었다.

"관리자는 우리 모두에게 작업용 부츠를 줬어요. 내 발은 작았지만 남은 거라곤 남성용 부츠뿐이었죠. 처음 신고는 웃음을 터뜨렸습니다. 겨우 열여덟 살밖에 안 됐을 때니까요. 광대 흉내를 내면서 트랙 위에서 춤을 췄고, 동료들도 다들 웃었어요." 그녀는 전쟁 노력을 조롱한 혐의로 기소됐고, 집에서 약 6500킬로미터 떨어진 강제수용소에 보내졌다. 그때 이후 영영 집에 돌아가지 못한 것이다. 스탈린의 징벌 수용소 네트워크는 점차 사라져 더이상 눈에 보이지 않지만, 연중 절반가량은 눈에 덮여 있는 혹독한 기후의 땅에서 그곳 사람들은 사실상 여전히 갇혀 살고 있다. 소련 시절 기술자와 의사, 교사 들은 계약 기간 동안 이 혹독한 환경을 꾹 참고 일하면 두둑한 상여금은 물론 나중에 고향에 돌아갈 때 번듯한 집과 직장을 받게 될 것이라는 설득에 넘어가 이곳에 오곤 했다.

하지만 1991년에 소련이 붕괴되고 1998년에 루블화의 가치가 급락하자 이 같은 약속들은 아무런 의미가 없게 됐다. 내가 마가단에서 가장 큰 병원의 의사 블라디미르 레테닌코프Vladimir Leteninkov를 만난 건 1999년의 일이었다. 그는 우크라이나에서 온 뇌외과의사다. 그의 국가는 더이상 러시아제국에 속하지 않지만, 나타샤와 마찬가지로 그 또한 모든 것을 잃었다. 심지어 키예프에 돌아가는 열차표를 살 능력조차 없었다. 그의 환자들은 치료비로 얇게 저민 순록고기나 건네는 형편이다.

하지만 가장 가슴 아픈 이야기를 하나 꼽으라면 몰도바—유럽에서 가장 가난한 나라라는 타이틀이 아니면 뉴스에 거의 등장하지 않는—에서 나온다. 라트비아와 마찬가지로 구소련의 일부였던 몰도바는 1991년 소련이 무너지고 나서 자유경쟁 시장에 무방비 상태로 내던져졌다. 농업을 제외하면 별다른 산업이랄 것이 없는 정부는 해외에서 일하는 자국 노동자들이 보내주는 현금으로 근근이 버텨왔다. 지난 25년간 몰도바는 그렇게 사람들을 해외에 수출해왔다.

몰도바의 수도 키시너우의 서쪽에 위치한 스코레니 마을을 찾았다. 1층짜리 목조 주택, 집집마다 뒷마당에 자리잡은 우물, 정교회의 양파 모양 돔 지붕이 햇빛에 반짝이는 몰도바의 전형적인 마을이다. 그날은 일요일이라서 교회 예배당 뒤쪽에 서서 미사가 끝날 때까지 지켜봤다. 향내가 짙게 깔렸다. 사제가 무거운 금장 유리관에 담긴 성모마리아와 함께 예배당 내부를 돌기 시작했다. 무릎 꿇고 앉은 나이 든 여자들과 아이들은 사제가 자신들의 곁을 지날 때 성호를 그었다. 여자들이 지역사회의 영성 활동에 좀더 책임을 지고 있는 건 이상한 일이 아니다. 오히려 특이한 것은 16~40세 사이의 젊은 여자들이 보이지 않았다는 점이었다. 교회 밖으로 나오는 여자들에게 물어봤다. 젊은 여자들은 모두 어디에 갔느냐고. "이탈리아, 포르투갈, 터키, 그도 아니면 모스크바 같은 곳에 갔죠. 얼마나 많은 사람들이 갔는지는 정확히 몰라도 하여간 모두 이 나라를 떠났어요." 다른 여자가 말을 거들었다. "여기에서는 돈 되는 일거리를 찾을 수가 없거든요. 예전에 있던 모든 국영기업, 집단농장, 공장 들이 폐쇄됐으니까요. 우리에게 남은 건 아무것도 없어요." "집에 돈을 부쳐주겠다고 하면서 떠나요." 또 다른 사람이 성호를 그으면서 말했다. "하지만 그렇게 영영 연락이 끊기죠."

예순 살의 예바Yeva를 만났다. 긴 치마에 지역 특유의 꽃무늬 스카프를 머리에 두른 차림이었다. 그녀의 낡은 집 부엌에 앉았는데, 홍차와 집에서 만든 체리잼을 내왔다. 찻잔과 잼이 담긴 작은 도자기 접시 아래에는 일일이 손으로 수놓은 컵받침이 놓여 있었다. 예바는 나에게 같은 무늬로 맞춘 냅킨도 쥐어줬다. 고풍스럽고 섬세한 자수는 이 마을의 여자들이 흔히 하는 일이다. 지역 기업가들이 이들의 재주에 주목하면 좋으련만, 안타깝게도 아무도 그러지 않는다. 그녀에게는 딸 타냐Tanya와 다니엘라Daniela의 사진이 많지 않았다. 카메라도, 사진을 찍을 수 있는 휴대전화도 없기 때문에 학교에서 찍은 공식 단체사진이나 가족 행사 때 사진만 있었는데 거기에는 양 갈래로 머리를 묶은 활발하고 행복해 보이는 소녀 두 명이 있었다. "우리 애들이 집을 떠날 때 나이가 열여덟, 스물 한 살이었습니다."

지역 소도시에서 마을을 찾아온 한 중개업자가 서른 살 이하의 여자라면 누구나 이탈리아의 깔끔한 호텔 웨이트리스로 취직시켜 줄 수 있다고 장담했다. "언어가 우리랑 비슷해서 여자애들은 금방 적응할 수 있어요." 중개업자 스베틀라나Svetlana가 말했다. 타냐와 다니엘라는 망설이지 않았다. 이 지역의 모든 젊은 졸업생들이 그러하듯이 실업자 처지였기 때문이다. 몰도바의 다른 지역에서는 해외로 떠난 이들이 고국의 가족들에게 넉넉한 돈을 부쳐준다는 소문이 동네에 자자했다. 나이 들고 가난한 과부였던 예바는 아이들의 출국을 응원했다.

소녀들은 시내의 중앙 버스정류장에서 중개업자를 만나게 돼 있었다. 친절한 중개업자는 그곳에 나와 예바와 불안에 떠는 다른 부모들을 안심시키면서, 눈물범벅이 된 딸들과 충분히 포옹하고 작별을 고할 수 있게 배려해줬다. 이렇게 버스가 떠난 뒤로 그녀는 딸들을 보지 못하고 있다. "동네에는 나쁜 소문이 떠돈다고들 하데요." 눈물을 삼키며 그녀가 말을 이어갔다. "납치나 술집, 그보다 더 끔찍한 것들에 대해서요." 이제 예바는 너무 심하게 울어서 말을 거의 하지 못할 지경이었다. 나는 최선을 다해 그녀를 위로하고는 나갈 채비를 했다. "아나Ana를 만나봐요." 교회 건너편에 있는 집을 알려주면서 그녀가 말했다. "최소한 아나는 자기 딸이 어느 도시에 있는지는 알아요."

스코레니 마을 특유의 밝게 채색된 목조 주택들 사이를 가르는 진흙투성이의 비포장도로를 걸어갔다. 우물에서 물을 긷는 여자, 그들의 발뒤꿈치를 따라다니는 거위, 이따금 마차가 덜컹거리며 마을을 가로지르는 모습까지, 흡사 중세의 풍경처럼 보인다. 마을에는 남자가 여자보다 더 많은 듯하다. 하지만 남자들은 안색이 좋지 않다. 어쩌면 신장 두 개가 온전하게 붙어 있는 사람이 별로 없기 때문일지도 모른다. 스코레니의 두 중요한 수출품은 '젊은 여자'와 '신장'이다. 이스라엘이나 이스탄불의 부자들에게 종종 실소가 나올 정도의 금액을 받고 신장을 파는 것이다.

아나와 그녀의 가족은 정원에 있는 매화나무 아래에 다 같이 둘러앉을 수 있도록 플라스틱 의자를 꺼내왔다. "중개업사가 처음 우리 마을에 왔을 때 우리는 모두 환영했어요. 타냐Tanya라는 친절해 보이는 여자였습니다. 이 마을에는 우리 딸 엘레나Elena를 위한 일자리가 없었으니까, 마치 신이 보내준 사람처럼 느껴졌지요. 타냐는 이스탄불에서 호텔을 운영하는 친구가 있는데, 똑똑하고 열심히 일할 객실 청소부가 필요하고, 또 오페어를 찾고 있는 또 다른 가족도 알고 있다고 했어요." 타냐는 가족의 축복과 환송을 받으며 엘레나와 함께 차를 타고 사라졌다.

하지만 이렇게 엘레나가 집을 떠난 지 불과 몇 주 뒤, 타냐는 경찰에 검거됐다. 여느 때처럼 여러 명의 소녀들을 데리고 몰도바 국경을 넘으려다 이를 의심스럽게 여긴 국경 경비대의 검문을 받은 것이다. 경찰은 갓 발급된 여권을 지닌 젊은 여자 세 명을 왜 데리고 가는지를 조사했다. 그녀는 현재 이스탄불의 술집과 사창가에 여자들을 팔아넘긴 혐의로 기소돼 재판을 받고 있다. 타냐 사건은 스코레니에서도 대대적으로 보도됐다. 하지만 엘레나를 구하기에는 이미 뒤늦은 검거였다. 가족들은 그저 엘레나가 이스탄불에 있을 거라고 추정할 뿐이다.

"어떻게 우리에게 이런 일이 있을 수 있죠?" 아나가 물었다. "나는 그 여자를 믿고 딸을 맡겼어요. 그런데 그 어린아이를 데려가서는 팔아버린 거예요. 그 때문에 남편도 죽었어요." 아나는 가방에서 엘레나의 사진을 꺼내 내 손에 쥐어줬다. "가져가요. 이스탄불에 가서 제발 내 딸 좀 찾아주세요." 너무나 간곡하고 완강해서 도저히 거절할 수가 없었다. 사진을 받아들고, 이 일이 얼마나 어려울지 열심히 설명했다. 몰도바를 떠나 이스탄불로 향하는 소녀들은 일주일에 50명에서 60명 수준이라고 들었다. 노력하겠지만 더 큰 희망을 품지는 말아달라고 간청했다.

곧바로 촬영기자 이언 오라일리와 이스탄불행 비행기를 탔다. 루마니아인 현지 가이드(몰도바와 루마니아는 같은 언어를 쓴다) 리비우 Liviu와 함께 일단 이스탄불의 탁심 광장이나 아크사라이, 이스티클랄 거리 주변의 허름한 술집들부터 마구잡이로 훑어보기로 했다.

우리 셋은 전부터 종종 같이 호흡을 맞춰왔다. 루마니아의 불법 신생아 매매 현장을 고발하는 영상을 찍은 적도 있었다. 루마니아에서 아기를 사기가 얼마나 쉬운지를 보여주고 싶었던 우리는 7일 동안 일곱 명의 아기를 '구매'하는 자리를 만들고 매번 마지막으로 돈을 건네기 직전에 중단했다.

이스탄불에서 술집을 샅샅이 훑는 동안, 리비우는 좀비 같은 폴댄서들 사이를 뚫고 들어가 잠시 휴식을 취하러 무대 아래로 내려온 소녀들을 한쪽으로 데려가려고 했다. 그런 다음 엘레나의 사진을 보여주었다. 포주들은 늘 화를 냈다. 한 포주는 무대 건너편에서 이렇게 소리치기도 했다. "여자랑 놀고 싶으면 시간당 100달러를 내라고!" 아무도 사진 속 여자를 알아보지 못했다. 소녀들의 탱크톱과 헐벗은 가는 허리와 망사스타킹을 보자 클럽 안의 풍경이 신경이 쓰이면서 불안해지기 시작했다. 사진 속 엘레나는 갈색 곱슬머리에 통통한 장밋빛 뺨을 가진, 수줍음 많은 전형적인 시골 소녀였기 때문이다. 몰도바의 시골 사람들이 즐겨입는 스웨터도 입고 있다. 아무리 강요를 받는다고 하더라도 도무지 폴댄서 역할을 할 수 있으리라고는 보이지 않는 모습이다. 유혹적으로 전시될 만큼은 아닌 수수한 외모라고 하더라도, 그녀의 몸은 성매매 시장의 더 기본적인 수요를 채우기 위해 언제나 팔려나간다. 나타샤 파블로바가 살해됐던 부류의 지하 사창가나 마사지숍을 상상하니 몸서리가 쳐졌다.

다음 날 아침, 우리는 시내에서 가장 큰 버스정류장에 갔다. 몰도바 수도 키시너우에서 매일같이 수많은 버스가 오고 가는 곳이라, 언제나 한구석에 몰도바인 운전기사들이 떼로 모여 잡담을 하거나 줄담배를 피우고 있다. 우리는 이곳에서 처음으로 돌파구를 찾았다. 최소한 한 남자와 한 여자가 엘레나의 사진을 알아봤다. "한 달쯤 전인가, 이 여자가 직업을 구한다면서 여기 있었어요." 남자가 말했다. "버스정류장을 향해서 거리를 달려가는 걸 봤죠." 여자가 말했다. "술집이나 사창가나 뭐 그런, 그녀가 잡혀 있던 곳에서 도망쳐서 집에 가려고 하나보다 생각했죠. 하지만 아마 여권도 돈도 없었을 테니까, 물론 집에 가지는 못했을 거예요."

거기서 실마리는 끝이었다. 나는 유명 관광지 '블루 모스크'◆ 뒤편 공원 어귀에 있는 이스탄불 실종자신고센터를 찾았다. 도열을 맞춘 남성 타이피스트들이 작은 스툴에 등을 구부리고 앉아, 작은

◆ 이스탄불의 대표적인 모스크로 '술탄 아흐메드 모스크'가 정식 이름이다.

테이블 위에 놓인 타자기에 받아칠 준비를 하고 있었다. 이 건물을 찾은 모든 사람들은 들어가기 전에 공문서의 빈칸을 채워넣어야 한다. 질문을 빠르게 외쳐대는 타이피스트와 함께 문서 양식을 완성했다. "이름? 출생일? 주소? 국적? 마지막으로 본 날은? 누구와 함께였죠?" "타냐라는 소문난 인신매매범과 함께였대요." 내가 말했다. 그가 나에게 실종자와의 관계를 묻기에, '가족의 친구'라고 적어달라고 요청했다. 그는 타자기에서 문서를 찢어내더니 나에게 건네주고는, 피곤이 가득한 한숨을 내쉬었다. "나는 당신네 몰도바인을 위해 매달 이런 걸 수십 장씩 쓰고 있어요."

건물 안으로 들어가서 '실종자신고센터 담당자'라고 쓰인 사무실에 다다르자 구소련의 열다섯 개 공화국 전부에서 온 듯한 불안에 찬 가족들과 함께 줄을 서게 되었다. 성착취 인신매매범들이 그물을 넓게 뻗친 것이 분명해 보였다. 이윽고 내 차례가 와서 '몰도바'를 입 밖으로 내자, 나는 또다시 담당자의 한숨을 들어야 했다. 직원은 뒤편 선반으로 손을 뻗어 '몰도바인' 파일을 꺼내왔다. 파일들 중 가장 두꺼웠다. "유감입니다." 그는 내 문서에 구멍을 뚫더니, 파일 안쪽에 끼워넣고는 쾅 하고 닫았다. "우리는 수천 명의 몰도바 실종자 기록을 갖고 있습니다. 찾아도 소용없어요."

슬프게도, 아나에게 직접 이 소식을 전하기 위해 스코레니에 갈 정도로 취재비 예산은 넉넉하지 않았다. 리비우가 그녀에게 전화를 걸었다. 그녀는 비록 실망감을 감추지는 못했지만, 큰 희망을 걸지는 않았다고 말했다. 그녀는 이스탄불 관공서에 딸의 이름과 사진이 담긴 문서가 있다는 사실에 묘한 안도감을 느끼는 것 같았다. 리비우는 공무원들이 또 다른 몰도바인 실종자 소식을 접하고는 피곤하다는 듯 한숨을 쉬었다는 사실을 그녀에게 말하지 않으려고 조심했다.

마을의 다른 소녀들, 예컨대 이탈리아에서 웨이트리스로 취업할 생각으로 버스에 올랐던 예바의 딸 타냐와 다니엘라 같은 소녀들에게는 어떤 일이 닥쳤을까?

버스가 국경을 넘어 루마니아로 들어서고 서쪽으로 갈수록 분위기는 급격히 달라진다. 눈물바다를 이루는 어머니들을 따뜻하게 위로했던 친절한 중개업자 스베틀라나는 어느새 사라지고 남성 인신매매범들이 그 자리를 채운다. 버스는 세르비아 베오그라드에 있는 악명 높은 '모델하우스'로 이들을 데려간다. 성착취 인신매매범들은 이곳에서 자신의 성욕도 해소하고 소녀들을 더 쉽게 복종시키려는 목적으로 제일 먼저 강간한다. 대부분 처녀인 소녀들이 일단 강간을 당하고 나면 본격적인 '인간 경매'가 시작된다. 소녀들은 벌거벗고서 유럽 각지의 사창가에서 이곳으로 찾아온 '바이어들' 앞에서 퍼레이드를 하라고 지시받는다. 바이어는 샘플을 시험해볼 수 있어서, 소녀들은 또다시 강간을 당한다. 다음 날 바이어들은 직접 고른 '물건'들을 사가지고 사라예보와 코소보, 이스탄불, 암스테르담, 코펜하겐과 런던까지 여러 국경을 넘어 자신의 업소로 운전해 돌아간다. 포주에게 여권을 빼앗긴 소녀들은 대개 마약에 취해 있거나, 국경을 넘는 동안 잠자코 있으라고 협박을 당한다.

가까스로 탈출할 수 있었던 소수의 사람들에게서 들은 전말은 이랬다. 이 운 좋은 사람들은 대개 유엔 국제이주기구International Organization for Migration(IOM) 직원들의 도움을 받아 집으로 돌아간다. 그래서 IOM은 성노예 중심 도시들에 자리하고 있다. 키시너우에 있는 IOM 보호소 직원의 도움으로 보스니아의 수도 사라예보에서 갓 탈출한 소녀들이 집으로 향하는 비행기에서 내리자마자 그들과 짧게 인터뷰를 할 수 있었다. 처참하리만큼 몇 개 되지 않는 소지품을 유엔 로고가 찍힌 비닐봉투에 담아 꼭 쥔 소녀들이 보호소에 도착했다. 대부분이 여권을 갖고 있지 않아서 유엔은 이들에게 긴급 여행 서류를 발급해줘야 했다. 그들은 그동안 벌었던 돈과 여권을 모두 포주와 술집 주인의 손아귀에 남겨둔 채 도망친 터였다.

보호소 내 소박한 도미토리의 철제 침대 끝자락에 걸터앉은 그들은 머리를 숙이고 긴장한 듯 손가락을 꺾었다. 그러면서 가난한 마을을 벗어나 다른 세상을 보고 싶었던 열망의 어리석음, 열심히 일해서 집에 돈을 부치면 가족과 친구들이 자랑스러워할 거라는 진정 어린 희망, 마을까지 소녀들을 찾아온 중개업자를 신뢰했던 마음 때문에 얼마나 스스로를 원망했는지에 대해 토로했다.

소녀들은 바깥 햇빛을 거의 볼 수 없는 초라한 술집과 호텔의 지저분하고 좁은 방에서 매달, 매해 살아남기 위해 얼마나 노력했어야 했는지 눈물을 쏟으며 묘사했다. 일을 거부하면 성착취 인신매매범이나 포주, 술집 주인에게 흠씬 두드려맞은 뒤 감금당했다고 한다. 집에 연락할 방법도 없는 데다 여권은 빼앗겼고 임금 한 푼 받지 못한 소녀들이 탈출할 수 있는 기회는 아예 없었다. 이제 몰도바에 돌아왔지만, 소녀들이 고향에 갈 수 있을까? 사라예보의 술집에서 6개월간 강제로 일해야 했던 모니카Monica는 부모님이 자신을 쫓아낼 거라고 확신한다. "부모님한테 아무것도 말할 수 없을 거예요. 이게 문제예요. 부모님이 엄격한 분들이라 두렵거든요. 부모님은 내게 어떤 일이 벌어졌는지 도무지 이해하지 못할 거예요. 중개업자는 정말 친절했어요. 우리 동네에서 여자애 셋이 이탈리아의 보조교사 일자리를 약속받고 따라나섰는데 베오그라드에서 도착한 곳은……" 그녀는 더이상 말을 잇지 못하고 무너졌다.

자신들의 잘못이 없는데도 불구하고, 소녀들은 자책하고 있었다. 엄청나게 보수적이고 봉건주의적인 루마니아와 몰도바가 성노예 중개업자들의 집중 공략 지역이 된 이유가 바로 이들의 이런 세상물정 모르는 순진함이다. 부적절한 섹스와 성매매는, 비록 강요에 의한 성매매라고 하더라도, 용납되지 않는다. 그것은 향냄새 가득한 교회와 나무로 만든 오두막, 손뜨개로 만든 컵받침의 세상과는 어울리지 않으며, 고립되어 살다가 스베틀라나라는 똑똑한 이방인이 마을에 찾아와 평소 고민에 해결책을 제시하며 달콤한 말로 우쭐한 기분이 들게 하니 쉽게 믿어버릴 만큼 고립된 삶과도 어울리지 않는다. 그래서 소녀들은 집에 돌아가는 것이 너무 수치스럽다고 느낀다.

유엔 IOM의 몰도바 지부와 함께 일하는 마리아나Marianna는 돌아온 소녀들 여러 명을 길거리 어린이와 성착취 인신매매 피해자들을 위해 운영하는 키시너우의 대규모 보호소에서 돌본다. 그녀는 평범한 가정 속 가족 분위기를 재현하려고 노력한다. 어린이와 청년 모두가 함께 식사를 하고, 잠들기 전에는 더 나이 든 이들이 어린 아이들에게 책을 읽어준다. 모두를 위한 치료 요법인데, 수다와 웃음소리가 끊이지 않는 것으로 보아 꽤 효과가 있는 것 같다.

그녀는 또 사라예보에서 탈출한 소녀들에게 양재 및 요리 강습을 받도록 하는데, 순전히 그들에게 목표 의식을 부여하고 바쁘게 지내게끔 하기 위해서다. 몰도바에는 미국 브랜드 로고가 박힌 '중

국제'의 값싼 옷들이 쏟아지고 있어서, 소녀들이 낡아빠진 재봉틀로 한땀 한땀 정성 들여 만드는 드레스가 시장에서 잘 팔릴 가능성은 거의 없다. 이곳에서 소녀들은 거의 감옥 생활이나 다름없이 지낸다. 이들은 혼자 밖에 나다니지 말라고 교육받는다. 보호소 주변 거리에는 늘 어슬렁거리는 남자들이 있다. 지루함을 견디지 못한 소녀들이 안전한 보호소를 탈출하려 시도하기만을 기다리는 것이다. 그런 소녀들을 다시 데려가고자 기다리는 성착취 인신매매범과 포주는 넘쳐난다.

떠나기 전에, 나는 마리아나에게 몰도바의 통계 수치를 요청했다. 두꺼운 파일을 휙 넘겨 열어보더니, 그녀는 지난 3년간 500명의 송환자가 있었다고 말했다. 같은 기간에 몰도바를 떠난 소녀와 여성의 수는 약 7500명으로 추산되는 만큼, 아직 7000명의 행방이 묘연한 상태라고 그녀는 설명했다.

"실종된 여자들의 나이는 열두 살부터 마흔 살까지입니다. 그들은 겨우 열두 살밖에 안 된 소녀를 납치해서 파괴해버린 거예요. 당신도 봤겠지만, 그들은 우리나라의 여자들뿐 아니라 미래까지 망쳐버렸어요." 마리아나의 휴대전화가 울렸다. 사라예보로부터 또 하나의 비행기가 방금 착륙했고, 치유되어야 할 망가진 인생들이 여럿 그 안에 타고 있었다.

그런데 왜 그렇게 많은 비행기가 사라예보에서 오는 것일까?

7

유엔 평화유지군이 지나는 자리
보스니아와 코소보

몰도바의 키시너우 보호소에 막 도착한 여자들은 공용 공간에 모여 앉아 있었다. 약간 혼이 나간 듯, 피곤한 기색이 역력했고 몹시 움츠러든 모습이었다. 유엔 IOM 직원은 내가 누구인지 그들에게 설명하면서, 납치범들에 대해 기사화하면 향후 비슷한 피해자 발생을 막는 데 도움을 줄 거라고 말했다. 하지만 대부분 시큰둥한 반응을 보이며 방을 떠났다. 나는 차마 그들을 탓할 수 없었다. 아무도 믿어서는 안 된다는 점을 이미 뼛속 깊이 배웠을 테고, 타인의 미래를 염려해주기는커녕 자신의 고통조차 감당이 안 될 터였다. 오직 모니카Monica만이 남아 나에게 말문을 열었다.

모니카는 키시너우에서 자랐다. 인신매매범들이 외떨어진 마을들에서 모집한 소녀들에 비해 교육도 더 잘 받았고 교양이 있는 편이다. 그녀는 함께 이탈리아에서 취업할 수 있다고 한 전 남자친구가 그녀를 포주에게 팔아넘겼다는 사실을 이제는 안다. 집을 떠난 지 사흘 만에, 그녀는 보스니아 사라예보에 있는 '라 빌라 바'라는 술집에 도착했다. 그녀는 더러운 술집과 랩댄서들을 보고, 그리고 한 여자가 뻔뻔스럽게도 자신에게 같이 옷을 벗고 해야 한다는 말을 듣고 질겁했다.

"처음에는 농담인줄 알았어요. 그녀에게 답했죠. '전 여기 머물지 않아요.' 그랬더니 나더러 여기서 지내지 않으면 술집 주인한테 흠씬 맞게 된다는 거예요. 그한테 내 여권이 있으니 여길 떠나지 못할 거라고요. 나를 선택하는 아무 남자하고 섹스를 해야 된다고도 했어요. 다음 날 술집 주인은 나를 사라예보까지 데려오는 데 많은 돈이 들었으니 내가 그 비용을 갚아야 한다더군요. 하룻밤에 여덟 명씩 손님을 받아야 했어요."

모니카가 이어서 하는 말이 더욱 가관이었다. "손님 상당수가 유엔 평화유지군 소속 군인과 경찰관이었어요. 현지 사람을 도와주러 파견 온 사람들요. 그들에게 도와달라고 애원했죠, 특히 젊은 사람들에게. 아무도 들어주지 않았지만요." 보스니아 전쟁이 끝난 후 유엔은 수천 명의 평화유지군을 파견했다. 명목상 시민사회와 민주주의 체제를 안정시키고 법과 질서를 재건하는 데 도움을 주기 위해서였다. 하지만 지역 주민 아무에게나 물어보면 두둑한 월급을 받는 평화유지군이 도착하고 얼마 안 가 인신매매범들과 그 피해자들이 생겨났다고 말해줄 것이다.

지옥 같은 6개월을 견딘 끝에, 모니카는 기회를 잡았다. "그날 밤은 문전성시를 이루어서 술에 취한 포주가 문을 잠그지 않았더라고요. 네 발로 복도를 기어내려가서 창문 밖 비상계단으로 빠져나갔어요. 미친 듯이 길거리를 달려내려가다가 어떤 여자를 마주쳤어요. 울면서 소리를 질렀지만 그녀는 내가 하는 말을 못 알아듣더라고요. 그분이 나를 경찰서에 데려다줬고, 비로소 안전하게 몸을 피할 수 있었어요."

모니카는 153센티미터의 키에 아름답게 손질된 금발 머리, 우아한 옷을 입은 셀리아 드 라바렌Célhia de Lavarène을 만나게 됐다. 파리지엔의 악센트가 섞인 영어를 쓰는 그녀는 매사에 거침이 없다. 그녀는 주로 영국과 아일랜드 경찰로 이뤄진 팀과 협업을 하는 자선단체 STOP의 설립자이기도 하다. 셀리아는 유엔 사라예보 임무단의 수장에게 권한을 위임받아 보스니아의 성착취 인신매매를 근절하는 데 앞장섰고, 사라예보에서 불법 영업하던 수십 개의 술집을 폐업시키고 수백 명의 소녀들을 탈출시킨 주역이다.

그녀가 직접 선발한 경찰관들과 주간회의를 하는 자리에 참석한 적이 있다. 그들은 각자 최근에 일어난 일들에 대해 정보를 교환했다. 삼십대 초반의 영국인 경찰관 존John은 업계 정보원에게서 들은 이야기를 전했다. 이틀간 성매매를 거부한 어느 소녀의 사연이었다. "클럽 주인이 소녀에게 본때를 보여줘야겠다고 생각한 모양이에요. 여자애를 방에 가두고 옷을 벗겼는데, 그 애가 술집 주인과 단골손님들한테 강간당하는 모습을 보겠다고 사람들이 정말로 돈을 냈다네요." 이제 갓 팀에 합류한 아일랜드 경찰관 테리Terry는 충격을 받은 모습이었다. "사람이 아니네요." 그가 말했다. "그들은 아무 감정이 없어요, 전혀. 그들은 여자들을 그저 상품으로 다뤄요."

이들 팀이 '사창가 소탕' 현장에 나를 데리고 가기로 했다. 셀리아는 자신의 사무실에 다음 날 새벽 4시까지 나오라고 지시했다. 목적지는 사라예보 서부 외곽에 있는 간판 없는 지하 사창가였다. 우리는 호송차를 타고 해 뜨기 한 시간 전쯤 도착했는데, 경찰차와 밴이 대열을 갖춰 길게 업소 주위를 둘러쌌다. STOP 팀이 문을 두드린다. 안에서 고함 소리와 의자가 마룻바닥에 끌리는 소리가 밖으로 새어나온다. "안에 있는 남자가 여자들한테 뒷문으로 도망치라고 소리치고 있어요." 경찰 통역관이 말한다. "뒷문을 사수해!" 셀리아가 경찰관 한 명에게 소리를 지르고, 곧바로 다른 이에게도 외친다. "이 망할 문 빨리 열어!"

우리는 문을 부수고 안으로 들어간다. 포주들은 벌써 뒷문으로 도망간 뒤고, 첫번째 방 안에는 테이블 위에 돈뭉치와 담배꽁초, 그리고 반쯤 남은 커피 잔만 놓여 있다. 계단을 뛰어오르는 셀리아를 뒤쫓아가자 더럽고 비좁은 방에 숨어 있던 여덟 명의 소녀들을 마주쳤다. 이들은 전날 밤의 일 때문에 탈진하여 여전히 멍한 상태여서 도망치라는 포주의 지시를 따를 수 없었다. 두려움에 창백하게 질려 바들바들 떠는 소녀들을 미니버스에 태워 지역 경찰서로 옮긴 셀리아가 그들에게 이제 친구들과 함께 있으니 안전하다고 안심시키려 애쓴다. 이는 매우 어려운 일인데, 소녀들은 오랫동안 아무도 믿어서는 안 된다는 점을 배워왔고 특히 제복을 입은 남자들일수록 그 불신이 더 크기 때문이다. 셀리아는 유엔 직원들의 위선적인 행태에 몹시 분노하고 있다. "유엔 평화유지군이 있는 곳이면, 인신매매범들은 반드시 따라옵니다. 오늘날 유엔의 가장 큰 수치인데도 책임자들은 그저 어깨를 들썩이고는 눈을 감고 말아요."

셀리아와 나는 그때부터 뜻이 잘 통해서 지금까지도 친구로 지내고 있다. 몰도바에서 온 소녀들의 이야기를 듣고 나는 BBC의 다큐멘터리 〈특파원Correspondent〉 담당 부장을 설득해서 성착취 인신매매 업계와 유엔 평화유지군 그리고 병사들의 연관성을 탐사보도하게 됐다. 우리는 다큐멘터리 제목을 '남자가 그럴 수도 있지Boys Will Be Boys'라고 지었다. 그들의 행동이 얼마나 자주 '남자'라는 이유만으로 정당화되는지를 드러내자는 취지였다. 셀리아의 급습으로 구조되는 소녀들은 대부분 몰도바, 루마니아, 우크라이나 출신이다. 그들은 유엔의 IOM이 고국으로 돌아갈 수 있는 교통편을 마련할 때까지 사라예보의 보호소에 머물게 돼 있다. 그런데 때때로 어떤 소녀들은 자신을 착취한 자들에 관해 증언을 하겠다고 말하기도 한다. 모니카는 집에 가는 교통편을 거부하고 사라예보에 남아 자신의 포주와 착취자 들을 밝혀내겠다고 용기를 냈다.

"나를 요청하는 손님 누구나와 섹스를 해야 했어요. 하룻밤에 최소한 세 번 이상이었고, 어느 날은 일고 여덟 명까지도 됐죠. 대부분 미국인이었어요. 그들은 재미를 보고 싶어했고, 얼마나 무례하게 구는지, 그 행태를 상상도 못 할 거예요. 그들은 늘 만취해서 큰소리로 여자애들을 조롱하고, 우리를 그냥 쓰레기처럼 대했어요. 그런 행동들을 못하게 막고 싶습니다. 그들은 그러면 안 되는 거였어요. 나뿐 아니라 이런 상황에 처한 소녀들에게 옳지 않아요."

그녀의 설명에 따르면, 대부분의 손님들이 유엔 평화유지군이나 나토의 평화정착유지군Stabilisation Force(SFOR), 유엔 국제치안임무군the International Police Task Force(IPTF)—1990년대 후반 보스니아의 국가 재건을 돕기 위한 목적으로 국제사회에서 만든 치안경찰— 소속이었다고 한다. 파괴된 국가를 재건하는 임무를 띤 이들은, 도망가게 도와달라는 모니카의 요청을 모두 외면했다. "그들은 문제를 만들고 싶지 않다고, 왜냐면 이런 종류의 술집에 가는 것 자체가 규정 위반이라서 곤란하다고 했어요. 만약 나를 돕는다면 자신들이 해고될 거라고요. 나는 혼자서 상황을 극복할 방법을 찾아야 했죠."

경찰서에서 모니카는 IPTF 소속 경찰 네 명과 유엔 평화유지군 소속 네 명을 성매수자로 지목했다. 그녀는 법정에 가서 증언할 준비가 되어 있다고 말했지만 끝내 기회를 얻지 못했다. "내가 고향에 보내졌기 때문이에요. 영문을 모르겠어요. 무슨 이유인지 납득이 안 가요. 나는 집에 가려고 서두르지 않았거든요. 처음부터 나는 다른 피해자들이 또 생기지 않도록 내가 할 수 있는 어떤 일이든 하고 싶다고 말했어요. 몹시 화가 나요. 나는 정의가 있다고 믿어왔지만 전혀 없는 것 같아요. 누군가 반드시 무슨 일이든 해야 하는데, 사실은 아무도 신경 쓰지 않는다고 생각합니다. 숨기기에 급급할 뿐이에요."

실제로 진상 은폐가 수년에 걸쳐 진행돼왔고, 고발자나 제보자들은 고통을 겪어왔다. 보스니아에서 사건을 추적하던 끝에 해고된 케이시 볼코백Kathy Bolkovac을 만났다. 그녀는 미국에서 10년간 경찰을 하다가 1999년에 자원해서 보스니아에서 일을 하게 된 당당한 모습의 금발머리 경찰관이다.

"내겐 변화가 필요했어요. 당시 나는 무언가 더 많은 것을 할 준비가 되었다고 느꼈죠. 사십대에 가까워지고 있었고 그냥 순찰차나 타고 다니며 단순한 사건만 다루는 경찰관으로 남고 싶지는 않았거든요. 게다가 나는 항상 할아버지, 아버지의 가족이 뿌리를 둔 나라, 크로아티아가 어떤 곳인지 보고 싶었어요. 보스니아행이 이 모든 것을 한꺼번에 해결해줄 것 같았죠."

그녀는 미국의 민간 용병업체 다인코프DynCorp에 지원서를 보냈다. 다인코프는 그녀가 지원서를 내기 얼마 전에 창고와 카페테리아 관리에서부터 미국 경찰을 모집하는 일에 이르기까지 보스니아의 거의 모든 일을 운영하는 계약을 따낸 바 있었다. 일주일 만에 그녀는 연봉 8만 5000달러에 채용됐다는 답변을 받았다. 별도의 면접은 없었고, 단순히 텍사스 주 포트워스에서 일주일간 훈련만 받으면 끝이었다. "함께 채용된 다른 사람들이 너무 어려서, 공고에 '반드시 8년 경력이 있어야 한다'고 적혀 있던 게 무색하더라고요. 그렇지 않으면 퇴직자였어요. 대부분 평생 연봉 2만 달러 이상 받아본 적 없는 사람들이었죠." 이상한 점들이 몇 가지 있었지만 어쨌든 보스니아에 곧 도착한다는 기대감으로 애써 의구심을 억누르며, 그녀는 다른 채용자 42명과 함께 사라예보로 향했다.

처음에는 잘해냈다. 볼코백은 앨범을 꺼내어 줄지어 선 사람들 사이에서 그녀가 프랑스계 캐나다인인 유엔 임무단 수장 자크 클랭Jacques Klein에게서 메달을 받고 있는 사진들을 보여줬다. 6개월이었던 계약이 세 번 연장되는 동안 훈장을 받고 승진도 했다. "처음 젠더 담당관이 됐을 때 내가 들은 업무 지시는, 젠더 문제와 관련한 모든 사건을 총괄하라는 거였어요. 나라 곳곳을 통틀어 인신매매부터 성폭력과 가정폭력까지 어떤 것이든지요." 당시 섹스산업이 번성하고 있었던 만큼 그녀의 업무 역시 그쪽으로 쏠리게 됐다. 성착취 인신매매의 실상을 파악하고 그 끔찍함에 몸서리친 그녀는 동료들이 자신과 마찬가지로 분노하리라고 생각했다. 돌이켜보니, 이제는 자기가 말도 안 되게 순진했었다는 걸 안다. "순찰차를 끌고 업소들을 돌아볼 때면 많은 유엔 차량이 술집 밖에 주차돼 있었어요. 처음에는 이렇게 생각했죠. 그래, 저들도 한잔 마시면서 여기서 어떤 일이 벌어지는지 점검하고 있을 거야."

케이시에게 진짜 성매수자와 성착취자가 누구인지 눈뜨게 해준 건 몰도바 출신의 빅토리야Viktorija라는 여자였다. 어느 날 아침 케이시는 하얀색 유고 경찰차 한 대가 자신의 사무실 앞에 멈춰서는 것을 봤다. 갓 십대를 벗어났을까 말까 한 젊은 여자가 비틀거리며 차에서 내렸다. 탱크 톱, 미니스커트 차림에 머리에는 이파리와 진흙이 덕지덕지 붙어 헝크러진 모습이었다. 동행한 경찰관이 설명하길, 보스나 강둑을 따라 혼자 횡설수설하며 방황하고 있어 데려왔다는 것이다.

볼코백은 통역사와 함께 소녀를 사무실 안으로 들어오게 했다. 소녀는 보스니아어를 전혀 하지 못했다. 볼코백은 깜짝 놀랐다. 전쟁의 상흔이 아직 큰 이 나라에는 괜찮은 일자리라고 할 만한 게 거의 없었고, 그녀가 알기로는 보스니아에 취업하러 오는 이민자는 없었기 때문이다. 소녀를 안심시키려 노력하는 동안, 케이시는 소녀의 목에서 멍자국과 붉은 상처를 발견했다. 마침내 그들은 소녀가 몰도바에서 왔고 이름은 빅토리야라는 것을 알아냈다.

'빅토리야'와 '몰도바' 외에 그녀가 반복적으로 말하는 단어는 '플로리다'뿐이었다. 당최 무슨 뜻인지 전혀 이해할 수 없던 케이시는 불현듯 '플로리다'라고 불리는 허름한 나이트클럽을 떠올렸다. 사라예보 외곽 강기슭에 위치한, 지역 주민들이 좋아하는 속을 채운 양배추 요리로 유명한 식당 근처에 있는 곳이었다. "플로리다 주차장에 유엔 트럭들이 늘 세워져 있었거든요. 나는 그게 그냥 식당에 주차할 곳이 없어서 그런 줄로만 알았어요." 케이시가 '플로리다'

가 뭔지 이해했다는 것을 보여주자, 빅토리야는 그녀의 손을 꼭 잡고 애원에 찬 눈길을 보냈다.

볼코백은 빅토리야를 위해 호텔 방을 잡아주고 경찰관에게 문 밖에 서서 지키라고 지시했다. 아직 셀리아가 오기 전이라서, 당시에는 인신매매 피해자들을 위한 보호소가 없었다. 그녀는 지역 경찰관, 통역사와 함께 플로리다로 운전해 갔다. 하지만 안에 들어섰을 때 술집은 이미 텅 비어 있었다. "종업원도, 바텐더도, 손님도, 아무도 없었어요. 누군가 마시다 만 맥주잔 몇 개만 바 위에 흩어져 있었고, 땀에 전 매캐한 연기만 떠돌고 있었죠. 숨길 게 없는 나이트클럽이라면 이렇게까지 급하게 비우지 않았을 텐데, 누군가 우리가 단속하러 가고 있다는 걸 미리 알려준 게 분명했어요."

볼코백은 철제 권총 상자를 발견했는데, 안에는 미국 달러가 가득 들어 있었다. "숲과 산으로 둘러싸인 이 외진 곳에서 왜 미국 달러가 거래되지?" 그녀는 자문했다. 마치 이 질문에 대한 답을 보여주듯, 그녀는 곧이어 수많은 소녀들의 여권 다발을 발견했다. 우크라이나, 루마니아, 몰도바에서 온 소녀들 가운데에는 심지어 열다섯 살짜리도 있었다. 빅토리야의 여권도 발견됐다. 머리가 아찔해진 볼코백은 건물 밖으로 걸어나와서, 자신이 발견한 것이 얼마나 중요한 사건인지 가늠해보려고 했다. 그녀는 건물 옆면의 비상계단이 나무문으로 이어지는 것을 알아챘다. 현지 보스니아 경찰관인 고란Goran을 불러서 함께 계단을 올랐다. 그가 문을 열어보려 했지만 잠겨 있었다. "아무도 없어요." 고란이 결론내렸다. 볼코백은 군화처럼 생긴 부츠 발로 문을 걷어찼다. "거기 케케묵은 다락방 같은 방 안쪽으로 일곱 명의 젊은 여자들이 눈이 휘둥그레진 채 뒤엉

켜 있더군요. 겁에 질린 그 얼굴들이 너무나 익숙했어요."

바닥에는 두 개의 얼룩진 매트리스가 있었고, 소녀들은 두려움에 떨며 그 위에 앉아 있었다. 그들의 옷은 비닐봉투에 쑤셔넣어진 채였고, 쓰레기통에는 콘돔들이 널려 있었다. "우리는 당신들을 안전한 곳으로 데려갈 겁니다." 볼코백은 통역사에게 말하게 했다. "여기 숨어 있는 여자들이 더 있나요? 말해주세요. 그래야 우리가 도울 수 있습니다." 금발의 푸른 눈을 한 소녀가 창문 밖, 콸콸 소리를 내는 개울을 가리키면서 떨리는 목소리로 말했다. "우리는 말할 수 없어요. 저기 떠내려가고 싶지 않아요."

볼코백이 이 소녀들과 나눈 인터뷰는 몰도바 키시너우에서 탈출한 소녀들이 했던 이야기의 판박이였다. "그들은 너무나 어리고, 너무나 연약한, 그저 서구에서 일자리를 구하려고 자발적으로 집을 떠난 소녀들이었어요." 볼코백은 회상했다. "자신에게 성매매를 강요한 인신매매범과 포주 들에게 협박당한 상태였죠. 길거리에서 마주치는 소녀를 갑자기 사창가에 데려다놓고는 일을 시작하라고 하지는 않잖아요. 그 일을 하게 하려면, 끔찍한 트라우마를 남길 만큼 강간하고 학대해서 자포자기하게 만드는 게 우선이죠."

플로리다에서 탈출시킨 소녀들의 문제도 바로 트라우마였다. 그들은 비록 자신들이 받은 손님 가운데 제복을 입은 남자들에 관해 모호하게 묘사하기는 했어도, 착취자나 포주 들에 대해서는 보복당할까봐 두려워서 구체적인 진술을 거부했다. 며칠 뒤 여자들은 IOM에 의해 본국으로 송환되었다. 볼코백은 철제 권총 상자 안에 가득 담겨 있던 미국 달러를 잊을 수 없었다. 보스니아에서 미국 달러를 받는 유일한 곳은 미군 기지뿐이었다. 뭔가 잘못된 일이 방치되고 있는 게 분명했다.

볼코백은 몇 달 뒤에 한 기습 단속에서는 운이 따랐다. 도보이 마을의 '라 빌라 바'라는 술집으로, 모니카가 일했던 곳이었다. 그곳에서 발견된 여자들은 말할 준비가 되어 있었다. "그들은 성적 서비스를 받으러 온 손님 중에 국제경찰도 포함돼 있다는 점을 암시했습니다. 여자들은 제복을 입은 미국인들을 묘사했어요. 남자들 몸의 타투를 기억해냈고요. 피의자들을 가려낼 만한 많은 단서들을 읊어줬죠. 경찰관으로서, 우리는 그 사람들이 누구인지 알아낼 수 있었고 이 여자들은 법정에서 증언할 준비가 돼 있었습니다."

케이시는 조사 과정에 도움이 될, 당시에는 묘수라고 생각했던 방법을 떠올렸다. 그녀는 자신의 상관인 미국 파견단의 사령관에게 이메일을 보냈다. 피해 여성들에게 보스니아의 모든 경찰관들이 착용해야 하는 사진이 붙은 신분증을 보여주면 그 남자들을 알아볼 수 있을 것이라고 제안한 것이다. 다음 날, 미국 파견단 소속 전원이 케이시의 계획에 관해 경고하는 이메일을 받았다. "사령관이 모든 수사를 망쳐버렸다고 생각했습니다. 만약 성범죄와 관련된 미국인들이 있었다면, 그 메일을 받고 과거 행적을 거짓으로 꾸며내거나 또다른 범행을 숨길 수 있는 기회를 얻은 것이나 다름없었으니까요."

하지만 고민을 거듭하면서, 그녀는 어쩌면 더 근본적인 생각의 차이가 문제라고 믿기 시작했다. 그녀는 성착취 인신매매 자체의 속성을 이해하지 못하는 남자들에게 그 세부 사항을 설명해줄 필요가 있겠다고 생각했다. 그녀는 미국 파견단의 모든 사람들에게 다음과 같은 이메일을 보냈다.

매춘부: 금전적 대가를 얻기 위해 성적인 서비스를 제공하며 자신의 몸을 기꺼이 팔지만, 원하지 않을 경우 언제든지 '싫다'고 자유롭게 말할 수 있는 사람.

인신매매범: 금전적인 이득을 목적으로 사람을 사고, 팔고, 실어나르고, 노예처럼 속박하고, 꼬드기고, 거짓말로 속이고, 납치하고, 사들이고, 때리고, 강요하는 사람.

인신매매 피해자: 대부분 여성 혹은 어린이들. 일부는 당신들이 '매춘부'라고 부르는 사람.

고객: 보스니아 헤르체고비니아 지역 주민, 이곳에 파견된 SFOR, IPTF, 지역 경찰 및 국제 인도주의 단체 직원.

볼코백은 자신이 보스니아행을 택한 이유를 이메일의 맺음말로 넣었다. 물론 돈도 유인이 되었지만, 사람들을 보호하고 봉사하기 위한 사명을 단 한시도 잊은 적이 없다고. "우리는 주머니에 돈을 챙긴 채 이 임무를 떠나게 될 겁니다. 우리가 조국에서 그대로 일했다면 절대 갖지 못했을 가슴의 메달, 옷깃의 배지도 함께 말입니다. 우리 동료들 일부는 어쩌면 한두 명의 '매춘부'들을 매우 위험하고 절망적인 상황에서 구할 수 있는 기회를 가졌었을지도 모릅니다. **머리 대신 가슴으로 생각**했다는 것으로 비난받을 수도 있겠지만, 최소한 우리는 **생각**이라도 할 수 있었어요."

다음 날, 케이시는 '정신적으로 방전' 상태라는 이유로 통상 업무에서 배제됐다. 나중에 그녀는 근거 없이 조작된 근무시간 기록표를 이유로 해고됐는데, 그녀가 사실관계를 전적으로 인정하지 않았음에도 아무 소용이 없었다. 심지어 짐을 싸는 동안에도 위협을 느꼈다고 한다. "밤이나 낮이나 숙소 바깥에 차가 주차돼 있더라고요." 그녀가 기억을 더듬었다. "어떤 동료 경찰관들은 심지어 내 목숨을 걱정해줬어요." 케이시 볼코백은 내가 다큐멘터리 팀과 함께 사라예보에 도착할 즈음 그곳을 떠났다. 하지만 우리는 남은 경찰관들, 특히 이 일에 불안해하면서도 분노한 여성 직원들을 만날 수 있었다. 유엔 인권국의 수장인 마들렌 리스Madeleine Rees에게, 볼코백의 상태를 '정신적 방전'이라고 표현해도 정확한지를 물었다. "무엇에 기초해서요? 그런 평가의 기준은 어디에도 없습니다. 케이시가 어떤 전문가의 상담을 받거나 혹은 그런 증상에 대해 진단을 내려줄 적절한 누군가로부터 의견을 받아서 결정된 게 아니에요."

그렇다면 왜 그녀는 본연의 업무에서 배제되었느냐고 내가 다시 물었다. "최일선에서 인신매매된 여자들을 인터뷰한 인물이기 때문이라고 생각해요. 그녀는 IOM 프로그램을 거친 인신매매 여성들을 하나하나 전부 인터뷰했죠. 그리고 자신이 맡은 임무에서 매우 매우 뛰어났어요. 그러면서 이런 피해자를 확산시킨 거대한 성범죄에 IPTF도 관여돼 있다는 사실을 알아내는 중이었죠." 볼코백은 자신을 미국에서 채용했던 영국 용병업체 다인코프를 상대로 부당해고 소송을 제기했다. 2002년 영국 남부 해안의 사우샘프턴 재판부는 전원 일치로 볼코백에게 승소 판결을 내렸다. 그녀가 지목한 몇몇 경찰관은 해고됐지만, 보스니아에서 복무하는 동안 받게 되는 기소면책권 때문에 아무도 처벌받거나 기소되지 않았다.[1]

첫 만남 이후 10년 만에 볼코백을 다시 만났는데 그때 그녀는 자신이 보스니아에서 겪은 일을 담은 책《내부고발자The Whistleblower》를 홍보하기 위해 런던에 와 있었다. 이 책은 레이철 와이즈 주연의 동명 영화로도 만들어졌다. 나는 국제앰네스티의 의뢰를 받아 클러컨웰의 말쑥한 새 앰네스티 건물 극장에서 케이시를 인터뷰했다. 그러고 나서 공개 질의응답 시간이 있었다. 그녀는 자신이 겪은 일에 대해 여전히 분노하고 있느냐는 질문을 받았다. "분노는 갔다가도 또 찾아오곤 해요." 그녀가 말했다. "비록 내가 소송에서 이기긴 했시만, 진짜 대답은 아무것도 듣지 못했어요."

함께 일했던 남자들의 태도가 어땠는지를 묻는 사람도 있었다. 볼코백은 고위 장교들 사이에 '전쟁터니까 어쩔 수 없잖아' 식의 태도가 존재했다고 답했다. 그녀는 여성 경찰관들이 남성 동료들로부터 겪은 성희롱에 대해 설명하면서, 이를 '남자들이 다 그렇지'라는 만연한 분위기로 요약했다. 그녀는 자신들이 성적으로 학대하는 여자들을 경멸하는 남자들의 태도에 절망했다. "이 여자들은 전쟁터의 창녀들이고, 자신들이 원해서 몸을 파는 매춘부들일 뿐이라는 거죠."

볼코백을 지난번에 인터뷰했을 때 작성한 메모를 뒤져봤다. 다인코프를 상대로 승소하기 전의 일이다. 그녀는 나에게 후회스럽다는 듯 말했었다. "이게 다 무슨 소용인가 싶던 시기가 있었어요. 내 경력도 망가졌지, 내 평판도 엉망이 됐지. 보스니아에 가서 국제적으로 일을 하면서 미국에서 누렸던 아주 괜찮았던 삶을 통째로 포기한 셈이 됐으니까요. 그러다 또 깨달았죠. 변화를 가져오기 위해서는, 공이 굴러갈 수 있도록 밀어내기 위해서는, 딱 한 사람만 나서면 되는 때가 있다는 것을."

볼코백의 용기와 대담함, 그녀가 한 일에 대해 받는 칭송을 의심하는 사람은 아무도 없을 것이다. 하지만 그녀가 과연 변화를 가져왔을까? 슬프게도, 젊고 취약한 여자들을 납치하는 성산업이 대규모 남성 인력을 동원하는 국제 평화유지군 주둔 지역과 매우 높은 상관관계를 보이는 경향은 여전하다. 하지만 이제 입증되어 명백한 현상이 눈앞에 있는데도, 지휘구조의 최상층부에서 이를 덮으려고 시도 하는 것을 대체 어떻게 설명해야 할까?

라 빌라 바에서 구출된 또 다른 소녀 알리나Alina를 만나러 루마니아를 찾았다. 루마니아 서부 도시 브라쇼브 근처의 작은 마을에서 그녀를 만났다. 이례적으로 그녀의 부모는 험한 일을 당하고 돌아온 딸을 따듯하게 맞아줬고, 그래서 인터뷰는 그녀의 집 옆, 사과와 배 과수원 나무 아래 그늘에서 이뤄질 수 있었다. "우리는 하룻밤에 200마르크◆를 벌어야 했어요. 그걸 거부하면 술집 주인은 우리를 위협하면서, 우리에게 들인 돈의 본전을 뽑아야 한다고 말했어요. 우리가 그렇게 일하지 않으면 재워주고 먹여줄 수 없다면서요. 그래도 계속 거부하면, 호되게 맞았어요. 만약 손님들에게 고분고분하게 대하지 않아도 맞았죠."

알리나는 그래도 운이 좋은 편이었다. 업소에서 일한 지 2주 만에, 그녀를 불쌍하게 여긴 손님이 하나 있었다. IPTF에서 근무하는 아르헨티나인이었다. 그는 3000마르크를 술집 주인에게 지불하고 그녀를 업소에서 꺼내줬다. 마치 노예처럼, 그는 그녀의 몸값을 지불하고 루마니아로 돌아갈 수 있게 도와줬다. 그녀는 보스니아에 대해서는 완전히 지워버리고 새 인생을 일구려고 했다. 하지만

◆ 유로화 도입 이전의 독일 통화 단위다.

놀랍게도 몇 달 뒤 사라예보 유엔 임무단의 수장, 다름 아닌 자크 폴 클랭이 출장차 쿠레슈티에 와서는 그녀와 만나고 싶다며 도시로 올 수 있게 차를 보내줬다.

클랭은 그녀에게 20명의 IPTF 경찰관 사진이 담긴 앨범을 보여줬다고 한다. 술집에서 만난 손님을 몇 명이나 그 앨범에서 골라 냈느냐고 내가 물었다. "그가 나에게 보여준 20명의 사진 가운데 내가 알아보지 못한 사람은 세 명밖에 없었어요. 일일이 다 알아봤는데도 내가 알기로 그들에겐 아무 일도 일어나지 않았어요. 클랭은 오직 한 명, 나를 도와준 남자에 대해서만 궁금해했죠. 그 사람이 그런 술집에 얼마나 자주 드나들었는지 증거를 수집해서 그걸 빌미로 그를 본국으로 송환시키려고 했어요. 그들은 딱 한 사람, 저를 도와준 사람만을 쫓고 있었어요."

사라예보의 유엔 임무단 사령부에 돌아가서 자크 폴 클랭에게 이 이상한 만남에 대해 질문했다. 왜, 보스니아에서 유엔 사무총장을 특별히 대표하는 임무단의 수장이 군이 루마니아까지 직접 가서 인신매매 피해자를 인터뷰했느냐고. "나는 전직 범죄 수사관입니다. 나는 특수요원이었고, 신임장과 배지도 있어요. 나는 IPTF 직원들 그 누구보다 더 많은 살인과 사기, 그밖에 다른 범죄 수사를 해왔습니다. 내가 루마니아에서 다른 업무를 보던 중에 이 일을 했다고 해서 이상하거나 불법적일 리는 없다는 말입니다."

그래서 그 인터뷰를 통해 그는 무엇을 얻었을까? "그녀는 한 명을 지목했습니다, 내 기억에는요. 그 인물은 처벌받았고 집으로 보내졌죠." 나는 클랭에게 불과 이틀 전 알리나를 만나 그녀가 17명의 경찰관을 지목한 사실을 들었다고 반박했다. "그건 명백히 새빨간 거짓말입니다. 관련 서류도 남아 있어요. 그녀는 17명을 지목하지 않았어요. 말 같지도 않은 소리예요." 이 사람들을 감싸는 것 아닌가요, 하고 내가 물었다. "이봐요. 지금 장난합니까?" 격앙된 목소리로 그가 답했다. "당신이 진지한 기자인 줄 알았는데요." 나는 클랭의 사무실에 알리나와의 인터뷰와 관련해 그가 언급했던 서류를 보여달라고 요청했다. 내가 진지한 기자이든 아니든, 그들은 내 요청에 응하지 않았다.

루마니아의 한 작은 마을 출신의 성착취 인신매매 피해자가, 유엔의 최고위 관리 중 한 명을 지목하며 한 증언이었다. 우리는 진실을 결코 알 수 없을 것이다. 유엔 임무단의 인권국 수장에게 자크폴 클랭이 그 수사에 개입한 사실을 알고 놀랐는지 물었다. "당신의 질문에 그는 아마도 인신매매 범행에 IPTF가 관여됐는지 여부를 밝혀내고 싶었다고 말했을 거라는 생각이 드네요." 마들렌 리스가 말했다. "그럼에도 불구하고, 그 정도 지위가 높은 사람이라면 인신매매 피해자를 직접 만나 인터뷰하지 않습니다. 인신매매 피해자들은 지원과 상담을 필요로 하고, 그런 태도로 접근해서 증언을 할 수 있는 상태가 아니에요. 대단히 특이하고도 부적절한 일이었던 것은 분명해 보이네요."

클랭의 방어 논리는 이랬다. 보스니아에서 성착취 인신매매 산업에 연루된 수십 명의 IPTF 경찰관을 집으로 돌려보냈다는 것이다. 그러나 그가 할 수 있는 일은 이게 전부였다. 그는 사라예보에서 한 인터뷰에서 자신이 가진 권한의 한계를 설명했다. "이곳에서 나는 엄격하게 무관용 정책을 펴고 있고, 적발된 이들은 가차 없이 집에 보내졌습니다. 당신이나 누구든, 언제든지 내 사무실에 들어와서 매춘부를 사는 경찰관 이름을 알려준다면 그는 곧바로 해고돼 집으로 가게 될 겁니다. 문제는 당신네 나라든 그 어느 나라든 외교적인 면책특권을 포기하지 않으려 한다는 겁니다. 그렇게나 간단한 얘기예요. 그러니 결국 아무 일도 일어나지 않을 거고요. 당신과 내가 어떤 처벌이 이뤄지면 좋을지 아무리 많이 고민해도 그런 일은 절대 일어나지 않을 겁니다."

볼코백이 전체 직원들에게 보낸 뒤 해고당한 그 이메일과의 연관성을 강조하려는 듯, 클랭은 여기서 '매춘부'라는 단어를 사용했다. 볼코백이 맞았던 걸까? 그는 자기 밑에서 복무하는 대부분의 남자들과 마찬가지로, '싫다'라고 말할 수 있는 매춘부와 인신매매 피해자의 차이점을 이해하지 못하는 것일까?

볼코백이 보스니아를 떠난 뒤 클랭은 셀리아 드 라바렌과 그녀의 STOP 팀에게 이 문제와 맞서 싸우고 '사창가 소탕'에 나서달라고 요청했다. 그들은 100여 개의 성매매 업소를 적발해서 300여 명의 여자들을 집에 돌려보내는 데 중요한 역할을 했다.[2] 그럼에도 불구하고, 마들렌 리스는 소탕 활동이 일종의 '쇼'라고 일축했다. 대중에게 유엔이 이 문제를 해결하려고 무언가 하고 있다는 것을 보여주려는 드라마틱한 뉴스 헤드라인용 쇼라는 것이다. 그녀는 실제 상황은 더욱 복잡하고 무엇보다도 시장이 주도하고 있다는 게 문제라고 말한다.

인신매매범들은 멍청하지 않아요. 기습 단속에 아무 대비 없이 앉아만 있지는 않습니다. 당연히 안 그러죠. 얼마나 큰돈이 걸려 있는데 그걸 그냥 날릴 리가. 이들은 아직도 이 여자들을 강제로 성매매에 몰아넣고 있지만 쉽게 기소되지 않을 만한 좀 다른 환경으로 옮겼어요. 여자들을 술집에 데리고 있는 대신, 이제는 고객의 휴대전화 호출을 받아서 여자들을 아파트나 호텔, 식당으로 배달 보내는 것입니다. 일반적인 나이트클럽이나 술집이 아니라 그냥 일반 식당처럼 보이지만 위층에 방이 있어서, 여자를 사서 그곳으로 데려가는 거죠.

STOP 팀이 수백 개의 술집과 클럽 문을 닫도록 단속해왔지만 정작 기소된 술집 주인은 몇 명 없다. 국제 평화유지군에 대한 적절한 징계 절차는 보스니아[3]는 물론이고 그들의 다음 주둔지에서도 진행되지 않았다.

사라예보를 떠나 나는 코소보로 향했다. 보스니아 전쟁 6년 뒤 전쟁이 일어난 나라다. 수도인 프리슈티나에서는 전체 차량의 반이 국제기구 소유다. 현지인들은 국제경찰 소유의 하얀색과 빨간색으로 칠해진 자동차를 '코카콜라 차'라고 부른다. 한창 때는 5만 명의 국제 평화유지군이 코소보에 주둔했다.[4] 미국인들은 본드스틸 Bondsteel이라고 불리는 어마어마한 기지에서 산다. 외출이 엄격하게 제한돼 있다고 알려져 있는 이 사람들의 여가시간을 위해, 내부에는 영화관과 피자·햄버거 매장이 갖춰져 있다. 그럼에도 불구하고, 이곳에는 성병 치료를 해주는 현장 치료소도 있다. 본드스틸에서 성병의 발생률이 높은지 담당 의사에게 물어봤다. "여러 발병 사례가 있지요." 그가 답했다. "여기서 병에 걸린 건가요, 그러니까 이곳에 주둔하고 있는 동안에?" "네, 맞아요."

나는 본드스틸을 떠나 도시 주변을 둘러봤다. 2002년 현재 이곳에는 10년 전 전쟁 통에 처음 왔을 때 봤던 것보다 더 많은 술집들이 있다. 택시기사를 취재원으로 삼는 것이 기자로서 그리 독창적이라고 할 수는 없지만, 사실 그들은 자주 훌륭한 정보를 주곤 한다. 바시킴Bashkim이 운전하는 택시 뒷자리에 앉아, 군대가 먼저 주둔했는지 술집이 먼저 생기기 시작했는지를 물었다. "군대가 온 후에 술집들이 생겨났습니다." 군인들을 술집까지 태워다주기도 했는지? "이틀에 한 번 꼴로요. 때로는 제복을 입은 채로 가지만, 때로는 제 차 안에서 민간인 복장으로 갈아입기도 합니다. 이곳 사람들은 그런 걸 좋아하지 않아요. 젊은이들에게 나쁜 본보기가 된다고 생각하지만, 군인들이니 어쩔 수 없잖아요. 밖에 나이트클럽이 있는데 막사에 틀어박혀 있지는 않겠죠."

또다시 '남자들이 다 그렇지'라는 논리다. 평화유지군이 코소보에 처음 도착했을 때, 현지인들은 비로소 세르비아인의 공격으로부터 벗어나 알바니아계 지역사회를 재건할 수 있도록 군인들이 도와줄 것이라는 기대감에 이들을 환영했다. 하지만 이제는 소위 보호자라는 이들 평화유지군으로부터 스스로를 보호해야 하는 것은 아닌지 의구심을 품고 있다. 이미 프리슈티나 시내는 성착취 인신매매 산업으로 곪을 대로 곪은 흔적을 곳곳에 품고 있다. 다락방에 갇힌 여자들로 운영되는 클럽, 마사지숍, 비밀 업소 들 말이다.

이런 심각성을 인지한 NGO들은 그런 곳에서 도망친 여성들을 돕고, 이들이 피신할 수 있는 보호소를 만들어왔다. 그중 한 곳에서 열네 살 소녀 룰리예타Luljeta를 만났다. 청바지에 미니마우스 스웨트셔츠, 운동화를 신은 첫인상은 여느 십대들과 다르지 않았다. 그녀는 부엌 식탁에 앉아서, 어느 중년 여자와 함께 그림을 그리고 있었다. 룰리예타는 여러 색연필 가운데 무슨 색을 고를지 집중하느라 얼굴을 찌푸리고 있었다. 그녀의 사진들을 봤다. 첫번째는 차 옆에 서 있는 모습, 그다음은 벌거벗은 모습, 세번째는 같은 모습이었지만 남자 밑에 깔려서 거의 보이지 않는 상태의 사진이었다. "그들은 나를 강간했어요, 언제나요." 그녀가 말했다.

그녀의 간병인이자 심리상담가인 스베디Svedie는 그림 그리기가 치료 과정에 도움이 될 거라고 생각한다. 스베디는 룰리예타에게 자신이 겪은 일을 나에게 털어놓도록 해줬다. 1년 전, 그녀가 열세 살 때의 일이었다고 한다. "학교에 가기 위해 친구와 함께 거리를 걷고 있었어요. 한 여자가 나를 멈춰 세우더니 술집에서 와서 일하고 돈을 벌지 않겠느냐고 물었어요. 싫다고 말했는데도, 나를 억지로 끌고 갔어요. 나를 차에 태워서는, 군인들이 지키던 검문소를 거쳐 군인들이 있는 집 안에 나를 던져넣었어요. 그들에게 싫다고 말했는데도 억지로 했죠. 그들은 나를 때렸어요. 그 여자에게 싫다고 했더니 그 여자 역시 나를 때렸고요."

룰리예타는 남성들의 말투뿐 아니라, 외국 자동차를 타고 오는 것을 봤기 때문에 외국인이라는 사실을 알았다고 말했다. 어떤 종류의 차였는지 물었다. "빨간색과 흰색으로 칠해진 차"라고 그녀는 답했다. 스베디는 룰리예타가 계속 그림을 그리도록 다정하게 격려하고는, 아이가 들을 수 없도록 나를 멀리 떨어진 다른 방으로 안내했다. 그녀는 코소보에서 소녀들을 강간한 국제 평화유지군과 경찰 가운데 몇 명이 자국으로 송환됐다고 말했다. 그들 중 누구든 처벌받은 사람이 있었는지 물었다. "아니요, 이곳 경찰은 국제 군인이나 경찰이라면 그 누구도 체포할 수 없습니다. 면책특권이 있기 때문이죠. 미성년자를 강간하고, 심지어 살해하든 어떤 일을 벌이든 말이에요!"

이쯤 되면 감히 대항했던 여자들이 절망하는 것도 당연하다. 케이시 볼코백은 경찰 업무를 사랑했지만, 법원 소송은 물론 책과 영화로 만들어져 평판이 더 나빠졌으니 복직할 수 있는 기회를 전혀 얻지 못했다. "한 다리 건너면 모두 알 만한 사이에서, 나는 이미 악명이 높죠." 요즘 그녀는 국제 경매 회사에서 내근직을 하고 있다. "내가 무슨 말을 할 수 있겠어요? 나는 그저 늘 최선을 다했습니다. 열심히 일했고 언젠가는 세상이 바뀌기를 바라며 기도할 뿐이에요." 하지만 그녀는 그다지 희망적이지 않았다.

셀리아 드 라바렌과 그녀의 STOP 팀은 2년간 처음에는 보스니아에서, 그다음에는 코소보에서 일을 시작한 이후 아직까지 발칸반도에서 일하고 있다. 수백 개의 술집과 클럽을 기습 단속해 폐업시켰고, 수많은 젊은 여자들을 도와 본국에 돌려보내거나 사회 복귀 교육을 시켰다. 유엔 직원들이 라이베리아로 이주하면서 평화유지군의 성욕 해결을 위해 아시아와 북아프리카 그리고 발칸반도에서처럼 동유럽의 가장 가난한 나라의 여자들이 인신매매를 통해 들어오자 셀리아는 또다시 그곳에서 같은 임무를 부여받았다.

라이베리아에서 그녀가 처음 하게 된 일 중 하나는, 아프리카 여자를 원하지 않는 외국인 성매수자를 위해 동유럽에서 데려온 소녀 30명을 구출한 것이었다. 그들은 하얀 피부를 요구했다. 라이베리아까지 인신매매의 국제적 지류가 있다는 사실에 그녀는 넌덜머리가 났다. 한쪽에서 유엔 평화유지군이 루마니아와 몰도바에서 백인 소녀를 끌고 오라고 요구하는 동안, 셀리아는 새로운 사실도 알게 됐다. "인신매매를 통해 라이베리아 여자들을 런던으로 데려가는 무리도 있다는 사실을 알게 됐어요. 런던에 있는 누군가가 나에게 전화해 라이베리아 여자들이 인신매매돼 온다고 제보하더군요."[5]

셀리아와 계속 연락을 주고받긴 했지만, 사라예보에서 '사창가 소탕'을 함께 한 지 12년 만에 비로소 우리는 다시 만나게 됐다. 스페인의 한 레스토랑에서 점심을 먹으면서, 그녀는 우리가 발칸반도에서 함께 목격했던 일들이 현재 라이베리아에서 똑같이 되풀이되고 있다고 말했다. "소녀들은 여권을 빼앗기고, 방에 갇혀서 강간당하고, 강제로 약물에 취하고, 두들겨맞고, 성매매를 강요당하고 있어요. 그리고 손님은 그 옛날과 똑같아요. 이른바 '국제 평화유지군' 말이에요."

불과 열네 살의 나이에 하굣길에 납치돼 라이베리아의 프리타운 클럽에서 성노예로 전락한 시에라리온 소녀를 묘사하면서 그녀는 쉼 없이 눈물을 흘렸다. 결국 소녀를 탈출시켜 고향으로 돌려보냈다고 한다. 소녀가 집에 가기 전, STOP의 보호소에 머무는 동안 그녀는 소녀와 친해졌다. 그녀는 자신이 여태까지 보고 겪은 사례들 가운데 이 소녀의 일화가 가장 가슴 아픈 일 중 하나라고 말했다. 하지만 라이베리아에서 그녀의 임무는 거의 끝나가고 있다. "우리가 성공을 거뒀다고 주장하지는 않을 거예요. 현재 인신매매 산업은 잠시 숨죽이고 있는 듯하지만, 우리가 떠나자마자 다시 기승을 부릴 것 같아 걱정입니다." 셀리아는 캄보디아와 동티모르의 유엔 임무단과 함께 일하러 떠났다. "어디에든 우리를 필요로 하는 사람들이 항상 있죠." 그녀가 슬픈 목소리로 말했다.

8

두 도시를 잇는
강제결혼 셔틀
파키스탄과 영국

여름 휴가철에 파키스탄에 갈 때마다 나는 너무 신났어요. 엄마가 우리 네 남매 모두에게 새로운 살와르 카미즈♦와 샌들을 사주곤 했거든요. 모든 삼촌들이 이슬라마바드 공항으로 우리를 마중 나왔습니다. 우리는 미르푸르 시내에서 시간을 보내고 나서 삼촌 부부가 운영하는 농장을 찾았어요. 삼촌에게는 스무 살쯤 되는 아들이 있었습니다. 키 큰 말라깽이에 곱사등이인 데다 아주 못생겼었죠. 얼굴은 여드름투성이고 눈 색깔이 초록색이어서 사악하고 무서워 보였어요. 그는 주변에 다른 사람이 없을 때마다 나에게 말을 걸곤 했습니다. 엄청 무서웠지만 나는 손님이었고 또 그 사람이 사

♦ 아프가니스탄, 파키스탄과 북부 인도에서 즐겨 입는 일상복으로 살와르는 품이 넓은 바지, 카미즈는 허리 아래 혹은 무릎까지 오는 상의다.

촌오빠기도 하니까 꾹 참고 상냥하게 응해줬어요. 나는 열다섯 살이었고 졸업을 하는 대로 대학교에 갈 계획이었습니다. 그는 우리가 곧 결혼하게 될 거라고 말하곤 했지만, 다들 그가 '머리가 약간 모자라다'고 말해왔기 때문에 대수롭지 않게 생각했어요. 그가 바로 지금의 나의 남편이지요.

나지시Nazish는 이슬라마바드에 숨어 살고 있다. 호기심 많은 이웃의 눈에 띄지 않기 위해 늘 드리워져 있는 커튼 안쪽 소파에 앉아 쉴 새 없이 담배를 피우며 불안감을 누그러뜨리는 그녀는 아름답지만 깡말라 있었다. 영국에 사는 수많은 젊은 파키스탄인들과 마찬가지로, 그녀는 자신의 어린 시절이 극심한 문화적 차이에서 온 충격으로 가득 차 있었다고 기억한다. "집에서는 나이 든 사람에게 순종하라는 훈계를 받았고 특히 엄청나게 남성 중심적이었어요. 심지어 남동생들의 말을 존중해야 한다고도 교육받았습니다. 다른 애들은 어떻게 토요일에 친구들끼리 쇼핑을 가도 좋다는 허락을 받는지 이해할 수 없었습니다. 나는 안 되었거든요. 나는 오직 엄마와 동생들하고만 갈 수 있었어요. 친구나 남학생과 마주칠 때면 너무나도 당황스러웠어요."

그녀는 머리와 몸을 가리기 위한 스카프를 착용해야 했다. "매일 아침, 스카프를 집 뒤편 쓰레기통에 버려두고 메이크업 도구와 내가 좋아하던 연예인 사진으로 도배한 파일을 들고 학교에 갔죠. 난 그저 다른 아이들처럼 되고 싶었을 뿐이에요." 그녀는 중등교육자격시험(GCSE)을 치렀고 A학점을 받으려고 애쓰고 있었다. "어느 날 남자애가 집으로 전화를 걸어 나를 바꿔달라고 말하기 전에는 모든 일이 순조로웠어요. 부모님은 항상 내가 친구들과 하는 전화 통화를 모두 엿들으려고 했고 나에게 남자친구가 생겼다고 확신했었나보더라고요." 벌을 주기 위해, 부모는 그녀를 사촌의 결혼식에 참석하라는 명목으로 파키스탄에 데려갔다. 하지만 이는 함정이었다. 나지시는 결혼하도록 강요당했다.

"결혼식 내내 내 한 팔은 엄마가, 다른 한 팔은 할머니가 꽉 붙들고 있었어요. 내 팔을 아프게 잡고 이 결혼식을 치르라고 윽박지르면서, 내가 그렇게 하지 않으면 심장이 약한 할아버지가 돌아가시게 될 거라고 했어요. 수치심으로 할아버지가 죽을 거라고 나에게 말했어요." 신랑은 어린 시절 그녀가 '사악하고 무섭다'고 생각했던 바로 그 사촌이었다. 그는 영어를 한 마디도 못 했고 글도 읽고 쓸 줄 몰랐다. "그는 종일 아무런 일은 하지 않고 친구들과 포르노 영화만 즐겨 보았습니다. 집에 돌아오면 나를 억지로 눕히고는, 자기가 화면에서 봤던 대로 해달라고 강요했어요. 그것은 사랑이 아니었습니다. 그냥 강간이었죠. 나는 매트리스 끝자락을 부여잡고 그저 그 짓이 끝나기만을 기다렸습니다. 매번 나에게 했던 짓이 강간이었어요."

시어머니도 최악이었다. "영국 출신의 잘난 며느리에게 모든 일을 시키려고 작심했더라고요. 시가는 물소를 키우는 작은 농장이었어요. 나는 물소 뒤치다꺼리를 해야 했습니다. 그전에는 물소를 한 번도 본 적이 없었는데 말이에요! 집을 청소하고, 설거지를 하고, 옷을 빨고, 마당을 쓸고, 동물 똥을 치우고 나면 점심을 차려야 했습니다. 장작불 위에 올린 냄비에다가 요리를 해야 했어요. 내가 언제 그런 일을 해봤겠어요? 불을 피우는 법조차 몰라서 늘 화상을 입기

8 두 도시를 잇는 강제결혼 서클

229

일쑤였는데, 그럴 때마다 시어머니는 호통만 치곤 했습니다."

나지시는 아버지가 찾아왔던 날을 떠올리며 울기 시작했다.

결혼식을 올린 지 약 1년이 지나, 내가 임신 5개월쯤 됐을 때예요. 아버지는 브래드퍼드에서 비행기를 타고 날아왔어요. 아버지가 뒷마당에서 나를 봤어요. 손과 팔에 온통 화상을 입은 채 불소를 돌보고 있던 나를. 나는 아주 엉망진창이었는데, 한동안 목욕도 하지 않은 채 더러운 넝마조각을 걸치고 있었습니다. 그땐 일부러 며칠씩 씻지 않았어요. 남편이 접근하는 게 너무너무 싫어서 제발 다가오지 않기를 바라면서 머리도 빗지 않고 이도 닦지 않았거든요. 아버지는 엄청난 충격을 받은 것같이 보였어요. '나를 기억하시겠어요? 의사를 꿈꾸던 아버지의 딸을요?'라고 말하듯 아버지를 쳐다봤습니다. 하지만 아버지의 충격은 그렇게 오래가지 않더라고요. 어쨌거나 이것은 가족과 명예에 관한 문제이고 아버지로서는 만족할 만한 협상이었던 거죠.

아들을 낳고 1년 만에 나지시는 농촌 미르푸르에서 도망쳐 이슬라마바드로 갈 수 있었다. 다행히도 어느 부유한 가정의 보모 겸 영어 교사 자리를 얻게 됐다. 그녀와 아들은 경비원들이 지키고 있는 이 가족의 대저택 안 직원 숙소에서 조용히 살고 있다.

이슬라마바드에서 나지시와 인터뷰를 마친 뒤, 자동차로 두 시간가량 남동쪽으로 달려가야 하는 미르푸르—카슈미르 지역 가운데 파키스탄령—로 향했다. 촬영기자 이언 오레일리와 브래드퍼드 출신의 라지아 소다가르Razia Sodagar와 함께였다. 라지아는 강제결혼 관습에 맞서 싸우는 운동가로, 우리는 그녀의 도움을 받아 BBC 〈뉴스나이트〉에 나갈 '강제결혼'을 취재 중이었다. 며칠간 마을에 머물며 취재했는데, 카메라 장비를 든 하얀 피부의 이방인은 어디에 가나 눈길을 끌기에 충분했고 주로 지역 경찰과 현지 기자 들을 찾아다니며 우리가 던진 질문 내용도 관심을 받았다. 자신의 의사와 상관없이, 잘 알지도 못하고 공통점도 거의 없는 남자와 억지로 결혼하느라 이곳 미르푸르에 오는, 매해 수백 명씩이나 되는 영국 소녀들에 대해 알고 있느냐고 우리는 물었다.[1] 이 소문은 동네에 빠르게 퍼져서, 이내 분홍색 종이에 적힌 메모 하나가 미르푸르의 자비르 호텔 안내데스크에 도착했다. "미르푸르에 체재 중인 BBC 취재진에게"로 수신인이 표기된 이 메모의 내용은 무척 간단했다. "도움이 필요합니다. 제발 내일 와주세요. 혼자 있도록 노력하겠습니다. 코히마Koheema." 뒤에는 지역 주소가 적혀 있었다.

우리는 호텔 발코니에 서서, 이 메모에 어떻게 반응할지 토론하며 시가지를 내려다봤다. 미르푸르는 정말 말 그대로 남자만의 세상이었다. 발코니 아래 보이는 거리 구석구석 어디에도 여자는 보이지 않았다. 여자들은 굳게 닫힌 문 뒤편에 갇혀 있다. 낙타, 염소와 함께 반짝거리는 신형 SUV가 '신속한 외환 송금'을 광고하는 현대식 은행과 수많은 여행사 들이 늘어선 도로를 지나쳐 간다. 미르푸르와 브래드퍼드를 오가는 파키스탄인들의 연결고리가 그만큼 많다는 것인데, 심지어 영국항공은 이곳에 지점도 열었다. 우체국에서 국제전화를 걸기 위해 줄을 서 있던 사람들은 웨스트요크셔 억양을 쓰고 있었다.

미르푸르와 영국의 긴밀한 관계는 1950년대로 거슬러올라간다. 카슈미르-펀자브 국경에 망글라댐이 건설되자 미르푸르 지역의 대규모 농경지가 침수됐다. 정부는 집을 잃은 사람들에게 보상금을 지급했다. 마침 영국 웨스트요크셔의 섬유산업이 값싼 노동력을 대거 필요로 했기에, 미르푸르를 떠나 영국에서 새로운 삶을 찾아보려 한 남자들이 이 보상금 중 상당액을 비행기 티켓을 사는 데 썼다. 하지만 이제 사람늘이 미르푸르에 남은 진족들이 보상을 받을 때가 됐다. 영국에 정착한 사람들의 딸들을 자신들의 아들들과 결혼시켜, 자신들 또한 영국에서 살 수 있기를 바라는 것이다.

우리는 코히마를 만나러 가기로 했고, 라지아가 자원해서 동행했다. 라지아는 브래드퍼드에서 '우리 목소리Our Voice'라는 자조모임이자 압력단체를 운영하고 있다. 나는 그녀를 꽤 오래 알고 지내면서, 그녀가 지방 하원의원들과 맞서 싸우고 심지어 이민부 장관을 상대로 영국 정부가 강제결혼을 암묵적으로 돕고 있는 셈이라며 거세게 질타하는 모습을 지켜봤다. 그녀의 용기와 자신감은 의심할 여지가 없지만, 만약 문제가 발생하면 그 즉시 몸을 피할 수 있도록 운전기사에게 밖에서 기다려달라고 부탁했다. 우리는 사태가 언제든 매우 빠르게 폭력적으로 돌변할 수 있다는 사실을 잘 알고 있었다.

메모지에 적힌 주소를 찾아 집 안으로 들어갔다. 예상과 달리, 많은 여자들이 모여 있었다. 라지아는 자신이 브래드퍼드 시절의 학교 친구이고 나는 가족의 친구라며 코히마를 불러달라고 요청했다. 우선 일대일 대화는 불가능했다. 코히마의 어머니는 딸의 팔을 꼭 붙잡고 단호한 표정으로 바짝 붙어 앉아 있었다. 라지아는 그럴듯하게 꾸며낸 코히마와의 학창시절 이야기를 쏟아내며 여자들의 마음을 단숨에 사로잡고는 이렇게 말했다. "코히마, 너 영국식 예의 범절을 잊어버린 거야? 차 한 잔도 안 줄 거야?" 어머니는 그제야 팔을 풀었고, 두 젊은 여자와 나는 부엌으로 들어갔다.

문가를 불안하게 바라보느라 이야기는 중간중간 끊기면서도 숨 쉴 틈도 없이 터져나왔다. 코히마는 자신이 브래드퍼드대학교에서 과학을 전공하는 학생이었는데, 사촌 결혼식에 참석하기 위해 파키스탄을 방문하는 줄로만 알고 속아서 이곳에 왔다고 말했다. 그녀는 약사가 되고 싶었지만 부모는 대학 공부를 계속하는 것을 반대했다. 딸에 대한 통제력을 잃게 될까봐 두려워했고 다른 영국인 학생들의 난잡한 행동에 물들 거라고 확신했다고 한다.

미르푸르에 도착하자마자, 그녀는 친척들이 준비한 결혼식이 그녀 자신의 것이었음을 깨달았다. 영국에 남자친구도 있던 그녀는 결혼식을 격렬하게 거부했지만 두들겨맞은 뒤에 어쩔 수 없이 식장에 끌려나갔다. 이제 그녀는 끔찍하게 싫어하는 남편이 영국에 정착할 수 있도록 법적 절차를 밟아야 할 처지다. "우리의 도움이 필요한 거죠?" 내가 물었다. "그럼요, 제발 부탁입니다." 그녀는 절박한 목소리로 대답했다. "당신이 우리에게 이런 말을 했다는 걸 알면 부모님은 어떻게 반응할까요?" "나를 죽이겠죠." 그녀가 말했다. 집을 떠나기 전 우리는 앞방에 총들이 있다는 것을 알아챘다.

코히마의 이야기는 신빙성이 높아 보였다. 라지아와 파키스탄 현지 가이드 호마이라Homaira가 조심스럽게 준비한 파키스탄 각지의 인터뷰 자리마다 비슷한 여자들을 수도 없이 만날 수 있었기 때문이다. 한 외무부 관리는 어느 때라도 영국에서 파키스탄으로 수송 중인 코히마와 비슷한 처지의 소녀들이 수백 명도 넘게 있을 거라고 말했다. 이 소녀들은 자신의 의지와 상관없이 매맞고 협박받아 종국에는 원치 않는 결혼식에서 싫어하는 신랑 옆에 서 있도록 질질 끌려가고 있다.

이제 문제는 코히마가 이 상황에서 벗어날 수 있도록 어떻게 도울 것인가 하는 점이었다. 우리는 지방 경찰서를 찾아갔다. 죄수들이 허리를 펴고 설 공간도 없어 웅크리고 앉아 있는 구치감 사이로 걸어들어가 경찰서장 카리시Karishi의 사무실로 안내를 받았다. 그는 지난해 웨스트요크서 경찰이 이곳을 방문해서 얼마나 좋은 시간을 보냈는지 설명하기 시작했다. 강제결혼에 대해서도 이야기를 나눴는지 물었다. "그건 안건에 오르지 않았습니다." 그가 답했다. 나는 코히마의 실명은 말하지 않은 채, 두려움에 떨고 있는 그녀의 사례를 이야기했다. 하지만 오직 집안 남자의 요청이 있어야만 여자를 보호시설에 보낼 수 있다고 그가 말했다.

경찰서 내부 분위기는 여자에게 적대적이고 냉담했다. 아무도 경찰에 도움을 청하지 않은 것도 당연했다. 구금 중 강간은 일상적으로 벌어진다. 과거 파키스탄에 촬영을 왔을 때 나눈 대화가 떠올랐다. 특별히 고되었던 하루를 마치고 현지 가이드 호마이라를 불러 술을 마셨다. 면세점 플라스틱병에 담겨 있던 위스키를 텀블러에 부어주며 "우리가 이 호텔 방에 앉아서 술을 마시는 모습이 발견되면 어떻게 될까요?" 하고 물었다. "음, 아주 간단하죠." 그녀가 말했다. "우리는 지역 경찰서로 끌려가서 강간당할 거예요. 그다음에 구치소로 이감되면 또 강간을 당하겠죠. 그런 다음 당신은 석방되겠지만 나는 몇 달 동안 재판이 열리길 기다리며 갇혀 있을 텐데, 그동안 내내 강간당할 거예요."

경찰을 향한 기대가 헛되었다는 것을 깨닫고 우리는 지역 신문

사와 사무실을 함께 쓰고 있는 인권운동가를 찾아갔다. 그는 자신이 웨스트요크서 출신의 젊은 여자들, 가족의 요구에 속절없이 미르푸르에 끌려온 여자들을 돕고 있다고 말했다. 그는 자기에게 도움을 청해온 수백 명의 여자들에 관한 서류 파일을 우리에게 보여줬다. "하지만 내가 뭘 할 수 있겠어요? 경찰이 손을 놓고 있는데 다른 무슨 방법이 있겠습니까? 왜 영국 정부는 아무 일도 하지 않는 거죠?" 그가 물었다. "어찌됐건 정부가 소녀들에게 영국 여권을 준 이상, 정부는 그들을 도와야 하는 것 아닌가요? 그들이 도움을 청할 수 있는 창구가 이곳 미르푸르에 있어야 합니다."

나는 파키스탄에 있는 영국 고등법무관사무소에 그다지 많은 희망을 품지 않았는데, 나지시가 한 말이 있었기 때문이다.

내가 정말로 절망에 빠져 누군가의 도움이 필요했을 때 가장 먼저 떠올린 해결책은 영국 고등법무관사무소에 전화하는 것이었습니다. 나는 임신 중이었고 구타와 성폭력으로 인해 아기를 잃을까봐 두려웠어요. 그들이 나를 도와줄 거라고 생각했기 때문에 "무엇을 도와드릴까요?"라는 영국인 억양의 전화 음성에 안도하고 위로를 받았어요. "저기요, 지금 저는 무척 혼란스럽고 두려운 상태입니다. 도움이 필요해요"라고 말했더니 그가 내 이름을 알려달라고 해서 불러줬습니다. 그랬더니 그가 "하지만 당신은 파키스탄 사람이군요, 파키스탄 이름이에요"라고 말하기에, "네, 하지만 저는 영국 여권을 갖고 있어요"라고 했습니다. 그는 "죄송합니다. 도와드릴 수가 없네요"라고 하더니 전화를 끊어버리더군요. 그 이후로 나는 몸과 마음이 산산조각 났습니다. 누군가에게 흠씬 두들겨맞은 느껨이었어요.

영사부의 차관인 마크 케틀Mark Kettle은 이 이야기를 들으며 곤혹스러운 표정을 지었다. 그는 이것이 이중국적자들이 갖고 있는 문제라고 설명했다. 파키스탄 법상 파키스탄 부모를 둔 영국 소녀가 파키스탄 내에 머물고 있으면 파키스탄인으로 간주되기 때문이다. "우리가 강제로 그녀를 끌어내올 방법은 없어요." 그는 말했다. 영국 정부로부터 어떠한 종류의 도움이라도 받으려면, 그녀는 먼저 이슬라마바드에서도 높은 철조망 울타리로 둘러싸여 있는 한 떼기의 영국령 땅인 고등법무관사무소를 찾아와야 한다는 것이다. 창밖에는 고등법무관사무소 앞에 일렬로 대기하라고 안내받는 한 무리의 사람들이 보였다. 1년 전 브래드퍼드 출신의 두 소녀들의 사례처럼 저 대열에 서서 순서를 기다리는 것만으로도 큰 위험에 처할 수 있다. 강제결혼의 위기에 직면했던 그들은 가까스로 고비를 넘기고 미르푸르에서 이슬라마바드까지 세 시간 동안 버스를 타고 도망쳤다. 하지만 영국 고등법무관사무소 앞 대열에 합류하자마자 살해하겠다고 협박하는 삼촌과 마주치게 되었다. 실제 칼을 소지했던 그는 조카들이 고등법무관사무소에 도착하는 즉시 알려달라고 건물 경비를 매수해놓은 상태였다. 결국 몇 차례 간신히 탈출한 끝에 소녀들은 안전하게 영국으로 송환됐고 해당 경비는 해고됐다.

그래서 소녀들이 이곳을 찾아오면 본국으로 송환해주기는 하느냐고 나는 마크 케틀에게 물었다. "네, 그래야죠." 문제는 코히마를 이슬라마바드로 데려올 방법이었다. 언제나 아이디어가 풍부한 라지아가 우리와 코히마 사이에서 연락책이 되어줄 제삼자를 찾아냈다. 영국고등법무관이 코히마더러 남편의 이민신청서를 작성하기 위해 반드시 이슬라마바드에 오라고 했다는 말을 그녀의 가족들에게 전해달라고, 우리는 연락책에게 부탁했다. 고등법무관사무소 직원들이 최선을 다해 비행편과 '안전가옥'을 마련했다. 누구도 의심을 사지 않도록 각별히 조심해줄 것을 재차 환기시켰다.

이민 신청서류를 손에 쥔 이 가족이 사무실에 들어섰을 때 우리는 케틀에게 신호를 보냈다. 그는 가족에게 다가가서 코히마와 따로 이야기를 나누게 해달라고 청했다. 시부모는 당황하고 화가 난 기색을 숨기지 못했지만 바쁘게 돌아가는 사무실 분위기나 사안의 중대성에 굴복하여 며느리를 안으로 들여보냈다. 인터뷰 룸에서 단 둘이 남게 된 이후 케틀은 당장이라도 그녀를 이 나라에서 꺼내줄 수 있으며 영국 내에 그녀 같은 처지의 아시아 여자들을 피신시켜주는 보호소 네트워크가 있다고 설명했다. 그녀는 제안을 거절했다. 케틀은 코히마가 거절의 이유를 설명할 때 나를 안으로 불렀다. "나를 위해 노력해주신 모든 일에 진심으로 감사드립니다. 하지만 당신의 도움을 받지 않기로 결정했어요. 예전에도 여러 번 도망을 쳤지만 그때마다 번번이 그들은 나를 찾아내서 때렸습니다. 애초에 결혼식을 올리기 전에 어디든 갈 곳이 있었다면 좋았을 텐데, 지금은 너무 늦은 것 같아요. 강제로라도 결혼을 했으니 그들은 결코 나를 풀어주지 않을 겁니다. 2년이든 3년이든 시간이 걸리더라도 그들은 영국에서 나를 찾아내 죽일 거예요."

어쩌면 그녀의 말이 옳을지도 모른다. 나지시는 이슬라마바드에서 우리를 만난 지 몇 년 뒤에 영국으로 돌아왔지만 아직도 생명의 위협에서 벗어나지 못했다. 나는 나지시가 당시 여섯 살이던 아들과 정착해 살고 있는 마을로 찾아갔다. 꽤 행복하고 건강해 보였다. 살이 조금 쪘고 새로운 반려자도 생겼지만 그녀는 브래드퍼드와 옛 친구들을 그리워하고 있었다. "나는 결코 그곳에 다시 갈 수 없을 거예요. 우리 가족은 내가 마을에 왔다는 사실을 몇 분 내로 알게 될 테고, 나를 죽이러 찾아다니겠죠." 자신의 행방을 철저히 숨기기 위해 그녀는 반려자의 성을 쓰고는 있지만, 이혼하지 않았기 때문에 결혼을 할 수는 없다. 복지당국은 그녀가 가명을 쓰고 있다는 이유로 아동수당 지급을 거부하고 있었다. "저들이 얼마나 영리하고, 사방에 온통 첩자들을 깔아놨는지 몰라서 그래요." 나지시는 말했다. "만약 본명을 사용하면 금방 나를 찾아낼 겁니다." 나는 나지시를 대신해 정부에 편지를 써서 그녀가 가명을 쓰지 않으면 안 될 정도로 생명의 위협을 받고 있는 현실에 대해 가능한 한 최선을 다해 설명했다. 다행히 이는 효과가 있었고, 그녀는 현재 복지수당을 받고 있다.

남아시아에서 온 이민 가정은 집을 나간 여자를 찾기 위해 현상금 사냥꾼을 고용하는 것을 비롯해 수단과 방법을 가리지 않는다.[2] 현상금 사냥은 런던, 웨스트요크서와 웨스트 미들랜즈에서 이미 번창하는 사업으로 자리잡았다. 브래드퍼드에서 활동 중인 사냥꾼 가운데 익명을 전제로 취재에 응한 사람을 만나기로 했다. 실내등이 거의 없다시피 해서 어두컴컴한 브래드퍼드의 지하 식당에서 만나 인사를 나눴지만, 타히르Tahir는 긴장한 얼굴로 계속 주위를 둘러봤다. "당신에게 말하는 모습이 눈에 띄면 나는 끝장이에요." 그는 자신의 차로 이동하자면서 자신이 운전하는 동안 인터뷰를 녹화하라고 제안했다.

어둠이 깔린 브래드퍼드의 거리를 차로 이동하며 그는 말했다. "여자애들을 찾는 방법은 많아요. 가게 주인들, 택시 기사들하고 많이 이야기를 하는 게 중요해요. 이 사람들은 보통 여자애들이 어디에 있고 뭘 하고 있는지를 알거든요. 내가 그들을 찾아내면, 여자들은 처음에는 겁을 먹어요. 그때 걔들한테 말하죠. '문제를 피하지 말고 직면해!' 나는 절대 부모에게 걔들의 소재를 알리지 않아요. 더 골치 아파질 뿐이거든요. 만약 여자애들이 부모를 만나고 싶어 하면 시내 중심가의 카페처럼 중립적인 장소에서 만날 수 있게 주선합니다." 그 대가로 얼마를 받느냐고 내가 물었다. "그건 절대 답하지 않을 거예요. 나는 나 자신을 우리 커뮤니티의 중재자라고 생각하고 싶어요. 예를 들어, 딸을 찾아내는 즉시 죽여버리겠다던 아버지가 하나 있었는데 내가 그 여자애를 찾아서 집에 데려갔을 때 나는 그런 일이 벌어지지 않게 했죠."

그가 계속해서 사례로 든 17세 소녀의 사연은 이렇다.

부모들은 그 소녀를 파키스탄에 보내서 서른다섯 살짜리 사촌과 결혼시키려고 했습니다. 소녀가 실종되자 부모님이 나에게 전화를 했지요. 내가 여자애를 찾아냈고, 이렇게 타일렀어요. "너희 가족이 파키스탄에 데려가려고 하거든 공항에 있는 경찰에게 신고를 해라." 다 함께 모인 자리에서 나는 그 애 아버지에게 당신 딸은 결혼을 원치 않는다고 말했습니다. 그는 이렇게 말하더군요. "나는 당신을 고용하고 돈을 줬어. 여기서부터는 내가 알아서 하지." 그래서 다시 이렇게 말해줬죠. "쟤는 당신의 딸이지 적이 아닙니다. 왜 당신은 아버지뻘인 나이 든 당신 아내의 친척과 결혼하라고 딸에게 강요합니까?" 나는 그녀에게 또 무슨 문제가 생기면 내게 연락하라고 했습니다. 몇 달 후, 아버지가 파키스탄 여행을 준비하고 있다면서 그녀에게서 전화가 왔습니다. 나는 그녀에게 여권을 경찰에게 건네주라고 조언했고, 그 애는 실제로 그렇게 했어요. 얼마 지나지 않아 아버지는 그냥 포기했습니다. 그녀는 나중에 대학에 갔고 본인이 선택한 남자와 결혼했습니다.

그의 사업 대부분이 실패한 강제결혼과 연관이 있느냐고 내가 물었다. "네, 그렇다고 할 수 있어요. 강조하는데 나는 강제결혼에 찬성하는 사람이 아니에요. 많은 부모들이 자신의 말을 거역하는 딸을 죽이려고 한다는 걸 알아요. 나는 비참한 결말을 맺을 뻔했던 많은 사건에 관여해왔습니다. 다른 한편으로, 나는 경찰의 작동 방식과 보호소 운영에 동의하지 않아요. 그들은 여자애들을 보호소로 옮기는 데에만 열중하고 중재는 아예 고려하지 않습니다. 경찰은 이해하지 못하고 있어요. 아시아인 커뮤니티는 백인 커뮤니티와 완전히 다른 원리로 작동하는데 말이에요. 우리는 한 방에 모여서 우리의 문제를 다 같이 이야기합니다." 밤이 깊어가고 있었다. 펍에도 사람들의 발길이 뜸해졌다. 우리가 탄 차가 거리의 여인들이 모여 있는 구역을 반복해서 돌았기 때문에 우리를 성매수자로 판단한 여성들이 호객행위를 하려고 접근하기 시작했다. 타히르는 우리 호텔의 주차장에 차를 댔다. 우리와 함께 있는 동안 확인하지 못한 메시지가 그의 휴대전화에 가득 쌓여 있었고, 이제 그는 하나씩 해결하러 떠나야 할 터였다. 작별인사를 하면서 이 일을 즐기고 있는지 그에게 물었다. "일이 너무 많이 쏟아지고 있습니다. 오늘은 북쪽, 내일은 남쪽에서 뛰어야 할 판이죠. 수요가 많은 데 비해 이 일을 할 수 있는 사람은 많지 않아요. 정부가 할 수 있는 유일한 해결책은 아시아인이 운영하는 대행사를 마련해주는 것 아닐까요?"

다음 날은 기도의 날인 금요일이었다. 나는 강제결혼 문제에 관해 많은 사람들이 타히르처럼 온건하고 타협적인지, 아니면 여성에게 절대적인 통제권을 행사해도 된다고 생각하는지 여부를 알고 싶어졌다. 기도를 마친 사람들이 이슬람 사원을 떠날 때 질문할 수 있도록 이언 오라일리가 카메라를 설치했고, 나는 마이크로 무장한 채 사원 밖 보도에 서서 대기했다. 하지만 질문은 꺼내지도 못했다. 살와르 카미즈를 입고 토피를 쓴 수염 난 남자가 공격적인 태도로 이언에게 다가와서 "당장 치워버리지 않으면 이것들을 산산조각 내버리겠다"고 말했기 때문이다. 우리는 군말 없이 철수했다.

영국 무슬림 의회 의장인 가야수딘 시디키Ghayasuddin Siddiqui와 약속을 잡는 편이 안전해보였다. 강제결혼은 이슬람 율법에 명시돼 있느냐고 내가 물었다. "아니요, 전혀 아닙니다"라고 그가 답했다. "이슬람에서 결혼은 양 당사자의 동의가 필수적인 사회적 계약입니다. 동의 없는 결혼은 무효입니다. 실제로, 강제결혼으로 벌어지는 모든 성적인 관계는 강간이죠. 이곳에서 일어나는 일은 우리가 인도 아대륙에서 가져온 문화적 잔재입니다. 주로 시골에 남아 있는 아대륙의 문화죠. 그것은 종교적 관습이 아닙니다."

집안의 남자들이 여자들을 절대적으로 통제하는 권한은 어떨까? 나는 웨스트요크서 출신의 청년들이 자신들은 코란에 의해 이 같은 권위를 부여받았다고 말하는 것을 여러 번 들었다. "코란은 누구에게도 그런 권위를 부여하지 않습니다. 다만 젊은이들은 부모와 이맘에게서 이런 관습을 배우고는 그 근거가 코란이라고 오해하고 있습니다. 사실 우리 이맘들 대다수가 파키스탄 시골 출신입니다. 학식보다는 강렬한 신앙심을 지닌 사람들이죠. 그들은 부모님과 선조로부터 배운 관습들을 계속 되풀이해서 가르칩니다. 그렇게 이 전통이 이어지는 것이죠."

영국 내에서 흔하게 들을 수 있는 이야기다. 영국의 무슬림을 대표한다고 주장하는 시디키 박사 같은 사람들은 영국 각지의 모스크에서 이맘들이 강제결혼과 지하드에 관해 설교하는 방식에 경악하며 고개를 가로젓는다. "그들은 주류가 아니다" "올바른 이슬람식 사고 방식을 대표하지 않는다" "코란을 오독한다"고 말하면서 손을 가만두지 못할 만큼 절망스러워한다. 하지만 금요 기도회 중에도 혐오스럽고 폭력적인 메시지는 여전히 전파되고 있었고, 이를 단속하거나 억제하는 실질적인 제도는 전혀 없는 것처럼 보였다. 이 메시지는 브래드퍼드에 사는 미르푸르 사람들에게만 영향을 끼치는 것이 아닌데도 말이다.

웨스트요크서 경찰은 이 사안을 어떻게 다뤄야 할지 모른다는 점을 인정했다. 매해 도움을 청하는 소녀들의 전화가 수백 건 걸려 오고 복지기금으로 운영되는 보호소는 미어터질 지경이다. 웨스트요크서 경찰서의 대민연락관 필립 밤포스Philip Balmforth의 순찰을 동행 취재했다. 그는 강제결혼 위협에 노출된 이 지역 아시아 여자들에게는 반짝이는 갑옷을 입은 기사이자 해결사이다. "작년에만 300건을 처리했습니다. 올해는 아직 7월밖에 되지 않았는데도 이미 300건을 채웠어요. 내년에는 1000건이 넘겠죠." 고성능 레인지 로버 경찰차로 브래드퍼드 거리를 누비며 그가 말했다.

한 번은 사미라Samira라는 여성으로부터 전화를 받았다고 한다.

이전에도 가정폭력 신고 전화를 받아 출동했던 집에 사는 여자였다. 그녀는 극도로 흥분한 목소리로, 자기가 억지로 결혼한 남자한테서 계속 맞았다고 말했다. "그는 방금 떠났어요. 제발 이리 와서 나를 구해주세요." 밤포스는 즉시 차를 돌려 브래드퍼드 북부에 있는 연립주택으로 향했다. 그가 현관문을 두드리자마자 사미라는 겁에 질린 모습으로 문을 열었다. 그녀는 입술에 손가락을 대더니 밤포스에게 즉시 떠나달라고 말했다. 그가 도착하기 전에 남편이 돌아왔고, 그녀가 경찰에 신고한 것을 알게 되면 또다시 때릴 게 분명했다.

"이런 사건에는 여자들이 우리에게 요청할 때만 개입할 수 있습니다. 닫힌 문 뒤에서는 엄청나게 많은 악행이 벌어지지만, 피해자들이 경찰에 신고하지 않는 이상 조용히 묻혀버리곤 하죠. 어려움을 겪고 있는 사람이 훨씬 많다는 건 의심의 여지가 없습니다." 폭력 가정으로부터 여자를 데리고 나올 수 있을 때면 그는 영국의 보호소 네트워크 중 한 곳으로 데리고 간다. 하지만 이 여자가 보호소에 있다고 해서 복수심에 불타는 가족들의 위협에서 벗어난 것은 아니다. 당국이 브래드퍼드 출신 여자를 레스터의 보호소로, 버밍엄 출신 여자를 브래드퍼드의 보호소로 보내는 이유다.

브래드퍼드의 보호소는 여자 기숙학교나 수녀원과 비슷해 보인다. 수풀이 우거진 교외에 높은 붉은 벽돌 벽으로 둘러싸여 있는 이곳의 입구는 경비원이 지키고 서 있다. 모두 독방을 사용하지만 공동생활 구역도 있다. 포지아Fozia와의 인터뷰를 위해 이언은 작은 거실에 카메라를 설치했다. 그녀의 이야기는 숱하게 들었던 사례들의 판박이였다. "부모님이 나를 파키스탄에 데려갔을 때, 난 이미 브래드퍼드에 사랑하는 사람이 있었어요. 결혼식 내내 대성통곡을 했습니다. 남편 역시 나를 사랑하지 않았어요. 그는 단지 영국에 정착할 목적으로 나와 결혼했지요. 그는 형편없는 남편이자 아버지였고 정말 사소한 일로 나를 때리곤 했어요. 차파티♦가 싱겁다는 이유 같은 걸로요."

한 여자가 문을 열고 거실로 들어오다가, 카메라를 보고 동요하기 시작했다. "저리 치워요!" 그녀는 신경질적으로 소리쳤다. 직원이 왔고 우리는 그녀를 근처 다른 방으로 데려갔다. "당신들은 내 사진을 찍을 수 없어요." 그녀는 제정신이 아닌 것 같았다. "우리 가족이 나를 알아볼지도 몰라요. 아니면 여기 누군가가 내 이름을 언급해서 남편이 나를 데리러 여기에 올 수도 있겠죠." 그녀는 주체하지 못하고 흐느꼈다. 나는 카메라 렌즈가 오직 포지아만을 가리키고 있었기 때문에 그녀가 찍혔을 가능성이 전혀 없다는 것을 최대한 부드럽게 설명했다. 두려움에 떨던 그녀는 그제야 조금 납득한 것 같았다. 보호소 내부 분위기는 전체적으로 조용하고 가라앉아 있었으며 절망적이었다. 도망쳐온 가족들에 대한 두려움으로 여자들은 앞으로도 수십 년 동안 여기서 살아야 할지도 모를 일이다. 지금 살고 있는 도시가 집에서 수백 킬로미터나 떨어져 있는데도 여성들은 함께 쇼핑을 하거나 카페 나들이를 갈 엄두를 내지 못했다. 편안한 환경이지만 감옥이나 다름없는 생활이다.

라지아는 영국 정부가 이 문제를 수수방관하고 있다며 비난했다. 우리는 브래드퍼드에서 다시 만났는데, 그녀가 일주일에 한 번

♦ 밀가루를 반죽해 얇고 둥글게 밀어 굽는 전통 빵이다.

씩 운동단체 '우리 목소리' 모임을 열고 있기 때문이다. 그녀는 취재하라고 우리를 불렀지만 참석한 여성의 절반은 얼굴을 찍지 말아달라고 요구했다. 한 여자는 이런 모임에 참석했다는 사실을 알게 되면 오빠가 자기를 때릴 거라고 말했다. 그 정도로 도발적이고 전통 파괴적인 모임이었지만 발언 수위는 무척 온건했다. 라지아는 이렇게 말했다. "우리는 정략결혼 자체를 반대하지 않아요. 이슬람 율법에 맞서자는 것도 아니고요. 우리는 그저 강제결혼과 현재 처한 이 엉망진창의 상황에 우리를 몰아넣은 이민법에 반대하는 거예요."

1997년에 새 노동당 정부는 주요목적법the Primary Purpose rule이 인종차별적이고 반反 가족적이라는 이유로 이를 폐지했다.[3] 그전에는 영국 이민법의 초석 가운데 하나로 꼽혀왔던 법이다. 이 법은 배우자의 영국 영주권 신청을 심사할 때, 만약 비영국인 배우자가 결혼한 1차적 목적이 영국에 거주하기 위한 것이었다는 의심이 들면 담당 이민국 사무관이 영주권 신청을 거부할 수 있다는 내용이며 실제로 대부분 이행됐다. 노동당 후보들은 이스트런던과 웨스트 미들랜즈, 웨스트요크셔 선거를 앞두고 이 문제를 꺼내들었고 영국 내 아시아 남자들이 주축을 이룬 단체들로부터 열렬한 지지를 받으며 표심을 끌어모았다. 이 결과 결혼을 강요당한 여자의 수가 크게 늘어났다.[4]

내가 라지아에게 당시 노동당에서 해당 법이 인종차별적이며 반 가족적이라는 주장을 폈다는 점을 알려주자 그녀는 이렇게 외쳤다. "말도 안 돼!"

인도, 파키스탄, 방글라데시에서 남자들을 여기로 데려오기 위해 우리는 정말로 열심히 일해야 합니다. 일을 하고, 집세를 내고, 세금을 내고, 심지어 이 사람들이 여기에 온 뒤에도 대부분 영어를 못해서 일자리를 구하기 어렵기 때문에 보통 우리가 돈벌이를 계속합니다. 그러니 영주권을 얻은 그들이, 아마도 정략결혼 전에 만났던 여자와 결혼을 하기 위해 본토나 고향에 다시 가는 일이 허락되어서는 안 돼요. 남자들은 우리를 버려요. 우리와 이혼하고 새로운 아내를 위한 영주권을 또다시 신청합니다. 어떨 때는 두 번, 세 번씩도요!

우리는 브래드퍼드의 볼링공원 벤치에 앉아 이야기를 나눴고, 라지아는 말을 이어갈수록 분노에 들끓어 목소리를 높였다. 지나가던 사람들이 깜짝깜짝 놀라 그녀를 처다봤다. "보이죠? 아시아 여자의 목소리를 들어본 적이 별로 없어서 그래요. 우리 커뮤니티에서 목소리를 내온 건 아시아 남자들뿐이죠. 아시아계 영국인 여자들은 일방적으로 이용당하고 또 학대당하고 있지만 아무 말도 하지 않습니다. 대다수 여자들은 '우리 말 좀 들어줘요'라고 목소리를 낼 배짱이 없어요. 그들은 그냥 조용히 모든 걸 감내하죠. 그저 남자들이 자신들의 문제를 처리하게 놔둡니다. 하지만 문제가 수면 위로 떠오르면, 고통을 받는 건 남자가 아니라 여자예요."

당시 이민부 장관 마이크 오브라이언Mike O'Brien이 키슬리에 있는 한 학교 대강당에서 강제결혼이라는 주제로 아시아 커뮤니티 지도자들 100여 명 앞에서 연설을 한다기에 우리는 함께 그곳을 찾아갔다. 우리는 온통 남자들뿐인 객석에 자리를 잡았다. 오브라이언과 함께 상석에 앉아 있는 하원의원 앤 크라이어Ann Cryer를 제외하면 라지아와 나, '우리 목소리' 회원인 소녀 한 명만이 이곳을 찾은 유일한 여자들이었다. 오브라이언은 주요목적법을 되돌릴 가능성은 없다고 강조하면서도, 각자의 가정에서 먼저 모범을 보여달라고 커뮤니티에 호소했다. "그래야 강제 정략결혼을 하는 아주 소수의 사람들을 우리와 함께하는 커뮤니티의 힘으로 막아낼 수 있으며 여성들이 용납할 수 없는 상황을 강요받지 않을 수 있습니다."

박수도, 이의제기도, 아무것도 없었다. 눈썹 하나 꿈쩍하지 않고 돌처럼 앉아 있는 아시아 남자들의 대열을 오브라이언은 의아하다는 듯 바라보았지만 끝까지 아무도 반응을 보이지 않았다. 회의는 이대로 끝났다. 수행원들을 밀쳐내며 길을 만든 라지아가 장관을 대면했다. "정부가 무언가 해야 해요. 아시아 커뮤니티는 당신 말대로 하지 않을 테니까요!" 그녀는 아무 말 없이 복도 끝으로 걸어나가는 남자를 향해 손가락질을 하며 외쳤다. 또 나이젤 패러지Nigel Farage◆가 들었다면 찬사를 보냈을 법한 말을 쏟아냈다. "사랑스런 남편인 척하는 쓰레기들이 더는 이 나라로 들어오지 못하게 해야 한다는 걸 당신네 정부 사람들은 정말 모르고 있습니까? 무슨 일이 일어나고 있는지 안 보여요? 그건 이민 사기라고요!" 당황한 기색을 감추지 못한 오브라이언은 변명을 남기고 자리를 떴다.

라지아는 어떻게 이런 배짱을 갖게 됐을까? 그녀의 강인한 가족과, 웨스트요크셔 기준으로는 믿을 수 없을 만큼 깨어 있는 아버지로부터 물려받은 것이리라. 회의가 끝난 후, 우리는 브래드퍼드

◆ 영국의 극우정당인 독립당의 당수다.

중심가에 있는 크고 근사한 연립주택인 그녀의 집에 갔다. 1960년 대에 미르푸르에서 이민 온 그녀의 부모는 다섯 명의 자녀를 낳고 잘 살아왔다. 그녀의 아버지는 영어를 하고 어머니는 하지 못한다. 라지아는 부모님이 정해주신 신랑감과 결혼식을 올렸는데 강제는 아니었다. 그와 이혼하고 나서도 부모는 그녀를 비난하지 않고 따 듯하게 맞아주었다. 그들은 라지아가 '우리 목소리' 모임을 열도록 거실을 내줬고, 매번 내가 방문할 때마다 그릇 가득 카레와 차파티 빵을 내주며 환영해주었다.

아내 덕분에 영국 시민권자가 된 라지아의 남편은 이제 이혼을 줄기차게 요구하고 있다. 파키스탄에서 결혼한 새 신부와 브래드퍼 드에서 살려고 하는 것이다. 별다른 기술이 없는 웨스트요크셔의 수많은 아시아 이민자들처럼 무함마드 소다가르Mohammed Sodagar도 택시 운전 일을 하고 있다. 라지아는 우리에게 그의 근무처를 알려 줬고, 우리는 그가 택시 회사에 올 때까지 기다렸다가 마이크를 들 고 다가갔다. "안녕하세요. 부인 라지아에게 듣고 찾아왔는데요. 당 신은 아직 유부남인데도 불구하고 파키스탄에서 또 결혼을 했다고 요?" "그래서 뭐요?" 그가 말했다. "나는 무슬림입니다. 나는 두 번, 세 번, 네 번도 결혼할 수 있어요. 문제될 게 없어요. 나는 라지아를 아주 잘 대해줬습니다. 그런데도 그 여자는 남편인 내가 원하는 게 뭔지도 몰라요."

택시 승강장 앞의 포장도로에서 인터뷰를 하고 있다는 상황을 고려할 때 그가 상당히 순순히 응하고 있다는 생각이 들었다. 많은 사람들은 그처럼 코너에 몰리면 그냥 차를 타고 가버린다. 하지만 한편으로, 그가 다른 파키스탄인 택시 운전기사 동료들 앞에서 라지아를 공개적으로 헐뜯는 이 상황을 즐기고 있는 게 아닌가 싶었다. "그 여자는 남편과 사는 법도 몰라요. 항상 나와 싸우려고만 들죠. 나는 심한 학대를 당했어요. 그리고 그 여자는 매일같이 싸돌아다녀요. 밤에도 나다닌다고요. 내 말이라고는 통 듣지 않습니다. 내가 왜 그녀를 아내로 둬야 합니까? 나는 이혼할 겁니다." 물론 영국 법에 따르면, 이혼 절차가 진행되려면 2년의 숙려 기간을 두어야만 한다.

나는 인터뷰 녹화 테이프를 갖고 런던으로 돌아왔다. 그리고 대부분 여자인 〈뉴스나이트〉의 동료들과 편집실에서 촬영본을 검토하며 한바탕 웃음을 터뜨렸다. 텔레비전 보도물로서는 좋은 소재였다. 아내를 마치 하녀 부리듯, 외출마저도 일일이 통제하려 드는 구시대적인 한 남자의 오만함을 우리는 비웃었다. 하지만 슬프게도, 이는 나에게 전통적인 아시아와 자유주의적인 유럽 사이의 문화적 충돌을 뼈저리게 깨닫게 해주는 시의적절한 계기가 되었다. 방송이 나간 뒤 라지아는 모멸감을 느꼈다. 여자가 밤에 외출을 한다는 것 자체가, 아무리 죄를 짓지 않았다고 하더라도, 품행이 단정치 못하다는 것을 뜻했다. 아시아인이 아닌 시청자가 보기에 그녀는 여장부였지만, 보수적인 아시아 커뮤니티에서는 매춘부나 다름없이 비쳤다. 그녀의 가족도 유쾌할 리 없었다.

앤 크라이어 의원이 아시아 이주민 커뮤니티에 끊임없이 공격을 퍼부으면서도 1997년부터 2010년까지 키슬리의 노동당 하원의원직을 유지했다는 건 신기한 일이다. 그녀는 강제결혼, 명예살인 문제와 관련해 아시아 커뮤니티와 맞서 싸워왔고, 영국에 입국하는 이민자들이 일정 수준 이상의 영어 실력을 갖추도록 제도 개선에도 힘써왔다.⁵ 젊은 아시아 남자들이 성착취를 목적으로 주로 백인 소녀들을 길들였던 '그루밍 갱Grooming gang'에 대해 처음으로 관심을 가졌던 이들 가운데 하나기도 하다.⁶ 지역구 사무소에서 만난 앤 크라이어는 아직 강제결혼을 법으로 금지할 준비는 되어 있지 않다고 말했다. 법안을 제출할 경우 평소에도 아내에게 너무 자주 화풀이를 하는 미르푸르 출신 남자들이 부글부글 끓는 분노를 폭발시킬수 있고, 이는 결국 사회 전체의 불안으로 이어질 수 있다는 것이다.

이 남자들은 영어를 못 하기 때문에 일자리를 구할 수 없습니다. 대개 아내가 일하는 시간에 집에서 놀고 있으니 스스로를 '2등 인간'으로 느낍니다. 사실상 남성으로서 거세된 상황이나 마찬가지죠. 이 감정은 분노로, 특히 아내를 향한 분노로 이어질 수 있습니다. 어쨌거나 본인은 전통적으로 남자가 여자보다 우월하다고 대접받는 가부장적인 사회에서 나고 자라왔는데 이제는 많은 방면에서 아내에게 의존할 수밖에 없는, 이질적인 사회에 남겨진 셈이니까요.

그녀는 자신의 웨스트요크서 지역구에서 아시아 여자들을 만나 다른 지역에서 사윗감을 찾으라고 설득하고 있다. 그녀는 대부분의 딸들이 정략결혼 자체에는 별로 반감을 갖고 있지 않다고 말했다. "소녀들이 싫어하는 건 완전히 이질적인 라이프스타일을 가진 남자들과 결혼을 해야 한다는 점이에요. 만약 이 소녀들이 스스로 선택할 수 있었다면 그 남자들과 결혼하지 않았을 겁니다. 그들이 만약웨스트요크서에서 나고 자란 젊고 능력 있고 영어도 잘하는 아시아계 무슬림 청년과 결혼했더라면 오늘날 벌어지는 문제는 대부분 일어나지도 않았을 겁니다."

크라이어는 미르푸르의 특성을 간과하고 있다. 두 지역 간의 교통은 너무나 원활하기 때문에 맨체스터와 이슬라마바드를 오가는 비행편의 별명이 '미르푸르 셔틀'일 지경이다. 미르푸르는 오늘날 저개발 지역인 카슈미르에서 가장 부유한 도시다. 파키스탄의 다른 어느 시골 지역보다도 대리석으로 만든 대저택이 많아서 건축업자들은 고전적인 원형 기둥과 웅장한 주랑柱廊 현관을 들여오기 바쁘다. 이 집들 대부분은 영국에서 성공한 이민자들이 고향에 남은 부모나 친척들에게 보내거나, 은퇴 이후 고향에 돌아왔을 때를 대비해 보내는 돈으로 지어진다.

미르푸르 출신 남자와 결혼하도록 강요받고 불행한 결말을 맞이했던 코히마, 나지시, 포지아의 배경에는 이런 친척 간의 유대, 의무가 있다. "그 남자들은 모든 걸 가졌죠." 라지아가 씁쓸하게 말했다. "보세요, 일단 미르푸르 출신 남자가 영국 여권을 갖게 되면, 그가 누구인지, 뭐하는 사람인지, 미남인지 추남인지 이런 건 전혀 중요하지 않게 돼요. 그는 아무나 고를 수 있습니다. 아대륙에 사는 여성이라면 누구나 그런 남자와 결혼해서 부자 나라인 영국에서 살고 싶어하거든요."

강제결혼 관습에 반항하는 젊은 아시아 여자들은 이 장에서 다룬 것보다 훨씬 비극적인 결말을 맞아왔다. 이런 여자들을 죽이는 건 '명예살인'으로 합리화되어 살인자들 대부분이 가벼운 처벌을 받는 데 그친다.

BBC에서 파키스탄과 브래드퍼드에 만연한 강제결혼 관련 보도가 나간 뒤 1년여가 지나, 노동당 정부는 내무부와 외무부가 공동으로 참여하는 '강제결혼 담당 부서'를 만들어 결혼을 강요당하는 대부분의 남아시아 소녀들을 도왔다. 이 기구는 2014년까지 운영됐는데, 이후 집권한 보수당 정부가 과감하게도 강제결혼을 제도적으로 금지해버렸기 때문이다. 《인디펜던트》에 매주 기고하는 무슬림 칼럼니스트 야스민 알리바이 브라운Yasmin Alibhai-Brown은 이 새로운 법이 발효된 이후 첫번째 기소에 즈음하여 "(아시아인들의 표를 잃을까봐 강제결혼에 반대하는 것을 주저했던 노동당 의원들과 대조적으로) 오랜 기간 유예됐던 입법 조치"를 이끌어낸 데이비드 캐머런 총리를 칭송하는 글을 썼다.[7]

알리바이 브라운은 예전부터 강제결혼에 반대하는 캠페인을 벌여왔다. 그녀는 가수였던 딸을 파키스탄인 사촌과 결혼시킨 한 아버지로부터 받은 편지의 오싹한 한 구절을 자신의 글에 인용했다. "당신은 엄격한 부모의 단점에 대해서만 쓰더군요. 당신은 아무것도 몰라요. 딸애는 사람들 앞에서 노래하고 싶어했습니다. 만약 딸이 그러면 내가 사람들 앞에서 어떻게 얼굴을 들고 살 수 있겠습니까? 그래서 형의 아들, 좋은 청년인 라만과 짝을 지어주었습니다. 그는 딸아이를 착하고 말 잘 듣는 아내로 만들었지요. 그런데 파키스탄에서 딸은 독약을 마시고 스스로 목숨을 끊었습니다. 복중 태아도 함께 죽었죠. 걔는 천국에 가지 못할 거예요. 이런 딸은 아예 태어나지 않았더라면 좋았을 테지요."

"우리가 여전히 넘어야 할 장애물은 이런 태도들"이라고 알리바이 브라운은 피력했다.[8]

9

명예 없는 명예살인
파키스탄과 요르단

눈길이 닿는 모든 곳에 사막 관목이 보인다. 저 멀리에는 나무 하나 없이 울퉁불퉁한 바위산이 있다. 평원의 먹잇감을 찾는 수염수리가 절벽 아래로 매섭게 날아든다. 수세기에 걸쳐 이웃 나라인 아프가니스탄을 침공하러 군인들이 지나다닌 협곡을 따라 강줄기가 흐른다. 발루치스탄 지역은 파키스탄 국토의 44퍼센트를 차지하지만, 물이 너무 부족해 전체 인구의 5퍼센트만이 이곳에 살고 있다.

바싹 마른 평야를 지나 술라이만 산기슭 인근 마을로 운전해 간다. 대추야자와 진흙으로 지은 집들, 낙타와 터번을 쓴 살와르 카미즈 차림의 남자들이 줄지어 있는 먼지투성이의 길을 지나노라니 지구에서 가장 외딴곳으로 들어가는 기분이다. 어떤 터무니없는 일이 일어난다고 해도 이상하지 않을 것 같은 곳이다. 이곳은 인구밀도가 매우 낮아 모두 뿔뿔이 흩어져서 자율적으로 살아간다. 부족

차원의 결정이 곧 법이고, 남자는 곧 자기 집의 주인이다.

하지만 여기에서 일어나는 일이 어째서 영국의 액턴, 미첨과 워링턴에서도 벌어지는지, 그 이유를 헤아리기는 어렵다. 영국 경찰청장과 내무부 장관은 TV에 나와 전혀 명예롭지 않은 이른바 '명예살인'을 오늘날 영국 사회에서 근절할 것이라고 호통치곤 한다. 하지만 도버해협의 흰 절벽을 넘어 영국으로 들어온 사람들이 뿌리 깊게 지켜온 관습을 하루아침에 버리지는 않는다. 신념을 품고 오기 때문이다. 그렇다면 '명예살인'은 왜 벌어지는 것일까?

"딸이 약혼자 아닌 다른 남자아이와 말을 했기 때문에 죽였답니다." 산속 마을에서 최근 벌어진, 아버지가 딸을 살해한 사건에 대해 한 여자에게 묻자 이런 대답이 돌아왔다. "처음에는 칼로 팔과 다리를 공격했대요. 아이가 '제발 살려달라'고 아버지에게 소리쳤지만 소용없었어요. 땅바닥에 쓰러져서 기어서 도망치려는 아이의 목을 긋고 양손을 잘라냈다지요. 아이 어머니는 남편에게 '제발 그런 식으로 하지 말아요. 그냥 총으로 쏘세요'라고 외쳤고요."

이 지역에서는 이를 '카로 카리karo kari'라고 부른다. 문자 그대로 해석하면 '검은 남자, 검은 여자' 혹은 '간통한 남녀'라는 뜻이다. 하지만 죄를 지은 쪽은 예외 없이 여자뿐이다. 마을에서 살인은 흔하게 벌어진다. 열네 살의 나와라Nawara는 마을 저편의 커다란 가족 주택 단지에 사는 한 소년과 결혼하기를 원했다. 그녀의 아버지는 최근 아내를 잃은, 자신의 마흔다섯 살짜리 사촌에게 딸을 시집보내려고 마음먹은 터였다. 두둑한 지참금이 보장된 혼처였고 가족은 그 돈을 자신들이 갖고 싶어했다. 이런 이유로, 특히 다른 자매들의 본보기로, 그녀는 살해되어야 했다.

나와라의 아버지는 벌을 받지 않을 것이다. 파키스탄에서는 희생자의 가족에게 키사스qisas♦ 또는 처벌을 면제할 권리가 주어진다. 살인자와 희생자가 아버지와 딸이라면, 가족은 자동적으로 살인자를 용서하고 사건은 '명예살인'으로 명명된다. 필요에 따른 살인이라는 것이다. 이는 여성을 통제하고, 가족의 재산을 보호하고, 상속 문제를 해결하고, 지역의 불화를 가라앉히는 편리한 방법이다. '명예살인'은 파키스탄 전국에서 하루에 두세 번꼴로 벌어지는 것으로 추정된다. 파키스탄 인권위원회의 최근 통계에 따르면 "2008년 이후 파키스탄에서 소위 '명예살인'으로 3000명이 넘는 여성이 사망했다. 현지 인권단체 오라트 재단Aurat Foundation은 이 수치가 훨씬 더 빈번하게 살인이 벌어지는 현실을 제대로 반영하지 못한다면서, 매년 1000여 명의 여성이 이런 사건으로 목숨을 잃고 있다고 주장한다."[1] 당국이 미처 인식하거나 개입하기도 전에 조용히 시신이 수습되고 묻히는 상황에서는 이런 일이 훨씬 더 많이 일어나고 있을 개연성이 있다.

세련된 파키스탄 사람들은 이런 사건이 '저 멀리' 발루치스탄이나 신드 지방의 '깡촌'에서나 벌어지는 일이라고 생각하는 경향이 있다. 1999년 4월에 28세의 사미아 사와르Samia Sarwar가 라호르에 있는 자신의 변호사 사무실에서 가족이 고용한 살인청부업자의 총에 맞아 죽는 사건이 벌어지기 전에는 그랬다. 그리고 이보다 더 최근인 2014년 5월, 임신한 여자가 라호르 고등법원 계단 위에서 자

♦ '눈에는 눈 이에는 이'처럼 당한 만큼 똑같이 갚아주라는 이슬람 율법이다.

255

신의 아버지, 형제, 사촌 그리고 전 약혼자에게 맞아죽었다. 서른 살의 파르자나 파빈Farzana Parveen은 남편을 변호하기 위해 법원을 찾은 길이었다. 본가 식구들이 파빈을 납치한 혐의로 그녀의 남편을 고소했기 때문이다. 그녀는 자신의 자유의지로 남편과 결혼했으며 그를 사랑하고 있다고 판사에게 설명할 계획이었다. 하지만 끝내 그럴 기회를 얻지 못했다. 파빈의 가족 20명과 전 약혼자 무함마드 이크발Mohammed Iqbal의 가족 15명 일당이 벽돌과 돌멩이를 들고 기다리다가 그녀를 죽을 때까지 때린 것이다. 현장의 경찰은 아무런 제지도 하지 않았다.

너무나도 태연하게 공개적으로 벌어진 이 살인사건에 전 세계가 경악했다. 파키스탄에서는 이례적으로, 사건에 가담한 남자들이 살인 혐의로 기소됐고 사형을 선고받았다. 재판이 진행되는 과정에서 파빈의 아버지가 자신을 체포한 경찰관에게 "허락받지 않은 결혼을 함으로써 우리 가족에게 수치를 안겨준 딸을 죽인 겁니다. 나는 전혀 후회하지 않습니다"라고 말한 사실이 드러났다.[2] 또 재판 과정에서 무함마드 이크발이 수년 전, 파빈과 결혼하기 위해 자신의 첫번째 아내를 살해한 사실도 드러났다. 이크발이 첫번째 결혼에서 낳은 아들은 기자들을 만나, 아버지가 감옥에서 풀려날 수 있도록 엄마를 죽인 아버지를 용서하라고 가족들이 자신을 설득했다고 말했다. 남자들은 1심 선고에 항소했다.

술라이만산맥의 산기슭 마을 이야기로 돌아가보자. 최근 벌어진 살인사건에 관한 이야기는 끝없이 이어졌다. 비비 파티마Bibi Fatima와의 약속 장소로 걸음을 옮겼다. 낱개로 팔아서 조심히 무게를 단 다음 신문지로 포장해주는 멜론과 양파, 달걀 등이 산더미처럼 쌓인 매대 사이를 지나가는 동안, 여자는 한 명도 볼 수 없다. 노점 상인과 손님 모두 남자다. 여자들은 장을 보러 나오는 것조차 허용되지 않는다. 지나가는 소달구지에 올라타 몸을 꽁꽁 감싼 채 균형을 잡으려고 애쓰는 모습이나, 호기심 많은 이방인의 눈길에 서둘러 문을 닫아버리는 모습을 드물게나마 흘낏 볼 수 있을 뿐이다.

학교를 마치고 신나게 수다를 떨며 집으로 향하는 어린 소녀들을 제외하면, 진흙투성이 거리를 자유롭게 걷는 사람 가운데 여자는 내가 유일했다. 여자아이들에게 말을 걸어보았다. 그들은 하굣길에 남자아이들의 눈길을 끌지 않도록 조심해야 한다고 말했다. "만약 남자형제들이 우리가 남자애들과 이야기하는 걸 본다면, 더럽다고(카리kari) 할 거예요." 열 살짜리 한니Hanni가 말했다. "그리고 우리를 죽이겠다고 협박할 거예요. 우리가 학교에서 남자애들과 대화한다면, 우리를 죽이겠다고 위협해요." 아이들은 최근에 실제로 열 살짜리 소녀와 열네 살짜리 소년이 이런 이유로 살해됐다고 말했다.

가족 주택 단지에 있는 커튼으로 가려진 방에서 비비 파티마를 만났다. 그녀의 자매, 딸, 여자사촌 들도 같이 나왔다. 그들은 2개월 전 사촌이 살해당한 충격과 공포로 여전히 떨고 있었지만, 감히 집을 떠날 생각은 아무도 못 했다. 비비 파티마가 새된 목소리로 울부짖으며 설명했고, 다른 가족들이 중간중간 빠진 대목들을 첨언했다. 그녀의 사촌은 빨랫감을 들고 강둑으로 향했다고 한다. 이 모습을 어느 남자가 바라보고 있는 장면을 남편이 목격했다. 사촌이 빨래를 마치고 집에 돌아가자마자 남편은 그녀를 죽여버리겠다고 말했다. "그녀는 결백했어요." 비비 파티마가 주름진 뺨 위로 눈물을 흘리며 말했다. "사촌이 말했어요. '나를 왜 죽이나요? 내가 뭘 어쨌다고?' 코란에 맹세컨대 아무 죄를 짓지 않았다고 말하면서 '우리 아버지 집에 가서 얘기를 해보면 어때요?'라고 했답니다. 하지만 남편은 그녀를 쏴버렸죠." "처음에는 때렸어요." 옆에 앉아 있던 다른 여자가 끼어들었다. "그래요, 그 말이 맞아요." 비비 파티마가 말을 이었다. "처음에는 때렸고 그다음에 총을 쐈지요. 돈 때문에 그런 거예요. 그는 자신이 혐의를 제기한 남자에게서 1만 루피를 받았어요." 두 이웃 간에 지속되어온 다툼에 대한 합의금이었다고 한다. 살인자는 돈을 받고, 피해자를 묻어버린 뒤, 유유히 새 장가를 들었다.

이 작은 마을에서 그해에만 500명의 목숨을 앗아가는 살인이 벌어졌다. 경찰은 자기네 구역에서 여자와 심지어 어린아이들을 대상으로 한 살인율이 유난히 높다는 사실에 변명할 생각조차 없어 보였다. "남자들은 그냥 비즈니스의 일종으로 봅니다." 아크바 마리 Akbar Marri 경감이 말했다. "돈벌이의 한 방식으로 여겨요. 살인을 저지른 남자들은 무기를 들고 이곳을 찾아와 여자를 죽였다고 말하는데, 늘 '그러도록 허가받았다'고 덧붙입니다." 그런데 왜 그런 허가 같은 건 없다고 말해주지 않느냐고 내가 질문하자 경감은 어깨를 한번 들썩이더니 이렇게 말했다. "그들은 그게 자신의 권리라고 생각합니다."

파키스탄 여성들의 문제는 관련법이 모호하다는 데 있다. 1999년 사미아 사와르가 자신의 사무실에서 살해당한 후, 국회에서 '명예살인'을 규탄하는 결의안을 내려는 움직임을 보이자 손꼽히는 인권변호사인 히나 잘라니 Hina Jalani는 고무되었다. 1980년 라호르에 파키스탄 최초로 여자들만으로 구성된 법률사무소를 열고 수십 년간 여성인권 향상을 위해 외로운 싸움을 벌여온 그녀로서는 이것이 돌파구처럼 보였던 것이다. 하지만 국회가 내놓은 결의안은 그녀의 말에 따르면 도무지 받아들일 수 없는 수준이었다. "국회의 원들은 명예살인이 우리 문화의 일부라고 말했습니다." 2004년에 "명예살인은 보통의 살인죄와 마찬가지로 취급해야 한다"는 취지로 파키스탄 법 개정이 이뤄졌을 때에도 그녀는 희망을 품었다. 하지만 잘라니는 살인자가 빠져나갈 수 있는 두 가지 예외 조항이 여전히 존재한다고 지적한다. 1979년에 도입된 파키스탄의 후두드 Hudood 법은 여성의 지위가 남성보다 열등하다는 것과 특히 사법 체계 안에서 여성을 더욱 가혹하게 심판한다는 점을 명시하고 있다. 새로운 개정안 역시 가해자가 희생자 가족과 합의하고 신의 이름으로 용서받을 수 있으며, 그런 경우 기소가 취하되는 현실을 변화시키는 데는 실패했다. "바로 이게 총을 쏜 인간들이 길거리를 자유롭게 쏘다니는 이유죠." 잘라니가 말했다. "우리는 이런 현행법이 바뀌어야 한다고 요구하고 있지만, 솔직히 말하자면, 정부는 이 문제에 착수하고 싶어하지 않아요."

파키스탄 정부 내에서 무슬림과 세속주의자 사이의 다툼은 오랜 기간 계속돼왔지만, 사실 문제는 표면적인 법안 구성보다 훨씬 근본적인 데 있다. 파키스탄 사회에서 여성의 지위 자체가 통탄할 지경이라는 것이다. 오직 남자아이 출산만이 축하받을 일이고, 여자아이를 낳으면 위로와 애도가 쏟아진다. 일부 부족들이 사는 지역에서는 오직 10퍼센트의 여자아이들만이 아버지의 허락을 받아 학교에 다닌다. 여자아이들은 아버지와 오빠, 남동생에게 순종하고 그들의 시중을 들어야 한다고 교육받는다. 집안의 남자들은 여자들의 삶을 지배하고, 혼처를 결정하고, 또 자신들이 내키는 대로 아무 죄 없는 여자들을 죽여도 처벌을 받지 않는다. 여자들은 자신의 인생에 대한 아무런 결정권이 없고 목소리도 내지 못한다. 히나 잘라니는 "파키스탄 여성에게 생존권은 사회적 규범과 전통을 얼마나 따르느냐에 달려 있습니다"라고 설명했다. 21세기가 됐음에도 그러한 확고한 전통이 달라질 기미는 거의 보이지 않는다.

1950년대에 파키스탄 정부가 카슈미르 남부의 미르푸르에 망글라댐을 건설하자, 이곳의 지역민, 주로 남자들이 영국으로 이민을 가서 철강업과 직물업, 나중에는 NHS가 제공한 일을 했다. 그들 대부분은 브래드퍼드, 올덤과 버밍엄에 정착했다. 1990년대에 이들이 아내와 가족을 영국으로 불러들이면서 '명예살인'도 함께 영국에 유입됐다.

영국으로 이민 온 모든 파키스탄인 가족이 폭력적이고 복수심에 불타는 전통을 갖고 있다고 표현한다면 아주 무례한 중상일 것이다. 앞서 보았듯이, 라지아 소다가르의 가족처럼 딸을 이해하고 너그럽게 대하는 이들도 있다. 그러나 2000년 영국 내무부의 발표에 따르면, 영국 내 강제결혼 사례의 절반 이상이 파키스탄 출신의 이민자 가족들과 관련돼 있다. 전체의 90퍼센트는 무슬림 가족이다.[3] 2004년에 내가 영국에서 처음으로 이 같은 현상을 보도했을 때, 경찰은 지난 수년간 벌어진 100여 건의 젊은 여성에 대한 살인·실종 사건이 '명예살인'과 관련이 있을 수 있다고 판단했다.

샤필리아Shafilea는 브래드퍼드에서 태어났다. 2003년에 가족과 함께 워링턴에 살고 있던 그녀는 학업 성적이 우수했고 사무변호사를 꿈꾸었다. 그러던 어느 날 열 살이나 많은 사촌과 결혼하라며 부모가 파키스탄에 데려가자, 그녀는 겁에 질렸다. 영어를 한 마디도 하지 못하는 예비 신랑은, 그녀의 꿈 따위는 모두 다 포기하라고 했다. 절망에 빠진 샤필리아는 표백제를 병째 들이켰다. 결혼식은 취소됐고 그녀는 영국에 돌아왔지만 지속적으로 치료를 받아야 했다. 그녀의 아버지는 한밤중에 주변이 너무 깜깜해서 그녀가 구강 세정제 병으로 착각해서 표백제를 마셨다고 주장했다.

이 가족 내에서는 예전에도 가정폭력이 있었고, 특히 샤필리아가 결혼을 거부한 이후 폭력의 정도가 심해졌다. 교사들은 샤필리아의 목과 머리에서 멍을 발견한 적이 있다면서 우려했다. 사회복지사들이 조사를 벌였지만, 항상 가족 전체를 함께 인터뷰했고 아버지가 그 자리에 있었기 때문에 샤필리아는 두려워했다. 그녀가 병원 예약시간에도 나타나지 않고 학교에도 출석하지 않자 공식적인 수색과 경찰의 제보 요청이 시작됐다. 당시 경찰관은 택시 운전기사였던 아버지 이프티카르 아흐메드Iftikhar Ahmed가 딸의 실종을 걱정하기보다는 수사를 방해했으며 몹시 화를 냈다고 기억한다. 딸은 열여섯 살이 넘어 자기 좋은 대로 할 수 있는 나이이며, 그저 가출했을 뿐이라고 고집했다는 것이다.

부모를 의심한 경찰은 집 안에 감청장치를 설치하고 이프티카와 파르자나 아흐메드Farzana Ahmed 부부가 자녀들에게 "학교에서 입도 뻥끗하지 말라"고 경고하는 말을 엿들었다. 경찰은 이 장치로 아흐메드가 영국 시스템은 증거가 있어야 돌아간다고 말하는 것을 들었다. "증거가 없으면, 어떤 호로새끼가 사람을 40명이나 죽인대도, 증거가 발견되기 전에는 걔네가 너한테 아무것도 할 수 없어." 실종된 지 6개월 만에 샤필리아의 유해가 레이크 디스트릭트의 켄덜 근처, 켄트강에서 심하게 부패된 채 발견됐다. 살인자는 완벽하게 아무 흔적을 남기지 않았다. 두 번의 검시는 죽음의 원인을 정확하게 규명해내지 못했지만, 2008년에 사인 규명 심리에서 '살인'으로 판결이 났다.

살인자들을 마침내 법정에 세우는 데에는 거의 10년의 시간이 걸렸다. 샤필리아가 사라진 지 7년 뒤에 그녀의 여동생 알레샤 아흐메드Alesha Ahmed가 경찰에 비극적인 사건 당일의 기억을 털어놓았다. 2003년, 아르바이트를 하는 콜센터에 가기 위해 준비하던 샤필리아가 그 마지막 날 티셔츠와 꽉 끼는 바지를 골라 입었다는 이유로 변을 당했다는 것이다. 부모는 네 명의 다른 자녀들이 보는 앞에서 샤필리아를 죽였는데, 그녀를 소파에 밀어붙이고 비닐봉지를 입에 욱여넣어 질식사시켰다고 한다. 그녀는 어머니가 "이제 그만 끝장내자!"라고 말했다고 기억했다.

컴브리아 지역 검시관 이언 스미스Ian Smith는 샤필리아가 "매우 비열한 살인"의 희생자였다고 결론내렸다. 그녀는 부모가 태어난 파키스탄 작은 마을의 규칙에 따르는 것이 아니라, 함께 자라온 영국 학교 친구들과 같은 평범한 삶을 원했을 뿐이다. 샤필리아는 야심이 있고 성실했으며, 법률가의 꿈을 키우고 있었다. 지극히 기본적인 이런 권리가 그녀에게는 허용되지 않았다.

알레샤가 경찰에 고백한 지 2년 뒤인 2012년, 체스터 크라운 법정에서 샤필리아 사건의 재판이 열렸다. 아흐메드 부부는 각각 징역 25년을 선고받았다. 에번스Evans 대법관은 무표정한 얼굴로 앉아 있는 부부에게 다음과 같은 선고문을 읽어내렸다. "출신지의 문화유산을 그녀가 이해하고 인정하기를 바라는 욕망은 충분히 이해할 만하지만, 살아온 나라의 문화와 완전히 분리되고 밀폐된 문화 환경에서 그녀가 살아가기를 바라는 기대는 너무나도 비현실적이고 파괴적이고 잔인했다." 재판관, 경찰과 정치인 들 모두 경악했던 사건이다. 이런 가운데 살인사건은 계속 이어졌다. 워링턴 경찰이 샤필리아의 죽음을 조사하던 때와 거의 비슷한 시기에, 남쪽으로 320킬로미터 떨어진 서런던의 경찰은 열여섯 살짜리 헤슈 요네스 Heshu Yones를 아버지 압둘라Abdullah가 잔인하게 살해한 이유를 파악하기 위해 고심하고 있었다.

압둘라는 사담 후세인 지배하의 이라크에서 도망쳐온 정치적 난민으로서 10년 전 아내와 두 자녀와 함께 영국으로 망명한 이라크 쿠르드인이었다. 영국에서 그는 자신이 이해할 수 없는 문화 충돌에 직면했다. 런던 중심가, 액턴 하이스트리트에서 마주치는 젊은 여자들이 그의 눈에는 너무나도 난잡해 보였기 때문에 큰 충격을 받은 것이다. 짧은 치마, 뾰족구두, 넘치는 자신감과 노골적인 당당함을 보고 그는 딸 헤슈의 장래를 두려워하게 되었다. 그는 법정에서 인기 많고 발랄한 자신의 딸이 너무나도 서양 문명에 젖어 있어서 가족의 수치가 될까봐 걱정했었다고 인정했다.

딸이 기독교인 남자친구—열여덟 살의 레바논인 교사—를 만나고 있다는 사실을 알게 되자, 걱정을 현실로 맞닥뜨린 그는 딸을 때리기 시작했다. 그녀는 가출할 계획을 세우고 아버지에게 편지를 썼다. "나와 아버지는 아마 서로를 영원히 이해할 수 없을 거예요. 아버지가 원하는 딸이 되지 못해 죄송해요. 하지만 이 세상에는 아버지가 바꿀 수 없는 것도 있어요. 참, 나이 많은 사람치고는 아주 좋은 주먹질과 발차기 실력을 지니셨네요. 나를 상대로 힘을 시험

해보는 일이 즐거우셨기를 바랍니다. 나 역시 맞아서 참 재밌었어요. 아주 잘하셨어요."

그녀가 미처 집을 빠져나가기 전에, 그는 딸을 찌르고 목을 베었다. 이듬해 이 사건을 맡은 닐 데니슨Neil Denison 판사는 "서양 사회의 가치관과 쿠르드족의 전통적 가치관 사이의 좁혀질 수 없는 간극으로 인해 발생한 비극"이라며 압둘라 요네스에게 무기징역을 선고했다. 살인 은폐를 위해 가족 구성원들이 모의했던 정황이 추가로 드러났고, 심지어 사건과 아무런 관련 없는 쿠르드족 이민자 집단의 일원이 재판 결과에 영향을 끼치려다 경찰 수사를 받기도 했다. 하지만 아무도 기소되지 않았다.

중동에 가서 '명예살인'의 실태를 더욱 자세히 조사할 때가 됐다고 생각했다. 격동 속의 여느 중동 국가보다 정세나 치안이 좋아 '오아시스'로 여겨지는 요르단에서 여정을 시작하기로 했다. 서양인들은 영국 샌드허스트 육군사관학교를 졸업한 왕들과 미국식 교육을 받은, 머리를 천으로 감싸지 않는 왕비들로 이어진 요르단 왕조에 대해 안도감을 느낀다. 미국이 기꺼이 매년 10억 달러의 원조를 제공하고, 유엔개발계획(UNDP)이 발표하는 인간개발지수에서 높은 순위를 차지하는 국가다.

놀랍게도, 전 국민의 97퍼센트가 글을 읽고 쓸 수 있고, 진보적이고 자유로운 사고방식을 자랑하는 이 나라에서도 '명예살인' 관습은 매우 뚜렷하게 이어지고 있었다. 공식 통계로만 1년에 20~25명이 살해되는데,[4] 요르단 인구가 파키스탄의 30분의 1 수준이라는 점을 감안하면 파키스탄보다 3분의 1의 빈도라고 할 수 있다. 하지만 이 수치가 줄어들거나, 이 전통이 점차 등한시될 기미는 전혀 보이지 않는다. 최근 케임브리지대학교가 요르단 수도 암만에서 850명 이상의 청소년(평균 연령 15세)을 상대로 한 설문조사에 따르면, 남자아이들의 46퍼센트와 여자아이들의 22퍼센트가 최소한 두 가지 경우 이상의 '명예살인' 상황에 대해 동의한다고 답했다. 해당 연구를 벌인 매뉴얼 아이즈너Manuel Eisner 교수는 이 같은 신념의 근거가 반드시 종교적인 것만은 아니라고 분석한다. "교육 수준이 낮은, 전통적인 가정에서 자란 남자아이들일수록 명예살인을 지지하는 경향을 보이긴 하지만, 여자아이들 가운데 소수이긴 해도, 특히 교육 수준이 높고 심지어 종교가 없는 아이들 가운데에서 명예살인이 도덕적으로 옳다고 답변하는 경우가 있다는 점에 주목했다. 이는 전통에 대한 사회 전반적인 지지가 끈질기게 지속되고 있음을 의미한다."[5]

이 같은 믿음을 뚜렷하게 보여주는 사례를 찾아 교도소를 찾았다. 수도인 암만으로부터 자동차로 한 시간 거리, 황량한 모래 평야 한가운데 자리한 이 교도소는 현대적이고 인상적인 건축물이었다. 예의 바른 교도관들은 내가 여동생 살인자 아흐메드 하미드Ahmed Hamid를 인터뷰하러 왔다고 밝혀도 전혀 놀라워하지 않았다. 나는 아카시아 나무와 관목, 진보라색 붓꽃으로 쾌적하게 꾸며진 안뜰로 안내되어 그곳에서 죄수를 기다렸다. 두 교도관이 죄수의 양 옆구리에 팔을 끼우고 함께 등장했다가, 아무런 수갑이나 포승줄 없이 그를 내 앞에 두고는 떠났다. 하미드는 잘 다림질한 셔츠와 바지를 깔끔하게 차려입은 삼십대 남자였다. 그는 암만에서 꽤 알아주는 회사에서 일하던 엔지니어였고 여동생은 중학교 교사였다.

촬영 중인 카메라를 앞에 두고 여동생을 살해한 남자와 벤치에 나란히 앉았을 때 할 수 있는 질문이란 이것뿐이리라. "왜 동생을 죽였습니까?" "그래야 했으니까요. 다른 선택지는 없었습니다." 하미드는 완벽하게 평온한 얼굴로 말했다. "우리 네 형제 중 한 명이 그녀를 죽여야 한다는 데 동의했고, 내가 기꺼이 그 일을 하겠다고 말했습니다. 우리 가족이 자기를 위해 준비해둔 신랑감을 버려두고 자기가 사랑한다는 남자와 결혼하겠다며 도망갔거든요. 그러면 무슨 일이 일어나겠어요? 그런 식으로 또 다른 100명의 남자와 매번 도망간다면 도대체 가족의 명예는 어디까지 떨어지겠습니까? 온 가족이 망신당하게 되면 우리 형제 중 누구도, 심지어 촌수가 먼 친척 형제들까지도 제대로 결혼할 수 없을 겁니다."

여동생의 목을 손으로 조르면서 무슨 생각을 했느냐고 물었다. "나는 기도했습니다. 내가 해야 할 일을 잘 마칠 힘을 달라고 알라에게 기도했고, 여동생이 여전히 숨을 쉬고 있기에 그 아이에게도 알라께 기도하라고 말했는데 하지 않더군요. 그래서 그 애를 용서해달라고 알라에게 빌었습니다." 하미드가 감방으로 돌아가기 전에, 이 감옥 안에 여자를 살해한 죄수가 얼마나 있는지 물어봤다. "여기에 수십 명이 있는데 우리 모두는 다른 수감자나 교도관 들에게 존중받으며 지냅니다. 어쨌거나 우리는 몇 달 동안만 여기 있을 거니까요."

인터뷰가 끝나고 그가 걸어나가기 시작하다가, 갑자기 방향을 틀어 나를 향해 저벅저벅 다가왔다. 교도관들은 아무도 그를 제지하지 않았다. 그는 내 앞에 얼굴을 들이밀고 위협적인 눈으로 바라봤다. "똑바로 알아두쇼." 그가 말했다. "이건 몇 년 안에 끝날 그저 지나가는 일이 아닙니다. 우리는 우리 가문 여자들의 정조를 책임지고 지켜야 해요. 여자가 순결을 잃으면 가족의 명예도 그걸로 끝이에요. 이런 일은 계속될 것이고, 그래야 맞습니다. 그게 바로 우리 방식이에요." 6개월 형을 선고받은 하미드가 몇 주 뒤 석방될 때면, 그는 가족들이 자신을 영웅이 귀환한 것처럼 맞이해줄 것이라고 확신하고 있었다.

교도소 취재는 이게 다가 아니었다. 살인자들이 안뜰 정원의 수려한 경관을 볼 수 있는 수용시설에서 지내는 동안, 바로 옆 건물의 여자들에게 주어진 것은 각양각색의 빨랫감이 십자 모양으로 널린 흉하고 황량한 마당뿐이다. 이들은 살인자도 심지어 도둑도 아니지만, 집안 남자들의 눈에는 이 여자들이 더 나쁘다. 이 여자들은 원치 않는 결혼을 강요하는 부모나 학대하는 남편으로부터 달아나 스스로의 목숨을 부지하려고 이곳 교도소에 들어와 있다. 정부 당국은 이를 '보호 구금'이라고 표현한다. 자신의 아버지나 남자형제들에 의해 이미 극심한 살해 위협을 받았거나 여전히 협박을 당하고 있는 여자들이 자유롭게 돌아다니다가 언제 어떻게 죽을지 모르는 위험을 감수하는 대신 교도소를 선택한 것이다.

공동 세탁소에서 빨래를 널고 있던 파티마에게 인터뷰를 요청했다. 얼굴을 화면에 노출하지 않는다는 조건으로 그녀는 승낙했다. "비록 내가 여기에 갇혀 있지만, 우리 집안 남자들은 영민하고 지독하거든요. 나를 잡으려고 여기까지 쳐들어올지도 몰라요." 폭력적인 남편을 떠나 가출한 그녀에게 삼촌은 총을 열두 발이나 쐈다고 한다. 경찰이 그녀의 신변 보호를 위해 이곳에 데려오기 전 6개월간 병원에 입원해 치료를 받아야 했다. "내가 잘못했다는 걸 알아요." 그녀는 진심 어린 표정으로 말을 이었다. "하지만 실수를 한 내가 4년 동안 여기에 머물고 있는데, 삼촌은 고작 2주 감옥살이한 걸로 끝이었어요. 공정한 것 같지 않아요."

요르단에서 사전 계획한 살인은 통상 사형선고를 받지만, 여자가 간통을 저질렀거나 혹은 그 집안의 남자들이 보기에 도덕적으로 받아들일 수 없는 처신을 해서 그중 한 남자가 그 여자를 죽였을 경우는 예외다. 그동안 인권단체들은 이 법을 개정하고자 수없이 노력해왔다. "우리는 국가 전체의 사고방식을 바꿔야 합니다. 누군가의 생명을 그처럼 쉽게 빼앗는 것이 사회적으로 용인되는 행위가 되었습니다." 주요 운동가 중 하나인 림 아부 하산Reem Abu Hassan의 말이다. 하지만 2011년에 정부가 범죄의 심각성을 고려해 좀더 적절하게 처벌하는 방향으로 법 개정을 시도했지만 파키스탄에서처럼 국회의 반발로 무산되고 말았다. 이 법이 여성들을 제멋대로 행동하게 부추겨서 국가 전체가 문란해질 것이라는 주장이었다. 개정안을 반대하는 의원들 대다수는 부족 출신이었고, 자신의 지지자들에게 반발을 살 것을 우려했다. 운동가들은 또다시 패배할 수밖에 없었다. 림 아부 하산은 "부족적 사고방식이 이 현상을 통제 불능으로 만든 주요 원인"이라고 지적하면서, 힘없이 덧붙였다. "이 나라 정치인들에게는 소위 '명예범죄'와 맞서 싸우려는 의지가 없습니다."

요르단 인권단체 중 몇 군데에서도 집안의 남자가 겨누는 총구와 위협적인 손길에서 도망치려는 여자들을 위한 보호소를 제공하고 있다. 두 아이의 어머니인 라나Rana를 만난 장소도 이런 곳이었다. 이미 딸의 살해를 시도했던 라나의 아버지는 여전히 그녀를 마주치면 언제든 죽이려 할 터였다. 우리는 사람이 거의 없는 암만의 어느 카페 구석 자리에서 인터뷰를 시작했다. 촬영기자는 여기에서도 인터뷰이의 뒤통수만 촬영해달라는 요청을 받았다. 그녀는 도망 다니는 처지이기 때문이다. "열일곱 살에 강제로 결혼을 해야 했습니다. 결혼은 한 번도 생각해본 적도 없었는데 말이에요. 나는 학교에 가는 게 좋았고 제대로 졸업하고 싶었습니다." 라나가 말했다. "감옥에 갇힌 것 같은 기분이었어요. 결혼이라는 감옥에요." 남편은 그녀를 때렸지만, 그녀는 두 아이를 낳았다. 서로를 싫어하는 것은 매한가지여서, 남편은 이혼을 통보하고 양육권을 가져갔다. 라나는 집으로 돌아가서 새 출발을 할 계획이었지만, 가족들은 그녀가 자신들의 삶을 사실상 끝장냈다고 말했다. 라나의 아버지가 말하길, 가족이 명예를 잃었으니 그녀를 죽여야만 한다는 것이었다. 그저 집에 돌아와서 기뻤던 라나는 아버지가 농담하는 줄 알았다고 한다. 집에 돌아온 첫날 저녁식사 후에, 아버지는 책상 서랍에서 총을 꺼내들고 딸의 방을 찾아와 스물세 발을 발사했다.

천만다행으로 그의 사격 솜씨는 훌륭하지 않았다. 라나와의 인터뷰 다음 날 병원 정기 검진에 동행했는데, 의사는 그녀의 몸에 네 발의 총알이 박혔던 흔적을 내게 보여줬다. 세 발은 다리에, 한 발은 어깨였다. "신이 저를 살리셨죠." 라나가 말했다. "아버지는 계속 내 머리를 향해 총을 쐈어요. 머리카락이 어지럽게 흩날리는 바람에 총알이 스친 머리카락이 그슬리면서 사방에 불꽃이 날렸어요. 아버지는 내 머리를 명중시켰다고 생각했던 게 분명해요. 총을 떨어뜨리고는 그 길로 집을 떠났거든요." 라나의 어머니가 그녀를 의사에게 데려갔다. 깨어 있는 남성이었던 의사는 라나가 여성운동 단체의 도움을 받아 법정 싸움을 벌일 수 있도록 도와주었다. "절대 고소를 취하하지 마세요. 모든 총상의 사진 기록을 내가 법정에서 직접 설명하겠습니다." 그녀가 퇴원할 때 의사는 이렇게 말했다고 한다.

라나와 함께 그녀의 변호사를 만나러 암만 시내를 걸어갔다. 스마트폰 상점과 고급 의류 상점, 고급 자동차 판매점 들이 나란히 늘어서 있다. 겉보기에는 철저하게 현대적인 압둘라 국왕과 라니아 여왕의 사진이 모든 상점 벽에 걸려 있다. 요르단인들은 엄청난 효율성과 함께, 2011년 4월 시리아 폭동 이후 수백만 명 이상의 난민을 받아들인 도덕적 관대함에 대해 마땅한 칭송을 받아왔다. 이처럼 겉으로는 고상하고 인간적인 리더십만이 부각되지만, 전근대적이고 불가해한 현상이 있다. 매년 25명 이상의 여성들이 사법제도 바깥에서 처형당하고 있는 것이다.

라나의 변호사는 사법재판소의 웅장한 철문 앞에서 우리를 기다리고 있었다. 그녀는 우리에게 새 소식을 들려줬다. 이 사건의 선고가 다음 주에 내려질 예정이라는 것이었다. "만약 당신의 아버지가 '명예살인'을 시도했다고 주장한 것을 재판부가 받아들인다면 고작 3개월에서 6개월 정도의 징역형을 받게 될 겁니다. 하지만 우리가 계속 밀고 나가는 게 무척 중요해요. 이른바 '명예살인자'에게 지나치게 낮은 형량을 주고 있는 사법부의 현실을 대대적으로 사회 쟁점화시킬 필요가 있거든요." 라나는 아버지가 고소를 취하해달라며 변호사에게 접촉해왔다고 말했다. 만약 취하만 해준다면 그녀가 자신의 인생을 살아갈 수 있도록 자유롭게 놓아주겠다고 약속했다는 것이다. "하지 마세요." 변호사가 말했다. "이런 사건에서 남자들이 하는 말은 믿을 수 없습니다. 위험 부담이 너무 커요."

함께 법원 건물을 나서자마자 라나는 울기 시작했다. "이런 게

다 무슨 소용일까요? 아버지는 잠깐 감옥에서 지낼지 모르겠지만 바깥세상에 계속 영향력을 행사하겠죠. 항상 나를 스토킹하면서 끝내지 못한 일을 마무리 지으려고 할 거예요. 나는 집안 남자의 허락 없이는 일할 수 없습니다. 남은 평생을 숨어 살아야 하겠죠. 겨우 스물다섯 살밖에 되지 않았는데 내 인생은 끝났어요." 파키스탄과 요르단의 상황은 크게 다르지 않아 보였다. 이런 폭력적인 살인은 뿌리 깊은 부족적 신념에서 비롯된다. 여동생을 죽인 엔지니어 하미드처럼 고등교육을 받은 사람들도 예외는 아니다. 잘못된 전통을 바꾸려 노력하는 올바른 마음을 지닌 의사, 법률가나 정치인 들이 21세기에 맞지 않는 전통을 바꾸기 위해 최선을 다하고 있다. 각 국가의 법전에는 이런 범죄에 대한 언급이 형식적으로나마 나와 있지만, 잔인하고 비상식적이며 계획적인 살인범이 응당 받아야 할 형량에 비해 현저히 가벼운 수준의 처벌만 내려질 뿐이다.

나는 북동쪽의 쿠르디스탄 지역으로 향했다. 최근 영국에서 법정에 오르는 가장 참혹한 살인사건 중 일부는 시리아, 이라크, 이란 그리고 터키에 걸친 광활한 지역에 사는 쿠르드족의 마음속에만 존재하는 이 땅에서부터 비롯한 것이다. 티그리스강 가장자리의 고대 로마 도시, 현지인들이 말하기로는 달에서도 보인다는 거대한 현무암 성벽의 도시, 디야르바키르는 터키 내 쿠르드족들의 수도로 꼽힌다. 터키 당국이 통제하는 데 상당히 어려움을 겪을 정도로 거친, 사실상의 반^半 자치지역이다. 현지인들은 지난해(1997년)에만 약 200명의 여성들이 '명예살인'으로 목숨을 잃었다고 전했다.

이곳 흉악하고 여성혐오적인 세상에도 전통에 도전하며 인간성이 보장된 장소를 제공하려는 용감한 운동가들이 있어서, 걸핏하면 총질을 해대는 남자들로부터 도망친 여자들에게 인도주의적이고 안전한 장소를 제공하고 있다. 파티마 역시 카메라를 등지고 앉아 익명 인터뷰를 진행했다. 남편의 사망 이후 시가 식구들은 그녀에게 시동생과 결혼하라고 지시했다고 한다. 그녀는 거절했다. "시어머니가 나를 때리면서 '너는 우리 소유물이고 우리가 하는 말에 고분고분 따라야 해. 그렇지 않으면 우리 아들이 너를 죽일 거야'라고 말했습니다." 다행히도 그녀는 죽기 전에 도망쳤다.

"그게 쿠르드족의 방식입니다." 그날 밤 디야르바키르의 한 카페에서 만난 남자는 놀랍게도 명예와 보복에도 여러 단계가 있다고 내게 설명했다. "만약 딸이 남자와 함께 달아났다면, 협상할 수 있습니다. 다시 생각해볼 여지가 있지요. 하지만 아내가 도망가거나 불복종한다면, 협상이란 없습니다. 이게 명예의 핵심입니다. 그녀를 죽여야만 하죠."

"나는 동의하지 않아." 옆에 앉아 있던 남자가 끼어들었다. 세르핫Serhat이라고 자신을 소개한 남자는 이렇게 말을 이었다. "내 말을 거스른다면 내 동생이든 어머니이든 나쁜 건 매한가지입니다. 사실, 동생은 나한테 마흔 살짜리 사촌과 결혼하고 싶지 않다고 했었어요. 나는 다정한 오빠니까 동생에게 기회를 주었죠. 말을 듣지 않으면 너를 죽일 수밖에 없다고 했어요. 동생은 사촌과 결혼했습니다." 지난 20년간 이런 사람들을 수없이 인터뷰해온 경험 덕분에, 아무렇지도 않은 척하는 내 능력을 갈고 닦을 수 있었다. 나는 젊은 남자들에게 시간을 내주어 고맙다고 하고는 일어나 그 자리를 떴다.

그게 쿠르드족의 방식이고 또 요르단과 파키스탄의 방식이다. 내가 방문하는 모든 국가에서 이 말을 들었다. 우호적 관계를 다지고 사업상 거래를 확정지으려고 떼어주는 필지筆地처럼, 여성에게 사랑하지 않는 남자와 결혼하라고 강요하고, 열네 살짜리 소녀를 사십대 중년 남자에게 보내버리는 이야기들을 들으면 들을수록, 이 문제는 여성의 지위와 관련이 있다는 확신이 들었다. 여성은 사고력도, 감정도 없는 재산의 일부로 여겨진다. 성숙하고 상호적인 성인의 애정관계를 가질 기회 자체가 허용되지 않는다. 여성의 처녀성과 절대적인 순종은 가족의 명예와 직결돼 있고, 이 명예는 여성의 목숨보다도 중요하게 간주된다.

한때 다른 여러 기자와 함께 터키의 인권 기록을 자세히 검토한 적이 있다. 터키가 EU 가입을 신청하자 스트라스부르의 고위 관료들이 터키 정부가 그동안 쿠르드족을 어떻게 대했는지에 대해 까다로운 질문을 던지던 시기였다. 1980년대와 1990년대에 터키 내 광범위한 쿠르드족 밀집 지역에서는 내전에 가까운 상황이 벌어졌다. 2000년대에도 터키 군대와 경찰은 여전히 계엄령을 시행 중이었고, 쿠르드족 라디오와 텔레비전 방송은 금지되었으며 수백 명의 쿠르드족 정치범들이 감옥에 갇혀 있었다.

터키는 또 대단히 심각한 여성인권 지수들을 높이라는 지적을 받았고, 이와 관련한 개선의 여지가 없다면 EU 가입의 걸림돌이 될 것이라는 경고도 받았다. 입법자들을 상대로 특히 '명예살인'에 관한 법률을 현대화하라는 목소리가 높았다. 파키스탄이나 요르단과 마찬가지로 '명예살인'은 여전히 치정과 가정사에 의한 범죄로 간주되었으며, 법원에서도 관대하게 다루는 경향이 있었다. EU의 압력에 부응하여 터키는 소위 '명예살인자'에게 종신형을 내리기로 했다. 불행하게도, 이는 예상치 못한 비극적인 결과를 낳았다.

터키 여행 안내서는 바트만을 그냥 지나치라고 권한다. 잠시 멈추어서 '배트맨'과 철자가 같은 도로 표지판 옆에서 사진을 찍고 가면 그뿐, 계속 운전해서 지나치라는 것이다. 터키의 남동부 쿠르드족이 사는 더욱 아름다운 지역을 향해 서둘러 가라고 여행 안내서는 조언한다. 디야르바키르 동쪽으로 80킬로미터쯤 떨어진 바트만은 1950년대에 석유가 발견되기 전에는 불과 수백 명이 사는 작은 마을이었다. 이제는 25만 명의 사람들이, 기차역과 정유 공장 사이에 답답한 콘크리트 건물이 빽빽하게 들어찬 이 못생긴 도시에 모여 살고 있다.

여행 안내서에는 바트만이 최근 터키에서 여성 자살의 '수도'로 악명을 떨치고 있다는 점도 언급되지 않는다. 여성 지원단체인 카-메르KA-MER에 따르면, 새로운 규제가 도입된 이후 100명이 넘는 여자들—주로 소녀들—이 자살했다.[6] 이 현상에 대한 유일한 합리적인 설명은, 아들이 평생 감옥에서 썩는 꼴을 보지 않으려는 부모들이 그 대신 '더럽혀진' 딸들에게 알아서 자살하라고 설득한다는 것뿐이다.

카-메르의 전문 활동가인 아이텐 테카이Ayten Tekay는 "두 명의 자녀를 잃기보다는 딸만 잃기로 결정하는 것"이라고 설명했다. 단체에 도움을 요청하는 수백 명의 소녀와 여자 들은 밧줄, 때로는 권총이나 독약과 함께 방에 갇히는 상황을 이야기한다고 한다. "우리는 은밀하게 벌어지는 이 살인을 양지로 꺼내고, 여성들에게 그들의 권리를 일깨워줘야 합니다." 그녀가 말했다. "법은 바뀌었지만 이곳의 문화는 하루아침에 달라지지 않으니까요."

이른바 '명예살인자'에게 종신형을 내리기로 한 개정안 시행

1년 뒤, 2006년 상반기 6개월간 36명의 여성이 자살했다. 야킨 에르툭Yakin Ertuk 유엔 특사가 조사한 결과 이들 사망사건의 대부분은 "자살 또는 사고로 위장한 명예살인"으로 드러났다. 대부분의 사망 발생지는 바트만 혹은 그 인근 마을이었다. 노벨문학상 수상자인 터키 작가 오르한 파묵Orhan Pamuk이 최근 발표작 《눈Snow》에서 세기 전환기에 바트만에서 일어났던 자살 유행을 소재로 삼았다는 기이한 사실이 바트만 이야기에 수수께끼를 더한다. 당시 아마추어 심리학자들은 '모방 자살'로 추정된다는 주장을 폈고 또 다른 이들은 바트만의 저주라고 경고했다.

더 지루한 설명도 있다. 도움을 요청하는 다수의 여자들은 터키 남동부 외딴 시골에 살다가 유전 개발로 급속히 팽창한 바트만으로 가족을 따라온 사람들이다. 이들 대부분이 제대로 된 교육을 받지 못한 문맹으로, 파묵의 소설을 읽어본 사람은 거의 없을 것이 분명하다. 하지만 홈쇼핑과 MTV 화면은 볼 수 있으니 더 개방적이고 재미있는 세계가 어딘가 존재한다는 사실을 깨닫게 됐다. 그런데도 여자들은 자신을 둘러싼 현대 문명을 애써 외면하고, 오직 집안의 남자들에게 복종하도록 강요받는 것이다.

열일곱 살 된 데리야Derya에게 현대와 첨단기술의 역설은 같은 학교 남학생으로부터 휴대전화 문자메시지로 사랑 고백을 받고 있었다는 점이었다. 그녀의 '정숙하지 못한' 행동을 알게 된 부모는 똑같은 기술을 이용해 그녀에게 자살하라는 명령을 내렸다. 그녀는 삼촌으로부터 이런 문자메시지를 받았다. "너는 우리 가문에 먹칠했다. 스스로 목숨을 끊어서 우리의 명예를 회복시키지 않으면 우리가 너를 죽일 거야." 비슷한 메시지를 하루에 열다섯 개나 받았다. 그녀는 티그리스강에 몸을 던졌지만 죽지 않았고, 경찰관이 카-메르 피난소에 데려오기 전에 손목을 긋는 시도도 했지만, 이 역시 미수에 그쳤다.

"우리 가족은 내 인격을 비난했고, 나는 세상에서 가장 무거운 죄를 저질렀다는 생각이 들었습니다. 가족을 욕되게 할 권리가 내겐 없다고 느꼈고, 더 살 자격이 없다고 생각했어요. 그래서 나는 가족의 뜻을 존중하여 죽기로 결심했던 거죠." 상담을 마친 데리야는 더는 자살 기도를 하지 않겠다고 말했다. 하지만 여전히 자신을 포함한 이 지역 소녀들의 미래는 우울하고 비관적이라고 했다. "이 지역은 철저하게 종교적이고, 여자로 태어난 이상 스스로 온전하게 살아갈 수 없습니다. 가족을 떠나 다른 마을로 이사가지 않으면 자살하는 수밖에 없어요."

또다른 선택지, 해외 이민 역시 많은 위험 요소를 안고 있다. 마침내 나는 우리 집, 영국의 북런던으로 돌아갔다. 돌마dolma◆와 코프타kofta◆◆를 파는 쿠르드 식당에서 크게 틀어둔 쿠르드족 민족 가수 시완 페르베르Şivan Perwer의 음악이 길거리에 울려퍼지고 있었다. 1980, 1990년대 내전 과정에서 터키의 쿠르드족 상당수가 영국에 왔다. 이들이 가져온 매콤하고 이국적인 음식, 심금을 울리는 음악들은 런던 문화를 직조하는 데 한몫했다는 측면에서 환영할 일이다. 하지만 그들은 자기들의 '전통'도 가져왔다.

◆ 각종 향신료를 넣어 쌀과 고기를 채소로 돌돌 말아 쪄먹는 중동 지역의 요리다.

◆◆ 곱게 다진 고기에 채소, 향신료를 넣고 둥글게 빚어 만드는 중동, 발칸반도, 아프리카 북동부 지역의 요리다.

런던경찰청은 현재 강력범죄 부서장 앤디 베이커Andy Baker 총경을 필두로 '명예살인' 수사를 전담하는 특별 태스크포스 팀을 꾸린 상태다. "한 가지는 분명하게 짚고 넘어가고 싶습니다." 베이커 총경은 인터뷰에서 이렇게 말했다. "명예살인에서 명예로운 건 아무것도 없다는 것을요." 그는 요네스 사건에 중형이 내려진 사례가 각 커뮤니티에서 여성 학대에 대해 침묵을 지켰던 사람들에게 경각심을 주는 계기가 되길 바라고 있다. "문화의 탈을 뒤집어쓴 폭력은 더는 용인되지 않을 것입니다. '명예'라는 이름의 살인에 대해서는 법에 명시된 가장 무거운 형량이 내려질 겁니다."

하지만 이런 종류의 범행에 대해 경찰이 무지하고 문화 감수성도 부족하다는 사실은 2006년에 미첨 지역에서 일어난 바나즈 마흐모드Banaz Mahmod 실종사건이 뚜렷하게 보여준다. 그녀는 폭력적인 남편과 가족들의 위협 때문에 목숨이 위태로운 것 같다고 경찰에 다섯 번이나 연락을 취했다. 그녀가 남편에게 어떤 살해 협박을 받고 있는지를 여성 경찰관에게 설명하는 모습도 경찰서 내부 CCTV 화면에 찍혔는데, 검은 머리카락을 포니테일로 깔끔하게 묶은 열아홉 살의 아름다운 소녀가 담갈색 눈동자와 동그란 얼굴을 두려움에 일그러뜨리는 모습을 고스란히 보여준다.

"그는 나를 때리고, 주먹질하고, 강간하고, 머리를 발로 차고, 머리채를 쥐고 질질 끌었습니다. 나는 겨우 열일곱 살에 결혼했어요. 그게 정상인지 아닌지도 몰랐죠." 그녀는 경찰관에게 2005년에 자기와 결혼한 이라크 쿠르드족 남자를 지목했다. 정략결혼이었다. 이라크 북부 지역에서 곧바로 영국으로 온 남편에 대해 바나즈는 이렇게 말했다. "그는 50년 전의 사고방식을 갖고 있어요. 그는

277

항상 자신의 방식을 고집합니다. 우리 전통문화에서는 다른 사람들 앞에서 아내가 남편의 이름을 부를 수 없어요. 그런데 손님들 앞에서 내가 남편을 이름으로 불렀습니다. 그는 나에게 한 번만 더 그렇게 하면 죽여버리겠다고 협박하더군요. 그래서 내가 말했죠. 여기는 영국이라고!"

불행한 결혼 생활을 벗어난 바나즈는 이란에서 온 쿠르드인 라흐맛 술레이마니Rahmat Suleimani와 사랑에 빠졌다. 그녀가 이 관계를 비밀로 할 수 있는 방법은 없었다. 얼마 지나지 않아 그녀는 남편이 자신을 미행하도록 사람을 붙였다는 느낌을 받았다. 그녀는 경찰에 신고했다. "내가 밖에 나가면 한 남자가 항상 차를 타고 쫓아와요. 그래서 경찰서에 찾아왔어요. 나에게 무슨 일이 생기면 남편이나 이 남자 때문이에요." 그녀는 여순경WPC에게 이런 질문을 한 적이 있다. "내가 당신들에게 이야기했으니 이제 당신들은 나를 위해 무엇을 해줄 수 있죠?" 경찰은 아무것도 해주지 않았다. 신변에 위협을 느낀 이 젊은 여자에게는 아무런 후속 조치도, 안전 조치도 없었다.

그녀의 아버지는 2006년의 마지막 날에 모든에 있는 할머니 집에서 만나자고 바나즈를 설득했다고 한다. 바나즈의 큰언니 베칼Bekhal은 아버지가 재킷 한쪽 주머니에는 술병을, 다른 주머니에는 큰 칼을 넣은 채 집을 떠나는 모습을 목격했다. 그는 바나즈에게 브랜디를 거듭 권했다. "전에는 한 번도 마셔본 적 없는 뭔가를 마셨습니다." 그녀는 그날의 기억을 이렇게 말했다. "아버지는 나한테 아주 천천히 마시라고 했습니다. 커튼이 내려져 있어서 매우 어두웠어요. 아버지는 방을 나갔다가 다시 들어왔을 때 리복 트레이닝복에 장갑을 끼고 있었어요. 아버지는 나한테 앉으라고 명령했고, 나는 금방이라도 잠이 들 것 같았는데, 아버지가 다시 방을 나가는 거예요." 자기를 죽이겠구나 하는 생각이 번뜩 들어서 그녀는 뒷문으로 빠져나와 이웃집의 창문을 깨서 주의를 끌었고, 마침내 카페까지 가서는 그곳에서 쓰러졌다.

창문을 깨는 과정에서 손과 손목에 상처를 입고 피가 줄줄 흘렀기 때문에 그녀는 병원으로 이송됐는데, 병원 직원은 그렇게 두려워하는 사람은 처음 보았다고 했다. 병원에 달려와 그녀를 만난 라흐맛은 자신의 휴대전화로 그녀가 겪은 일들을 녹음할 만큼 침착했다. 하지만 바나즈를 만나 사건 경위를 들은 여순경은 그녀가 술에 취했기 때문에 사실관계를 믿기 어렵다고 판단하고 창문을 부수는 등 재산 손해를 입힌 것과 관련해 기소하려고 했다. 이 사건에 앞서 경찰서를 찾아 도움을 요청했던 전력은 아무런 고려 요소가 되지 않았다.

몇 주 뒤, 바나즈는 실종됐다. 사건은 런던경찰청으로 넘어가서 형사과장인 캐럴라인 구드Caroline Goode가 수사를 담당했다. 2007년 법정에서 그 과정이 낱낱이 공개된 바나즈 살인사건은 모두를 경악하게 하기에 충분했다. 그녀의 아버지와 삼촌은 바나즈를 죽이기 위해 이라크 출신 쿠르드족 폭력배로 조직을 꾸렸다. 피의자들이 구속 상태로 재판을 받는 동안 교도소 안에서 자기들끼리 대화하면서 범행을 자랑한 내용이 몰래 녹음됐다. 성폭행하고, 교살한 뒤 "영혼까지 뽑아내기 위해 목을 짓밟았고" 시신을 여행가방에 욱여넣어 버밍엄에 있는 집으로 차에 실어 보냈다는 것이다. 그 집의 버려진 냉장고 아래 얕게 파인 무덤에서 범행 3개월 만에 시신이 발견됐다. 범행을 주도한 삼촌 아리 마흐모드Ari Mahmod는 징역 23년 형을, 바나즈의 아버지는 징역 20년 형을, 공범자 무함마드 하마Mohamed Hama는 징역 17년 형을 선고받았다. 바나즈의 사촌인 다른 두 명의 공범, 무함마드 알리Mohammed Ali와 오마르 후세인Omar Hussain은 이라크로 도망쳤다. 양국 간 전례 없던 범죄인 인도 절차가 진행돼 2010년에 캐럴라인 구드 형사과장은 두 사람을 영국으로 강제 송환했다. 이들은 재판 끝에 징역 18년 형을 선고받았다.

캐럴라인 구드 형사과장은 이 사건을 잘 처리한 공로를 인정받아 '여왕의 경찰' 훈장을 받았다. 그녀는 자신의 경험을 토대로, '명예살인'에 관해 더 많은 교육과 훈련, 활발한 사회적 논의가 필요하다고 말했다. "우리는 이 문제에 대해 더 많이 이야기해야 합니다. '정치적 올바름'이라는 미명하에 외면하고 묵혀두어서는 안 됩니다." 이후 경찰감찰위원회Independent Police Complaints Commission(IPCC)는 바나즈 마흐모드에 대한 서리 주 경찰의 초동 대응이 너무나 미흡해 실망을 안겼다는 조사 보고서를 발표했다. 몇몇 대목은 적절한 업무 기준을 충족시켰다고 하더라도, 여러 경우에서 합리적으로 기대되는 대응 방안에 한참 못 미치는 수준이었다고 평가했다.[7] 이런 가운데 살인사건은 계속 일어났다.

2009년 런던경찰청은 '명예' 관련 사건이 가파르게 증가했다고 발표했다. 4월부터 10월까지 6개월 동안 211건의 사건이 있었는데, 이 가운데 129건이 형사 범죄라고 했다. 이란과 쿠르드 여성 인권조직the Iranian & Kurdish Women's Rights Organization(IKWRO)이'라는 NGO는 이 수치가 너무 낮다면서 신빙성이 떨어진다고 주장했다. 정보공개청구를 통해 그들이 직접 영국 내 52개 경찰서를 모두 접촉한 결과, 2009년과 2010년에 영국에서 2823건의 '명예' 관련 폭력 사건이 경찰에 접수됐던 것으로 드러났다. 런던이 495건으로 가장 많았으며, 웨스트요크셔와 웨스트 미들랜즈가 그 뒤를 이었다.[8]

강제결혼과 '명예살인'을 전담 수사하는 영국 북서부 검찰청(CPS)의 검사장 나지르 아프잘Nazir Afzal은 살해되는 젊은 영국 여성들의 수가 현실을 다 반영하지 못한다고 본다. "해외에서 살해되는 여성도 있거든요. 희생자들을 해외로 납치해서 살해하는 건수는 경찰에 집계되지 않습니다." 그는 일찍 자퇴하는 모든 아이에 대해 경각심을 가져야 한다고 믿는다. "피해자뿐만 아니라 잠재적 피해자에게도 관심을 기울여야 합니다. 여자아이든 남자아이든 학교를 일찍 그만둔다는 것 자체가 강제결혼을 예고하는 신호라고 의심해야죠."

최근《인디펜던트》에 따르면, 브래드퍼드에서만 13~16세 여학생 250명이 학적부에서 제외됐는데, 이는 해외 방문에서 영영 돌아오지 않았기 때문이다.[9] 전 하원의원 앤 크라이어는 다시 한번 무모한 도전을 준비하고 있다. "문제는 이 아이들이 어떤 일을 겪는지가 누구의 관심사도 아니라는 데 있어요. 학부모들, 학교와 지역사회 모두 그냥 그런가보다 하고 넘어가는데 그래서는 안 됩니다. 누가 하든 상관없지만, 누군가는 반드시 왜 이 아이들이 학교에 다니지 않는지 질문해야 합니다."[10]

그사이 범행은 계속된다. 여성 성기 절제와 마찬가지로 이러한 악질적인 '관습'은 영국 사회를 좀먹고 있다. 지금보다 더 많은 교육과, 소수민족 커뮤니티들에 대한 통합, 경찰과 학교 및 사회복지과의 인식 향상이 도움이 될 것이다. 완곡한 어법으로 모호한 태도를 취하는 한 '명예살인'은 끈질기게 반복될 것이다. 수백 년간 이어져

온 신념과 맞서 싸우기 위해서는 더 많은 대책을 실행해야 한다.

핀스베리에 있는 쿠르드노동자협회의 클럽하우스를 찾아갔다. 나는 이 건물을 잘 알고 있다. 앞서 터키와 이라크에서 자행되는 쿠르드족 박해 실태를 취재하러 출국하기 전 먼저 이곳에 와서 런던에 거주 중인 쿠르드인에게 조언을 구했었다. 그들은 언제나 친절했고, 지역 커뮤니티 지도자들이나 고국의 가족들을 취재할 수 있도록 다리를 놓아줬다. 나는 '명예살인' 사건에서 쿠르드족의 개입이 극단적으로 드러난 첫번째 사건인 열여섯 살의 혜슈 요네스가 아버지에게 살해되었을 때도 이곳을 찾아왔다. 유명 브랜드 청바지와 후드 티셔츠를 입은 청년들이 떼 지어 몰려다니고, 저마다 아이팟을 귀에 꽂고 있다. 전형적인 21세기의 풍경이다.

나는 진하고 쓴 커피를 주문하고는, 당구를 치다 자기 차례를 기다리며 잠시 쉬는 한 무리의 남자들 옆에 앉았다. 그들에게 '명예살인'이 필요하다고 생각하는지 물었다. "집안의 여자, 아내나 딸이 가장의 말을 거역하거나 도망친다면, 남자의 명예는 크게 훼손됩니다." 사미르Samir가 말했다. "이를 회복하기 위해서, 그녀를 처벌하거나 죽여야만 합니다. 그게 우리의 전통이에요. 지켜야만 하죠." 더 나이 든 남자, 아흐메드Ahmed는 이렇게 덧붙였다. "누군가가 한 여성을 죽일 때는, 대부분 가족과 커뮤니티로부터 그렇게 하게끔 압력을 받은 게 틀림없어요. 그는 명예 회복을 위해서 반드시 죽여야 한다고 믿게 되지요." 10년 전, 암흑기가 계속되고 있는 디야르바키르로 되돌아간 것만 같았다.

10

세계에서 여자로 살기
가장 어려운 곳
인도

마넴마Manemma가 말한다.

드레스가 너무 맘에 들었어요. 금 조각들로 장식된 분홍과 빨강 드
레스였죠. 엄마는 내 머리와 얼굴에 장신구들을 달아줬어요. 엄마
가 특별한 날이라고 말해줬기 때문에 무척 설렜어요. 밖에 사람들
이 많이 모여 있었고 엄청 시끄러웠어요. 나는 여섯 살이었는데 내
또래나 조금 더 큰 여자애들도 있었어요. 남자아이들은 훨씬 나이
가 많았고, 어른 남자도 몇 명 있었어요. 우리는 불 주변을 걸어야
했는데, 좀 무서웠어요. 하지만 엄마가 이끌어주었기 때문에 괜찮
았어요. 엄마가 갑자기 울기 시작하면서 "잘 가"라고 말했고, 나를
낯선 여자에게 건네줬어요. 나는 울면서 집에 가고 싶다고 말했어
요. 하지만 엄마는 뒤도 돌아보지 않고 떠났고, 그러고서 2년 동안

집에 돌아가지 못했어요.

마넴마는 이제 열한 살이고 방 두 개짜리 집의 거실에서 가족들에 둘러싸여 쓸쓸하게 앉아 있다. 그녀는 5년 전에 있었던 자신의 결혼식 날의 이야기를 들려주는 중이다. "결혼할 때, 뭐가 어떻게 돌아가는 건지 아무것도 몰랐어요. 그냥 어렸고 드레스를 차려입는 게 좋았을 뿐인데 날더러 집을 떠나야 한다고 해서 울고 또 울었죠. 부모님과 형제자매들을 떠나고 싶지 않았어요. 하지만 그들은 나를 억지로 떼어냈죠. 남편 집에 도착하자마자 시어머니는 나에게 갖은 일을 시켰어요."

마넴마의 결혼은 재앙으로 끝났다. 2년 뒤, 그녀의 스무 살 난 남편은 성적으로 더욱 성숙한 여성을 원했기 때문에 마넴마를 쫓아냈다. "그가 너를 어떻게 다루었니?" 나는 차마 남편이 성관계를 시도했느냐고 직접 물을 수 없어 이렇게 물어본다. 마넴마는 이제 열한 살이지만 나이보다 훨씬 어려 보인다. 그녀는 어쩔 줄 몰라 머뭇거리면서 이렇게 말한다. "남편에 대해서는 말하고 싶지 않아요." 그녀처럼 조혼早婚을 한 사춘기 이전 소녀들은 대개의 경우 강간을 당한다는 의사들의 보고서가 있다. 마넴마가 확실히 알게 된 게 한 가지 있다. 그녀는 다시는 결혼하고 싶지 않다고 말한다.

나는 그녀의 아버지에게 어떻게 딸에게 이런 일이 일어나게 두었느냐고 물었다. 나의 눈길에 조금도 당황하는 기색 없이, 그는 어깨를 들썩이며 무미건조한 말투로 답했다. "그게 여기 사람들이 사는 방식이에요. 나는 딸 다섯을 두었는데 그 아이들을 모두 먹여살릴 수는 없어요. 여자들은 아주 어린 나이에 결혼을 합니다. 나이 든 남자들은 대부분 어린 여자아이들을 좋아하고, 걔들은 그 상황을 받아들여야만 해요. 그게 전통입니다." 그는 딸들을 나무라듯 바라봤는데 나는 마넴마가 과연 얼마나 재혼을 거부하며 버틸 수 있을지 걱정스러워졌다.

그가 설명하기 위해 '전통'이라는 단어를 사용했을 때 나는 비명을 지르고 싶었다. 전 세계적으로 여성을 상대로 하는 얼마나 많은 범죄가 전통이라는 이름 아래 벌어지고 있는 걸까? 도대체 왜, 인류는 세계화되고, 훨씬 더 많은 정보를 흡수하고, 분명히 더 풍부한 지식을 갖추었는데도 시대에 뒤처지고 이해할 수 없는 전통을 경외하는 마음을, 이성을 무시하고 법을 어기면서까지 고집하고 있는 것일까? 전통이라는 아우라는 여성혐오를 감추고 심지어 범죄행위를 합리화하기 위해 얼마나 편리하게 이용되는가?

어린아이들을 결혼시키는 조혼 풍습은 인도에서도 불법이다. 1929년, 영국의 통치 기간에 통과된 아동결혼법은 결혼이 가능한 최소한의 나이를 여자 15세, 남자 18세로 못 박았다. 1978년 독립 이후 이 법은 개정돼 여자 18세, 남자 20세로 연령 제한이 더 높아졌다. 2006년 아동결혼법을 위반하면 2년의 징역형에 처하는 조항이 신설됐는데, 미성년자와 결혼하는 18세 이상 남자나, 18세 이하 여성의 결혼을 주재한 자들이 처벌 대상이다.[1] 미성년 신부의 부모도 처벌 받을 수 있고, 어린 신랑신부는 성인이 된 뒤 결혼 자체를 무효로 만들 수도 있게 됐다.

90년에 걸쳐 법이 개선돼왔음에도 불구하고 12억 인구를 가진 이 나라에서는 여전히 이 법이 무용지물이다. 인도의 국가범죄기록상 2012년에 아동결혼법 위반으로 유죄 선고를 받은 사람은 고작

40명에 불과하다. 하지만 유니세프의 최신 통계에 따르면 여전히 인도에서 18퍼센트의 소녀들이 15세 미만에 결혼하고, 18세 미만에 결혼하는 비율은 30퍼센트에 이른다. 라자스탄은 아동결혼 비율이 가장 높은 주 가운데 하나다. 인도에서 가장 인기 있는 관광 명소 도시인 조드푸르와 자이푸르에서 불과 몇 킬로미터 떨어진 곳에서, 어린 여자아이들이 불법적인 결혼을 강요당하고 아동성범죄의 대상이 되는 것이다.

조드푸르 정부 청사의 아동복지국 사무실 풍경은 지난 세기의 인도를 연상케 한다. 첨단기술과 IT에 정통한, 우주선을 쏘아올리는 오늘날의 인도와는 거리가 멀어도 너무 멀다. 천장의 팬이 삐걱대며 돌아가는 낡은 사무실에는 몇 안 되는 직원들이 앉아 있고 전화기가 딱 한 대 놓인 책상에는 먼지가 내려앉은 파일 더미가 높이 쌓여 있다. 5월에는 악샤야 트리티야Akshaya Tritiya라고 불리는 축제가 있는데 이때 결혼하는 것이 상서롭게 여겨진다. 그래서 집중적으로 벌어지는 불법적인 어린이 결혼식을 빠르게 신고할 수 있도록 전용 핫라인 전화를 설치했지만, 잠잠할 따름이다.

아동복지국의 담당자는 대수롭지 않게 여기는 듯했다. 그는 결혼식을 주관하는 사람들이 너무나도 똑똑하다며 탓을 돌렸다. "늘 우리보다 한발 앞서 있어요. 결혼식을 공지해놓고 다른 날짜, 다른 장소에서 식을 올려버리거든요. 라자스탄은 굉장히 넓은 곳이고 경찰이 구석구석을 모두 순찰할 수는 없는 노릇이죠. 차가 더 많이 배정된다면 또 모르죠, 결혼식을 막을 수 있을지도." 또 다른 문제는 라자스탄 주의 엄청나게 많은 땅은 대부분 정치권과도 끈끈한 유대관계를 가진 몇몇 부자들의 사유지로, 그곳에서는 특권이 행사된다는 점이다.

라자스탄 사막에서 열기가 올라와 지평선이 아른거렸다. 운전기사는 우리를 사유지 한구석에 내려주면서 "경찰이 감히 들어가지 못하는 땅"이라고 말했다. 그는 막연하게 한 방향을 가리키면서 합동 결혼식은 어렵지 않게 찾을 수 있을 거라고 장담했다. 문제는 섭씨 45도의 더위였다. 아지랑이 때문에 시야도 흐릿한 상황에서 나와 현지 가이드 파르자나Farzana는 영상 장비를 들고 힘겹게 걸어가야 했다. 몇 분간 비틀거리며 걷자니, 북과 현악기 소리가 들려왔다.

가까이 갈수록 먼지 속에서 화려한 색감의 텐트가 뚜렷하게 모습을 드러냈다. 수백 명의 사람이 모여 있었는데, 여자들은 모두 분홍색과 빨간색 드레스로 차려입었고 남자들은 하얀색 허리끈과 터번을 두르고 있었다. 나이 든 여자들이 노래를 부르면서 실크 카펫으로 감싼 신부 지참금을 신랑 측으로 옮겼다. 흡사 온갖 색깔과 북소리, 흥분의 향연과도 같은 장면이었다. 어렵사리, 파르자나와 나는 군중 사이로 몰래 헤치고 들어가 신부들을 만나기 위해 가장 화려하게 꾸며진 텐트를 향해 움직였다.

텐트 입구의 덮개를 젖히자 진홍색 나일론 드레스를 입은 15명의 소녀들이 보였다. 목에는 화환을 두르고, 유리알을 줄줄이 꿰어 머리에 두르고 그 끝은 콧구멍에 끼워두었다. 그들 중 열여섯 살 이상으로 보이는 신부는 없었다. 아무리 높게 잡아도 여섯 살 이상으로는 안 보이는 한 어린아이는, 진홍색과 금색 드레스로 인형처럼 차려입고, 무슨 일이 벌어지는지 도통 모르겠다는 듯 새카맣게 아이라인을 그린 눈을 깜빡이고 있었다.

갑자기 바깥의 불협화음이 커졌다. 악사들이 더욱 열렬하게 연주하고 여자들이 노래를 시작했다. 신부들은 성화聖火 옆 사제가 있는 곳으로 이끌려 나갔다. 이들은 이때 처음으로 자신들의 남편감을 보게 된다. 하얀색으로 차려입은 신랑들은 열두 살쯤 돼 보이는 아이부터, 이삼십대로 보이는 남자들까지 섞여 있었다. 불 주위를 도는 예식을 수행하면서 여섯 살짜리 소녀가 비틀거렸고, 사제는 만트라를 암송했다. 소녀는 시어머니가 새집으로 데려가자 울부짖었다.

인도에서 여자아이들은 태어나자마자 가족 내 잉여 구성원 취급을 받는다. 집안 경제에는 전혀 도움되지 않으면서 음식만 축내는 군식구로 여기는 것이다. 실상, 인도의 막대한 지참금 전통은 딸을 결혼시킬 때 집안이 휘청거릴 정도로 경제적 타격을 주기도 한다. 만약 신부가 충분히 어리다면, 신랑 측에서 돈을 덜 요구한다. 그래서 신부 측 가족으로서는 딸을 빨리 보내버릴수록 좋은 것이다. 이러한 전통은 인도의 시골 지역공동체에서 널리 받아들여지고 있다. 비록 불법이긴 하지만, 누구도 경찰에 신고하려 들지 않는다.

이 같은 무대응이 낳는 가장 극적인 결과는 지방 병원에서 볼 수 있다. 하이데라바드의 마하트마 간디 병원의 응급실에 열다섯 살짜리 소녀가 급히 실려왔다. 소녀는 심한 고통에 몸부림치며 경련을 일으켰다. 산부인과 전문의는 넌덜머리 난다는 듯 나에게 말했다. "너무 어린 나이에 임신했을 때 잘못되는 전형적인 사례예요. 저 애는 혈압이 높고, 몸이 아직 충분히 성숙하지 않았기 때문에, 골반 통로가 너무 작아서 아이가 꼼짝 못 하고 걸리게 되는 거죠. 제왕절개를 해야 할 겁니다."

최근 인도 정부의 인구 조사에 따르면 30만 명의 미성년 소녀들이 출산했는데, 이 가운데 일부는 열다섯 살에 이미 두 번의 출산을 했다.[2] 의사인 샤일라자Shailaja는 나를 신생아 병동에 데려가서, 영양부족과 발육 부진의 아이들을 가리켰다. 의사는 열세 살 소녀가 작은 아기를 품고 있는 침대 앞에 서서 말했다. "이 어린 신부들이 어떤 일을 겪는지 좀 보세요." 의사가 소녀에게 혀를 내밀어보라고 했다. "보세요, 빈혈 증세입니다. 대부분이 그래요. 아기들도 좀 보세요. 이 아이는 1.8킬로그램밖에 되지 않아요. 살아남은 게 행운이에요. 어린 산모들이 낳는 아기들의 50퍼센트는 죽을 공산이 커요. 성인 산모들이 낳은 아이에 비해 훨씬 높은 수치죠." 다행히 산모는 의사가 영어로 뭐라고 말하는지 알아듣지 못하는 눈치였다.

인도의 병원은 전근대와 현대가 복잡하게 얽혀 있는 인도 사회의 역설을 고스란히 반영한다. 인도 남부의 방갈로르 중산층 집안 출신의 의사 샤일라자는 자신감 있고 유능한 사람이었는데, 도움받을 곳 없는 여자들을 줄줄이 검진할 때 확실히 안달했다. 재량껏 사용할 수 있는 현대 의학의 온갖 도구들을 갖추고 있지만, 두텁고 고집스럽게 남아 있는 야만적인 전통에 번번이 방해를 받는다. 그녀는 온정 있는 사람이었고, 함께 부인과 병동 쪽으로 걸어갈 때 그녀의 눈에 눈물이 가득 고였다.

이곳에서, 스물세 살 난 여자들이 자궁절제술을 받는다. 그들의 몸은 거듭된 임신과 출산으로 닳아 해져버렸다. 샤일라자가 말했다. "집에 가게 되면, 임신도 할 수 없고 밭에서 일할 수도 없을 정도로 몸이 약해져 있을 거예요. 그러면 대개의 경우 남편들이 아내를 버려요." 여섯 살에 결혼하고, 열두 살에 임신하고, 이십대 초반에 이미 몸이 망가지는 여자들의 삶은 오늘날 인도의 암울한 현실이다. 이는 여성 교육에도 영향을 미친다.

어린 신부들은 초등학교를 그만둔 뒤 상급학교에 진학할 기회를 박탈당한다. 나는 각각 열한 살과 열세 살인 안잘리Anjali와 비니샤Vinisha 자매를 인도 자이푸르에 있는 그들의 집에서 만났다. 자매의 어머니와 언니는 요구르트와 심황을 섞은 것으로 두 사람의 팔다리를 마사지하고 있었다. 그들의 손과 발은 이미 화려한 패턴의 헤나로 꾸며져 있었다. 자매의 신랑들이 도착하는 시끌벅적한 소리가 밖에서 들려왔다. 그들이 말을 타고 금관악기 밴드와 함께 왔기 때문이다. 자매의 침실에 긴장감이 감돌았다. "물론 나는 떨려요. 당신 같으면 안 그러겠어요?" 언니 쪽인 비니샤가 말했다. 소녀는 곧 닥쳐올 일에 불안하고 긴장한 모습이 역력했다. "우리는 남편과 만나보기는커녕 그 사람이 어떻게 생겼는지도 몰라요."

그녀는 가족과 자매들과 학교를 모두 사랑했는데 이제 그 모든 것을 잃게 생겼다고 말했다. "시가에 살면 학교에 다닐 기회를 갖지 못하겠죠. 그저 요리하고 집안일을 하고 또 남편을 기쁘게 해줘야 될 테니까요. 머리에 베일을 쓰고 시어머니가 시키는 일만 해야 할 거예요." 어린 신부들이 학교를 다니지 못한다는 건 비단 사회적, 지적 성장 기회를 잃는 것으로 그치지 않는다. 글을 읽고 쓰는 법을 모르기 때문에 공공기관이 제공하는 건강이나 영양, 피임법과 관련한 각종 안내문과 캠페인에서도 배제되어버리는 것이다. 아동결혼은 인도의 모든 사회적, 경제적 문제를 악화시키고 있다.

오늘날 인도의 부모들이 아동결혼을 선호하는 데는 또하나의 불행한 이유가 있다. 2014년 인도의 한 언론 매체는 인도 북부 하리아나 주에 살고 있는 한 농부와 그의 아내 이야기를 다뤘다. 이들은 마흔 살 남자와 결혼시키기 위해 열다섯 살짜리 딸을 학교에서 중퇴시켰다. 여기까진 별로 특이할 것도 없다. 하지만 어머니, 바산티 라니Basanti Rani가 불편한 진실을 알려주었다. "강간과 성폭력이 너무 만연한 이 불안한 사회에서는 딸을 일찍 결혼시키는 것이 현명한 조치입니다. 우리 딸이 성폭력이나 강간이라도 당하게 되면 누가 재랑 결혼하겠어요? 최소한, 이제 저 애 남편이 딸애를 잘 지켜주겠죠."3

이 결혼이 이뤄진 하리아나 주 북부가 아동결혼에 비판적인, 좀더 진보적인 지역 중 하나라는 점은 아이러니하다. 지방정부는 딸을 열여덟 살까지 결혼시키지 않는 부모에게 2500루피◆를 주는 '우리 딸, 우리 보물My daughter, my wealth'이라는 프로그램도 운영하고 있다. 하지만 이런 제도는 라니 가족에게 대단한 유인이 되지 못한다. 성범죄의 위험이 훨씬 크기 때문이다.

하리아나에서는 끔찍한 성범죄가 몇 차례 있었다. 2015년 정신병력이 있는 스물여덟 살의 네팔 여자가 집단강간을 당하고 살해된 채 들판에서 발견됐다. 부검 결과, 그녀는 돌에 맞아 의식을 잃었고, 폭행을 당하는 도중 그 돌들과 칼, 막대기 등이 몸 내부에 쑤셔넣어졌다는 것이 드러났다. 여덟 명의 남자들이 체포됐다. 한 달뒤, 하리아나의 한 십대 여자가 자신의 방 천장 팬에 스스로 목을 매숨진 채 발견됐다. 집단강간 피해자였던 그녀는 경찰이 자신의 사건을 단순 강간으로 축소하려고 한 데 대해 심란해했던 것으로 전해졌다. 자신을 강간한 남자 네 명을 모두 고발하려 했지만 경찰이 계속 딱 한 명만 지목하라고 요구했다는 것이다.

하리아나 여성의 강간 및 살인 사건 기사를 다루면서, BBC 온라인뉴스는 최근 인도에서 크게 화제가 되었던 강간사건 일부를 간략히 보여줬다.

2012년 12월 16일 델리 버스에서 학생이 집단강간당해 전국적 시위와 분노 들끓다

2013년 4월 30일 마디아프라데시에서 5세 소녀가 강간 2주 만에 숨지다

2013년 6월 4일 30세 미국 여성이 히마찰프라데시에서 집단강간 당하다

2013년 9월 17일 아삼에서 10세 소녀를 집단강간한 혐의로 청년 다섯 명 검거

2014년 1월 15일 델리에서 호텔 근처에서 길을 잃고 헤매던 덴마크 여성이 집단강간당한 것으로 추정

2014년 1월 23일 서벵갈 지역에서 남성 13명이 한 여성을 집단강간한 혐의로 구금, 이 여성의 허락받지 않은 이성교제에 불만 품은 지역 노인들의 지시인 것으로 추정

2014년 4월 4일 지난해 뭄바이에서 25세 사진작가를 강간한 남성 3명에 대해 법원이 교수형 선고[4]

이 목록의 첫번째 사건을 보자. 스물세 살의 조티 싱Jyoti Singh은 2012년 12월 16일 델리 버스에서 강간당한 뒤 살해됐다. 이 충격으

로 인도 전역에서는 전에 없던 대규모의 강간 반대 집회가 열렸다. 조티 싱은 수련의 자격증을 따기까지 불과 6개월을 남겨둔 의대생이었다. 조티는 일주일 내내 열심히 공부한 자신에게 주는 상으로, 주말에 친구 아윈드라 판데이Awindra Pandey와 영화를 보기로 했다. 그는 조티 싱과 동향 우타르프라데시 출신의 소프트웨어 엔지니어였다. 델리의 유명 쇼핑몰에서 영화 〈라이프 오브 파이Life of Pi〉를 본 후, 아윈드라는 그녀가 사는 델리 교외까지 데려다주겠다고 제안했다.[5]

시각은 저녁 9시, 해가 이미 진 뒤였다. 그들은 릭샤꾼을 열심히 설득했지만 목적지가 너무 멀다며 하나같이 거절했다. 택시를 타려고도 해봤지만 실패했다. 버스정류장에서 기다리던 그들 앞에 버스 한 대가 와서 서더니 그들의 목적지까지 간다고 했다. 그들은 버스에 올라탔다. 그들이 미처 몰랐던 것은, 그 버스가 학교 전세버스에 불과한, 델리에서 영업이 불가능한 무허가 버스였고, 버스 안에 타고 있던 여섯 명의 남자 모두가 심하게 취해 있었다는 점이었다. 이후 벌어진 일은 믿기 어려울 정도다.

남자들은 버스의 문을 잠그고 이 두 사람을 조롱하기 시작했다. 조티에게 왜 이렇게 늦은 밤에 남편 아닌 남자와 단둘이서 나돌아다니냐는 것이었다. 아윈드라가 이를 막으면서 신경 끄라고 말하자, 남자들은 아윈드라의 옷을 벗기고는 그를 심하게 때렸다. 아윈드라는 정신을 잃은 상태에서 뒤편으로 내던져졌다. 남자들은 조티에게 '본때'를 보여주기로 했다. 버스가 델리 인근을 한 시간 반 동안 돌아다니는 동안 여섯 명 모두가 차례대로 그녀를 폭행하고 강간했다. 그녀는 강간범들을 물어뜯고, 싸우려고 했다. 그들은 자동차 잭으로 사용되는 녹슨 L자 모양의 철 막대를 그녀의 성기에 쑤셔넣었다. 생식기와 복부, 내장까지 심각한 상해를 입었다. 강간범 중 하나는 몸속으로 손을 뻗쳐 창자의 일부를 뽑아내기도 했다.

범인 중 하나가 말했다. "얘 죽었어, 죽었어. 없애야 해." 버스는 멈춰서 조티와 아윈드라를 길가에 내던졌다. 둘 다 벌거벗겨진 채였다. 조티가 움직이는 것을 본 버스 운전기사는 후진해서 그녀를 깔아뭉개려고도 했다. 아윈드라가 그녀를 길 바깥으로 밀어내자 버스는 그대로 도망쳤다. 아윈드라는 미친듯이 지나가는 릭샤꾼과 자동차들에게 도움을 요청했다. 하지만 아무도 서지 않았다. 마침내 자전거를 탄 어떤 사람이 멈춰서 도와줬다. 그는 당시 조티의 상태를 이렇게 전했다. "막 새끼를 낳은 암소 같아 보였어요. 온통 피범벅이었거든요." 경찰이 도착했지만, 무슨 일이 벌어진 것인지 따져 물으며 소중한 시간을 또다시 허비했다. 조티는 길가에서 고통 속에 몸부림치며 피를 쏟아내다 의식을 잃었다. 그러고 나서야 그들은 구급차를 불렀다.

강간범들은 이 끔찍한 범행이 조티의 잘못이라고 주장했다. "강간당할 때, 저항도 하지 말았어야죠. 조용히 강간을 허락했으면 됐잖아요. 그러면 여자를 그렇게 한 다음 그냥 내려주고, 남자만 때렸을 거예요."[6] 강간범 중 하나인 무케시 싱Mukesh Singh은 재판에 앞서 수감된 상태에서 이런 끔찍한 인터뷰를 했다. 감방 내의 스툴에 앉아서, 단정하게 콧수염을 손질하고 깨끗하게 빤 체크무늬 면셔츠를 입은 그는 양심의 가책 따위는 없는 당당한 기색으로 이렇게 말했다. 싱은 다른 이들이 강간과 폭력을 저지르는 동안 운전만 했다는 주장을 폈지만, 다른 공범들이 그도 함께 강간했다고 증언했다.

무케시 싱은 인터뷰 내내 오늘날 인도 남자들에게 너무나도 널리 퍼져 있는 인식을 그대로 드러냈다. 강간의 책임은 여자에게 있다는 것이다. "강간한 남자보다 당한 여자가 훨씬 더 책임이 커요. 단정한 여자라면 저녁 9시가 되도록 바깥을 돌아다니지 않아요. 집 안일을 해야죠. 잘못된 옷을 걸치고 디스코장이나 술집을 돌아다니며 못된 짓을 하는 게 아니라요." '잘못된 옷'이 사건의 원인이고, 남성들은 극심한 도발의 희생자일 뿐이라는 것이다.

의사들은 이렇게까지 폭행을 당하고도 조티가 살아남았다는 사실에 놀라워했다. 그녀의 상해를 처음 검진했던 외과 의사는 이렇게 말했다. "20년간 일해왔지만 이런 사례는 한 번도 본 적이 없었습니다. 어느 장기끼리 결합해야 할지 난감할 정도였어요. 살아 있는 것이 기적이에요." 인도에서 이 사건이 쟁점화되자 정부가 개입해 조티를 장기이식 전문 병원인 싱가포르의 마운트 엘리자베스 병원으로 이송했다. 그녀는 이송되는 비행기 안에서 심장마비가 왔고, 복합적인 장기 기능 저하로 폭행 13일여 만인 12월 29일에 숨졌다. 그녀의 어머니, 아샤 데비Asha Devi가 그 곁을 지켰다. "조티가 나를 보면서 이렇게 말했어요. '미안해 엄마, 이렇게 엄마를 힘들게 해서.' 아이의 숨소리가 멈추더니 모니터 화면의 선들이 사라졌습니다."

이 폭행이 있기 전에, 조티 싱의 삶은 인도에서는 동화나 다름없는 완벽함으로 채워져 있었다. 그녀의 탄생을 너무나도 기뻐한 부모는 '빛'이라는 뜻의 이름을 지어줬다. "그 아이가 태어났을 때 빛의 선물을 받은 것 같았거든요. 사람들은 보통 딸을 낳으면 그렇게 좋아하지 않아요. 하지만 우리는 너무 행복했죠. 우리는 주위에 사탕을 나눠줬고 다들 '무슨 남자애 낳은 것처럼 좋아하냐'고 말했어요."

그녀의 아버지, 바드리나스 싱Badrinath Singh은 선생님이 꿈이
었지만, 너무 가난해서 열한 살 이후로는 학교에 다니지 못했다. 그
래서 자식들 모두, 아들 둘과 딸 하나를 교육시키겠다고 맹세했다.
"아들과 딸을 차별할 생각은 애초부터 없었어요." 그는 말했다. "아
들은 행복한데 딸은 그렇지 않다면, 내가 어떻게 행복할 수 있겠어
요? 학교에 가는 걸 그토록 좋아하는 어린 여자아이의 뜻을 꺾는 건
불가능했어요." 조티는 의사가 되고 싶어했다. 델리 공항의 짐꾼이
었던 싱은 땅을 팔고 2교대로 근무하면서 딸의 꿈을 이뤄주기 위해
노력했다.

조티의 대학 교수는 그녀가 확고한 페미니스트였다고 기억한
다. 그는 조티의 말을 기억했다. "남녀의 차이는 태어나면서부터 사
람들의 마음속에서 만들어지는 거예요In fact, a girl can do anything." "사
실, 여자는 무슨 일이든 할 수 있어요." 조티는 저녁 8시부터 새벽 4
시까지 콜센터에서 일했다. 등록금에 보태기 위해서였다. 잠은 하루
에 서너 시간밖에 자지 않았고 일찍 일어나 다시 공부를 시작했다.
그녀는 자신의 고향에 병원을 짓겠다는 포부를 갖고 있었다. 의사자
격시험을 끝내고 부모를 도울 수 있다는 생각에 그녀는 기뻐했다.
어머니는 조티가 이런 말을 한 것을 기억한다. "엄마 아빠, 이제는 걱
정하지 말아요. 딸이 이제 의사니까. 모든 게 잘될 거예요."

조티의 죽음 이후, 인도 사회는 최고의 면과 최악의 면을 동시
에 드러냈다. 경찰은 재빠르게 움직였다. CCTV를 분석해 버스를
식별해냈고, 아윈드라 판데이와 병원 침대에 누워 죽어가던 조티의
진술을 토대로 만든 몽타주를 통해 여섯 명의 피의자를 검거했다.

다섯 명의 성인 남성과 열일곱 살의 미성년자 한 명이 범행 24시간 여 만에 체포됐다.

이 끔찍한 범행의 구체적인 내용이 소셜미디어를 통해 확산됐고, 곧 인도 전역에서 시위가 시작됐다. 첫번째 시위는 델리 시장 세일라 딕시트Sheila Dixit의 자택 앞에서 벌어졌다. 2008년 한 여성 기자가 살해된 데 대해 도시의 밤거리에 나서다니 너무 "모험심이 강했다"는 표현을 써서 젊은 여자들의 분노를 일으켰던 장본인이다.[7] 전인도진보여성협회All India Progressive Women's Association의 간사 카비타 크리슈난Kavita Krishnan은 집회에서 이렇게 외쳤다. "여성들은 모험심이 강할 권리가 있다. 우리는 용감할 것이다. 우리는 무모할 것이다. 우리는 경솔할 것이다. 무엇을 입으라고 우리에게 감히 말하지 말라. 밤이고 낮이고 몇 시에 밖에 있어서는 안 된다거나 몇 명의 보호자를 대동해야 한다고 말하지 말라."

인도에서 강간은 흔하게 벌어진다. 경찰 통계에 따르면 20분마다 한 번꼴로 일어난다.[8] 하지만 조티 싱 사건은 집단적 상상력을 자극했다. 인도에서 벌어진 여느 강간이나 살인 사건과 결이 달랐다. 마치 그리스 비극과도 같았다. 구습을 따르지 않은 용감한 한 가정에서, 아들들과 다름없이 평등하게 자라난 소녀가 있었다. 학교에서 뛰어난 성적을 거두며 부모에게 보답하던 소녀는 그녀의 마을에서는 전례 없이 대학에 진학했다. 하지만 그녀를 폭행한 여성혐오적이고 잔인한 남자들이 보기에, 그녀는 선을 넘은 것이었다. 그녀는 전통을 무시했고 목숨으로 그 죗값을 치러야 했다.

폭행의 잔혹성이, 그녀의 가난한 배경이, 깨어 있는 그녀의 부모가, 그녀의 페미니즘이, 그녀의 포부가, 성별이 다른 친구와 저녁에 영화를 보러 갈 정도로 '너무나 용감했다'는 점이, 오늘날 젊은 인도 여자들에게 공감을 불러일으켰다. 이어진 며칠 동안, 수만 명의 여자들이 델리의 인디아게이트와 국회 앞으로 모여들기 시작했다. 이들은 "우리는 강간을 용인하지 않는다"와 "자유"를 외쳤다. "더이상은 못 참아Enough is enough. 여성을 가부장제의 창살에 가두지 말고 강간범들을 감방에 넣어라"라고 쓰인 배너도 등장했다.

경찰은 무력으로 진압했다. 언론은 집회를 외면했다. 그럼에도 경찰이 화염방사기와 물대포, 최루탄과 곤봉으로 집회에 참석한 젊은 여성 시위자들과 이제 항의에 동참한 남자들을 진압하는 사진이 몇 장 찍혔다. 바리케이드는 전복됐고 차들은 불탔다. 만모한 싱 Manmohan Singh 수상은 간디의 말을 인용하며 "폭력은 목적을 달성시킬 수 없다"며, 시위대를 진정시키려 애썼다. 국가적으로 강간사건 처리를 더 엄격하게 하겠다고도 약속했다.

인도 국회 하원의원들은 인도의 수치라면서, 강간범들을 교수형에 처할 것을 촉구하고 여성 안전을 보장하기 위한 긴급조치도 요구했다. 길거리에 조명을 더 많이 설치하는 방안과 대중교통에 경찰이 정기적으로 순찰을 벌이는 방안 등이 발표됐다. 사법심사가 발표되었고 베르마 위원회Verma Committee♦가 설립됐다. 8만 건의 사안이 검토됐는데 그 결과 위원회는 정부와 경찰이 강간사건의 대부분을 나태하게 처리해왔다고 비난했다. '인도의 강간 수도'라는

♦ 성폭력 사건 관련 법률 개정을 위해 J. S. 베르마 전 대법원장을 위원장으로 한 위원회로 29일 만에 630쪽 분량의 보고서를 제출해 2013년에 형법 개정안을 통과시키는 데 바탕이 되었다. 하지만 이 개정은 보고서의 내용을 충분히 담아내지 못했다는 비난을 받았다.

델리의 악명을 떨쳐내기 위해 강간사건 전담 법원 여섯 곳이 도시 내에 설치됐다.

범행 4개월 후 피고인 중 하나인 람 싱Ram Singh이 수감된 감방에서 목매달아 숨진 채 발견됐고 네 명의 성인과 한 명의 청소년만이 재판을 받게 됐다. 2013년 8월, 십대 남자는 갱생시설에서 3년형이라는, 미성년자로서는 최고형을 선고받았다. 한 달 뒤, 남은 네 명의 피고인들은 조티 싱 강간·살인 및 아윈드라 판데이 살인미수 혐의에 대해 모두 유죄판결을 받았다. 요게시 카나Yogesh Khana 판사는 이들에게 사형을 선고하면서 "인도의 집합의식collective conscience에 큰 충격을 줬다"고 말했다. 3년이 지났지만, 이들 중 누구에게도 사형은 집행되지 않았다. 이들은 여전히 사형선고가 부당하다고 주장하고 있다. ♦

사건 1년 뒤, 한 여론조사 기관은 인도 여성들의 90퍼센트가 델리의 거리에서 안전하다고 느끼지 못한다는 결과를 내놓았다.[9] 경찰 통계에 따르면 여성을 상대로 한 범죄는 갈수록 늘고 있다. 조티 싱 강간·살인 사건 이후 촉발된 분노와 각종 약속들이 잊히고, 델리는 다시 평상시의 모습으로 돌아가는 듯 보였다.

그동안, 영화감독 레슬리 어드윈Leslee Udwin은 조티 싱이 겪은 끔찍한 강간사건을 다큐멘터리로 만들었고, 2015년 10월 영국과 인도에서 동시에 개봉할 예정이었다.[10] 다큐멘터리의 사전 홍보 영

♦ 2018년 7월 인도 대법원은 조티 싱 살해 혐의 피고인 네 명의 사형선고를 확정했다. 범행 가담자 여섯 명 가운데 한 명은 스스로 목숨을 끊었고, 범행 당시 미성년자였던 한 명은 3년을 복역하고 만기 출소했다.

상이 고릿적 여성혐오의 태도가 비단 배운 데 없는 술꾼들 사이에서만 나타나는 게 아니라 전문직 계층에서도 쉽게 찾아볼 수 있다는 사실을 확실히 보여주자 인도의 정치인들은 위기감을 느꼈다. 인도의 의정 담당 장관 벤카이아 나이두Venkaiah Naidu는 이 영화가 "인도의 명예를 훼손"하기 위한 음모 아래 만들어졌다고 주장했고 영화의 방영이 금지됐다. 하지만 이 다큐멘터리는 영국 BBC를 통해 방송됐고, 가장 추악한 부분인 무케시 싱과 변호인 두 명의 인터뷰가 소셜미디어로 확산되면서 인도 여자들의 분노가 다시 불타올랐다.

피고인 측의 또 한 명의 변호인인 M. L. 샤르마M. L. Sharma는 엉터리 영어로 이렇게 말했다. "우리 사회에서는, 우리는 절대 우리 여자애들이 오후 6시 30분, 아니면 7시 30분, 아니면 8시 30분 이후에 저녁에 모르는 사람과 집밖으로 나가는 걸 허락하지 않아요. 그들(조티 싱과 아윈드라 판데이)은 우리 인도 문화를 떠났어요. 그들은 아무 일이나 할 수 있다고 하는 영화 문화에 영향을 받았어요. 당신들은 남자와 여자는 친구라는 것에 관해 말합니다. 유감이네요. 그런 건 우리 사회에서 아무 자리가 없어요. 여자는…… 까놓고 말하면 남자 눈에는 섹스예요. 인도에서, 우리는 최고의 문화를 갖고 있어요. 우리 문화에서 여자를 위한 자리는 없습니다."

여섯 명의 피고인들을 변호하는 또 다른 변호사 A. P. 싱Singh은 이보다 더 말도 안 되는 주장을 폈다. 남성인 친구와 영화를 보러 가기로 한 조티의 결정을 거론하면서, 여자는 밖에 나갈 수 있지만 "삼촌, 아버지, 어머니, 할머니, 할아버지 등등 가족과 함께 나가야 한다"고 했다. "여자는 남자친구와 밤 시간에 몇 시간씩 돌아다녀서는 안 됩니다. 만약 내 딸이나 여자형제가 결혼도 하기 전에 이런 짓을 하고 다니다가 치욕을 당했거나 체면과 위신을 잃게 됐다면, 나는 분명히 이런 딸이나 여자형제를 내 농장에 데려다놓고 일가친척 모두 보는 앞에서 석유를 부은 뒤 불을 질렀을 거예요.”

“강간한 남자보다 당한 여자가 훨씬 더 책임이 크다”고 주장한 피고인 무케시 싱과 다름없이, 고등교육을 받은 두 법률 전문가, 인도 법조인협회의 공식 회원인 남자들이 강간은 언제나 여자들의 책임이라는 믿음을 똑같이 반복해 말했다. 조국에서 거듭 되풀이되는 강간에 관대한 고질적인 문화에 분노하고 당혹해한 여자들은 소셜미디어를 통해 날 선 목소리를 쏟아냈다. 언론인인 난디니 크리슈난Nandini Krishnan은 자신의 블로그에 이렇게 적었다. “모르겠다. 그런 일이 다시 또다시 반복되는 배경에는, 아마 잘못을 깨닫지 못해서가 아니라 그들이 그 짓을 하는 동안 권력을 가진 것 같은 감각에 중독됐기 때문이 아닐까, 그리고 이건 그냥 내 생각인데, 그들이 몇 번이고 되풀이해서 **그 일에서 빠져나갈 수 있기** 때문이 아닐까.”

경찰 통계는 확실히 강간범들에게 사회가 여전히 너그럽다는 것을 보여준다. 2012년 델리에서 강간 혐의로 기소된 706건의 사건 중 단 한 건만이 유죄판결을 받았다. 교도소의 정신과 의사는 강간범을 “반사회적 특성을 지닌 정상적인 인간”으로 묘사한다. “그래서 그저 여자를 강간할 수 있는 기회라고 느낄 때마다 그들은 그렇게 합니다. 감옥에는 강간을 200번 한 사람들도 있어요. 그들이 기억하는 숫자가 그거라서, 실상은 더 많을 수 있어요. 그들은 그게 ‘남자의 권리’라고도 말해요. 그들은 다른 사람들을 인간으로 생각하지 않습니다. 여자의 가치를 낮게 보는 문화는 이런 종류의 범행에 상당한 영향을 끼치고 있습니다."**11**

　인도 사회에서 여자들은 어쩌다 이렇게까지 하찮은 취급을 받게 된 걸까? 힌두교에서 숭배하는 주요 신 열 명 가운데 네 명이 여신—라크슈미Lakshmi, 두르가Durga, 칼리Kali, 사라스와티Saraswati—이고, 이들을 섬기는 건 남녀 신도 구분이 따로 없는데 말이다. 인도에서는 여성 대통령과 여성 총리도 배출된 바 있다. 그러나 정상에 올라간 여자들과 지구상에서 여자로 살기에 최악의 국가로 꼽히는 인도에서 실제로 살아가는 수백만 여자들 사이에는 위태로운 단절이 있다. 그 간극의 원인으로, 인도의 사회학자와 페미니스트 들은 각 가정에 여전히 남아 있는 시골의 전통을 지목하고 있다. 이것이 작은 마을에 남은 사람이든 조티 싱 사건의 피고인들처럼 도시에 새로 진입한 사람들이든 오늘날 대다수 인도인들에게 영향을 끼치고 있다.

　남자아이는 땅을 경작하는 데 도움이 되지만, 여자아이는 약하고 쓸모가 없다. 남자아이는 투자할 가치가 있어서 살림살이가 빠듯하다면 남자아이들만 학교에 보낸다. 남성의 82퍼센트가 글을 읽을 줄 아는 오늘날 인도에서 여성의 65퍼센트만이 글을 읽을 수 있다는 수치는 놀랍지도 않다.**12** 남자아이들은 아주 어린 시절부터 여자형제들보다 더 많은 음식을 먹게 된다는 것을 알아챌 뿐만 아니라 어머니는 언제나 그들에게 음식을 먼저 차려주고, 남동생들의 탄생을 온 가족이 기뻐했던 기억 속에서 자란다. "대부분의 인도 사람들은 여자아이들이 덜 중요하다고 생각하면서 자랍니다." 저명한 여성 정치가는 이렇게 말했다. "여자들의 존재 자체를 별것 아니라고 여기기 때문에, 여자에게 아무렇게나 해도 된다고 생각하는 거죠."**13**

무케시 싱과의 인터뷰는 바로 이 '여자에게 아무렇게나 해도 된다'는 인식의 연장선을 재확인하는 일이었다. 그는 과거 다른 강간 피해자들 가운데 눈이 도려내졌거나 불에 태워진 사례들을 나열했다. 가장 소름 돋았던 대목은, 조티 싱 사건으로 자신과 다른 세 명의 공범이 사형선고를 받았기 때문에 여자들은 이제 더욱 위험해졌다고 말한 부분이었다. "사형선고는 여자들을 더욱 위험에 몰아넣을 뿐입니다. 이제는 강간할 때 우리가 그랬던 것처럼 여자를 곱게 돌려보내지 않을 테니까요. 여자를 죽이겠죠. 예전 같으면, 강간하고 이렇게 말했을 거예요. '여자를 놔줘. 아무한테도 말 안 할 거야.' 이제는 일단 강간하면, 특히 범죄자 타입이라면, 그냥 여자를 죽일 거예요. 죽음이라고요."

궁극적인 해결책, '죽음'은 인도 여자들 주위 어디에나 아무렇게나 널려 있다. 강간 피해자들은 사건을 증언할 수 없도록 죽임을 당한다. 1988년에 법으로 금지된 '사티sati', 즉 남편의 시신을 화장할 때 살아 있는 아내를 화형시키는 관습은 여전히 자행된다. 결혼 지참금이 부족하다며 새 신부를 죽이는 '지참금 살인'은 수세기 동안 흔하게 이뤄져왔고, 이제 여자아이는 자궁에서 나오기도 전에 살해당할 위험에 처해 있다.

인도에서는 매해 수백만 명의 여자아이들이 사라진다. 태어나기 전에 낙태되는 태아 살해와 0세에서 4세 사이에 벌어지는 영유아 살해의 피해자들이다. 이런 현실은 인도의 성비에 극적인 영향을 미치고 있다. 1991년 이후 남아 대비 여아 비율은 꾸준히 떨어져왔다. 2011년 인구 조사 결과는 남성 1000명당 여성 914명으로 역대 최저점을 찍었다.[14] 심지어 남아 1000명 대비 800명 이하의 여아가 태어난 지역들도 있었다. 의학기술의 발전이 가부장제의 편견과 맞물리며 파괴적인 결과를 낳은 것이다.

　정확히 몇 개나 운영되는지 헤아릴 수 없지만, 이동식 태아성별 감별소는 인도 내 거의 모든 마을에서 쉽게 발견된다. 감별 비용은 수백 루피♦에 불과하다. 이 검사 결과 태아가 여아라는 사실을 알게 된 임신부들은 지역의 치료사를 찾을지도 모른다. 라자스탄의 한 치료사의 말을 들어보자. "망고나무와 마르와 껍질을 걸쭉하게 될 때까지 한데 으깹니다. 거기에 지역에서 양조한 술이라든지 다른 재료들을 같이 섞는 거예요. 그리고 내가 거기에 주술을 더하죠. 그리고 임신부들에게 아침에 눈뜨자마자 공복에 이 약을 먹으라고 처방해줍니다."15

　어떤 마을의 산파들은 태아를 죽이기 위해 임신부의 질 내부에 막대기나 유리를 넣기도 한다. 해마다 수천 명의 여성이 이런 시술을 받다가 죽는 것도 당연하다. 이런 방법으로도 임신부와 여아 들이 운 좋게 살아남았다 해도, 그러면 좀더 '전통'적인 유아살해 방법이 적용된다. 지난 수백 년 동안, 여자아이들은 태어나자마자 익사시키거나, 굶어죽을 때까지 방치하거나, 소금을 잔뜩 먹여서 죽였다. 오늘날의 과학적 진보는 여기에서도 또 한번 도움을 제공한다. 살충제가 생후 며칠밖에 되지 않은 아기를 죽이는 데 점점 더 많이 사용되고 있는 것이다.

　1980년대 후반부터 인도 대부분의 대도시 산부인과는 초음파

♦ 우리 돈으로 몇 천 원이다.

기기를 갖추어서, 부모들은 태아의 성별을 알자마자 즉석에서 낙태 수술을 받을 수 있었다. 1971년 이후 인도에서는 낙태를 비교적 쉽게 합법적으로 할 수 있다. 강간으로 인한 임신, 산모와 태아의 건강 위험, 부모의 피임 실패 등의 이유가 충족되면 낙태가 가능하다. 낙태 사유를 어떻게 적느냐는 의사의 재량에 달려 있다. 자궁에서 낙태된 여아의 수는 이제 전통적인 유아 살해 방법으로 사라진 여아보다 많아졌다.

남아 대비 여아의 출생률은 1991년부터 떨어지기 시작했다. 1994년 태아감별·검진에 관한 법률이 통과됐고, 태아의 성별을 이유로 의사가 낙태 시술을 하는 것은 범죄행위가 됐다.[16] 하지만 인구 증가를 억제하려는 국가 차원의 캠페인에 묻혀 인도에서 낙태는 효과적으로 단속된 적이 없다. 임신부 초음파 진료소에 대한 보건당국의 방치 아래 여아 살해는 계속되고 있다. 인도의 대다수 주에서 관련법에 의한 기소는 한 번도 이뤄지지 않았다. 두 개의 주에서 300~4000루피의 벌금형 처벌이 이뤄졌을 뿐이고 단 하나의 사례만이 징역 2년 형을 받았다.[17] 경찰과 의사, 가족들이 모두 동일한 사고방식을 가지고 있으니, 법이 시행되지 않는 것도 하등 놀라운 일이 아니다.

스리티 야다브Sriti Yadav는 여성 잡지 《페민스파이어Feminspire》에 이런 글을 썼다. "인도에서 여아를 낳는 건 실패한 사업에 투자하는 것이나 다름없지만, 남아를 낳는 건 복권 당첨과 마찬가지다. 정신이 똑바로 박힌 자라면 누가 여자아이를 낳고 싶어할까?" 게다가 여자아이들은 항상 위험 요인이다. 앞서 보았던 많은 문화권에서처럼 소녀의 유일한 가치는 '처녀성'에 있다. 야다브는 이렇게 지적한다. "엄격한 가치관에 조금이라도 어긋나는 부분이 있으면 소녀는 괜찮은 남자아이를 맞을 자격을 잃는다. 곧 혼삿길이 막힌다는 것인데 미혼 여성은 온 집안의 저주다. 소녀 하나에게 이런 엄격한 제약 조건들이 따라붙게 되면 여자아이는 존재 자체가 골칫거리가 되고 만다. 그리고 대부분의 부모는 이런 책임에서 벗어나려고 한다. 해결책은 있다. 가족에 여자아이를 아예 두지 않는 것이다."[18]

여아 살해는 비단 문맹의 농촌 공동체에서만 벌어지는 현상이 아니다. 성별 불균형이 가장 심각한 지역 중에는 1인당 소득이 인도에서 가장 높다고 알려진 하리아나와 펀자브가 포함돼 있다. 콜카타 출신의 인도 학자 암리타 구하Amrita Guha는 현대 의학기술에 접근할 수 있게 해주는 부와 끈질긴 문화적 보수주의의 조합이 문제라고 탓했다. "인도 중산층에서 여성에 대한 진보적인 태도를 동반하지 않은 상대적 부유함이 여아의 태아 살해 경향을 악화시켰다는 것이 내 견해입니다."[19]

그렇다면 더 부유한 부모는 왜 남자아이를 선호하는 것일까? 대부분의 여성은 결혼과 동시에 원래 가족들과의 연을 끊는다. 언젠가는 남편과 시가에 종속될 것이기 때문에 딸을 기르고 교육시키는 데 드는 비용은 허공에 뿌려지는 것과 다름없다. 여성이란 그녀를 낳은 가족에게는 어차피 사라져버릴 존재이고, 새롭게 맞이하는 가족에게는 '대를 이을' 아들을 낳아주는 것이 주된 임무다. 특히 소비자 중심의 새로운 인도에 대한 열망을 가진 가족이라면, 아이를 많이 낳으려 하지도 않을 것이다. 그러면 선호하는 것은 물론 남자아이다.

아미타Amita는 델리의 중산층 지역에 산다. 그녀의 일상은 영화제 수상작인 인도 영화 〈런치박스The Lunchbox〉의 주인공을 떠올리게 한다. 주연 여배우 님랏 카우르Nimrat Kaur는 내면에 쌓인 슬픔과 열망을 억누르고 매일 금속 도시락통에 남편의 점심을 싸는 외롭고 충실한 아내를 연기한다. 아미타 역시 매일 새벽에 일어나 두 개의 가스불이 있는 작은 부엌에서 요리를 시작한다. 팬이 머리 위에서 조용히 돌아가는 동안 그녀는 파라타paranthas◆ 반죽을 밀거나 치킨 비리야니◆◆에 들어가는 고추의 양을 조절한다. 그녀는 매일 도시락을 네 개씩 싸는데, 남편과 세 명의 대학생 자녀들, 곧 이십대의 딸 둘과 열아홉 살짜리 아들을 위해서다.

그녀는 또 다른 딸들에 대해 여전히 애도하고 있다고 말한다. 딸들을 낳고 아들을 얻기 전까지 그녀는 두 번 더 임신했다. 하지만 초음파 검사로 여자아이라는 것을 알게 되자 시가에서는 낙태를 종용했다. 그녀는 첫번째 낙태의 기억을 떠올리며 눈물을 쏟았다. "거의 임신 6개월이 됐을 때였어요. 아직까지도 너무 마음이 아파요." 두번째 임신도 초음파검사 결과 여자아이였고, 또다시 시가에서는 낙태하라고 강요했다. "나는 여자아이도 남자아이만큼 살 권리가 있다고 말했는데, 시어머니는 나더러 멍청한 소리를 하고 있다더군요."

산부인과의 성별 선택을 통한 낙태가 금지된 지 11년이 지난 2006년에서야 첫번째 유죄판결 사례가 생겼다. 의사는 징역 2년 형을 받았다. "우리의 가장 큰 고민거리는 기존의 전략들이 효과가 없

◆ 납작한 빵으로 로티와 비슷하다.

◆◆ 쌀에 사프란, 스피어민트와 같은 향신료와 닭고기 등을 넣고 볶은 인도식 볶음밥이다.

다는 겁니다." 성별 선택 낙태 반대운동을 해온 델리의 부인과 전문의 푸니트 베디Puneet Bedi 박사는 이렇게 말했다.[20] 돈에 혈안이 된 의사, 그리고 가족과 사회적 편견에 의해 강요받은 여성들이 존재하는 한 은밀하게 낙태는 계속된다는 것이다. 의료 종사자들이 자정작용의 필요성에 대해서 아무런 관심을 보이지 않고, 보건당국의 단속은 임의적일 뿐 아니라 거의 없다시피 한 것도 놀라운 일이 아니다.

여아 낙태로 인해 연쇄적으로 발생하는 사회현상의 일환으로 조티 싱 사건을 설명하는 것도 가능하다. 인도의 일부 지역에서 여성의 수가 턱없이 적은 데 비해 실업자인 미혼 남성이 많아졌는데, 강간사건이 증가한 다른 이유를 찾을 필요가 있겠느냐고 암리타 구하는 반문한다. "남성이 여성을 점점 그 수가 줄어드는 취약한 집단으로 인식하고 결혼 가능성도 낮아짐에 따라 집단강간 발생률도 증가할 수밖에요." 인도 북부에 널리 퍼진 한 속담에는 "여자의 주인은 남자, 남자의 주인은 생계수단"이라는 말이 있다. 신붓감도 일자리도 없는 남자는 사회적 따돌림을 받기 십상이고, 좌절하고 분노에 찬 위험한 사람으로 돌변할 위험도 높아지는 것이다. 반면, 재력이 있지만 자기가 속한 공동체에서 신붓감을 구하지 못한 사람이라면 돈을 주고 사면 된다.

상대적으로 부유한 지역으로 꼽히는 하리아나의 성비는 인도에서 최악으로, 남성 1000명당 여성은 861명만 태어난다.[21] 하리아나 내에서도 번창한 농업 중심지 진드의 젊은이들은 패닉에 빠져 있다. 2009년 지자체장 파완 쿠마르Pawan Kumar는 '미혼 청년 조합'을 설립했고, 2014년 선거에서는 "득표를 위한 신붓감"이라는 슬로

308

건을 내세우면서 표를 얻는 대가로 정치인들이 유권자들의 신붓감을 찾아줘야 한다고 요구했다. 이들은 제1야당인 국민의회당 후보자로부터 거센 비난을 받았다. "사람들은 왜 여아 낙태와 신붓감 부족 현상을 함께 생각하지 않는 것입니까? 신붓감은 시장에서 사고팔 수 있는 공산품이 아닙니다. 누구도 그렇게 이상하고 한심한 요구를 받아들이지 않을 겁니다."²²

정치인들에게 실망한 하리아나 청년들은 신붓감을 찾기 위해 인신매매범에게 접촉하기 시작했다. 하리아나의 한 마을 수장, 수닐 자글라우Sunil Jaglau는 "신부를 사는 수밖에 다른 도리가 없습니다"라고 말했다. "이 근방에서는 큰 사업으로 발전했습니다. 알선업체와 중개업자가 넘쳐나고 있어요." 신붓감은 주로 인도의 최빈곤지역, 오리사, 벵갈, 아삼, 비하르에서 데려온다. 비료 값을 감당하지 못해서, 혹은 대가족을 먹여 살리려다 빚을 지고 자살하는 농부들의 소식이 정기적으로 들려오는 지역이다. 딸을 하나나 둘 정도팔 수 있다면 가족들은 그저 기쁘기만 할 뿐이다. 중개인들이 열 살에서 열여덟 살 사이의 소녀 한 명을 사가면서 가족에게 주는 돈은 500~1000루피◆ 수준이다.

하지만 인도 땅을 수천 킬로미터 가로질러 하리아나에 도착할 즈음이면, 소녀들은 한 명당 4000~30000루피◆◆에 팔린다. 인신매매범들로서는 여러 번거로움을 기꺼이 감수할 가치가 있는 것이다.

◆ 약 9000원~1만 8000원이다.

◆◆ 약 3만 6000원~27만 원이다.

이들은 소녀들을 '파로paros'라고 부른다. 언어부터 문화적 관습까지 너무나 다른 지역에서 살아야만 하는 소녀들은 정신적 트라우마를 입은 상태로 도착한다. 원래부터 대가족 속에서 살고 있던 지역 여성들은 파로들을 받아들이고 싶어하지 않는다. 지참금이나 가족 없이 혼자 도착한 파로를 상대로는 법적으로나 관습적으로도 정식 결혼식을 올려주지 않는 경우가 많아서, 가족 내에서 지위가 애매해진다. 원래 가족들과 연락을 취하는 것도 금지되고, 사는 집에서는 따돌림을 당하는 채로 가장 고되고 힘든 일을 도맡는다. 하리아나의 마을마다 학대당한 파로의 사례는 셀 수 없이 많이 회자되는데, 예컨대 소유자의 형제들과 성관계를 거부했다는 이유로 참수당했다는 등의 이야기다.

하리아나의 마을들에는 수만 명의 파로가 살고 있다고 한다. 지방정부 장관인 란디프 싱 수르제왈라Randeep Singh Surjewala는 이들의 처우에 관한 항의를 접수하는 한편, 여아 낙태를 줄이기 위한 캠페인도 강화하고 있다고 말했다. "우리는 사람들을 사회적으로 교육시키고 또 성비 문제를 해결하려고 노력하고 있습니다. 우리 국민이 우리 공동체의 소녀들을 환영하고 소중히 여기도록 만들려고 합니다." 하리아나의 주요 거리에는 "우리 소녀들을 구하자"라고 쓰인 플래카드가 곳곳에 걸려 있다. 이제는 적어도 이런 문구가 "약간의 투자로 더 큰 절약을"이라고 쓰여 있던 과거 낙태 진료소의 광고판들을 대체하고 있다.

인도에서 지참금은 1961년에 금지됐지만, 여성을 보호하기 위해 고안된 대다수 장치가 그러하듯 유명무실하다. 전통적으로 인도의 시골에서 여성의 지참금은 옷과 보석, 적정 금액의 현금이나 땅한 필지로 이뤄져 있었다. 현대에 들어 소비사회로 진입하고 나서 신랑 측의 요구는 컬러 텔레비전, 오디오, 주방 시설, 오토바이나 자동차 등으로 더 탐욕스러워졌다. 여러 명의 딸을 가진 집안으로서는 결혼을 시키다가 파산하기 십상인 사회악이다. 딸을 가진 아버지는 절박해지면 우선 결혼식을 치르고 한참 후에 지참금을 나눠서 지불하겠다고 요청하게 된다. 그 기간에 원하는 물품들이 제때 도착하지 않으면, 신부는 시가에 감금되어 식구들에게 맞거나 심지어는 살해당한다.

인도 국립범죄통계국의 최근 조사에 따르면 2012년 한 해에만 일어난 지참금 살인은 8233건에 달한다.[23] 가장 선호하는 살해 방식은 태워 죽이는 것이다. 남편의 가족들은 신부가 반드시 불이 잘 붙는 나일론 사리를 입게 하는데, '사고'는 항상 부엌에서 일어난다. 인도 병원들의 화상 병동, 특히 여성 병실들은 의사들이 '부엌 살인'이라고 부르는 피해자들로 늘 가득 차 있다. 1980년대에 이 끔찍한 살인이 증가하자 깜짝 놀란 국가는 결혼 7년 안에 화재로 인한 모든 사망을 지참금 살인으로 간주하도록 지참금 법을 개정했다.

법은 법일 뿐, 인도의 법원은 여성에 대한 폭력과 연관된 사건들에 여전히 지나치게 관대한 것으로 악명 높다. 2014년에 대법원 판사들은 지참금 살인에 관한 법률이 "불만에 찬 아내들의 무기로 사용되고 있다"라며, "괴롭히는 가장 간단한 방법은 이 규정을 이용해서 남편과 그의 친척들을 체포하게 하는 것"이라고 주장했다. 최근 인도 경찰은 이 같은 맥락에서 여성 폭력의 진위에 대한 더욱 철저한 진상 조사를 요구받고 있어서, 병원 침상에 누워 죽은 것과 마찬가지 상태로 살아가는 피해 여성들은 자신들의 목소리를 듣게 하기가 더욱 어려워졌다. 2012년에만 지참금 살인의 용의자로 약 20만 명이 체포됐다. 하지만 이 가운데 오직 15퍼센트만이 유죄판결을 받았다.

인도에서는 지참금 살인으로 숨지는 여성이 한 시간마다 한 명꼴로 발생하고,[24] 12초마다 한 명씩 여아가 낙태되고 있다.[25] 세계에서 열번째로 부유한 국가에서 여성에 대한 살인은 급속히 확산되고 있다. 인도 역시 회원국인 G20의 사무국은 여성으로 살기가 가장 어려운 나라가 인도라고 선언했으며 심지어 사우디아라비아보다도 힘들다고 했다. 몇 년 전, 유엔 경제사회국은 여자아이로 태어나는 것이 가장 위험한 나라는 인도라고 밝혔다. 인도에서 여자아이가 다섯 살이 되기 전에 죽는 비율은 남자아이의 거의 두 배에 이른다.[26]

인도는 화성 궤도에 우주선을 진입시키는 데 6000만 파운드◆를 썼다. 여성들이 교육에서 소외되고 위험에 방치되는 동안 말이다. 여전히 많은 국가가 그런 것처럼, 인도에서 소녀들을 보호하는 일은 우선순위가 밀린다. 여성에 대한 범죄를 기록하는 NGO를 운영하는 시미르 파딘즈하레딜Shemeer Padinzjharedil은 이렇게 말한다. "인도에서 한 여성이 살아남는 것은 기적에 가까운 일입니다. 이미 태어나기 전부터, 아들에 대한 집착 때문에 낙태될 위험에 처해 있거든요. 어린 시절에 학대, 강간, 조혼이라는 고비를 넘더라도, 결혼할 때조차 지참금 문제로 살해될 수 있어요. 이 모든 것을 거쳐 살아

◆ 약 860억 원이다.

남았다 하더라도, 남편이 먼저 죽고 나면 차별당해 상속이나 재산에 대한 어떤 권리도 주장할 수 없게 됩니다."[27]

인도의 유명한 여성 소설가 아니타 데사이Anita Desai는 인도 여성을 주체성 없고 무기력한 존재로 묘사했다고 비판받아왔다. "하지만 전 여느 소설가들처럼 노력하고 있는 거예요." 그녀는 말했다. "아무리 허구적인 소설이라고 하더라도 최대한 진실에 가깝게, 진실을 있는 그대로 쓰려고 애쓰는 것뿐이에요."[28] 그녀의 소설 《도시의 목소리Voices in the City》의 주요 등장인물 중에 콜카타에 살고 있는 모니샤Monisha라는 여성이 있다. 소설 속에서 그녀는 이렇게 말한다.

> 수세기 동안 햇빛도 잘 들지 않는 어두운 방 안에 숨어 평생 빨래만 해온 벵골 여자들의 삶을 생각한다. 검댕이 긴 램프의 흐릿한 불빛 속에서 '바가바드기타♦'의 시구들을 큰 소리로 웅얼거리며 반죽을 치대는 여자들을.
>
> 그들의 삶에 보상이란 전혀 없고, 자기중심적이고 무관심하며 늘 배가 고프고 원하는 게 많고 까다로운 남자들을 시중들면서, 누구에게도 이해받지 못한 채로 죽어간다.[29]

자신이 처한 제한적인 남성우월주의적 환경을 끝내 벗어날 수 없다는 절망 속에서 모니샤는 자살을 선택한다. 미국에서 살기를 선택한 데사이는 현대 인도에 대해 논평하는 것을 꺼린다. "인도는 과거

♦ 힌두교의 중요한 경전 중 하나다.

와 종교, 역사가 여전히 잘 보존된 묘한 곳입니다. 아무리 인도가 현대화된다고 해도 여전히 아주 오래된 나라입니다."[30] 하지만 폭력적인 강간 범죄가 늘어나는 데 분노한 그녀는 최근 이렇게 말했다. "남자들은 아직도 여자들이 자신의 삶을 온전히 살아야 하는 주체적 인간이라는 점을 받아들이지 않고 있습니다. 눈에 띄는 변화가 일어나기까지 아직도 몇 세대나 지나야 할지 모르겠어요."[31]

변화의 징후는 있는 걸까? 2014년에 집권한 나렌드라 모디 Narendra Modi 인도 총리는 친 여성적인 이미지를 부각시켰다. 그는 여성에 대한 폭력, 여아 낙태에 공개적으로 반대하며 아들을 올바르게 양육하지 않은 부모들을 비난했다.

인도 여자들은 2015년 6월, 총리가 이 주제에 대한 진짜 속내를 드러내기 전에는 어느 정도 희망을 품었을지도 모른다. 다카대학교를 공식 방문한 모디 총리는 연설 과정에서, 방글라데시 총리와 여성 일반을 언급하면서 눈치 없이 속내를 드러냈다. "여성임에도 불구하고 방글라데시 총리가 테러에 대한 무관용 원칙을 천명한 데 대해 기쁘게 생각합니다."[32]

모디 총리가 한 편협한 발언에 분노한 인도 여자들은 해시 태그 #여성임에도불구하고DespiteBeingAWoman를 소셜미디어에 쏟아냈다. "여성임에도 불구하고 자동차 사용법과 운전 방법을 익혔다." "여성임에도 불구하고 숨 쉬고 먹고 싸고 존재한다. 대단한 성취 아닌가!" 조티 싱 강간사건 이후 그랬던 것처럼 인도 여자들은 비분강개하며 맞서 싸웠다. 그러나 세계 최대 민주주의 국가의 지도자가 그렇게 견해를 밝힌 것을 보면 인도가 "지구상에서 여성으로서 살기에 최악"이라는 오명을 벗기에는 아직 시간이 더 걸릴 듯하다.

11

강간이라는 전쟁 무기
보스니아와 콩고민주공화국

잠들려고 노력해봤지만 몸을 누일 수 있는 공간이 거의 없었습니다. 수백 명이 한 공간에 모여 있었던 데다 화장실로 쓰는 양동이에서 풍기는 악취가 지독했거든요. 그들은 밤이면 손전등을 들고 나타났어요. 열두 살, 열네 살 된 두 딸이 제 옆에 누워 있었어요. 군인 중 한 명, 키가 크고 수염이 난 남자가 열네 살짜리 제 딸 에스마Esma를 비추더니, "나는 쟤랑 할래"라고 말하더군요. 나는 "아, 안 돼. 제발 나를 데려가주세요"라고 말했어요. 에스마는 공포에 질려 소리를 지르기 시작했습니다. 나는 조용히 있었기 때문에, 그는 나를 데려가는 편이 덜 골치 아플 거라고 생각했던 것 같아요. 14일 동안 갇혀 있었습니다. 처음에는 수염 난 남자, 두스코Dusko뿐이었어요. 와서 강간을 할 때마다 술 냄새가 진동했습니다. 하지만 며칠이 지나자, 그는 원하는 누구에게나 나를 내주었어요. 적게는 두 명이었지만 어떤 날엔 열명도 찾아왔어요. 처음엔 격렬하게 저항해봤지만 흠씬 두들겨맞고 난 뒤엔 그저 그들이 하고 싶은 대로 놔둘 수밖에 없었습니다. 출혈이 멈추지 않아 내 상태가 심각해지자 그제야 그들은 나를 체육관으로 돌려보냈어요. "우리 딸들은 어디 있나요?" 거기 있던 다른 여자들에게 물어봤더니 "그들이 와서 데려갔어요" 하더군요. 그 뒤로 딸들을 영영 볼 수 없었어요.

크로아티아 동부 지역 포수셰, 교전을 피해 도망친 가족들이 집 삼아 살고 있는 버려진 열차 객차에 앉아 이방카Ivanka의 이야기를 들었다. 1993년 10월, 보스니아 전쟁이 한창이던 시절이다. 터키 식으로 끓인 커피를 따르는 이방카의 손이 덜덜 떨리고 있었다. 마흔 두 살이었지만 머리카락이 회색이라 그녀는 육십대 노인처럼 보였다. 그녀는 전쟁으로 모든 것을 잃었다. 어머니, 남편, 두 딸과 열 살짜리 아들까지. 전문가들이 이 전쟁이 끝난 이후 집계한 바에 따르면, 5만여 명의 여자와 소녀 들이 1992년부터 1995년 사이에 벌어진 이 분쟁으로 강간을 당했다. 이방카는 그중 한 명일 뿐이다.[1]

다른 여자들이 객차의 문간으로 다가와 그녀가 말하는 것을 들었다. 당황하고 마음이 상한 이방카가 일어나 문을 닫았다. 나는 그녀가 겪은 일을 말해주는 것이 무척이나 고마웠다. 내가 접촉한 난민촌의 수없이 많은 여성 노동자들이 내게 강간당했다고 말했지만 그 단어를 실제로 입 밖으로 꺼내어 말해준 이는 이방카가 처음이었다. 여자들은 대부분 머리를 흔들며 어떤 일이 있었는지는 말할 수 없다고 했다. "그건 너무나 수치스러운 일이에요." 어떤 이들은 자신들의 몸에 가해진 폭력과 삶을 송두리째 파괴해버린 사건을 표현하면서 '그것'이라고밖에 말하지 못했다. 나는 강간 피해자들을 취재하는 일에 죄책감을 느꼈지만 계속해나갔다. 이방카는 자신이 겪은 일을 전부 말해줄 유일한 사람이었다.

보스니아 북쪽의 도보이 근처, 이방카의 작은 마을에 세르비아 군인들이 들이닥친 것은 1992년 5월의 일이다. 그들의 목적은 이른바 '인종청소', 전쟁의 전리품을 즐기는 동시에 이 지역에서 무슬림 인구를 없애는 일이었다. "체트니크Chetnik◆들이 우리 집에 들어와 원하는 것을 가져가고 나머지는 쓰레기로 만들었어요. 무슬림의 집과 재산은 모두 그렇게 했죠. 군인들은 남편과 아들은 따로 데려갔고, 저와 딸들은 트럭에 실어서 지역 학교 체육관에 들여넣었어요. 거기엔 이미 너무나 많은 사람들이 와 있었어요. 군인들이 빵을 던져주거나, 혹은 누군가를 데려갈 때는 우리 위로 밟고 다녔어요."

보스니아 전쟁의 '강간 캠프' 중 하나로 악명 높았던 이 수용소에서 이방카가 풀려난 것은 1995년 10월에 무슬림 정부가 도보이를 다시 탈환하고 난 뒤의 일이다. 한때는 체육관에서 자는 여자들이 2000명 정도 되었지만 그들을 안전한 곳으로 풀어주려고 버스에 태웠을 때는 겨우 몇 백 명만 남아 있었다. 이방카는 딸들에게 어떤 일이 벌어졌는지 전혀 모른다. 열 살 정도의 어린 강간 피해자도 있었는데 그중 다수가 죽을 때까지 강간당했다. 미성숙한 소녀들의 몸은 반복되는 학대를 견딜 수 없었다.

이방카는 필사적으로 집안의 남자들, 남편과 남자형제, 아들을

◆ 세르비아 민족 독립 운동가를 뜻하는 말이다.

찾으려고 했다. 하지만 남편을 다시 만나게 되더라도 자신이 강간 당했다는 사실을 남편이 알게 될까봐 불안해한다. 만일 남편이 알게 된다면 남편으로부터 버림받을 것이다. 그녀는 자신이 임신 가능한 나이 대가 아니었다는 점을 천만다행으로 여겼는데, 난민촌의 너무나 많은 강간 피해자들이 임신한 상태이기 때문이다. "여자들은 아기가 태어나는 대로 죽여버릴 거라고들 해요. 어떻게 세르비아 강간범과 살인자의 자식을 사랑할 수 있겠어요?" 이방카는 국제 적십자단에서 수감자들의 명단을 모으고 있다는 이야기를 듣긴 했지만, 어떻게 볼 수 있는지 알지 못했다. 만일 객차를 함께 쓰고 있는 여자들과의 우정이 아니었다면, 몇 달 전에 일찌감치 자살하고 말았을 거라고 이방카는 말했다. 나는 그녀의 손을 잡고, 분명히 전쟁은 곧 끝날 거라고 안심시키고자 애를 썼다. 하지만 나라고 뭘 알았겠는가?

대량 학살에서 살아남은 아이들이 노는 소리가 들렸다. 가슴 아플 정도로 아름다운 금발머리와 푸른 눈의 소녀가 객차 계단에 앉아 멍하니 바라보고 있었다. "군인들이 저 애가 보는 앞에서 아버지를 죽였어요. 그 이후로 말을 하지 못하게 됐죠." 이방카가 설명했다. 에만Eman이라는 이름의 작은 소년은 나뭇가지와 판지 조각을 모아 집을 짓고 있었다. "이게 우리 집이에요." 아이는 그 곁의 더 작은 건축물을 손가락으로 가리키면서 "보세요, 여기가 우리 아버지가 차를 보관하던 곳이에요"라고 자랑스럽게 말했다.

난민 생활의 지루함은 난민들의 어려움을 보살펴주는 자선단체 사람들이 매일 음식을 배달하러 올 때와, 때때로 유럽의 부자 나라에서 온 옷꾸러미가 도착할 때에만 잠시 멈춘다. 난민 여성들은 런던, 파리, 베를린의 여자들이 '선의'로 모아둔 버려진 코트와 드레스, 정장과 구두 들을 헤치고 물건을 고른다. 이방카는 불평했다. "왜 그들은 남자 옷을 이렇게나 많이 보내나요? 이곳에 남자가 하나도 없다는 사실을 모르나요?" 여섯 살짜리 에만이 박스 안에 무엇이 들었나 궁금해하며 돌아다니고 있었다. "왜 장난감은 안 보내요? 옷은 재미없어요." 에만이 말했다.

나는 죄책감을 느꼈다. 나 역시 딴에는 선의로 뭐라도 보태려던 여자들 중 하나다. 대부분의 사람들처럼 나도 보스니아 헤르체고비나 사람들이 1992년 3월 독립을 위해 투표하고 난 직후 9만 명의 세르비아 군대로부터 침공당하는 모습을 공포 속에서 지켜봤다. 전쟁이 진행됨에 따라 제2차 세계대전 이후 가장 심각한 인도주의적 차원의 위기가 생겨나자 나는 난민들을 위해 후원금을 모금했다. 1993년에 나는 BBC의 스튜디오 원에서 '보스니아를 위한 디스코Bop for Bosnia'라는 이름의 자선 파티를 열었다. 당시 그림자 내각의 내무부 장관 토니 블레어를 비롯해 수백 명이 참석했다. 이를 통해 보스니아의 난민촌에 음식과 옷을 보낼 만한 충분한 돈을 모금했다. '제길, 왜 장난감은 생각하질 못했을까?' 나는 실망한 여섯 살짜리를 보면서 생각했다.[2]

기자로서 이 전쟁의 시작부터 취재를 했으면서도 런던에서 비행기로 두 시간 남짓이면 혼란과 죽음의 진창에 뛰어들게 된다는 것이 나는 도무지 믿기지가 않았다. 이 직업 때문에 가장 아슬아슬하게 살해될 뻔했던 때가 바로 크로아티아를 거쳐 보스니아의 포위된 무슬림 마을, 자블라니카에 구호품을 전달할 호송 차량에 합류한 순간이었다. 한밤중에 어느 골짜기를 지날 때 나는 선두 트럭에 타고 있었는데, 운전자가 바보 같은 실수를 했다. 지도를 읽겠다며 불 밝은 다리 위에 정차한 것이다. 호송대를 공격에 노출시킨 꼴이었다. 주위를 둘러싼 산 위에 자리잡은 세르비아군의 진지에서 우리에게 집중포화를 퍼부었다. 처음의 충격이 지나간 후에 나는 이내 카메라와 촬영해둔 것들을 챙겼다. 이런 상황에서 카메라가 마음을 안정시키는 데 얼마나 도움이 되는지는 전에도 겪은 바 있다. 카메라는 현실과 거리를 두게 하고, 눈앞에 벌어지는 사건을 렌즈를 통해 봄으로써 그저 영화를 보는 관객 같은 기분이 들게 하기 때문에 상황에 대처하는 데 도움이 된다. 우리는 운이 좋았다. 오직 트럭 한 대만 직격탄을 맞았고 그 트럭의 탑승자 둘 중 한 사람은 눈에 부상을 입고 다른 한 사람은 다리에 파편을 맞았지만 그래도 빠져나올 수는 있었다. 자블라니카에 절뚝거리면서 들어서는 우리를 굶주린 무슬림 주민들은 환영해줬지만, 스페인 사람인 유엔 평화유지군 장교는 불같이 화를 냈다. 그는 우리가 폭격당한 같은 장소에서 지난주에 두 사람을 잃었다면서, 우리의 무책임하고 무모한 행동을 비난했다.

팔레에 주둔한 세르비아 군인들에게 폭격을 받은 사라예보, 그 무슬림 도시의 그 언덕을 기억한다. 한쪽 외벽이 완전히 사라져 흐트러진 침대와 미처 끝내지 못한 식사, 아이들의 놀이 도구가 그대로 노출된 아파트 건물의 이미지는 영원히 잊지 못할 것이다. 평범한 일상은 산산조각 났고, 개인적인 소지품들은 누구나 볼 수 있게 널브러졌다. 그 아파트에 살던 가족은 지하 벙커에 몸을 웅크리고 숨었고 남은 전쟁 기간 대부분을 그곳에서 보내게 될 터였다. 나는 이 전쟁에서 가장 끔찍한 학살이 벌어지기 불과 몇 주 전, 스레브레니차 마을을 촬영한 것을 기억한다. 주변 지역에 살던 수천 명의 무슬림들은 유엔이 그 마을을 '안전지대'로 선언한 후 난민으로 그곳에 와 있었다. 나는 덥고 불결한 학교 강당에서 생활하는 한 가족을 촬영했는데, 한 여자가 나에게 다가와 소리를 질렀다. "왜 카메라를 여기까지 가져와서 우리를 전 세계의 구경거리로 만듭니까? 뭔가 다른 걸 좀 해봐요!"

그 여자의 목소리는 여전히 나를 따라다닌다. 방송기자 업무의 속성을 잔인하게 꿰뚫었을 뿐 아니라 그다음에 그녀에게 닥쳤을 것이 거의 분명한 일 때문이다. 유엔 평화유지군들, 그리고 네덜란드 병사들로 구성된 대대 하나는 라트코 믈라디치Ratko Mladić 장군이 지휘하는 세르비아 군대가 1995년 7월 이 마을에 진입해 8000여 명의 남자와 소년들을 학살하기 위해 데려가는 것을 방관했다. 두려움에 떠는 수천 명의 무슬림 남자들을 바라보며 믈라디치는 군인들에게 '피의 축제'를 약속했다. 여자들에 대해서는 병사들에게 이렇게 말했다. "아름답군. 괜찮은 애들은 따로 빼두고, 데려가 즐겨라!"[3]

한 네덜란드 위생병이 나중에 전범 재판에서 이렇게 증언했다. "군인이 바지를 벗고 소녀 위에 올라탔습니다. 소녀는 바닥에, 매트리스 비슷한 것 위에 누워 있었고요. 매트리스에 피가 묻어 있었는데 소녀는 온통 피범벅이었어요. 다리에도 여기저기 멍자국이 있었습니다. 다리 아래로 계속 피가 흘렀습니다. 소녀는 완전히 충격에 빠진 모습이었어요. 그녀는 완전히 미쳐버렸습니다."[4] 강간 피해자인 43세의 또 다른 증인은 이렇게 증언했다. "나에게 옷을 벗으라고 군인이 강요했습니다. 울면서 그러지 말아달라고 간청했죠.

내 눈에 그는 스무 살 안팎으로밖에 보이지 않았습니다. '나는 나이든 여자고, 당신 엄마뻘일 수도 있다'고 말했습니다. 그는 이렇게 말하더군요. '나는 이곳에 한 달 동안 있었고, 여자 맛을 못 봤다. 나는 하고 싶고, 할 수 있다'고요."5

수만 명에 이르는 그 여자들에게, 강간은 어떤 영향을 미쳤을까? 미국의 페미니스트인 안드레아 드워킨Andrea Dworkin은 한 개인의 "존엄과 자결권에 대한 투쟁은 곧 자신의 몸을 실질적으로 통제하는 것, 특히 자신의 몸에 대한 육체적인 접근을 통제하는 것에 그 근원이 있다"고 썼다.6 보스니아의 강간 피해자들은 하나같이 자신들이 더럽혀졌고 추잡하며 모욕당한 느낌이라고 되풀이해 이야기한다. 리츠바노비치의 작은 마을에 살던 스물두 살의 사데타Sadeta는 세르비아 군인 무리에게 강간을 당했다. 그녀는 강간이 전쟁의 전략 행위라는 끔찍한 통찰을 보여줬다. "그들은 그냥 죽이는 걸로는 더 이상 흥미를 느끼지 않았습니다. 우리를 고문하는 걸 더 재미있어한 것 같은데, 특히 여자를 임신시키면 좋아했죠. 그들은 우리를 모욕하고 싶어했고…… 실제로 그렇게 했습니다. 나뿐만 아니라, 모든 여자와 소녀 들은 어쩌면 남은 평생 내내 모욕당하고 더럽혀지고, 추잡하다는 느낌을 갖고 살아갈 겁니다…… 난 왠지 나 자신이 더럽다고 생각해요. 길가에서 내 옆을 지나가는 모두가 나를 그런 눈으로 보는 것 같고요."7

그녀의 고통을 더 정확하게 이해하기 위해서 우리는 보스니아의 무슬림 여자들이 어떤 사람들인지 알 필요가 있다. 유고슬라비아가 제2차 세계대전의 여파로 공산주의 국가에 편입되기 전에 무슬림들은 엄격한 이슬람 사회의 가부장적인 전통을 고수했다. 무슬림 여자는 베일을 쓰고 다녀야 했고, 집 안이 여자의 영역이었으며, 오직 자녀를 기르는 일에 충실해야 했다. 공산주의 정권은 이런 관습을 없애고자 최선을 다했지만, 1980년에 티토Tito 대통령이 사망하면서 구습이 부활했다. "옛 전통으로의 회귀는 국가 부흥을 위한 국가적 선결 과제였다." 아즈라 잘리히크 카우린Azra Zalihic-Kaurin은 이 주제에 관한 소론에서 이렇게 설명했다. 8 이렇게 생긴 제약으로 혼전 섹스는 금지됐고, 강간은 곧 죽음이나 다름없게 되었다. 강간은 어느 여자든 황폐화시키지만 무슬림 여자에게는 분명 더 심각한 영향을 끼친다. 피해자들은 너무 자주 비난받는다. 파키스탄과 아프가니스탄의 강간 피해자들은 일상의 사형선고를 받는다. 보스니아의 무슬림 여자들은 대체로 의심받고 배제됐다. 전쟁에서 살아남은 많은 여자들이 평범한 아내나 어머니로서 살아갈 수 없을 것이라는 두려움에 시달렸다. "우리가 어쩔 수 없었다는 것을 아무도 믿지 않아요." 투즐라 난민촌의 열여덟 살 세블라타Sevlata가 말했다. "그리고 그들은 우리가 [세르비아인들과] 또다시 붙어먹을 거라고 생각하죠. 우리는 결혼처럼 평범한 삶을 꿈꾸지 못해요. 우리는 남자들이 계속 우리를 의심할 거라는 걸 알아요."

전쟁 중에 벌어지는 강간은 '그저' 성폭력에 그치지 않는다. 그것은 증오 행위이며 권력의 행사다. 이 전쟁 중에 그리고 전쟁 이후에 자신이 겪은 일을 용감하게 말해준 대부분의 여자들은 강간에는 대부분 심각한 물리적 폭행도 동반됐다고 증언한다. "거의 죽을 정도로 목이 졸렸어요." "강간한 다음에, 그들은 깨진 유리조각을 내 몸 안으로 쑤셔넣었어요." 전쟁에서 강간범들은 희생자들을 비인격화하는 경향이 있다. 강간은 그저 전쟁 중 벌어지는 여러 가지 폭력 가운데 하나일 뿐이며 응당 일어나는 일이라는 것이다. 많은 강간 피해자들은 강간범이 예전에 자신의 평범한 이웃이었다는 사실에 큰 충격을 받곤 한다. 강간과 고문 혐의로 재판에 넘겨진 조란 부코비치Zoran Vuković의 법정에 증인으로 선 십대 생존자는, 그가 그녀를 강간할 때 웃었다고 말했다. "그가 이 짓을 하는 건 바로 나를 알고 있었기 때문이라는 감이 왔습니다. 일부러 악랄하게 굴기 위해서라는 것을요."[9]

'살인, 약탈, 강간'은 언제나 전쟁의 부산물이거나 혹은, 1991년 걸프전쟁의 연합군에 의해 더욱 유명해진 좀더 현대적인 용어를 쓰자면, '부수적인 피해'였다. 1937년 '난징의 강간'에서 수만 명의 중국 여자들이 일본 제국군인들에게 강간당하고 살해되었다.[10] 1944년 독일을 가로질러 서쪽을 향해 가던, 분노와 복수심에 불타는 소련 군대에 의해 수없이 많은 독일 여자들이 강간당했다. 수없이 많은 베를린 여자들이 1945년 11월에 도시가 함락되고 나서 군인들에게 강간당했다.[11] 야만스러운 강간의 역사는 20세기에만 존재하는 게 아니다. 칭기즈칸의 군대와 로마의 정복군도 똑같이 폭력을 일삼았다. 보스니아 전쟁의 다른 점은 지휘관들이 명확하게 정한 목적에 따라 전쟁 무기로서 강간이 활용됐다는 점이다. 그것은 인종청소, 제노사이드를 위해 고안된 프로그램의 일부였다.

슬로보단 밀로셰비치Slobodan Milošević가 1992년에 보스니아 헤르체고비나를 침공하라고 명령했을 때, 그 나라는 전체 인구의 43퍼센트가 무슬림이었고 세르비아인이 33퍼센트, 크로아티아인이 17퍼센트였다. 세르비아인들은 국토의 3분의 2를 원했고 무슬림과 크로아티아인 들이 제거되기를 바랐다. 크로아티아 기자이자 작가인 세

아다 브라니치Seada Vranić는 비 세르비아 여자들에 대한 강간이 '위대한 세르비아 팽창 정책'의 일환이었다고 말한다. "그 뒤로 모든 게 딱 하나의 아이디어 아래 펼쳐졌어요. 우리 국토에서 다른 민족을 몰아내자는 것. 그래서 그들은 가공할 계획을 고안해냈습니다. 비 세르비아인의 집에 침입해 강간하는 것이죠. 강간은 그 목적을 달성하는 매우 효과적인 수단이었습니다. 여자 서너 명만 (군인들이 모든 비 세르비아인들을 상대로 강간한다는 소식을 가지고) 마을에 도착하면, 주민들은 너나없이 도망가려 했습니다."[12]

도주를 부추기려는 목적으로 많은 여자들이 공공장소에서 강간당했다. 강간은 집안의 남자들에게 수치심을 안겼고, 공동체를 갈가리 찢어놨다. 브라니치는 어떻게 남자들을 무력화하는지를 피해자들에게서 듣고 또 자신의 눈으로 목격했다. 남자들은 대체로 나무에 묶여 옴짝달싹 못하는 상태에서 여자들은 남편과 자녀 앞에서 강간을 당하고, 가슴이 잘려나갔으며 자궁은 찢겨 열렸다. 그녀는 전쟁 동안 서둘러 《침묵의 벽을 깨며Breaking the Wall of Silence》라는 제목의 책을 냈는데, 이 땅에서 어떤 일이 벌어지는지 국제사회에 알리기 위해서였다. "모든 증언들은 나를 고통스럽게 했습니다. 정신적으로나 육체적으로나 무너지기 일보직전이었어요."[13] 그녀가 이렇게 말하는 게 너무나도 당연했다.

1993년에 시몬 베유Simone Veil가 포함된 유럽공동체European Community의 조사관들은, 강간이 "적군의 지역공동체들을 도덕적으로나 물리적으로 붕괴시키고, 그리하여 그들을 고향 땅에서 몰아내어 침략 세력의 힘을 과시하려는 의도적인 목적을 가지고 벌이는 일"이라고 주장했다.[14] 전범 재판에 피고인으로 출석한 장교들은 세르비아 군대의 사기 진작을 위해 강간 지시를 내렸다는 점을 인정했다. 여성의 몸을 강간하는 것이 정복 과정의 일부라고 군인들은 교육받았다. 보스니아 북부 지역에 있던 악명 높은 트르노폴리예 포로수용소에서 살아남은 스물네 살의 강간 피해자 하티자Hatiza는 이렇게 말했다. "그들은 우리에게 창피를 주기 위해 그것을 했습니다. 우리에게 자신들의 힘을 보여주기 위해서요. 총구를 우리 입에 밀어넣었고, 우리 옷을 찢었어요. 그들은 이쪽이 더 나았다며 '터키 여자들'을 보여줬습니다."[15] 매일 밤 강간을 당했던 한 생존자는 어느 날 자신의 강간범 중 하나에게 왜 이런 짓을 하느냐고 물어봤다고 한다. 그의 답변은 이랬다. "너는 무슬림이고, 너 같은 인간들이 너무 많기 때문이야."[16]

강간범들이 자신들에 의해 태어난 수많은 세르비아 아기들에 대해 어떻게 떠벌렸는지를 많은 생존자들이 말해주었다. 군인들은 이미 임신 상태인 여성 포로에 대해서는 아무런 관심을 갖지 않았다. 그들은 세르비아 정자에 정복된 '열등한 무슬림 자궁'에 대해 이야기하다가, 무슬림의 열등함 때문에 결과적으로는 순수한 세르비아인이 태어날 것이라고 했다. '투르크'에 대한 증오는 되풀이되는 주제였다. 보스니아 동부 포차 지역의 인종청소 때, 스물두 살의 아즈라Azra는 감옥에 갇혀서 같은 동네 경찰이었던 이웃 사람 드라간Dragan에게 강간당했다. "그들은 지금은 전쟁 중이기 때문에 아무런 법도 규율도 없다고 했어요. 그들은 '너희 터키 엄마 엿 먹어라'나 '터키 정자는 다 죽어버려'와 같은 저주를 퍼부었습니다."[17]

세르비아인들이 악행을 일삼은 배경에는 오랜 역사가 있다. 투르크에 대한 그들의 집착은 오토만 제국의 일부였던 세르비아의 역사로 인해 주입되기 시작했다. 당시 많은 기독교인들이 터키의 지배하에서 더 좋은 대접을 받고 더 나은 일자리를 구할 기회를 얻기 위해 이슬람으로 개종했다. 그들은 보스니아의 무슬림이 되었다. 1930년대에 독일에서 유대인들이 부와 지성을 갖고 있다고 여겨졌기 때문에 그들을 향한 증오심이 퍼져나갔듯이, 보스니아의 무슬림들 역시 소위 이기적인 목적에서 터키인들과 협력했다고 해서 증오의 대상이 되었다. 이슬람 혐오는 비단 21세기 EU 국가들의 우익 정당들이 자극하기 전부터도 이곳 유럽에 공공연하게 퍼져 있던 문화다.

기자로서 가장 부끄러운 기억 가운데 하나는 현재 끔찍한 대량 학살과 부하들의 성폭행을 조장한 혐의로 헤이그 국제사법재판소에서 재판을 받고 있는 라트코 믈라디치 장군과의 저녁 만찬에 손님으로 참석해 함께 시간을 보냈다는 것이다. 그날 오후 인터뷰 자리에서 그는 "야만족들의 문턱"이라는 표현을 썼다. 그는 "왜 다른 유럽 국가들은 우리를 지지하지 않느냐"고 나에게 물었다. "터키가 또다시 빈을 침공하는 일을 우리 군대가 나서서 막고 있다는 사실을 그들은 깨닫지 못합니까?" 1683년의 빈 공성전을 언급하면서 그는 이렇게 말했다. 나는 공감한다는 듯 고개를 끄덕였고, 라트코 믈라디치의 모습을 한 악마의 저녁식사 제안도 받아들였다. 나에게 그날 밤 자신의 본부에서 지내라고 권유한 것이다.

나는 언제나 목적이 수단을 정당화한다고 믿어왔으며, 다음 날 아침 떠나기 전에 그를 설득하는 데 성공해 세르비아 전선을 지날 수 있는 통행증을 얻었고, 그다음 날 포위된 마을인 스레브레니카를 촬영해도 좋다는 허락을 받았다. 하지만 내가 떠나기 전, 세르비아 군대의 최고사령관은 이 전쟁의 목적이 의심할 여지없이 집단

학살이라는 것을 분명히 보여줬다. 어림잡아 4만 명의 무고한 시민들이 전쟁 통에 목숨을 잃었는데, 이는 전투원의 두 배쯤 되는 수치였다. 민간인 사망자의 대다수는 무슬림이다. 살아남은 여자들은 라트코 플라디치 같은 남자들이 보기에는, 전쟁에서 싸운 세르비아인들을 위한 미래 세대를 자신의 의도와 상관없이 임신한 이들인 경우가 많았다.[18]

'강간 캠프'가 된 도보이의 학교에서, 이페타Ifeta는 교실로 끌려가 세 명의 남자에게 강간을 당했다. "그걸 하는 동안 그들은 내가 그들의 아기를 갖게 될 거고 그러면 무슬림 여자로서 세르비아인의 아이를 낳는 영광을 누리게 될 거라고 말했어요."[19] 도보이 수용소의 다른 재소자 카디라Kadira는 이렇게 기억했다. "임신한 여자들은 세르비아인 아기를 낳을 때까지 7~8개월 정도 그곳에 머물러야 했어요. 여성들을 검진하는 부인과 의사들도 있었습니다. 임신하면 우리와 분리되어서 특권들을 누렸어요. 음식을 먹었고, 형편이 더 나았고, 보호받았습니다. 임신 7개월 정도 되어 달리 어떻게 해볼 도리가 없게 되면 그제야 풀려났습니다. 이후에는 대개 이 여자들을 세르비아에 데려갔죠…… 그들은 임신 못 하는 여자들은 때렸어요. 특히 어린 여자애들을요. 어떤 피임법을 쓰는지 자백하라고 했어요."[20]

세르비아로 끌려간 여자들이 어떻게 됐는지는 거의 알려진 바가 없다. 어쩌면 세르비아인 아이를 낳아주는 여자로서 계속해서 특별대우를 받았을 수도 있다. 제2차 세계대전 동안 나치는 독일인 전쟁 사상자들을 상쇄하고 순수 혈통의 아리아인 아이들을 낳게 하기 위한 '레벤스보른Lebensborn 프로그램'을 조직한 바 있다. 어쩌면 세르비아의 지도자들은 똑같은 사고방식으로 '위대한 세르비아' 건설을 위해 이 집단강간을 계획하고 그 결과로 임신한 사람들을 보호했는지도 모른다. 거기에 의도적인 출산 프로그램 따위가 원래 있었는지는 알 수 없는 노릇이다. 헤이그 재판에서 피의자들에 대한 질문은 성폭력의 정황 그 자체에 집중돼 있지 생존자들에게 어떤 일이 벌어졌는지에 대해서는 관심을 두지 않았다. 우리는 이 집단 학살의 설계자인 슬로보단 밀로셰비치에게 더이상 물어볼 수조차 없다. 그는 헤이그 감옥에 수감돼 재판을 받던 2006년 자신의 감방에서 심장마비로 사망했다.

임신한 무슬림 여자들에 대한 또 다른 계획도 있었다. 임신 후기에 들어선 임신부들은 국경에 실려가서, 점점 줄어들고 있지만 여전히 무슬림 보스니아인들이 지배하는 구역을 가로질러 걸어야 했다. 이 여자들이 부풀어오른 배를 하고 휘청거리며 힘들게 경계선을 따라 걸어가는 모습은 명확한 메시지를 전달했다. 이 치열한 경합의 땅에서 태어날 새로운 세대는 곧 세르비아인이라는 것이었다. 서른 살의 자스미나Jasmina도 그중 하나였다. 투즐라로 돌아갔을 때의 일을 그녀는 이렇게 털어놨다. "너무나 창피했습니다. 제 가족이나 친구들을 만날까봐 무서워서 헐렁한 옷을 입었어요. 그런데 알고 보니 모두 죽었더라고요. 내게 남은 가족이라고는 내 자궁 속 적군뿐이에요."

또 다른 생존자 사네다Saneda는 사라예보에 끌려갔던 11명의 임신부 중 하나다. "내 아이가 아닌 걸 알았어요. 나는 내가 겪은 일을 알았죠. 사랑이나 번듯한 결혼으로 생긴 아이가 아니잖아요. 만일 출산한 뒤에 나에게 누가 그 아기를 보여주려고 했다면, 아마 그 사람과 아기 모두 목을 졸랐을 거예요…… 만일 내 몸 안에서 애를 죽일 수 있는 방도가 있었더라면, 나는 그렇게 했을 겁니다."[21] 독일 기자 알렉산드라 슈티글마이어Alexandra Stiglmayer는 사네다에게 진정제를 놓았다는 의사들과 이야기를 나누기도 했다. 그녀가 영아 살해를 저지르지 못하도록 출산 후 아기는 영국으로 보내져 입양되었다.[22] 보스니아 헤르체고비나와 크로아티아의 소도시들에서 좀 더 수준 높은 여성병원에 갈 수 있었던 임신부들에게는 더 많은 선택지가 있었다.

1993년 1월에 유엔은 다섯 명의 조사관으로 꾸려진 팀을 자그레브, 사라예보, 제니차와 벨그라드에 보내서 의사를 면담하고 진료 기록을 살펴봤다. 그 결과 119명의 강간 피해 임신부들 가운데 88명이 낙태한 사실을 확인했다. 제니차에서는 17~22세의 여자들 16명이 임신한 지 20주 이상 지난 상태여서 낙태 수술을 받지 못했다.[23] 의사들은 3개월 내에만 낙태가 허용되는 구 유고슬라비아 법을 다소 유연하게 적용했다고 인정했다. 크로아티아의 가톨릭 지역으로 보내진 여자들은 훨씬 더 고생했다. 교황 요한 바오로가 여자들에게 "네 적을 받아들이라"고 한 경고는, 크로아티아의 수도 자그레브에서 여자들을 도왔던 무베라 즈드랄로비크Mubera Zdralovic 같은 상담사와 의사 들을 경악하게 했다. "교황은 이해하지 못하는 건가요? 여자의 몸 안에서 자라고 있는 태아는 그녀가 겪은 공포와 고통을 계속해서 상기시키는 것이에요. 마치 상처가 계속 자라는 것과 같죠."[24]

보스니아 전쟁에서 강간은 5만 건 정도 벌어진 것으로 추산되지만 앞으로도 수치가 확정될 일은 영원히 없을 것이다.[25] 어떤 여자들은 지역 의사나 산파의 도움을 받아 문제를 스스로 조용히 처리하려고 했는데 자신이 겪은 일이 너무나도 수치스러워서 아무에게도 말하지 않으려 한다. 세르비아와 크로아티아 여자들도 강간을 당했지만, 강간 피해자 가운데 보스니아 여자들의 비율이 압도적으로 높다. 결국, 보스니아 여자들은 집단 학살 전쟁에서 의도된 목표물이었던 셈이다. 보스니아 전쟁은 이런 면에서 달랐고, 그래서 그 분쟁의 여파로 주어진 정의 또한 그랬다.

1993년 설립된 구 유고슬라비아 국제형사재판소(ICTY)는 강간을 고문의 한 종류이자 인간을 성노예로 만드는 반인륜적 범죄라고 인식한 최초의 국제형사재판소였다. 첫번째 선고는 2001년에 세르비아 군인 세 명에게 내려진 이른바 '강간 캠프 사건'이다. 드라골류브 쿠나라츠Dragoljub Kunarac는 28년형을, 라도미르 코바치 Radomir Kovač는 20년형을, 조란 부코비치는 12년형을 각각 선고받았다. 1992년부터 1993년 포차 지역에서 자행된 "강간과 고문, 노예화 그리고 인간의 존엄성을 해친 범죄"에 내려진 형이었다. 플로런스 뭄바Florence Mumba 판사가 강력하면서도 감정에 호소하는 판결문을 읽어내려갈 때 법정 내부는 완전히 고요했다.

세 피고인은 무슬림 여성을 강간하라는 명령이 설령 있었다고 하더라도, 비단 명령에 따라서만 행동하지 않았다. 증거는 이들의 자유의지가 작동해 범행했다는 것을 보여준다. 그렇게 수감된 여성과 소녀 들 가운데에는 당시 겨우 열두 살밖에 되지 않은 어린아이도 있었다. 세 피고인 가운데 한 명이 그 소녀를 팔아버린 이후 그녀의 행방도 아직 알려진 바가 없다. 그들은 오직 파괴와 능욕이라는 목적을 위해서 여성과 소녀 들을 다른 여러 군인들에게 빌려주거나 '임대하며' 집단강간을 당하게 했다. 어떤 피해자들은 몇 달 동안 갇혀 노예처럼 계속해서 당하기도 했다. 세 명의 피고인들은 전쟁으로 인한 고난 때문에 도덕의식이 해이해진 평범한 군인이 아니다. 이들은 아무런 전과도 없다. 하지만 그들은 적으로 간주되는 이들을 비인간화하는 어두운 분위기에서는 활개를 쳤다.[26]

그런 다음 뭄바 판사는 세 남성을 피고인석에서 일어나라고 하고는 형량을 선고했다.

2011년까지 ICTY는 78명의 남자를 성범죄로 기소했고, 2014년 2월 현재 그중 30명이 유죄 판결을 받았다.[27] 5만 건의 강간에 책임이 있는 남자들 중 아주 일부에 불과하지만, 이제 시작일 뿐이며 전쟁에서 벌어지는 성폭력의 현재 기록을 보유한 나라보다는 낫다. 콩고민주공화국(DRC)에서는 매 시간마다 48명의 여성들이 강간당한다.[28] DRC에서 전쟁이 일어난 1996년부터만 계산해보면, 강간 피해는 798만 9120건에 달한다. 유엔합동인권사무소(UNJHRO)에 따르면 2011년 7월부터 2013년 12월까지 군사법원은 187건의 성폭력 범죄에 유죄판결을 내렸다. 형량은 징역 10개월에서부터 최장 20년까지였다.[29]

민병대들, 여러 해외 지원군과 정부군이 뒤얽혀 '아프리카의 제1차 세계대전'으로까지 불리는 DRC 분쟁에 관해 길게 설명하지는 않겠다.[30] 이 방대한 내륙 국가에 대해서는 이웃 국가 르완다에서 일어난 제노사이드의 후폭풍으로 대리전을 치르고 있다는 설명이면 충분할 것 같다. 정부군은 앙골라, 나미비아, 짐바브웨의 지원을 받아왔고 반란군은 우간다와 르완다의 뒷받침을 받아왔다. 2009년, 르완다 부대는 편을 바꿔 이번에는 정부군을 지지했다. 다양한 소수민족 집단과 사병들로 이뤄진 민병대는 수십 개에 달했는데, 이 나라에 엄청난 양이 매장된 다이아몬드와 금, 콜탄, 석석錫石에 자극받은 덕택이다. 이것은 앞으로 더 심각한 갈등의 소지가 될 것이다. 군대가 몇 개이든 또 성격이 어떻든 그리고 누가 그들을 지원하든지 간에, 그들 모두가 강간에 책임이 있다.

700만 명에 가까운 사람들이 이 전쟁으로 살해됐다. 2011년 대통령에 재선으로 당선된 조제프 카빌라Joseph Kabila◆는 법과 규율을 세우겠다고 약속했지만 그의 정부는 여전히 동부 지역의 반란 민병대들과 싸움을 계속하고 있다. DRC는 이른바 '강간의 전염성'과 관련한 수많은 보고서에서 다뤄졌다. 휴먼라이츠워치가 낸 보고서 〈강간하는 군인, 방관하는 사령관Soldiers Who Rape, Commanders Who Condone〉의 작성자들은 강간 피해자들이 전쟁이 "자신의 몸에서" 벌어지는 일이라고 주장한다며, 콩고 동부에서 벌어지는 성폭력의 규모가 너무도 커서 이 때문에 이곳이 여성에게 지구상에서 가장 위험한 곳이라는 결론을 내렸다.[31]

사우스 키부 동쪽 지역에서 진행한 한 조사에서는 인터뷰에 응한 여성의 79퍼센트가 집단강간을 당한 적이 있다고 답했다.[32] 강간과 강간 사이, 천에 싸인 총을 여자의 질 안으로 넣어 '닦아내'곤 했다는 증언도 나왔다. 70퍼센트의 강간 피해자들은 성폭력을 당하

◆ 조제프 카빌라는 2019년 1월 두번째 임기를 마치고 대통령직에서 내려왔다. 그는 전임 대통령으로서 현재 종신 상원의원이다.

는 중에 혹은 그 후에 고문을 당했다고 응답했고, 많은 피해자들이 살해됐다. 어떤 여자들은 가족 구성원끼리 성관계를 맺도록 강요당했다는 응답도 했다. 《이코노미스트》가 2008년 탐사보도한 기사에는 "질 속에 밀어넣은 총구에서 총알이 발사돼" 죽은 여자들에 대한 내용이 담겼다.[33]

　살아남은 이들도 신체적으로나 정신적으로 고통을 겪는 것은 매한가지다. 가족들은 높은 확률로 성폭력 희생자들을 더이상 구성원으로 받아들이지 않으려 하기 때문이다. 아직 어린 강간 피해자들은 임신을 하면 더이상 학교를 다닐 수 없게 된다. 강간당해 임신한 아이를, 그것도 가족의 지원 없이 홀로 키워야 하는 벅찬 과제를 떠맡게 되는 사람들도 있다. 연루된 전투원들의 60퍼센트가 HIV 보균자로 알려져 있어서,[34] 강간 피해자들은 감염 위험성이 매우 높다. 어떤 강간은 너무나도 폭력적이라서 질, 직장 그리고 방광 사이의 벽에 누공瘻孔을 만들어 만성적인 요실금을 앓게 되며 이 때문에 결국 지역공동체에서 배제될 가능성이 높다.

　그렇다면 DRC가 왜 이렇게 여자들에게 끔찍한 악몽 같은 곳이 됐을까? 나는 NGO '고문 없는 세상Freedom From Torture'의 런던 사무실에서 페이스Faith를 만났다. 강간 생존자인 그녀는 다행히도 킨샤샤에 있는 NGO에 연줄이 있었고 그들의 도움을 받아 조국을 벗어날 수 있었다. 그녀는 몇 년에 걸쳐 반복적으로 강간을 당했고, 영국에 오게 되어서 너무나 다행이고 행복하다고 말했다. 망명 신청자를 경계하는 우리 내무부에서 그녀가 겪은 일들을 믿어주고 이곳에 정착하게 해주었다는 이야기를 듣고 나는 대단히 안도했다. 깔끔한 옷차림과 단정한 단발머리를 한 그녀는 자기 이야기를 명확하게 풀어놓았다. 자신이 받은 학대의 역사를 말하면서, 너무나도 자주 "콩고에서 여자는 가치 있게 여겨지지 않아요"라고 말하는 것이 놀라웠다. 그래서 그 모든 일이 벌어진 것인가? DRC가 왜 불명예스러운 명성을 갖게 됐는지에 대한 수없이 많은 논문이 있고 수만 가지 이론들이 있지만 페이스의 단순한 설명은 진실되게 들려서 그 모든 가설의 토대를 형성하는 것만 같았다. 휴먼라이츠워치의 조사관들은 강간이 "전쟁 무기로 사용된다"면서 "민간인들을 고의적으로 공포에 떨게 하고, 그들에게 통제력을 행사하고, 적군에 협력했다고 간주한 이들을 벌주는 방식 등 다방면으로 쓰인다"라고 결론지었다.[35] 보스니아에서처럼, 여자들은 공동체를 징벌하고 공동체 남자들의 사기를 꺾으려는 목적에서 학대당한다. 휴먼라이츠워치의 보고서는 지휘체계의 결여를 원인으로 꼽기도 했다. 이 때문에 병사들을 미친 듯이 날뛰게 내버려두게 되고 2008년 8월 카바레에 보낸 수천 명의 군인들이 연루된 사건의 원인을 제공했다는 것이다.[36]

몇 주 동안이나 봉급을 받지 못한 남자들에게 숙박이나 음식도 제공되지 않았다. "민간인에 대한 약탈과 폭력이 널리 퍼진 것이 이 시기의 특징"이라고 해도 전혀 이상할 게 없는 상황이었다. 음식과 함께 눈에 띄는 여자와 소녀 들은 명백한 타깃이 되었다. 열일곱 살 소녀는 휴먼라이츠워치에 이렇게 증언했다. "감자를 캐러 밭에 갔다 집에 오는 길이었어요. 그러다 군인들이 나를 향해 오는 걸 봤습니다. 밭에서 뭘 했냐고 묻더군요. 그들은 선택하라고 했습니다. 먹을 것을 주든가 자기들의 아내가 되라고요. 나는 먹을 것을 가져가라고 했습니다. 그들은 거절하더니 나를 [강간]했고, 그리고 먹을 것도 어쨌든 가져가버렸어요."[37]

논문 〈DRC에서 전쟁 무기로서의 강간Rape as a Weapon of War in the DRC〉에서 칼리 브라운Carly Brown은 이 나라는 여성의 지위 자체가 너무 낮아서 여성들이 공격당하기 쉬운 위치에 있다고 설명한다. "여성의 예속은 남성이 여성을 착취하고 학대하는 분명한 경로를 만들어내고…… 대상화된 여성은 남성의 좌절로 인한 잔인성을 수동적으로 받아들이도록 강요받는다."[38] 또 다른 학자 조너선 갓설Jonathan Gottschall은 〈전쟁 중의 강간 이론Explaining Wartime Rape〉이라는 논문에서 이 개념을 더욱 밀고 나간다. "전쟁 중 강간은 남성이 여성을 지배하고 억압하려는 공모의 결과로서 간주된다. 이는 반드시 의식적인 것은 아니지만 그럼에도 체계적이다. 남성들은 다양한 방면에서 다양한 이유로 싸우고 있지만, 젠더 측면에서 그들은 모두 여성을 억압하려는 전사들이다."[39]

중등교육을 마치지 못한 망명 신청자 페이스는, 학자들이 화려한 언어로 결론내린 것을 경험으로부터 배웠고, 여자는 남자에게 가치 있게 여겨지지 않는다고 말할 때는 콩고 여자들보다 훨씬 많은 여자들을 대변할 수 있었다. 그녀는 자신을 강간한 남자에 대해 이렇게 말했다. "그들에게 강간은 재미예요. 그들에게 그건 평범한 일이죠. 자기들이 원하는 만큼 몇 번이고 할 수 있습니다. 아무도 그들을 막지 않거든요." 페이스는 그들을 막기 위해 노력하다 어려움을 겪었다. 그녀는 남동생과 함께 킨샤샤의 길거리에서 살다가 열다섯 살 때 자선단체 '노숙어린이구조협회L'association de secours pour les enfants de rue'에 의해 구조돼 그곳에서 머물며 일했다. 콩고에서 영향력 있는 소수의 자선단체들이 대개 그렇듯이, 이 단체 역시 동쪽 지역의 전쟁에서 강간 피해를 당하고 도망쳐온 여성들을 돕는 일부터 시작했고, 페이스는 이 문제가 얼마나 심각한지 알게 됐다. 이때쯤 페이스는 스무 살이 되었고, 결혼해 두 아이를 낳은 어머니이자 이 단체의 부회장으로 승진했다. 그녀는 피해 여성들이 살아남기 위해 어떻게 상대편 군인과 경찰, 심지어는 가족 구성원에게까지 호소했지만 그 누구도 도움을 주지 않았다는 것을 들었다.

"어린 여자아이까지도 강간을 당했다고 해서 교회 강당에서 회의를 소집했습니다. 아무 일도 하지 않는 회장에 대해 전 늘 비판적이었죠. 회의에는 스파이가 있었고, 그 사람이 경찰을 불러서 나는 경찰서에 끌려가게 됐습니다. 컨테이너에 한 달이나 갇혀 있었어요." 컨테이너에는 20명의 다른 수감자들이 더 있었다. 물이나 음식은 턱없이 부족했고, 구석에는 화장실로 쓰는 양동이가 있었다. 경찰은 매일 와서 수감자들을 때렸다. "거기엔 남자와 여자가 함께 갇혀 있었어요. 나는 동료 수감자에게 강간당했죠. 그곳의 모든 여자들이 강간당했습니다." 그녀는 이 일로 위축되지 않았다. 심각한 영양부족과 탈수 증세로 그녀는 뇌소 이후 한동안 입원 치료를 받아야 했다. 회복한 이후 페이스는 분쟁 지역에 갇혀 있는 어린이들의 비참한 실상에 주의를 집중시키기 위해 또 다른 회의를 소집했다. 이번에는 두 달 동안 감옥에 갇혔다. "그들은 막대기와 군홧발로 나를 심하게 때렸습니다. 교도관에게 세 번 강간당했고요." 출소한 그녀를 기다리는 건 남편의 비난이었다. 그는 반정부 행동에 가담하지 말라면서 집 밖으로 나가지 못하게 했다. "하지만 내가 하던 일로 돌아갈 수밖에 없었어요. 내 도움이 필요한, 나를 믿어주는 사람들을 실망시킬 수 없었거든요. 그들을 도와야 한다는 걸 알았어요."

그녀의 세번째이자 마지막 저항은 가장 야심 찼다. "여자들이 계속해서 우리를 찾아왔고 강간 피해 사실을 이야기했어요. 여자들은 사회적으로 아무런 존중을 받지 못했고 그 결과로 발생하는 강간에 대해 정부는 아무런 조치도 취하지 않아요. 그래서 우리는 거리 시위를 했어요. '카빌라, 우리를 지켜주지 않는 당신이 지긋지긋해'라고 쓴 현수막을 들고 돌아다녔습니다." 놀랍게도 집회는 별다른 제지 없이 진행됐고, 그녀는 무사히 집에 돌아왔다. 하지만 평화는 오래가지 않았다. "그들은 새벽 5시에 집에 찾아왔어요. 크게 문을 두드리는 소리가 들렸고, 문 밖에서는 대통령을 모욕한 사람을 찾고 있다는 말이 들려왔어요. 내가 문을 열었더니 그들은 '당신을 찾아왔다'고 말하더군요." 그들은 페이스를 경찰차 안에 밀어넣고 앞으로 벌어질 일을 지켜보도록 했다.

우리 아이들을 때리기 시작하더니, 그들 중 한 명이 열두 살짜리 내 조카를 강간했습니다. 그들은 이렇게 말했어요. "똑똑히 봐두라고. 다시는 우리 정부를 엉망으로 만들지 못하게 해줄 테니." 조카가 비명을 질렀고, 나도 비명을 질렀어요. 그들은 나를 죽이겠다고 협박했습니다. 우리 아이들도 지켜보고 있었고, 이웃들 역시 모여들기 시작했지만 그 누구도 감히 앞으로 나서지 못했습니다. 그 작은 소녀가 강간당하는 모습을 무력하게 지켜봐야 했던 고통을 이루 말로 표현 못 하겠어요. 나에게는 아무런 힘이 없었어요. 아무것도 할 수 없더군요. 내가 벌인 모든 일들의 결과가 이런 것일 줄 알았더라면 나는 아마 캠페인을 중단했을 거예요.

그들은 나를 앙골라 국경 지대의 감옥에 데려갔는데, 교도관들에게 얼마나 강간을 당했는지 횟수를 셀 수도 없을 정도예요. 그들은 내가 대통령을 모욕한 데 대한 처벌이라면서 강간했고, 살아서 감옥을 나가지 못할 거라고도 말했습니다. 그건 매일 반복되는 일상이었어요. 욕먹고, 맞고, 강간당하고, 욕먹고, 맞고, 강간당하고. 이러다 죽겠구나 싶었죠.

3개월 뒤 그녀가 일하던 NGO가 교도관들에게 뇌물을 쓴 끝에 페이스는 풀려나 영국으로 갈 수 있었다.

"우리 나라 여자들은 정부 관료들로부터 전혀 존중이나 보호를 받지 못합니다. DRC에서는 여자를 가치 있게 여기지 않아요." 페이스는 인터뷰를 통틀어 이 말을 세 번 반복했다. 강간은 일상적으로 벌어지지만, 강간 피해자들은 남은 일생 동안 낙인을 안고 살아야 한다. "남자들이 걱정하는 건 강간 피해자들이 HIV 양성이거나 다른 성병에 걸리지 않았을까예요." 조카는 어떻게 됐을지 물었다. "만약 동네에 소문이 나면, 그 아이는 결혼할 수 없어요. 그 애는 따돌림을 당할 거예요. 하지만 가족들이 비밀을 지켜준다면, 또 모르죠." 자신이 겪은 끔찍한 시련들을 비교적 담담하게 이야기하던 페이스는 이 대목에서는 눈물을 쏟고 말았다.

2012년 11월에 수백 명의 콩고 병력이 DRC 북부 미노바 마을에 몰려들어갔다. 전투에서 패했던 그들은 술에 취했고 분노에 찼다. 상급자의 허락을 받은 군인들은 키부 호숫가 마을의 여자들을 능욕하는 것으로 분을 풀었다. 지휘관들은 "가서 여자들을 취해라"라고 암묵적으로 명령했다. 이후 벌어진 100명이 넘는 여자와 소녀들이 집단으로 강간을 당한 이 사건을 유엔은 끔찍하고 수치스러운 잔혹 행위라고 기술했고,[40] 책임져야 할 남자들에 대한 고발 절차도 진행됐다. '미노바 재판'으로 알려진 이후의 절차에서, 변호사들은 검찰 측이 정부의 지시를 받았다고 주장하면서 재판이 웃음거리가 돼버렸다. 정부의 대리인들은 긴급한 행동을 촉구하는 국제사회의 압력을 핑계로 법정에서 유효하지 않은 방식으로 증거를 신속히 처리했다. 기소된 39명 가운데 지휘관은 아무도 없었고, 그나마 강간 혐의가 적용된 군인은 하급 병사 두 명에 불과했다.[41]

미노바의 피해 여성들은 감히 법정에서 강간범들에게 불리한 증언을 하려 했다는 이유로 고초를 겪고 있다. 미노바에서 강간 피해 여성을 위한 보호소를 운영하고 있는 마시카 카추바Masika Katsuva에 따르면, 56명의 여자들이 신원 보호를 위해 복면을 쓰고 법정에 출석했고 그중 50명이 위협당했다고 증언했다.* "그들은 지속적으로 우리를 공격하고 있고, 우린 아무런 보호도, 지원도 받지 못하고 있습니다."[42] 마시카 역시 두 번 강간당한 경험이 있다. 그중 한 번은 12명에게 집단적으로 당한 것이었다. 살해 협박 편지를 받은 날 마시카는 여자들과 함께 덤불에 숨어 밤을 지새웠다고 했다. "우리는 재판을 위해 모든 것을 해줬습니다. 재판부를 믿었어요. 그들이 어떻게 우리를 이처럼 버려둘 수 있는 거죠?"[43]

DRC 기준에서는 희생자의 수가 적은 편인데도 미노바 강간범 재판은 특이하게도 세계적인 관심을 받았다. 여느 때와 달리 국제적인 유명인사, 안젤리나 졸리Angelina Jolie와 당시 영국 외무부 장

---

* 슬프게도, 마시카는 2016년 2월 2일에 갑자기 사망했다.

관 윌리엄 헤이그William Hague가 공개적으로 관심을 표한 덕분이다. 두 사람은 콩고를 직접 방문해 수십 명의 사진가들 앞에서 포즈를 취했다. 이들은 고마 지역에서 매년 수천 명의 강간 피해자를 돌보는 힐아프리카 병원the Heal Africa Hospital을 방문했을 때였다. 그들의 존재감과 DRC 내 성폭력을 비판해준 목소리 덕분에 당시 진행 중이던 재판에도 이목이 쏠렸다. 이 정력적인 두 사람은 여기에서 멈추지 않았다. 그들은 분쟁 지역에서의 성폭력 문제를 논의하는 세계정상회담을 위해 1년 뒤 런던에서 다시 만났다. 박수갈채를 받으며 헤이그는 이렇게 선언했다. "우리는 미래 세대에게 빚을 지고 있습니다. 우리 시대의 가장 큰 불의를 끝내야만 한다는 빚 말입니다."[44] 1700명의 참석자들은 열렬한 박수로 이 말에 화답했다. 이 장소에 미노바 출신 여성은 단 한 명도 초대받지 못했고, 고통을 겪는 개별 피해자들에게 보상금으로 권고된 1만 5000파운드♦를 받은 여성도 한 명도 없다.[45]

런던에서 사흘간 회담이 열리는 데 든 비용은 520만 파운드♦♦였다. 어쩐지 "그들은 여성을 가치 있게 여기지 않는다"는 문장이 떠오른다.

♦ 약 2200만 원이다.

♦♦ 약 75억이다.

12

제도화된 여성혐오
영국

매일 아침 7시 30분에 일을 시작합니다. 주로 나이 든 환자들을 씻기고 옷을 입히죠. 침대에서 요실금 패드를 갈고 그들을 박박 문질러 씻깁니다. 나는 사람들을 돕는 게 좋아요. 그렇지 않았다면 이 직업을 택하지 않았을 거예요. 문제가 있다면, 요즘은 일하는 도중 차 한잔 마시며 숨 돌릴 틈조차 없다는 것이죠. 오직 일, 일, 일의 연속이에요. 때때로 모욕을 퍼붓기도 하는 환자 가족들을 상대해야 하는 것도 업무의 일부입니다. 할 수 있는 한 최선을 다하고 있어요. 하지만 하는 일에 비하면 턱없이 적은 돈을 받으면서, 사회적으로도 무시를 받고 있다고 생각하지 않을 수 없어요. 20여 년 넘게 일하면서 한 번도 크리스마스에 쉬어본 적이 없어요. 하지만 파업은 생각조차 해본 적이 없습니다. 내가 쉬면 환자들은 누가 보겠어요? 하지만 종일 무거운 환자들을 이리저리 옮기느라 등과 목

이 언제나 쑤시고 아픕니다. 나는 점점 고물이 되어가고 있고, 이 일
이 아니면 아무도 나를 써주지 않으리라는 점도 잘 알고 있습니다.

마흔아홉 살의 앨리슨Alison을 만난 곳은 웨스트 미들랜즈 더들리 외
곽의 한 펍이었다. 아름답고 사람 좋아 보이는 갈색 머리의 앨리슨
은 우리가 이야기를 나누는 동안 맥주 한 잔을 다 마시지 못했다. 그
녀는 함께 일하는 쉰여섯 살의 재키Jackie, 예순여섯 살의 밸Val과 함
께 나왔다. 이들은 지자체에서 운영하는 요양원에서 요양보호사로
일하고 있다. 병원에서 갓 퇴원한 환자들이나 더이상 혼자 살기 불가
능할 정도로 나이 들고 쇠약해져서 지자체가 장기적인 해결책을 찾
는 동안 입소하게 된 노인들이 모이는 곳이다.

　요양보호사가 되는 사람들은 그 누구도 안락한 생활 같은 것은
기대조차 하지 않는다. 영국에서 가장 낮은 수준의 임금을 받는 육체
노동 직종이기 때문이다. 시간당 9파운드.◆ 하지만 노동 강도는 엄
청나다. 그럼에도 여성들이 처음 이 직업을 택하는 이유는 근무시간
때문이다. 아이들이 학교에서 돌아오기 전에 집에 도착하기 위해, 되
도록 일찍 일을 시작하고 싶어하기 때문이다. 지자체 예산이 줄어들
면서 일은 더욱 힘들어졌지만 이 여자들이 나를 만나 불만을 털어놓
은 것은 일 때문이 아니다. 노골적인 불평등 때문이다.

　1997년 토니 블레어 총리가 이끄는 새로운 노동당 정부는 더
욱 평등한 임금체계를 도입하기 위해, 예를 들면 돌봄 노동자나 쓰

◆ 약 1만 3000원이다.

레기 수거인이 하는 일을 다시 평가하겠다고 약속했다. 임금평가 작업은 그해 말쯤 완결될 예정이었다. 더들리 의회가 결과물을 내놓은 것은 2012년이 되어서였다. 앨리슨은 몹시 분노하며 그 임금평가 문서를 나에게 건넸다. 열두 가지 측면으로 육체 노동자의 노동을 분석한 문건이었다.

"이것 좀 봐요." 앨리슨이 말했다. '사람에 대한 책임감' 항목에 돌봄 노동자의 점수가 쓰레기 수거인과 같았다. 앨리슨은 계속 이야기했다.

> 우리가 취약한 환자들의 건강과 안전을 책임지는 동안 쓰레기 수거인들은 행인들에게 '좋은 아침입니다'라고 인사말이나 건네겠죠. 사람들을 책임지는 것, 그게 우리가 하는 일이에요. 어떻게 우리가 똑같다고 할 수 있나요? 그리고 여기 '육체적 부담' 항목을 보세요. 쓰레기 수거인은 5점인데 우리는 2점입니다. 쓰레기 수거인들 일하는 거 보면요, 요즘은 그냥 트럭에서 바퀴 달린 쓰레기통을 밀기만 하면 됩니다. 그러면 쓰레기통이 자동으로 들어올려져 쓰레기들을 쏟아내죠. 우리는 똥오줌 가득한 쓰레기들을 모아서, 쓰레기봉투 안에 넣고 일일이 들어올려서, 비가 오나 눈이 오나 밖에 내놔야 해요. 그리고 우리는 환자들도 수시로 들어올려야 하죠. 이 모든 게 육체적으로 엄청난 힘이 드는 일인데도 우리는 낮은 점수를 받고 있는 거예요.

'정신적 부담' 항목도 마찬가지다. 돌봄 노동자들이 2점인데 쓰레기 수거인들은 3점이었다. "도대체 왜죠?" 재키가 물었다. "겁에 질려 혼란스러운 노인들을 종일 상대해야 하는 것은 우리입니다. 그들의 가족을 다독거리고, 때로는 죽음까지도 함께 지켜본다고요. 정말 말도 안 됩니다. 나는 의회에서 나온 애송이가 이 평가를 위해 클립보드를 들고 왔던 걸 기억해요. 그는 우리에게 질문만 몇 가지 던지고는 우리가 어떤 일을 하는지 충분히 지켜볼 만큼 머물러 있지도 않았어요. 장담하는데요, 남자들이 똘똘 뭉쳐서 남자들에게 최선의 결과를 준 거라고요."

이 여자들의 의심은 마땅하다. 1997년 조사관이 남성과 여성의 임금 차이를 비교하기 시작한 이래, 그들은 노동조합과 고용주 보호주의, 웨스트 미들랜즈 지방의회의 관행에 나타나는 차별이라는 민망한 조합과 마주해야 했다. 전직 가게 점원이자 더들리 여성 수백 명에게 조언을 해온 동일임금 운동가 폴 새비지Paul Savage는 이렇게 말했다. "연봉 1만 5000파운드를 받는 쓰레기 수거인과 무덤 파는 인부, 환경미화원들이 그냥 나타나는 것만으로 받는 보너스, 이른바 '출근 수당'으로 3만 파운드까지 받고 있었다는 걸 여자들이 알게 됐죠. 남자들이 그런 일자리를 차지하고 있다는 문제가 아니에요. 오직 남자들만을 위한 '보너스'가 있다는 거죠." 비슷한 급여를 받는 여자들은 그런 보너스를 들어본 적도 없다.

새로 집권한 노동당 정부가 평등 사회를 약속했던 만큼, 여성들 역시 명백한 임금격차에 대한 보완 조치가 이뤄질 거라는 약속을 받았다. 많은 사례를 통해 노동조합들은 의회와 물밑 협상을 벌였지만, 여전히 여성들의 처우는 거의 달라지지 않았다. "난 20년 동안 그들을 위해 일해왔는데 의회가 나에게 처음 제시한 금액은 9000파운드였습니다." 재키가 말했다. "하지만 수상했죠. 다른 사람들은 비슷한 노동량에 훨씬 높은 액수를 제안받았다는 이야기를 들었거든요. 그냥 한번 던져보는 제안인 것처럼 마구잡이로 보여서 거절했습니다. 그랬더니 1만 1200파운드를 제안하기에 또 거절했어요. 전 결국 1만 6000파운드에 합의했죠. 나의 노동조합인 유니슨(UNISON)에서 받은 도움은 하나도 없습니다. 조합 대표는 '의회 재정이 좋지 않아서 언제든 제안을 거둬들일 수 있으니 적당히 받아들이는 것이 좋을 거다'라는 말만 반복하더군요."

66세의 밸은 당황스러운 모습이었다. "나는 의회를 위해 25년 동안 일을 했지만 9000파운드를 받았어요. 나중에서야 2만 5000파운드를 받았어야 했다는 걸 알게 됐죠. 어떤 기분인지 아시겠죠? 크리스마스가 다가오고 있었고, 손자들에게 선물을 사주고 싶었기 때문에 그 정도면 꽤 큰 금액처럼 들렸습니다." 내 앞에 앉은 여자들이 더욱 분노한 대목은 보상금 지급을 위한 싸움에 '이기지 못하면 무료' 조건으로 변호사들을 고용한 여자들이 10만 파운드 이상을 받아갔다는 사실이었다. 밸이 만약 자신도 받을 권리가 있음직한 10만 파운드를 받았다면 그녀는 무엇을 했을까? 일말의 망설임 없이 밸이 대답했다. "나 스스로에게 방갈로를 사주고 은퇴했겠죠. 나를 보세요. 예순여섯 살인데 아직도 일하고 있지요. 너무나도 피곤해서 가끔 침대에 엎어져 운답니다. 만성피로에 늘 아파요."

그들은 자신들이 양쪽에서 남자들의 음모의 희생양이었다고 느낀다. 고용주들뿐 아니라 자신들을 대변해주었어야 할 남성 지배적 노동조합 말이다. "우리는 쓰레기 수거인들이 대낮에 술집에 있는 걸 알아요. 그들은 다섯 시간만 일해도 여덟 시간 일한 값을 받죠. 남자들은 언제나 고용주들과 최상의 합의를 보니까요." 앨리슨

이 씁쓸하게 말했다. 보상금 제안과 관련해 "그들은 우리에게 제안을 받아들이지 말라고 조언했어죠. 나는 우리 지역 조합장과 회의를 할 당시에 그가 내게 '제안을 받아들이지 말았어야지'라고 소리쳤던 게 기억나요. 나한테 고함지르지 말라고 하면서 우리가 당신 조언이 필요할 때 도대체 어디 있었느냐고 물어봤습니다. 그들은 알려고도 하지 않았어요. 다른 노동조합, 유나이트(UNITE)에는 여성 지역 노동조합 임원이 있다는 걸 막 알게 되어서, 조합을 바꾸려고요."

노동조합회의Trade Union Congress(TUC)에는 심지어 여성 대표도 있다.

***

엄마의 글은 여기서 끝이 났다. 엄마가 다음에 무엇을 더 쓰려고 했는지는 알지 못한다. TUC의 여성 대표는 물론 프랜시스 오그래디Frances O'Grady로, TUC의 첫 여성 사무총장이자 동일임금의 거물이다. 하지만 오그래디에 대해 엄마가 뭘 말하고 싶었던 걸까? 엄마에게 묻지 못한 무한대의 질문 가운데 하나다.

다행히 돌아가시기 전에 각 장별로 엄마는 요약본을 남겨놨다. 앞선 장들은 엄마가 마무리를 지었지만 이번 장은 끝맺지 못했다. 엄마가 이 장에서 말하고 싶었던 것은 이런 내용이다.

에밀리 팽크허스트Emily Pankhurst와 마거릿 대처Margaret Thatcher를 낳은 이 나라의 남녀동일임금 지수가 어떻게 불가리아나 부룬

디보다 못한 28위에 머물 수 있는가? 영국 남성이 1파운드를 벌 때 여성들은 85펜스만 번다. 1960년대에 동등 임금을 받기 위해 싸 웠던 대거넘의 여성 노동자들의 마음 훈훈해지는 이야기에 대해 서는 모두가 알고 있다. ◆ 하지만 그 현실은 여전히 계속되고 있다. 왜 소매업체 아스다의 창고에서 일하는 남성이, 산술 능력과 고객 응대 요령을 요하는 계산대의 여성보다 더 많은 월급을 받는가? 왜 관리자 직급에서도 여성들은 평균적으로 남성들보다 21퍼센트를 덜 받는가? 왜 이런 직급에는 여성들의 수가 그렇게 적은가? 프랑 스와 이탈리아, 스페인, 네덜란드, 독일에는 의무 비율이 있다. 왜 영국은 이토록 뒤떨어져 있는가? 동일임금을 주창하는 운동단체 포셋 소사이어티Fawcett Society는 이를 '제도화된 여성혐오'라고 말 한다. 하지만 나 자신의 경력을 뒤돌아볼 때 가정생활에서 후회가 남다보니, 과연 여성이 시도하고 경쟁할 수 있으며 또 그렇게 해야 하는지 묻게 된다.

내 앞에는 수많은 메모 뭉치와 전화번호, 휘갈긴 각종 아이디어 메 모와 기사 들이 쌓여 있다. 이 장을 마무리하는 일이란 정말 어려 운 임무다. 엄마의 메모를 읽을 때마다 엄마가 말하고 싶었지만 나 는 알 수 없는 그것이 정확히 무엇인지 물어보고 싶다. 엄마가 더이 상 곁에 없다는 사실을 계속해서 뼈아프게 깨닫게 된다. 엄마가 탈 고하지 못한 장이 하필이면 가정생활에 대한 후회와 관련해 엄마

◆ 1968년 6월 런던 대거넘의 포드 자동차 공장의 여성 재봉사들이 벌인 파업으로, 1970년 동일임금법의 통과를 이끌어냈다.

가 말하고 싶었던 대목이라는 것이 일을 더욱 복잡하게 만든다. 딸로서, 엄마가 엄마로서 느꼈던 감정들을 맞히는 시험에 직면한 셈이다. 그래요, 엄마, 나는 당신이 얼마나 훌륭한 엄마였고, 나와 엄마의 아들 조지가 엄마를 얼마나 자랑스러워하는지 말하고 싶어요. 그러니 제발 후회하지 말아요. 앞선 장들만 봐도, 많은 여성들이 할 수 없다고 여기는 일들을 엄마가 해냈어요. 엄마는 직업적으로 수많은 사람들의 삶을 바꾸는 매우 특별한 이력을 쌓아오면서 거기에 더해 두 명의 아이를 길러냈어요. 엄마가 가정생활에 대해 가졌던 후회가 얼마나 근거 없는 것인지, 나는 앞으로 최선을 다해 설명할 계획인데, 우선 이 책을 시작할 때 엄마가 답하려고 했던 질문부터 살펴보도록 하자.

TUC의 분석에 따르면 풀타임으로 근무하는 여성들은 여전히 남성들보다 연간 평균 5000파운드를 덜 받는다. 하지만 직종에 따라 성별 임금격차는 세 배나 더 크다.

성별 임금격차는 남녀 의료 종사자들 사이에서 가장 크게 나타난다. 시간당 임금이 25.33파운드와 18.50파운드로 27퍼센트나 차이난다.[1] TUC는 이런 차이가 발생하는 핵심 이유로 최고 수준의 보수를 받는 직업군이라는 점을 지목했다. 의료직군에서 최고소득 남성들은 시간당 거의 50파운드를 받는다. 반면 여성들의 최고소득이라고 해봐야 24.90파운드로 남성의 절반에 불과하다.

TUC의 조사 결과 제조업군 성별 임금격차가 22퍼센트로 2위를 차지했다. 관리직, 임원, 고위직이 21퍼센트로 3위를 기록했는데, 남성들이 시간당 26.80파운드를 받을 때 여성들은 21파운드를 받는 데 그치고 있다.

TUC는 영국 통계청이 분류한 35개 주요 직업 중 32개에서 여성이 남성보다 적은 임금을 받고 있다고 말한다. 여성이 남성보다 많이 받는 직업군이 세 개 있는데, 온통 남성들이 장악하고 있는 직업으로 운전기사와 전기기사, 농부가 그것이다. 이 직업군에는 150만 명의 남성들이 일하고 있지만 여성 노동자들은 5만 명도 채 되지 않는다. 성별 임금격차는 민간부문이 19.9퍼센트로 공공부문 13.6퍼센트보다 더 높다. 또 조사 결과 파트타임으로 일하는 여성의 성별 임금격차는 더욱 커서 풀타임으로 일하는 남성보다 35퍼센트나 낮은 임금을 받는다고도 조사됐다.[2]

여기 성별 임금격차가 큰 몇 가지 직업군을 소개한다.

의료직

남성 시급: £26.54

여성 시급: £18.32

성별 임금격차(퍼센트): 31.0

성별 임금격차(시간당): £8.22

성별 임금격차(연간): £16,029

문화, 언론, 스포츠직

남성 시급: £18.62

여성 시급: £13.50

성별 임금격차(퍼센트): 27.5

성별 임금격차(시간당): £5.12

성별 임금격차(연간): £9,984

사무관리직

남성 시급: £27.51

여성 시급: £21.78

성별 임금격차(퍼센트): 20.8

성별 임금격차(시간당): £5.73

성별 임금격차(연간): £11,174

기능기술직

남성 시급 £12.03

여성 시급 £10.00

성별 임금격차(퍼센트): 16.9

성별 임금격차(시간당): £2.03

성별 임금격차(연간): £3,959 [3]

산업과 직군을 가리지 않고 나타나는 남성과 여성의 임금격차는 무엇 때문일까?

동일임금에 관한 법안을 살펴보면, 1970년에 도입된 동일임금법에 따라 여성들은 동일한 노동에 대해 동일한 임금을 받을 자격이 있다. 하지만 2010년 평등법이 만들어진 뒤부터는 동일임금에 관한 법이 이 법의 '평등' 조항을 따르게 됐다. 이로써 동등한 임금을 받을 권리라는 것은, 같은 고용주를 위해 일하는 여성과 남성이 동일한 일을 할 때 계약 조건에서 차이가 없어야 한다는 의미가 되었다.

여성주의 단체 포셋 소사이어티는 성별 임금격차가 나타나는 데는 크게 네 가지 이유가 있다고 설명한다.

차별

불법이지만 여전히 남성들과 같은 일을 하면서 더 적은 임금을 받는 여성들이 있다. 남성과 여성이 정확히 똑같은 역할을 하면서 다른 급여를 받거나, 혹은 동일한 결과물을 내는 여성들이 더 적은 급여를 받는 일터의 경우를 말한다.

최근의 조사 결과는 여성들이, 특히 출산과 관련해서 불평등한 처우를 받는 경우가 흔해졌다는 것을 보여준다. 평등과 인권 위원회the Equality and Human Rights Commission는 매해 5만 4000명의 여성들이 출산을 한 뒤 부당한 처우를 받음으로써 일터를 떠나도록 압력을 받는다는 것을 알아냈다.[4]

돌봄 책임의 불평등성

여성들은 육아뿐 아니라 아프거나 나이 든 친인척들에 대해서도 더 큰 부양 역할을 계속 맡고 있다. 그래서 더 많은 여성들이 파트타임 일자리에 내몰리게 되는데, 이런 일들은 전문성을 쌓기 어려운 만큼 더 낮은 급여를 받게 마련이다.

임금격차는 여성들이 40대로 접어들면서 눈에 띄게 확대된다. 육아를 위해 한동안 쉬었다가 다시 일터로 돌아온 여성들은 동료 남성들이 자신들보다 한참 앞서 승진한 것을 발견하게 된다.

양분된 노동시장

여성들이 여전히 더 낮은 급여와 낮은 전문성의 직업을 가질 가능성이 높다는 것은 노동시장의 분리에도 영향을 미친다. 저임금 직군인 돌봄노동자와 관광산업 노동자의 80퍼센트가 여성인데, 고임금의 숙련 직군에서 여성의 비율은 10퍼센트에 그친다.

여성들이 많은 직군은 낮은 평가를 받고, 돈도 덜 받는다. 최저임금보다 적게 버는 사람들의 60퍼센트가 여성이다.

고위직의 대부분이 남성

남성들은 여전히 최고소득 직업과 최고위직 역할의 대다수를 차지하고 있다. FTSE 100◆에 여성 고위 임원이 고작 여섯 명이라는 점은 대표적인 사례다.

법은 여성들을 임금차별로부터 보호해야 마땅하며 이제쯤 우리는 얼마간 변화를 보고 있어야 한다. 2016년에 발효되는 새로운 규제는 처음으로 대형 회사들이 성별 임금격차를 공표하도록 강제한다.

TUC는 지난 40년간 동일임금 입법이 성별 임금격차를 뿌리 뽑지는 못했고 그저 절반으로 줄였을 뿐이라고 믿고 있다. 그리고 단순히 성별을 이유로 수십만 명의 노동자들이 경력과 급여 면에서 손

◆ 런던 증권거래소에 상장된 주식 중 시가총액 순서대로 100개 기업의 주가를 지수화한 종합 주가 지수로, 영국 주식시장의 대표 지수다.

해를 보는 현실을 막으려면 더욱 강력한 접근법이 필요하다고 본다.

조합은 출산한 여성들이 직업을 계속 유지하도록 도우려면 더 많은 숙련직 파트타임 일자리가 필요하다고 말한다. 너무나 많은 여성들이 육아에 적합한 노동 시간을 제시하는 직업을 찾기 위해 예전보다 못한 직업을 선택하고 경력을 포기하도록 강요받고 있다. TUC는 가능한 직업군에서는 유연성을 더욱 높이도록 고용주들을 유도하는 방식으로 정부가 더 많은 숙련직 파트타임 일자리를 창출하기를 바라고 있다. 그들은 장관들이 공공부문의 채용 요건들부터 바꿈으로써 주도적으로 이런 변화를 끌어낼 수 있다고 말한다.

TUC와 포셋 소사이어티는 정부가 6개월간의 자격심사 기간을 요구하는 관행을 없애고 새로운 직업을 시작하는 당일부터 유연근무제를 쓸 수 있게 함으로써 노동자들의 권한을 더욱 강화해야 한다고 보고 있다. 그들은 성별 임금격차 이유 가운데 하나로 임금체계의 불투명성을 꼽고 있는데, 회사가 직원들조차 모르게 남성보다 여성에게 적은 봉급을 주는 것이 허용되고 있기 때문이다. TUC는 투명성을 높이기 위한 강한 규제가 필요하다고 말한다. 그들은 연간 성별 임금격차 정보를 매해 공개하고 정기 급여 회계 결과를 알리는 일이 회사들로 하여금 성별에 따른 임금격차를 깨닫게 하고, 그 격차를 좁히도록 조치를 취하게 할 밑거름이라고 믿는다.

포셋 소사이어티 운동단체의 최고경영자 대행을 맡고 있는 에바 나처트Eva Neitzert 박사는 다음과 같이 말한다.

2014년의 영국 여성들이 남성들에 비해 여전히 1년에 두 달 가까이 더 무료로 일하고 있다는 사실을 매우 수치스럽게 생각하고, 특히 최근 지난해의 성별 임금격차가 5년 만에 처음으로 더 확대됐다는 점을 심각하게 우려하고 있다.

영국의 성평등 사회 순위는 빠르게 하락하고 있고 우리는 당장 적절한 조치를 취할 필요가 있다. 우리는 하루속히 최저생활임금 이하를 받는 대다수 여성들의 저임금 체계를 개편해야 한다.

우리의 연구 결과 최저임금을 생활임금 수준으로 올린다면 성별 임금격차가 0.8퍼센트 줄어든다. 지난 16년 동안 성별 임금격차가 6.2퍼센트 떨어진 느릿느릿한 하락 속도와 비교할 만한 대목이다.

또한 고위직에서 더 많은 파트타임 일자리나 유연근무 기회를 줌으로써 자녀를 출산, 양육하는 것이 더이상 여성의 경력 단절을 의미하지 않도록 보장해야 한다. 공공부문은 반드시 필요한 업무를 제외하고는 이 같은 유연성에 기반한 채용의 모범을 보임으로써 홍보에 앞장서야 한다.

2015년 7월 데이비드 캐머런 총리는 성별 임금격차 문제를 우리 세대 안에 끝내겠다고 맹세했다. 같은 해 10월 여성평등부 장관 니키 모건Nicky Morgan과 함께 그는 남녀 임금 불평등 문제를 뿌리 뽑을 새 대책을 발표했다. 회사가 직원들의 급여를 투명하게 공개해야 한다고 주장해온 TUC의 캠페인을 정부가 귀 기울여 들은 모양새였다. 발표된 안은 다음과 같다. 대기업에는 남녀 직원들에게 지급하는 상여금 공개를 강제하고, 비단 공공부문뿐 아니라 민간·비영리 부문까지도 성별 임금격차 보고 의무화 계획에 포함시키며, FTSE 350 내에 남성 임원으로만 구성된 사업장이 없도록 하겠다는 것이다.

정부의 약속은 고무적이다. 총리는 이렇게 말했다. "누구나 평등하지 않다면 진정한 기회를 얻을 수 없습니다. 오늘날 우리 사회에 임금격차가 있어서는 안 되며, 정부는 그 문제를 해결하겠다는 약속을 이행하고 있습니다."

니키 모건 장관은 이렇게 말했다.

정부는 우리나라의 모든 사람들이 고유의 잠재력을 실현시킬 수 있도록 최선을 다하고 있습니다. 젠더 평등의 확대는 이를 위한 중요한 방안으로서, 정부는 성별 임금격차를 해소하는 정책을 무엇보다 우선적으로 추진하고 있습니다. 직원 수 250명 이상인 기업에게 남녀 평균임금 격차 공개를 의무화하겠다는 공약을 내걸었던 이유입니다.

성별 임금격차를 없애는 것은 비단 옳은 일일 뿐 아니라 국가 생산성에도 긍정적인 영향을 줄 것입니다. 여성들이 잠재력을 최대한 발휘할 수 있도록 보장한다면 우리 경제도 눈에 띄게 활력이 돌 것으로 기대합니다.

그녀는 어린이들이 학교에서 자신의 권리를 명확히 배울 수 있도록 만들겠다고 약속했다. 성별에 따른 임금격차 문제는 어린 나이부터 다룰 필요가 있다는 것이다. 그 첫걸음은 모든 어린이가 성별에 상관없이 누구나 어떤 직업이든 가질 수 있다는 믿음을 갖는 데서 시작한다. 통상 남성만의 전유물로 여겨지는 기술, 공학과 같은 직종에 여자아이들도 뛰어들고 싶게 학교가 장려해야 한다.

공동육아휴직·급여 같은 다른 정책들도 이 정부에서 도입됐다. 이번 세대에 성별 임금격차를 없애겠다는 캐머런 총리의 약속이 실현될지 여부는 더 지켜봐야 한다. 아직은 갈 길이 먼 것 같다.

여성의 급여가 남성보다 적은 이유 중 하나는 자신감과 관련이 있을지도 모른다. 뿌리 깊은 가부장제 문화가 여성들로 하여금 스스로 남성보다 가치가 떨어진다고 믿게 했기 때문에, 남성들과 달리 더 많은 임금을 요구하지 않는다는 주장도 있다. A급 할리우드 여배우인 제니퍼 로런스Jennifer Lawrence의 돈 걱정을 세계 대부분의 여성들과 비교하는 건 온당치 않지만, 그녀가 자신의 보수에 대해 말한 요점은 스스로 임금 협상을 할 수 없다고 느끼는 많은 여성들의 현실을 반영하고 있다고 생각한다. 그녀는 최근 기고한 글을 통해 자신이 더 많은 출연료를 받아내지 못한 주된 이유는 잘 보이고 싶었기 때문이라고 적었다.

"너무 일찍 포기해버리니 협상자로서 나는 실패한 셈이다⋯⋯ 하지만 솔직하게 말하자면, 큰 싸움 없이 계약을 마무리하겠다는 내 결정에 잘 보이고 싶다는 마음이 작용하지 않았다고 한다면 거짓말일 것이다."[5]

로런스는 또한 의문을 제기했다. 여성들이 더 낮은 임금을 받는 이유 중 하나가, 임금 인상을 적극적으로 요구하는 남성들과 달리, 여성들은 남성(고용주)을 불편하게 하거나 위협하거나 적대적으로 보이기를 원치 않기 때문이 아니겠느냐고 말이다. 사람들이 좋아해주기를 바라는 욕구는 아주 오래전부터 여성들에게 뿌리 깊이 각인된 특성이라고 생각한다. 어릴 때부터 다른 사람들을 기쁘게 해주는 사람이 되어야 한다고 교육받았기 때문에, 돈을 더 내놓으라고 당당하게 요구할 자신감을 갖지 못하게 된 것이다.

《일상의 성차별Everyday Sexism》이라는 책을 쓴 여성주의 운동가

이자 '일상의 성차별 프로젝트'를 설립한 로라 베이츠Laura Bates는, 여성의 돌봄 의무가 임금 상승의 장벽이라는 논쟁이 애초부터 여성만이 돌보는 사람이라는 성차별적 전제에서 시작한다고 말한다.

그녀는 이렇게 적었다. "여성이 가족을 위해 '희생한다'는 인식의 문제는 자녀를 가지는 것이 오직 여성의 경력에만 영향을 미칠 뿐 남성과는 아무 상관이 없다는 관념이라는 데 있다. 유연성 없는 노동시간과 공동육아휴직의 부족으로 더욱 악화되는 이런 현실은, 바꿔야 하고 바꿀 수 있는 뿌리 깊은 편견이 아니라 마치 여성이 받아들여야만 하는 불변의 사실인 것처럼 인용된다."

이와 관련해 지난하고 어려운 방법은 여성이 가족을 돌봐야 할 첫번째 의무자라는 고정관념에 문제를 제기하는 것이다. 아버지가 육아휴직을 받아 아이들을 돌보지 못할 이유는 없다. 여성이 아기를 낳으면 일을 그만둘 것이라는 사회의 기대가 계속 존재한다면, 이것은 사회의 표준으로 계속 남아 있을 것이다. '남자들도 일과 가정을 양립할 수 있을까?'라는 질문은 아무도 하지 않고, 대개의 경우 어머니들이 희생하게 된다.

아이들을 제일 잘 돌보는 사람이 어머니라고 사회가 계속 믿는 한, 우리는 여성이 남성과 동등한 기회를 가질 수 없다고 하는 것이다. 남자아이들이 우주선과 철도를 선물받을 때 여자아이들이 인형과 플라스틱 오븐을 가지고 노는 한, 소년과 소녀는 자신의 역할이 이미 정해져 있다고 믿으며 자랄 것이고, 그들의 직업과 육아에 대한 선택은 일찌감치 결정된다.

여성이 남성보다 급여를 적게 받는 이유 가운데 하나로 '모성의 덫'이 꼽히곤 한다. 자녀를 갖느라 업무에 공백이 생기고, 다시 복귀했을 때는 그사이 경력과 연봉을 더 높이 쌓은 남성과 경쟁하기 어렵다는 것이다. 《뉴스 스테이트먼》의 부편집장인 헬렌 루이스 Helen Lewis는 이렇게 적었다. "'모성의 덫'은 자본주의의 가장 불편한 비밀 중 하나를 드러낸다. 체제를 유지하기 위해 대개 여성들의 너무도 많은 무급 노동에 의존해야만 한다는 사실이다. 이 노동은 직장에서의 기회와 그에 따른 평생의 수익력을 희생해야만 가능하다. 이십대 남녀의 임금격차는 거의 근절되었지만 '모성 격차'는 여전히 존재한다. 여성의 임금은 출산에 전념한 시점부터 절대 회복되지 않는다……."6

어떻게 해서인지 엄마는 '모성의 덫'에 빠지지 않을 수 있었다. 엄마는 일을 절충하지 않고 두 아이를 키워냈다. 엄마가 이 장에서 쓰려고 했던 내용을 말한 적이 있어서, 가족과 더 많은 시간을 보내지 못한 데 대한 후회를 갖고 있었다는 걸 알고 있다. "하지만 나 자신의 경력을 뒤돌아볼 때 가정생활에서 후회가 남다보니, 과연 여성이 시도하고 경쟁할 수 있으며 또 그렇게 해야 하는지 묻게 된다."

직업 경력에서 여성이라는 이유로 주춤하지 않았던 사람, 사실은 성별을 오히려 자신의 이점으로 활용했던 사람의 딸로서, '여성이 경쟁해야 하는가'라는 질문에 대한 답은 '그렇다'다.

엄마는 우리와 더 많은 시간을 보내지 않은 것에 대해 후회했다. 우리가 어렸을 때 엄마가 해외에서 일한 것은 꽤 여러 번이다. 하지만 현지 취재를 하지 않을 때 엄마는 꽤 오랫동안 집에 머무르려고 애썼다. 나는 당시 우리 가족이 더 많은 시간을 함께 보냈다면 좋았을 것이라는 생각은 하지 않는다. 엄마는 자주 내게 물었다. 집과 교문 앞에서 기다리는 전업주부 엄마였으면 좋지 않겠느냐고 말이다. 나의 대답은 언제나 "아니"였다. 나는 엄마가 하는 일을 늘 자랑스럽게 생각했다. 엄마가 자신의 지성을 충분히 발휘하는 일을 할 수 있었다는 것, 그리고 모성애에 속박된 느낌을 갖지 않았다는 점 때문에 엄마가 훨씬 좋은 엄마가 될 수 있었다고 확신한다. 왜냐하면 엄마는 우리와 함께 있으면서 좌절하거나 분노하지 않았으니까. 만약 엄마가 늘 우리와 함께 집에만 있었다면 지루함에 못 이겨 미칠 지경이었을 테고 우리에게 화풀이만 했을 것이 틀림없다. 우리와 함께 지내기 위해 자신의 경력을 희생했다면 더욱더 좋은 엄마가 되었을 거라고? 아니다. 우리 남매의 삶은 엄마라는 사람 덕분에 풍성해졌다. 엄마가 돌아가시기 전에 엄마가 느꼈던 죄책감을 덜어드렸더라면 좋았겠지만, 아마도 일하는 여성은 누구나, 자녀들이 아무리 괜찮다고 말해도 같은 심정일 것이다.

엄마가 이 책을 쓰기 위해 작성한 메모들을 읽고 이 장을 마무리하던 중에 하버드대학교의 경영학과 교수 캐슬린 맥긴Kathleen McGinn의 말을 마주했다. "일하는 어머니가 당신에게 이롭다." 엄마가 가정생활에서 걱정했던 부분들과 닿아 있는 매긴 교수의 연구 내용을 인터넷으로 검색해봤다.

맥긴은 이렇게 설명한다. "집 밖에서 일하는 어머니를 둔 여성들은 그 자신도 직업을 가질 가능성이 높고 그런 직업에서 관리직을 맡을 가능성이 높으며, 전업주부 어머니를 둔 경우보다 높은 수준의 소득을 갖는다."

또 일하는 여성들이 비단 딸뿐 아니라 아들에게도 좋은 롤모델이 된다고 말한다. "일하는 어머니 아래에서 자란 남성들은 집안일에 보다 헌신적이고 가족들을 돌보는 데 더 많은 시간을 쓴다"는 것이다.

맥긴의 글을 더 옮긴다. "맞벌이 부부는 양육자로서 아이들에게 상당한 죄책감을 느끼는 경우가 대부분이다…… 하지만 이 조사 결과가 보여주는 것은 비단 가정경제에 도움을 줄 뿐만 아니라 자녀들에게도 긍정적인 영향을 준다는 것이다. 좋아하는 일을 직업으로 가졌을 때 전문성이나 정서적인 충만감을 갖게 된다는 장점도 있다."[7] 이 내용은 엄마를 위한 추도식을 취재한 앤 퍼킨스Anne Perkins 기자가 《가디언》에 쓴 기사에도 반영돼 있다. 대부분의 여성들이 할 수 없다고 여기는 일을 우리 엄마가 성취해낸 증거가 바로 우리 남매라고, 퍼킨스는 말했다. 대단히 특별한 경력을 갖고 있으면서도 우리를 길러냈으니 말이다. 그녀는 이렇게 적었다.

> [수와 나는] 같은 세대였고, 그녀가 〈10시 뉴스〉에서 전통적 의미의 성공부터 엄청나게 대담한 무언가에 이르기까지 성장해나가는 모습을 지켜보았다. 그녀는 짜증나게, 지긋지긋하게, 질투날 정도로 존경스러웠다. 딸들아, 명심해주길. 우리 가운데 대다수가 그저 우리를 제약하도록 놔둔 명백한 한계점들을 그녀는 결코 인정하지 않았다. 그녀는 용감하고 단호했으며 처음부터 명철하게 옳았다. 단 한 번도 자신을 의심하거나, 자신이 할 수 없었던 것에 대해 주저앉아 한탄하지 않았다.[8]

엄마는 정말 특별한 사람이었던 것 같다. 그녀의 에너지는 끝도 없었다. 엄마가 멀리 출장을 가 있는 동안 어린 우리는 보모 손에 맡겨져 있었지만 전화기 건너편에는 늘 엄마가 있었다. 엄마는 지구 구석구석의 헛간 같은 곳에서 탈출해서 비행기에서 내리자마자, 다정하고 꼼꼼하게 가족을 챙기는 최고의 엄마가 되기 위해 무엇이든 했다. 우리는 또래 아이들은 꿈도 꾸지 못할 장소들을 엄마와 함께 다닐 수 있었고, 엄마의 일을 따라다니면서 환상적인 사람들을 만날 수 있었던 행운아들이었다. 엄마가 해외에서 마주하는 끔찍한 현실과 북런던 우리 집의 상대적으로 평온하고 안락한 삶은 너무나도 극명하게 대조되는 것이어서, 엄마는 우리의 일상이 대단한 행운이라는 점을 거듭 일깨워주었고 사실상의 특권을 누리는 것에 대해 깊이 감사의 마음을 가지도록 해주었다.

삼십대 기혼 여성으로서 아기를 가질 생각인 나에게 롤모델로 삼을 만한 모성애의 예로 우리 엄마 같은 사람이 있다는 것이 믿을 수 없을 정도로 행운이라고 느낀다. 엄마의 온전한 관심을 받지 못하고 자란 데 대해 박탈감을 느끼기는커녕, 세계 곳곳을 돌아다니며 불의를 드러내는 데 몰두한 엄마를 보면서 나도 무엇이든 성취할 수 있을 것이라는 용기를 얻었다. 나는 엄마가 사우디아라비아의 여성들에 관한 장에 뭐라고 적었는지 기억하고 있다. "딸은 어머니의 인생을 보고 배운다. 나는 여자와 남자는 동등하며, 네가 원하는 무엇이든 성취할 수 있다고 내 딸에게 수없이 강조해왔다." 나는 정말 엄마가 몸소 보여준 덕분에, 여성이라는 것이 나를 뒤처지게 만든다고 생각한 적이 단 한 번도 없다. 그러니 엄마, 전혀 후회하거나 아쉬워하지 말아요. 나는 기자이자 어머니로서 당신과 당신이 이뤄낸 성취가 자랑스러울 뿐입니다. 고맙습니다. 엄마의 질문에 대한 대답을 하자면, 네, 여성들은 시도하고 경쟁해야 합니다. 엄마가 우리에게 이길 수 있다는 걸 보여줬으니까요.

맺는 글

BBC 수석 국제 특파원 리즈 두셋

이 책의 진짜 맺음말을 쓰기란 불가능할 것이다. '잔혹한 세상에 맞서 싸우는 용감한 여성들'의 이 전쟁은 여전히 너무 많은 전선에서 너무 많은 전투를 벌이고 있다. 인터넷 검색창에 '2016년 여성인권'을 입력하자 "세계의 많은 지역에서 여성보다 소에게 더 많은 권리가 주어진다"라는 문장으로 시작하는 《허핑턴포스트》의 기사가 하나 뜬다.

퇴보와 진보가 동시다발적으로 일어난다. 전보다 많은 여자와 남자가 지금 이 순간에도 용기를 내고 있고, 맞서 싸우기 위한 법적·정치적 지원 또한 강해지고 있다. 하지만 뜨거운 가슴과 냉철한 눈, 캠코더로 무장한 채 가장 용맹하게 싸워왔던 전사 중 한 명이 수십 년간 펼쳐온 캠페인은 너무나 슬프게도 갑자기 끝나버리고 말았다.

"그녀는 전 세계가 알아야 한다고 믿었습니다." 수의 남편이자 동료 기자인 닉 거스리는 이렇게 회상했다. 런던의 어느 흐린 겨울 날, 수의 유작 원고의 맺음말—바로 이 글—을 어떻게 적을지 논의하기 위해 함께 점심을 먹던 중이었다. 병마는 그녀가 마지막 장을 스스로 마무리 할 시간을 앗아가버리고 말았다.

수와 닉이 함께 자주 찾았다는 조용하고 소박한 레스토랑은 어떤 면에서 수를 연상케 했다. 제대로 접힌 하얀 리넨 냅킨에서 그녀가 텔레비전에 나올 때 입던 빳빳하게 다려진 하얀 셔츠, 똑 떨어지는 단정한 갈색 단발머리와 잘 어울렸던 그 옷이 떠올랐다.

어떤 일이건 올바른 방법이 있는 법이다. 수는 바로 그런 사람이다.

닉을 처음 만난 순간도 기억난다. 1990년대 초에 그가 BBC 〈아침 뉴스〉의 기획부장을 하던 시절, 아프가니스탄의 여성들에 관한 기삿거리를 들고 그를 만나러 갔다. "우리가 아프간 여성들에 대해 모르는 뭔가를 얘기해주세요." 특유의 '정곡을 찌르는' 퉁명스러운 말투로, 격려조의 미소를 곁들이며 그가 조언했다.

그게 바로 수가 일을 하는 내내 성취하려 노력했던 것이다.

이 책은 세상에 알려질 필요가 있는 여자들의 삶을 가장 설득력 있게 풀어내기 위해 그녀가 기울여온 노력과 헌신의 증거물이다. 이것은 모든 여자들의 책이다. 이집트와 아르헨티나만큼 서로 멀리 떨어진 국가들, 인도와 아일랜드만큼이나 서로 다른 문화권에서 벌어진 불의와 폭력의 연대기다.

충격적이다. 아르헨티나의 '더티 워'에서 군사정권에 의해 납치된 파트리시아 같은 여자들은 출산한 아이들을 군인 가족에게 빼앗긴 뒤, 약물에 취한 채 비행기 밖으로 떠밀렸다. 코소보 출신의 열네 살 소녀 룰리예타는 다국적 평화유지군 소속 군인들에 의해 '늘상' 강간당했다. 외부 생식기의 일부 혹은 전부를 제거당한 소녀와 젊은 여자 들은 '끔찍하고 끔찍한 고통'을 견디며 살아야 한다.

그렇다 하더라도, 고무적이다. 마이무나 같은 여자들은 마을의 '성기 절제식'에서 가족 대대로 맡아온 역할을 그만두기 위해 감비아에서 도망쳤다. 프랑스 기자 셀리아 드 라바렌과 미국인 캐시 볼코백은 보스니아에서 성착취 인신매매를 없애기 위해 할 수 있는 모든 방법을 쓰며 전력투구하고 있다. 제아무리 고집스럽게 싸운다 하더라도 그토록 뿌리 깊은 여성혐오와 전통적 믿음, 그뿐 아니라 조직적 부패를 넘어 승리하기는 어려울 것이다. 하지만 그들은 변화를 만들어내고 있다.

쉽게 끝나지 않을 전쟁이라는 것은 모두가 안다.

"불의에 대한 분노는 억압받는 사람들을 위해 싸울 때 수의 중요한 무기였습니다." 20년 이상 수와 프로듀서이자 촬영기자로 함께 일해온 나와 수의 친구 이언 오라일리는 이렇게 회상했다. 두 사람은 대개 신분을 숨기고 은밀하게 국경을 넘었고, 지구 어딘가의 숨겨진 귀퉁이에 밝은 빛을 비췄다.

"그녀는 단순히 폭로하는 데 그치지 않고 범죄자들에게 수치심을 안겨주고 싶어했습니다." 손님은 거의 없는데도 패브릭 가구들로 가득찬 호텔 라운지의 칙칙한 녹색 반원 의자에 앉아 이언이 말했다. 이언은 이 방을 '할머니의 응접실'이라고 불렀다. BBC 런던 본사에서 몇 블록만 걸으면 갈 수 있는 곳이다. 친구이자 동료이면서 '공모자' 관계였던 수와 이언은 이 조용한 공간으로 빠져나와 커피나 술을 마시며 약간의 수다를 떨다가 새로운 취재 계획을 짜곤

했다.

수와 함께 채널4에서 일했던 촬영기자 비비언 모건Vivien Morgan
이 쓴 저서 《비디오저널리즘 실무Practising Videojournalism》에서 수는
저널리즘을 이렇게 설명한다. "너무도 많은 사람들이 폭압적인 체
제의 어려운 환경에서 고통을 겪으며 살아가고 있는데, 텔레비전을
통해 그 실상이 보도된다면 국제사회의 반응을 가속화하거나 변화
시킬 수 있으리라는 것이 내게는 중요했습니다."

기자에게 왜 그렇게 위험한 일을 감수하느냐고 물어보라. 다
른 사람들이 불안에 떨며 뒤로 물러서는 상황에서 오히려 저돌적으
로 뛰어들어 질문 세례를 퍼붓고 동요를 일으키는 이유가 무엇인지
물어보라. 아마도 당연하다는 듯이 똑같은 대답을 듣게 될 것이다.
"그게 우리가 하는 일이니까요."

하지만 수에게는 분명 뭔가 특별한 점이 있었다. 수년간 두려
움 없이 일하는, 때로는 혼자 출장을 가 직접 현장을 찍어오는 그녀
를 지켜보며 나는 줄곧 궁금했다. "어떻게 그렇게 해낼 수 있지?"

2011년 시리아의 전례 없던 폭동 초기, 반정부 세력을 취재하
기 위해 서구 언론인 가운데 최초로 시리아의 국경을 넘었을 당시,
가짜 신분증을 들고 현지인 운전기사의 청각장애를 가진 여동생인
척하며 군인들의 검문을 받았을 때 그녀는 어떻게 그토록 침착할 수
있었을까? 1994년 중국 남부의 수감자들이 장기를 적출하기 위해
총살당하는 실태를 잠입취재하기 위해 아마추어 조류학자 행세를
했을 때는 어떻게 또 그다지도 능청스러울 수 있었을까? 홍콩에서
장기이식 수술을 기다리고 있는 부자 환자들에게 장기가 어떻게 팔
려나가는지 조명한 그녀의 기사는 전 세계적으로 큰 충격을 주었다.

중국 정부는 수가 이미 중국을 떠난 뒤 그녀에게 징역 7년 형을 선고했지만, 그럼에도 다시 오가는 것을 막지는 못했다.

수는 어떻게 같은 장소를 계속해서 잡히지 않고 드나들 수 있었을까? 다양한 여권과 국적을 활용하면서 그녀는 버마, 네팔, 루마니아, 짐바브웨 그리고 초기에는 러시아를 수시로 오갔다. 여성 성기 절제, 강제결혼, 명예살인, 온갖 형태의 인신매매 등의 문제를 그녀는 반복적으로 제기했다.

"그 일만 생각하면 아직도 심장이 떨립니다." 이언은 1997년 버마 군부의 사령부를 잠입취재했던 일을 떠올리며 이렇게 말했다. 폐쇄적인 권위주의 정부는 그 어떤 외부인이라도 내부에 들어올 수 없도록 엄격하게 관리하고 있었고, 가장 깊숙하고 어두운 권력 상층부까지 침투하기란 더욱더 어려운 일이었다.

그녀는 때로 아마추어 역사가인 척, 어느 때는 그저 물정 모르는 관광객인 척, 또는 남성 지배적인 세계에서 한없이 겁먹은 여성 여행자인 척을 했다.

"엄마가 주로 찾아갔던 국가들에서는 여성에게 아무런 가치도 없다고 여겼기 때문에 현지 당국자들은 엄마가 자기들의 치부를 폭로할 능력이 있을 거라고는 전혀 의심조차 하지 못했어요." 그녀의 자랑이었던 딸 세라가 말했다. "엄마는 우리 두 남매, 조지와 나의 사진을 갖고 다니다가 꺼내 보여주면서 마치 휴가를 즐기는 두 아이의 어머니에 불과한 것처럼 말하곤 했대요."

루마니아 출장 당시 수는 아기 구매자인 척했다. 아기를 구매하는 일이 가능하다는 것을 입증하기 위해 매일 새로운 아기를 살 약속을 잡았다. "이 출장에서 그녀는 엄청 많이 울었습니다." 이언이 털어놨다. 강철 같은 담력은 이처럼 여린 심장에 연결돼 있던 것이다.

"그녀는 자신이 '캠페이닝 저널리스트campaigning journalist'◆라는 사실에 대해 변명하지 않았습니다." 토니 졸리프는 수를 추동한 힘을 이렇게 표현했다. BBC에서 가장 창의적인 촬영기자 가운데 한 명인 토니는 2010년부터 2014년까지 수와 한 팀으로 움직였다. 두 사람의 환상적인 협업은 수가 가까스로 북한에 접근해 특별한 영상 취재물을 만들었을 때 시작됐다. 이 보도로 그들은 미국의 권위 있는 에미상을 수상했다. 머뭇거리는 관료들에게 직설적인 질문을 던지는가 하면, 정부에 강제 동원된 환영단 어린이들과 함께 흥겨운 선율에 맞춰 가벼운 몸짓으로 춤을 추는 수의 모습이 기억에 남는다. 그들은 이후에도 잇따라 영상물을 계속 만들어냈다. 가장 호소력 있는 이야기들 중 일부가 이 책에도 담겨 있다. 중동과 아프리카, 유럽에서도 이뤄지고 있는 여성 성기 절제(FGM)에 대한 연속 취재가 대표적이다.

수는 BBC 같은 공영방송의 제한적인 편집권 내에서도 자신의 목소리를 효과적으로 전달할 뿐 아니라 아무런 목소리를 내지 못하던 이들에게 발언권을 줄 수 있는 방법을 찾아냈다. 절제된 언어, 숨김없는 표현, 무뚝뚝한 답변, 솔직한 질문, 때로는 장난기 어린 미소로 무장한 그녀의 기사에는 힘이 있었다.

"그녀는 하려고만 하면 표현을 아주 잘 절제할 수 있었습니다."

◆ 자신만의 의제를 가진 활동가형 기자를 의미하는 것으로 생각한다.

토니는 말했다. "하지만 현장에서는 어떤 것이 검고 하얀지, 또 선과 악인지를 명확하게 판단했습니다. 악을 먼저 보여준 뒤 선이 나오도록 짜는 걸 좋아했죠."

외곬으로 집중하는 그녀의 방식은 때때로 미묘한 차이를 무시했고 거의 언제나 일부 규정을 어겼다. 그 때문에 문제가 된 나라에서 일하는 BBC 동료들을 화나게 하기도 했다. 그들은 수의 잠입취재로 인해 치부가 드러난 관료들의 분노와 싸워야 했기 때문이다.

하지만 바로 이 같은 대담한 저널리즘이 그녀의 옥스퍼드대학교 시절 친구이자 현재 BBC의 사장인 토니 홀—홀 오브 버켄헤드 경—이 1992년에 그녀를 ITN에서 빼내온 이유이기도 했다. 그는 BBC 보도국을 총괄 지휘하던 시절에 그녀를 영입했다. "우리의 안정적인 기조에는 그런 저널리즘이 필요하다고 생각했습니다." 그는 수가 세상을 떠난 직후인 2015년 10월 BBC 라디오4 프로그램 〈마지막 말Last Word〉에 출연해 이 같이 말했다.

2015년 12월 1일, 런던 중심부 BBC 인근 올 솔스 교회에서 열린 수의 추모식에서 그는 ITN 기자로서 수의 "불길한 출발"에 대한 기억을 언급했다. 여성 기자들의 취재 영역이 "왕실 일가나 첼시 꽃 박람회 따위에 국한돼 있다"는 점을 깨닫고, 그녀는 이렇게 말했다고 한다. "내가 무엇하고 있는지 당신이 관심이나 있는지는 모르겠지만, 아주 초기부터 내가 어떤 생각을 갖고 있었는지는 기억하고 있거든요. 세상을 바꾸려는 저널리즘과 인권이요. 덩치 큰 남자 세 명이 대형 카메라와 커다란 남근 모양의 솜뭉치 마이크를 들고 서 있는 건 요령껏 인터뷰를 끌어내는 최상의 방법이라고 할 수는 없죠. 예를 들어 전쟁통의 강간 피해자 같은 경우를 생각해보세요."

1980년대 후반 당시 막 출시된 소니의 비디오 캠코더 Hi8를 알게 된 이후 수는 그것을 새로운 비밀병기로 삼았고, "수와 기술은 함께 성장"했다. 그것은 몰래 들고 다닐 수 있을 만큼 작았고, 일반 관광객들이 사용하기 시작한 평범한 캠코더와 다를 바가 없었다. 초기 모델보다 화소 등 품질도 눈에 띄게 향상된 제품이었다. 이 장비가 잠입취재에 활용되기 시작하자 판도가 바뀌었다. 과거 지면 매체 기자들만이 쓸 수 있었던 내밀한 이야기들이 방송 송출이 가능한 수준의 화면으로 포착 가능해진 것이다.

"비디오 저널리스트로서 나는 상황을 변화시키거나 최소한 파장을 일으킬 수 있는 힘을 갖고 있다는 사실을 알았습니다." 비비언 모건의 책 가운데 '비디오 저널리즘의 개척자' 장에서 수는 이렇게 설명했다. 수와 비비언은 1980년대 후반 혁명 전후의 루마니아에 처음으로 Hi8 카메라를 들고 취재를 다녀온 뒤 몇 년 동안 함께 출장을 다니며 취재했다. 1989년 베를린 장벽이 무너진 후 동유럽 전역에는 각종 폭로와 뉴스가 연일 터져나왔다. 성능이 향상된 새로운 카메라 기기를 다루는 진취적인 비디오 저널리스트에게는 더할 나위 없이 완벽한 지역이었다.

테이프의 크기가 점점 더 작아진 것 역시 차이를 만들었다. "TV 뉴스에서 나는 녹음테이프를 속바지에 집어넣어서 통과한 것으로 명성이 자자했고 그건 사실이었답니다!" 비비언의 저서에서 수가 인정한 바다.

세상의 부조리에 집중하는 가운데 수의 눈길은 종종 여성이 처한 불평등한 현실에 고정되었다. 비록 그녀 자신이 전적으로 젠더 이슈에 집중하는 여성 운동가라고 자평하지는 않았지만 말이다. 수가 가는 모든 곳마다 여성의 권리는 명백하게 무시되고 있었고, 너무나 많은 잘못들이 바로잡혀야 했다.

"수는 우리 대부분과는 달리 스스로를 한 번도 페미니스트라고 정의하지 않았습니다." 35년간 수의 가장 가까운 친구였던 비비언은 이렇게 말했다. "그녀는 언제나 자신의 기사가 그 자체로서 장점이 있어야 한다고 생각했고, 자신이 여성이라는 점은 기사와는 무관하다고 생각했습니다."

그녀는 또 여성에 대한 처우를 포함해 인권유린의 기준에서 보면 어떤 나라도 높은 도덕성을 갖고 있다고 보기 어렵다는 믿음을 강하게 견지하고 있었다. 수의 세계에는 '우리와 그들'이 따로 없었다.

"이 책을 쓰게 된 원동력은 아일랜드에서 마주한 현실이었습니다." 이 책의 3장 '종교가 박해한 타락한 여자들'을 함께 취재한 이언 오라일리가 말했다. "여긴 EU 국가인데 심지어 이곳마저도 이렇게 완벽하게 은폐돼 있었다니 정말 충격이라고, 그녀는 외쳤었죠."

늘 그렇듯, 몇 년에 걸쳐 여러 대륙으로 확산된 보도의 영향력을 정확하게 측정하기는 어렵다. 수가 BBC에서 만든 영상물의 목록만 해도 22쪽 분량이다. BBC 이전에는 ITN에서 10년 이상을 취재했다. 하지만 아래와 같은 것들을 통해 어느 정도 가늠은 할 수 있을 것이다. 셀 수도 없이 많이 받은 언론 보도 및 인권 관련 상, 그녀의 보도로 인해 촉발된 각종 논평과 대담 들, 그리고 무엇보다도 가장 중요한 것은, 습관적으로 반복돼온 폭력·학대를 종식시킨다는 궁극적인 목표를 갖고 성취해온 진짜 변화다.

대부분 기자들이 자신의 보도로 인해 사회가 바뀌기를 감히 바란다. 기대는 자주 실망으로 되돌아온다. 수의 경우, 특정 문제를 집중 조명함으로써 더 많은 사람들에게 해당 문제를 알리고, 더 많은 사람들이 목소리를 높이게끔 독려해서 결국 조치까지 이끌어내는 길고 지난한 과정에서 뚜렷한 역할을 해왔다. 누군가의 삶을 속박하던 법을 즉각적으로 바꾸어 변화를 이끌어낸 고무적인 사례도 일부 있다.

네팔의 민민 라마Min Min Lama의 사례가 그러하다. 열네 살 때 강간을 당해 임신한 아이를 낙태한 혐의로 징역 12년 형을 선고받은 십대 소녀였다.

1999년에 수는 감옥에 수감된 민민을 만난 뒤 "어떻게 이렇게 작고 연약한 소녀가 네팔의 낙태법 개선 캠페인의 상징이 되었는지"에 대해 기사를 썼다. 당시 열여섯 살이었던 민민은 최연소 수감자이긴 했지만, 이러한 제도의 유일한 희생자는 아니었다. "거의 100명에 달하는 여성들, 혹은 네팔 여성 수감자 다섯 명에 한 명은 낙태 관련 범죄로 징역형을 살고 있고, 그들 가운데 상당수는 민민 라마와 마찬가지로 남성 친족에게 강간을 당했다."

수가 적었듯이, 그녀는 "낙태를 유도한 여자에 맞서기 위해 사흘이나 걸어야 했다". 그녀는 민민의 새 올케였는데 자신의 동생이 그런 짓을 했을 리 없다고 주장하더니, 자신이 민민을 속여 낙태약을 몰래 먹였다. 수는 이 같은 고백을 카메라에 담는 데 성공했고, 민민의 석방을 이끌어냈다.

더 나아가 네팔은 강간 범행의 피해자나 미성년 성범죄의 피해자에게 낙태를 허용하도록 법을 개정했다.

불법적으로 성행하던 인간 장기 매매 실태를 보도한 또 다른 영상물도 관련 법령의 변화를 이끌어냈다. 2001년 수와 이언은 몰도바 출신의 장기 제공자가 어떻게 대개 이스라엘에서 온 수많은 장기이식 수술 수요자들을 위해 터키에서 수술을 받는지를 취재했다. 유대교에는 시체가 온전한 상태로 매장되어야 한다는 믿음이 있다. 그렇다는 것은 곧 이식받을 장기를 구하기가 어렵다는 뜻이다. 이 다큐멘터리 이후 해외에서 이뤄지는 장기이식 수술의 비용을 의료보험 회사들이 부담하는 데 일부 법적인 제한이 생겼다.

또 다른 수의 보도물은 한 국가의 곤경에 빠진 국민 전체를 그늘에서 끄집어내 세계적인 주목을 받게 만들기도 했다. 이제는 미얀마로 알려진 버마의 경우가 이런 면에서 대표적이다.

1990년대 후반에 수와 이언은 서구 대기업들이 어떻게 군부의 고위 장성들과 손을 잡고 사업을 벌이는지에 주목했다. 취재 비자를 받을 수 없었기 때문에 그들은 가짜 사업가 행세를 했다. 그들은 캐주얼 의류 회사에 들어가 전화와 팩스 번호, 이메일, 명함 등 필요한 것들을 모두 갖췄다. 어떻게 해서인지 드물게 발급되는 사업용 비자를 받아냈고, 버마 군대의 고위 장교들과 면담 약속도 잡았다.

이언은 런던의 버마 대사관을 방문하던 중대한 순간을 자세하게 이야기했다. "부자인 사람들에게만 문호를 열어주는 만큼 우리가 부자처럼 보여야 한다고 수는 말했습니다. 수는 옷을 차려입고 머리를 다듬었을 뿐 아니라 번쩍거리는 보석 장신구들도 시어머니에게 빌려왔어요. 저도 친구 조녀선의 도움을 받아서 부유해 보이는 옷을 입었습니다. 그렇게 만반의 준비를 마쳤죠."

그들의 잠입취재를 통해 서구 상표를 단 상품들이 군부가 지배하는 버마 공장에서 만들어져온 사실이 드러났다. 이 취재 결과 영국의 버튼과 아일랜드의 던스 스토어가 영업을 중단했다.

수와 이언은 페이스 여사로 알려진, 그들과 마찬가지로 결연한 버마 활동가의 도움을 받아, 비밀리에 아웅 산 수 치의 인터뷰를 녹화하고 외부로 빼내는 데에도 성공했다. 이 유명한 민주주의 운동가는 당시 엄격한 가택연금을 받고 있었다. BBC 전파를 통해 공개된 그녀의 목소리는 상당한 파장을 일으켰다.

길고 힘겨웠던 위태로운 변화의 시기를 지나, 버마는 이제 더 개방되고 덜 억압적인 나라가 되었다. 아웅 산 수 치가 이끄는 민족민주동맹은 반세기 동안의 군부독재가 2011년 마침내 끝난 뒤 최근 치른 전국적인 첫 선거에서 압승을 거뒀다.

수의 사망 소식이 버마에 알려지자 수 치 여사는 수에 대한 글을 썼다. "가장 어두운 시기를 겪고 있던 버마에 대해 보도를 함으로써 위대한 용기와 헌신을 보여주었습니다. 최고로 실력 있는 기자는 도덕적으로도 훌륭하다는 나의 믿음을 입증한 분이었습니다."

수는 정말로 가장 끈질긴 사람 중 하나다. 1990년대 후반쯤부터 그녀는 파키스탄, 요르단 등 보수적인 무슬림 문화권에서 나타나는 강제결혼 및 이른바 '명예살인' 문제에 날카로운 시선을 고정시켜왔다.

"그녀는 파키스탄의 명예살인과 강제결혼 문제를 다른 누구보다 일찍부터 다루기 시작했습니다." 작가이자 활동가면서 수의 친구이기도 한 야스민 알리바이 브라운이 말했다.

그녀 자신도 왕성한 운동가인 야스민은 수가 다시 이언과 일하면서 그들이 영국에서 파키스탄의 전통을 지키며 사는 가족들에게 카메라를 향했을 때 일어난 '끔찍한 소동'에 관해 말해줬다.

"그녀는 범행의 '은밀한 후원 세력'을 상대로 두번째 전투를 벌이기로 했던 것이죠." 전화기 너머 야스민의 목소리는 감격에 차 있었다. "수는 정말 그 두터웠던 침묵의 벽을 깨부쉈어요."

이 벽에 금이 가기 시작하자 언어 폭력의 벽돌은 파키스탄 혈통이자 우간다 출생의 영국인 무슬림인 야스민에게도 떨어졌다. "커뮤니티 지도자들, 보수적인 무슬림과 설교자 들은 나에게 '어떻게 저렇게 인종차별적이고 식민주의자인 여자와 교유할 수 있느냐'고 따지곤 했습니다." 그녀는 비단 대화뿐 아니라 신문 칼럼을 통해 강경하게 대답했다. "수가 오히려 그런 취재를 하지 않았다면 인종차별주의자라고 할 수 있을 것이다. 다른 사람들의 삶은 백인들만큼이나 중요하지 않다는 뜻이니까."

수와 토니 졸리프가 이제는 FGM으로 통칭되는 여성 성기 절제 문제에 대한 강력한 연속 보도물을 2012년부터 취재하기 시작했던 것도 그때의 영향을 받았다. "영상물 하나로 이 관습을 없애기에 역부족이라는 건 우리 둘 다 알고 있었지만, 화두로 끌어올릴 필요가 있다고 생각했습니다." 토니가 말했다.

토니와 나는 런던 인근에서 함께 커피를 마셨다. 그가 수의 유산을 되새길 시간을 내달라고 요청한 데 따른 것이다. 수를 알고 지낸 사람들이라면 누구나 그렇듯, 우리 곁을 떠났다는 사실이 여전히 믿기지 않는 뛰어난 인물을 진심으로 추억하려는 것이었다. 수와 4년 동안 대부분 어려운 환경 속에서 16개 국가를 함께 취재해온 그는 이렇게 말했다. "그녀가 활기 차고 선량한 동료가 아니었던 날이 단 하루도 없었습니다." 압력솥과도 같은 저널리즘 업계에서 이는 정말이지 크나큰 칭찬이다.

5개 국가에서 촬영한 그들의 FGM 보도는 BBC 〈뉴스나이트〉

프로그램의 편집권을 통해 든든한 지원을 받았다. 두 명의 부편집장, 이제는 채널4에서 일하는 샤민더 나할Shaminder Nahal, 그리고 첫 FGM 보도를 의뢰한 이후 후속 보도를 계속하도록 지원한 리즈 기번스Liz Gibbons가 특히 그랬다. 당시 다른 매체들, 심지어 BBC 내 다른 뉴스 부서에서도 받아쓰지 않은 점을 고려하면 쉽지 않을 결정이다.

"FGM이 상당히 이국적인 데다가 조금 역겹다는 인식이 있었습니다." 해당 보도물을 만들 때 일부 참여하기도 했던 〈뉴스나이트〉의 프로듀서 제임스 클레이턴James Clayton의 말이다. 그는 과거 프리랜서 기자로 일할 당시에도 일요일자 신문에 이 관습에 대한 기사를 써보려고 노력했다고 한다. 하지만 "고위 간부들은 질을 잘 라내는 이야기 따위는 절대 지면에 싣지 않을 것이다"라는 말만 들었을 뿐이다.

예상대로, 수가 이 문제를 다루기로 했을 때 그녀는 이른바 정공법을 택했다.

토니는 프랑스의 한 병원에서 '여성 성기 재건' 수술을 촬영했던 일화를 들려주었다. "토니, 찍었어?" 수술용 마스크를 쓰고 있던 수가 짧게 속삭였다.

"뭘?" 그도 마스크 밖으로 질문을 받아쳤다.

"클리토리스!" 그녀가 외쳤다.

"웅!"

FGM 대처 방식에 있어 영국과 프랑스를 비교 보도한 〈뉴스나이트〉 기사는 상당한 파장을 일으켜 언론에 기사화되기도 했다고 그가 말했다. '절제' 수술을 위해 딸을 본국으로 보내는 가족들이 왕

왕 있는 영국에서는 아무도 기소되지 않았지만 프랑스에서는 귀국한 소녀들을 검진하는 것을 포함해 검찰과 보건당국의 감시가 매서웠다.

"프랑스는 100여 건의 유죄판결을 끌어낸 데 비해 왜 우리는 처참하게 실패하고 있는 걸까?" 수는 이 책을 여는 장 '가장 잔인한 칼날, 여성 할례'에서 묻는다. 그 답으로, 그녀는 이렇게 지적했다. "우리는 문화적 차이를 받아들이고 관용적이어야 한다고 생각하지만, 그것은 때때로 닫힌 문 뒤에서 은밀하게 벌어지는 학대를 허용하는 결과를 낳기도 한다."

들끓는 열정으로 수 로이드 로버츠는 문을 확 열어젖히거나, 꼭 필요하다면 그 문을 걷어차거나, 때로는 창문으로 슬금슬금 파고들어갔다. 〈뉴스나이트〉의 전 부편집장 리즈 기번스는 2012년 수에게 이집트 여성의 90퍼센트가 어떤 형태로든지 FGM을 받았다는 통계를 처음 전달해준 순간을 기억하고 있다.

"이집트의 FGM에 대한 근거가 명확하지 않은 통계와 현장 취재에 대한 제 관심을 여느 기자에게 말할 수도 있었겠지만 그랬다면 아무런 소득이 없었을 겁니다. 수는 비단 대단한 영상물을 찍어왔을 뿐만 아니라, 후속 보도물 시리즈도 전부 내놓았죠. 나는 진심으로 이 보도들이 최소한 영국 내 정책과 여론에 참된 변화를 가져왔다고 생각합니다." 수는 다시 한번 '쟁점을 대의로 전환'했다. 리즈는 이 연속 보도 과정에서 이뤄진 긴밀한 협력을 두고 "〈뉴스나이트〉 업무에서 가장 자랑스럽게 여기는 것 중 하나"라고 표현했다.

2013년이 되자 영국의 모든 매체가 FGM 문제를 다루기 시작했다. 2014년에 정부는 '소녀정상회담'을 열고 이번 세대 안으로

FGM, 강제결혼, 조혼 풍습을 종식시키기 위한 영국과 국제사회의 노력을 촉구했다.

　FGM을 조명한 수의 보도물이 추동한 사회적 변화를 돌아볼 때, 나에게 큰 영감을 줬던 것 중 하나는 무나 하산Muna Hassan과 나눈 대화였다. 수의 보도물 중 한 편에도 등장하는 그녀는 영국 브리스틀의 학생이자 젊은 운동가다. 그녀는 스웨덴의 소말리아인 가정에서 태어나 여덟 살 때 영국으로 이사 왔다. 십대에 접어들면서부터 지역 자선단체인 브리스틀 연합Integrate Bristol에서 활동했고, 곧 FGM에 대해 반대 목소리를 내기 시작했다.

　"수가 브리스틀에 와서 우리 마음 구석에 있던 것들까지 몽땅 끄집어내 말하게 했어요." 대학 학위를 마칠 것이냐 많은 현안을 위해 계속 투쟁할 것이냐의 문제를 두고 무나와 전화 통화를 하던 중에, 그녀는 자세히 설명했다. "우리를 몰아붙이며 말했어요. '만약 하고 싶은 말이 있다면, 지금 해버려'라고요." 간결한 말투로 그 말을 하는 수의 목소리가 들리는 것만 같다.

　장거리 통화임에도 무나의 열정이 또렷하게 전달됐다. BBC 보도는 그녀와, 이 책의 첫 장에 등장하는 그녀 동료들의 목소리를 증폭해 쏘아올렸고, 지역사회 차원에만 머물렀던 이슈는 전국적이고 국제적인 문제가 되었다.

　표현하는 언어들도 갑자기 바뀌었다. 무나는 수가 어떻게 '문화적 관습'이 아닌 '학대의 형태'라는 관점으로 기사를 썼는지 설명했다. '지구의 반대편에서 일어나는 일'쯤으로 여겨지던 사안은 영국 내 문제, 심지어 국회에서 다뤄야 할 의제가 되었다.

　이는 FGM으로 그치지 않았다. 무나는 "벌집을 건드렸다"고 표현했다. FGM에 대한 논쟁은 무슬림 청소년들 사이에 퍼지는 급진주의 등 더 폭넓은 이슈들에 더 큰 커뮤니티의 개입을 이끌어냈다.

"우리는 절대 수를 잊지 못할 거예요." 통화를 마치기 전에 무나가 조용히 말했다. "하지만 우리는 아직도 길고 긴 전투를 치러야 해요."

많은 사람들이 수를 잊지 못할 것이다. 그녀가 만든 영상물과 함께, 그녀의 보도에도 불구하고 아직 바뀌지 않은 현실 때문에. 수는 버마와 티베트, 기타 그녀의 주요 관심사에 대한 운동단체에도 가입했다. 그녀는 지치지 않고 기금을 끌어모았는데, 심각한 주제에 파묻혀 살면서도 짓궂은 장난을 사랑하고 가능한 한 어디서든 춤을 추는, 환상적으로 유쾌한 동료였다.

"장비로 가득한 트럭을 제공하기 위한 '보스니아를 위한 디스코'가 있었고, 루마니아 고아들의 원조를 위한 록, 티베트 난민들을 위한 탱고, 거기에다 우리는 '부시먼의 생존을 위한 무도회'도 열었어요." 수와 절친했던 여느 친구들과 마찬가지로, 같은 길을 걷던 동료를 잃은 상실감에 어쩔 바 모르고 있는 비비언 모건이 열거했다.

"우리는 FGM 행사를 계획하고 있었는데, 그건 열리지 않았죠." 비비언이 덧붙였다.

수는 한번 취재한 사안, 그리고 그 과정에서 만난 사람들을 결코 그냥 내버려두지 않았다.

대중이 보지 못한, 소수의 사람들만이 알 수 있었던 미담은 셀 수도 없다. 쌈짓돈을 가난한 가족들의 손에 꼭 쥐여준 일, 망명을 원하는 티베트인에게 조언해준 일, 루마니아에서 수업료를 재정적으로 지원해준 일 그리고 런던에서 숙식을 제공한 일 등.

그녀의 딸 세라가 이 책의 도입글에서 회고했듯, 북런던에 있는 수의 예쁘장한 집 현관문은 "정부 관계자나 기자, 단체 활동가나 고국의 전쟁 등을 피해 도망친 난민"에게 열려 있었다.

티베트의 망명한 지도자 달라이 라마는 그녀를 '런던 수'라고 불렀다. 수의 발자취를 따라 걷는 젊은 언론인들은 그녀를 '영감을 주는 사람'이라고 칭한다. 특히 수와 같은 시대를 지나온 사람들은 그녀 보도물의 특장점으로 꼽히는 위장취재를 통한 탐사보도를 두고 그녀가 개척한 비디오 저널리즘 분야라고 말한다.

그리고 이 책이 있다. 닉은 수가 여성의 삶에 초점을 맞춘 소설도 구상하고 있었다고 했다.

하지만 그때 갑자기, 수는 골수성 백혈병이라는 개인적인 투쟁을 벌이게 됐다. 수 나름의 방식으로 말이다. 7월 27일, 그녀는 병상 블로그에 이렇게 적었다. "입원한 지 거의 일주일이 돼간다. 화학요법은 꽤 순한 편이다. 어떻게든 매일 아침 책을 쓰고 있다. 닉과 나는 리젠트 공원을 산책하거나 정오에 점심을 먹으러 나간다. 그러고 나면 오후 2시부터 여섯 시간 정도 화학요법을 받아야 한다."

이언 오라일리는 그녀가 의식이 있었던 마지막 몇 주 동안을 이렇게 회상했다. "그녀가 책에 넣고 싶어하는 이런저런 세부 내용과 취재기를 요구하는 통에 이메일과 문자메시지를 미친 듯이 주고받았습니다."

수, 그리고 그녀를 잘 아는 사람들은 우리가 이 일을 잘 이겨내리라 믿는 것 외에 다른 방도가 없었다. 하지만 결국, 그토록 오랫동안 맞닥뜨린 모든 난관을 어떻게든 극복해냈던 용감한 기자는 자신의 이야기를 마무리 짓지 못하고 말았다.

"며칠간 책 생각은 잊고 줄기세포 이식에 집중하자고, 아내에게 말했었습니다." 닉이 말했다. "그러자마자 지옥문이 열렸죠. 뇌까지 바이러스가 침투했는데, 끝내 회복되지 못했습니다."

수가 세상을 떠나자 일부 신문은 토니 졸리프에게 연락해 전쟁 지역에서 찍은 수의 사진을 요청했다. "그녀는 종군기자가 아니었습니다." 그가 일일이 설명했다. 그들은 그래도 그것을 보고 싶다고 고집을 부렸다.

수는 우리 시대에 벌어지고 있는 다른 전쟁들을 보여주려 했다. 하루도 빠짐없이 벌어지는 수많은 전투들, 여자들과 어린 소녀들이 당하고 또 맞서 싸우는 전투들.

그녀는 마지막 순간까지 그들과 함께, 그리고 그들을 위해서 싸웠다.

2017년 4월 7일, 외할머니가 돌아가셨다. "할머니, 조금만 더 버텨 주라. 지금 돌아가시면 손녀딸 빈소 못 지켜요……" 2016년 말부터 할머니가 위독하시다는 말을 들을 때마다 속으로 되뇌곤 했는데, 이 기적인 손녀딸 마음을 정말 알아주셨는지 할머니는 내게 가장 뜨거웠던 겨울이 다 지난 뒤에 소천하셨다. 이날 장례식장으로 향하던 중에 회사 선배로부터 출판사의 책 번역 제안을 전달받았다. '이 책 이래. 다시 출근하면 이야기하자. 어머니 잘 위로해드리고.' 선배가 보내준 원서 PDF 파일을 빠르게 훑어보는데, 심장이 두근거렸다.

　이성적으로 생각하면 말도 안 됐다. 원어민처럼 영어가 유창한 것도 아니었고, 기사만 써봤지 출판·번역 경험은 없었으며, 무엇보다 국정농단 등 각종 재판과 수사가 한창 진행 중이었다. 최소 주 6일을 출근했다. 방대한 자료를 분석하고, 취재원들을 만나고, 검찰

청과 법원을 드나드는 주요 사건 관계자들을 따라붙느라 새벽까지 일하는 날도 부지기수였다. 일주일에 하루 쉬는 날은 종일 잠만 자도 부족했고 그나마도 해 질 무렵부터는 다음 날을 위해 전화를 돌렸다. 다시 생각해도 번역은 무리였다. 그래도 막연하게, 반드시 하고 싶었다.

결론부터 말하자면 다행이었다. 틈틈이 이 책을 번역한 덕분에 — 인생에서 손꼽게 고되었던— 2017년과 2018년을 견뎠다. 책 속에는 오직 XY 대신 XX 염색체를 가졌다는 이유만으로 맞고, 감금당하고, 강간당하고, 살해되는 지구상 수많은 사람들이 등장한다. 그 끔찍한 현장의 생존자들, 목격자들, 그리고 여전히 거대한 압력에 맞서 싸우거나 도망쳐 숨어 지내는 사람들의 목소리를, 같이 분노하며 글로 옮기면서 삶에 대한 투지를 다지곤 했다.

그래서 2년이나 걸렸다. 전문 번역가였다면 3~4개월이면 해냈을 일이다. (물론 2년 내내 앞에서 말한 일상을 살았던 건 아니다. 주 52시간 근무제 만세다.) 그사이 아일랜드에서는 낙태 허용 법안이 의회를 통과했고, 사우디아라비아의 여자들은 차를 운전할 수 있게 됐으며, 영국에서 딸에게 할례를 시도한 여자가 사상 처음으로 유죄 선고를 받았다. 세상은 느리지만 조금씩 바뀌었다. 이 책에 등장하는 많은 사람이 고생한 결과다. 2년간 수 로이드 로버츠에 '빙의'하여 살았던 나는 그녀가 맞섰던 거대하고 견고하던 벽에 하나씩 금이 갈 때마다 속으로 환호성을 내질렀다. 하지만 벽은 여전히, 일일이 다 서술할 수 없이 너무나 많고 높고 견고하다.

"아들인 줄 알고 낳았는데 딸이라서, 죽으라고 반나절 윗목에 엎어 놨었대." 친구는 웃으면서 말했지만 겨우 중학생이던 우리도 그게 단순한 농담이 아니라는 걸 알고 있었다. 그녀는 셋째 딸이었다. 대부분 집에 딸이 둘이면 그걸로 끝이거나 막내아들이 있었다. 우리는 연간 약 150만 건의 낙태가 이뤄지던 1980년대생이다. 역대 최악이라는 1990년의 남녀 성비는 116.5:100에 달한다.

성비 불균형—신붓감 매매—지참금 살인으로 이어지는 10장 인도 편을 번역하며 20년 전쯤 아마도 떡볶이 따위를 먹으며 들었을 저 문장이 생각났다. 비단 여아 낙태만이 아니다. 라트비아, 몰도바 등지에서 빈곤에 내몰린 소녀들이 외딴곳에서 성매매를 강요당하는 과정은 지명과 인물명만 한국으로 바꾸면 신문 사회면에서 종종 보아왔던 르포 기사다. 성착취를 당한 여성들이 용케 살아 돌아온 뒤에도 '더럽혀졌다'는 낙인이 찍힐까봐 괴로워하며 숨어 지내는 모습 역시 위안부 피해자, 5.18 민주화운동 당시 성폭행 피해자들과 겹쳐 보인다. 12장 '제도화된 여성혐오'에서 작가는 영국의 남녀 임금격차를 지적하지만, 한국의 남녀 임금격차는 37.2퍼센트로 영국의 두 배(17.1퍼센트)가 넘는다(출처: OECD Employment Outlook 2017). 한국 남성이 100만 원을 받을 때 여성은 63만 원만 받는다는 뜻으로, OECD 주요 회원국 가운데 최고 수준이다. 이런 지표를 두고 어떤 사람들은 "집에서 남편이 벌어다준 돈으로 팔자 좋게 놀고 먹는 여자들이 많아서 그렇다"고 말하기도 한다. 4장 '세계에서 가장 큰 여성 감옥'에서 사우디아라비아의 남자들 역시 여자들이 '특권'을 누린다며 이와 비슷한 말을 한다. 수 로이드 로버츠는 "여성혐오의 궁극" "동등한 존재로서 여성이 응당 갖고 있는 지성이나 능력을 부인하고, 그저 먹여주고 보호해줘야 하는 '아종亞種'으로 취급하는 것"이라고 일갈한다.

특히 같은 방송기자로서 감탄한 지점이 참 많았다. 주제 선정이 대표적이다. 통상 언론사들은 '대중이 궁금해하는 것'을 '대중이 알아야 할 것'보다 우선시한다. 인권 문제보다는 거물 정치인이나 유명인들의 일거수일투족을 취재하는 데 기자 한 명이라도 더 투입하려 한다. 특히나 종교·문화·관습적 토대를 문제 삼을 경우, 해당 주체들의 반발이 거셀 수 있기 때문에 더욱 조심스럽고 소극적으로 접근하는 경향이 있다. 수가 끈질기게 탐사보도한 FGM, 명예살인, 강제결혼 등이 다 여기에 해당한다. FGM 취재를 시도했다가 핀잔만 들었다던 동료 기자 제임스 클레이턴의 말은 그 혼자만 겪은 일이 아닐 것이다. 그녀가 일일이 기술하지는 않았지만 아마도 매 취재마다 보도의 필요성을 내부 구성원들에게 꽤 열심히 설득하는 과정이 있지 않았을까 싶다.

　수를 부르는 '캠페이닝 저널리스트'는 한국에서는 거의 쓰이지 않는 용어다. 대형 언론사들이 회사 차원에서 연중 캠페인(예컨대 2014년 조선일보의 '통일이 미래다' 등)을 벌이곤 할 뿐이다. 한국의 기자들은 어느 사안에서나 공정성과 객관성을 엄격히 유지할 것을 요구받는다. (기자협회 윤리강령 중 "공정보도를 실천할 사명을 띠고 있으며……") 그것이 아무리 약자의 목소리라 할지라도 지나치게 그의 입장만 대변했다가는 언론중재위원회의 조정을 받거나 심하게는 소송을 당할 수도 있다. 그런 점에서 수의 담대하고 도발적인 취재물들은 더욱 경이롭게 느껴졌다. 수는 진심으로 분노하고, 참담해하며, 맹렬하게 싸웠다. 기회가 될 때 유튜브나 BBC 홈페이지에서 그녀의 기사를 눈으로 직접 보는 걸 추천한다. 여자들이 성기를 절제하지 않으면 분비물이 의자를 적실 정도로 나온다는 말을 하는 감비아의 이맘 앞에서 "나는 클리토리스를 가진 채 60년을 살았어요. 그리고 단 한 번도 그런 일을 겪지 않았습니다"라고 소리치는 그녀의 눈에는 정말 과장 안 보태고 '불꽃'이 활활 인다.

이 책은 살겠다고, 살아보겠다고 몸부림치는 사람들에 대한 촘촘하고도 정직한 기록이다. 관념적인 선언문보다 팩트의 성실한 나열이 훨씬 더 큰 울림을 주곤 한다는 걸 직업적으로 체감해왔다. 이 책도 그 증거 중 하나다.

　인생으로서나 기자로서나 대선배인 수 로이드 로버츠에게 기본적인 취재 방식과 기사 작성법, 난관을 뚫는 돌파력, 열정, 집요함 등을 배울 좋은 기회였다. 2년이나 참을성 있게 기다려주고 음으로 양으로 지원을 아끼지 않았던 출판사 클 가족들과 홍경화 편집자 님, 포기하고 싶을 때마다 힘과 용기를 북돋워준 남편 하남직 님에게 무한한 감사를 드린다. 명색이 기자라 최대한 쉽고, 짧게 풀어 쓰고 싶어서 문장 하나하나마다 고심을 거듭했다. 이 과정에서 원작자의 뜻이 훼손되지는 않았나, 출간이 내일모레로 다가온 이 시점에도 마음이 편치 않다. 번역과 관련한 질타나 지적은 언제든지 감사한 마음으로 받겠다.

2019년 2월
심수미

주석

1 가장 잔인한 칼날, 여성 할례: 감비아

1 'UK regrets The Gambia's withdrawal from Commonwealth', BBC News, 3 October 2013; http://www.bbc.co.uk/news/uk-24376127

2 Elizabeth Cady Stanton, *The Woman's Bible* (Dover Publications, 2002).

3 Charles Darwin, 'Journal'. Charles Darwin: *Destroyer of Myths* by Andrew Norman (Pen & Sword Books, 2013), p. 61에서 인용.

4 Gustave Le Bon, 'The Crowd'. *The Darwin Effect* by Jerry Bergman (Master Books, 2014), p. 235에서 인용.

5 Mernissi (1987: 42).

6 Natalie Angier, *Woman: An Intimate Geography* (London, Virago, 2014), p. 58.

7 http://www.who.int/mediacentre/factsheets/fs241/en/

8 United Nations Children's Fund, Female Genital Mutilation/Cutting: A statistical overview and exploration of the dynamics of change (New York: UNICEF, 2013); http://www.childinfo.org/files/FGCM_Lo_res.pdf

9 http://www.medindia.net/news/Egyptian-Clerics-Say-Female-Circumcision-UnIslamic-23055-1.htm

10 Nawal El Saadawi, 'Nawal El Saadawi: "I am going to carry on this fight

forever"', *Independent*, 22 July 2014; http://www.independent.co.uk/news/people/profiles/nawal-el-saadawi-i-am-going-to-carry-on-this-fight-for-ever-2371378.html

11 Nawal El Saadawi, *The Hidden Face of Eve* (London, Zed Books, 2007), p. 40.

12 http://www.who.int/mediacentre/factsheets/fs241/en/

13 Leyla Hussein, 'Efua Dorkenoo obituary', *Guardian*, 22 October 2014; http://www.theguardian.com/society/2014/oct/22/efua-dorkenoo

14 http://www.trustforlondon.org.uk/wp-content/uploads/2015/07/FGM-statistics-final-report-21-07-15-released-text.pdf

15 Paul Peachey, 'FGM trial: CPS accused of "show trial" as UK's first female genital mutilation case collapses', *Independent*, 4 February 2015; http://www.independent.co.uk/news/uk/home-news/fgm-trial-cps-accused-of-show-trialas-uks-first-female-genital-mutilation-case-collapses-10024487.html16 ibid.

17 https://www.gov.uk/government/speeches/girl-summit-2014-david-camerons-speech

18 Naana Otoo-Oyortey, 'Nawal El Saadawi: "I am going to carry on this fight forever"', *Independent*, 22 July 2014; http://www.independent.co.uk/news/people/profiles/nawal-el-saadawi-i-am-going-to-carry-on-this-fight-for-ever-2371378.html

19 http://www.legislation.gov.uk/ukpga/2003/31/pdfs/ukpga_20030031_en.pdf

2 5월광장의 할머니들: 아르헨티나

1 'Argentina's grim past', BBC News (14 June 2005). http://news.bbc.co.uk/1/hi/world/americas/4173895.stm

2 Jonathan Mann, 'Macabre new details emerge about Argentina's "dirty war"', CNN (23 March 1996); http://edition.cnn.com/WORLD/9603/argentina.war/index.html

3 Paul Vallely, *Pope Francis: Untying the Knots: The Struggle for the Soul of Catholicism* (Bloomsbury, 2015).

4 'World in Brief: Argentina: Bishops Apologize for Civil War Crimes', *Los Angeles Times*, 18 April 1996.

3 종교가 박해한 '타락한 여자들': 아일랜드

1 St Jerome c. 342-420.

2 Edward Andrew Reno, 'The Authoritative Text: Raymond of Penyafort's Editing of the "Decretals of Gregory IX" (1234)', Columbia University Academic Commons, 2011; http://academiccommons.columbia.edu/catalog/ac%3A132233

3 Anne Isba, *Gladstone and Women* (Hambledon Continuum, 2006).

4 ibid.

5 James M. Smith, *Ireland's Magdalen Laundries and the Nation's Architecture of Containment* (Manchester University Press, 2008), p. xv.

6 Patricia Burke Brogan, *Memoir with Grykes and Turloughs* (Wordsonthestreet, 2014).

7 http://www.sistersofcharity.com

8 Patricia Burke Brogan, *Memoir with Grykes and Turloughs* (Wordsonthestreet, 2014).

9 이 사람이 1992년에 미국인 이혼녀와의 정사로 사생아를 낳은 것으로 밝혀진 바로 그 주교다. 케리 주의 주교 에이먼 케이시는 사임한 후 아일랜드를 떠났다.

10 다큐멘터리 *Mothers Against the Odds*, by Anne Daly and Ronan Tynan (Esperanza Productions, 2012)에서 인용.

11 ibid.

12 Pope Paul VI, Humanae Vitae, 25 July 1968.

13 다큐멘터리 *Mothers Against the Odds* by Anne Daly and Ronan Tynan (Esperanza Productions, 2012)에서 인용.

14 ibid.

15 ibid.

16 ibid.

17 Senator Martin McAleese, 'Report of the Inter-Departmental Committee to establish the facts of State involvement with the Magdalen Laundries', 2013; www.justice.ie/en/JELR/Pages/MagdalenRpt2013, p. iv.

18 Catherine Shoard, 'Philomena Lee on meeting the Pope: "Those nuns would be jealous now"', *Guardian*, 6 February 2014.

19 Senator Martin McAleese, 'Report of the Inter-Departmental Committee to establish the facts of State involvement with the Magdalen Laundries', p. vii.

20 'Bruce Arnold: McAleese Report flies in the face of painful evidence of laundry victims', *Irish Independent*, 18 February 2013.

21 Colm O'Gorman. 'Ireland: Proposed "mother and baby homes" investigation welcome, but a missed opportunity to address Magdalenes',

Amnesty International, 9 January 2015에서 인용.

22 Simon McGarr, 'McAleese report leaves questions unanswered', *Irish Examiner*, 19 February 2014.

23 Senator Martin McAleese, 'Report of the Inter-Departmental Committee', p. vii.

24 Joan Burton. 'Demanding justice for women and children abused by Irish nuns', BBC News, 24 September 2015; http://www.bbc.co.uk/news/magazine-29307705에서 인용.

25 'Church in Ireland needs "reality check" after gay marriage vote', BBC News, 24 May 2015; http://www.bbc.co.uk/news/world-europe-32862824

26 ibid.

27 'Fewer than one in five attends Sunday Mass in Dublin', *Irish Times*, 30 May 2011; http://www.irishtimes.com/news/fewer-than-one-in-five-attend-sundaymass-in-dublin-1.585731

28 M. E. Collins, *Ireland, 1868-1966: History in the Making* (Ireland, Edco, 1993), p. 431.

29 'An unfortunate amendment on abortion', *The Tablet*, 17 September 1983; http://archive.thetablet.co.uk/article/17th-september-1983/3/an-unfortunateamendment-on-abortion

4 세계에서 가장 큰 여성 감옥: 사우디아라비아

1 http://reemasaad.blogspot.co.uk/2009/08/lingerie-campaign.html

2 'Men banned from selling Lingerie in Saudi Arabia', *Telegraph*, 5 January 2012; http://www.telegraph.co.uk/news/worldnews/middleeast/saudiarabia/8993690/Men-banned-from-selling-lingerie-in-Saudi-Arabia.html

3 Shamim Aleem, *'Mothers of Believers', Prophet Muhammad(s) and His Family: A Sociological Perspective* (AuthorHouse, 2007).

4 David Commins, *The Wahhabi Mission and Saudi Arabia* (London, I. B. Tauris & Co., 2006).

5 ibid.

6 'Saudi police "stopped" fire rescue', BBC News (15 March 2002). http://news.bbc.co.uk/1/hi/world/middle_east/1874471.stm

7 'Saudi Sheikh warns women that driving could affect ovaries and pelvis', Riyadh Connect, 28 September 2013.

8 David Leigh, 'US put pressure on Saudi Arabia to let women drive, leaked cables reveal', *Guardian*, 27 May 2011.

9 Joshua Muravchik, *Trailblazers of the Arab Spring: Voices of Democracy in the Middle East* (Encounter Books, 2013), p. 27.

10 Suad Abu-Dayyeh, 'Saudi Women Activists Jailed for Trying to Help Starving Woman', 9 July 2013; http://www.huffingtonpost.co.uk/suadabudayyeh/saudi-women-activists-jai_b_3565568.html

11 Olga Khazan, ' "Negative Physiological Impacts"? Why Saudi Women Aren't Allowed to Drive', *The Atlantic*, 7 October 2013.

12 Cassandra Jardine, 'There's such ignorance about us', *Telegraph*, 12 December 2005; http://www.telegraph.co.uk/culture/3648711/Theressuch-ignoranceabout-us.html

13 'Wajeha al-Huwaider - Woman of Action', A Celebration of Women. org, 1 June 2013; http://acelebrationofwomen.org/2013/06/wajeha-alhuwaidarwoman-of-action/

14 Rajaa Alsanea, *Girls of Riyadh* (Fig Tree, 2007).

15 Gallup.com, 'Saudi Arabia: Majorities Support Women's Rights', 21 December 2007; http://www.gallup.com/poll/103441/saudi-arabiamajorities-supportwomens-rights.aspx

16 Ahmed Abdel-Raheem, 'Word to the West: many Saudi women oppose lifting the driving ban', *Guardian*, 2 November 2013.

17 Gallup.com, 'Saudi Arabia: Majorities Support Women's Rights', 21 December, 2007; http://www.gallup.com/poll/103441/saudi-arabiamajorities-supportwomens-rights.aspx

18 https://en.wikipedia.org/wiki/Women%27s_rights_in_Saudi_Arabia

19 https://en.wikipedia.org/wiki/Women%27s_rights_in_Saudi_Arabia

20 'Saudi Arabia's king appoints women to Shura Council', BBC, 11 January 2013; http://www.bbc.co.uk/news/world-middle-east-20986428

21 Sabria Jawhar, 'Saudi Women Owe Voting Rights to Arab Spring', *The World Post*, 26 September 2011.

22 Sherard Cowper-Coles, *Ever the Diplomat: Confessions of a Foreign Office Mandarin* (HarperCollins, 2014).

23 http://www.raifbadawi.org

24 Ian Black, 'Saudi Arabian security forces quell "day of rage" protests', *Guardian*, 11 March 2011.

25 Rania Abouzeid, 'Saudi Arabia's "Day of Rage" Passes Quietly', *Time*, 11 March 2011; http://content.time.com/time/world/article/0,8599,2058486,00.html

5 민주화를 외치는 광장에서의 성폭력: 이집트

1 전반적인 개요를 보려면, 'The dynamics of democracy in the Middle East', The Economist Unit, March 2005, pp. 14-15; http://graphics.eiu.com/files/ad_pdfs/MidEast_special.pdf

2 Ahdaf Soueif, 'Image of unknown woman beaten by Egypt's military echoes around world', *Guardian*, 18 December 2011; http://www.theguardian.com/commentisfree/2011/dec/18/egypt-military-beating-female-protester-tahrir-square

3 ibid.

4 Scott Pelley, 'Lara Logan breaks silence on Cairo assault', CBS, 1 May 2011; http://www.cbsnews.com/news/lara-logan-breaks-silence-on-cairoassault/

5 ibid.

6 Brian Stelter, 'CBS Reporter recounts a merciless assault', *New York Times*, 28 April 2011; http://www.nytimes.com/2011/04/29/business/media/29logan.html

7 ibid.

8 Caroline Davies, 'Tahrir Square women's march marred by rival protest', *Guardian*, 8 March 2011; http://www.theguardian.com/world/2011/mar/08/rival-protesters-clash-women-tahrir

9 '"The Future of Egyptian women is in danger" - Samira Ibrahim speaks out', *Guardian*, 13 March 2012; http://www.theguardian.com/lifeandstyle/2012/mar/13/women-samira-ibrahim-egypt-virginity-tests

10 Mohsen Habiba, 'What made her go there? Samira Ibrahim and Egypt's virginity test trial', Aljeezera, 16 March 2012; http://www.aljazeera.com/indepth/opinion/2012/03/2012316133129201850.html

11 Isobel Coleman, ' "Blue bra girl" rallies Egypt's women vs. oppression', CNN, 22 December 2011; http://edition.cnn.com/2011/12/22/opinion/colemanwomen-egypt-protest/

12 'Egypt's Islamist parties win elections to parliament', BBC 21 January 2012; http://www.bbc.co.uk/news/world-middle-east-16665748

13 Mariz Tadros, 'To politically empower women on a global scale we need more than quotas', *Guardian*, 8 March 2012; http://www.theguardian.com/global-development/poverty-matters/2012/mar/08/political-empower-women-egypt

14 http://www.indexmundi.com/egypt/demographics_profile.html

15 Al-Masry Al-Youm, 'Shura Council committee says female protesters should

take responsibility, if harassed', *Egypt Independent*, 11 February 2013; http://www.egyptindependent.com/news/shura-council-committee-says-femaleprotesters-should-take-responsibility-if-harassed

16 Elisabeth Jaquette, Muftah, 'The Heroes of Tahrir: Operation Anti-Sexual Harassment', 4 February 2013; http://muftah.org/heroes-of-tahrir/#.Vw4DVGNU2oM

17 OpAnitSH Facebook, 'Press Release: Mob sexual assaults reported to OpAntiSH during June 30th demonstrations hit catastrophic skies', 3 July 2013.

18 Dana Hughes, Molly Hunter, 'President Morsi Ousted: First Democratically Elected Leader Under House Arrest', ABC News, 3 July 2013; http://abcnews.go.com/International/president-morsi-ousted-democratically-elected-leaderhouse-arrest/story?id=19568447

19 Ahdaf Soueif, 'Egypt's revolution won't be undone: the people still have the will', *Guardian*, 30 May 2014; http://www.theguardian.com/commentisfree/2014/may/30/egypt-revolution-wont-be-undone-sisi-young-activists

20 Anthony Bond, Lucy Thornton, 'Shaima al-Sabbagh: Heartbreaking picture shows moments of panic after leading Egyptian female protester dies after being "shot by police"', *Mirror*, 25 January 2015; http://www.mirror.co.uk/news/world-news/shaima-al-sabbagh-heartbreaking-picture-shows-5039047

7 유엔 평화유지군이 지나는 자리: 보스니아와 코소보

1 Robert Capps: 'Sex-slave whistle-blowers vindicated', Salon.com, 6 August 2002; http://www.salon.com/2002/08/06/dyncorp/[Retrieved 13.2.2013]

2 STOP, 2015, figures available from: http://www.stoptraffickingofpeople.org/[Retrieved 13.2.2016]

3 'Bosnia sex trade shames UN', *Scotsman*, 9 February 2003.

4 North Atlantic Treaty Organization, 'NATO's role in Kosovo', updated 30 November 2015; http://www.nato.int/cps/en/natolive/topics_48818.htm[Retrieved 13.2.2016]

5 'Young West African Girls Face Perils of Prostitution, Trafficking', Voice of America, 27 October 2009; http://www.voanews.com/content/a-13-youngwest-african-girls-face-perils-of-prostitution-and-trafficking-66383792/547929.html

8 두 도시를 잇는 강제결혼 셔틀: 파키스탄과 영국

1   IRIN, 'Forced marriages: In Kashmir, old habits die hard', *Express Tribune*, 25 November, 2013 http://tribune.com.pk/story/636425/forced-marriages-inkashmir-old-habits-die-hard/ [retrieved: 20.2.2016]

2   Christina Julios, *Forced Marriage and 'Honour' Killings in Britain: Private Lives, Community Crimes and Public Policy Perspectives* (Routledge, 2015), pp. 106-10.

3   BBC Politics 97, 'Immigration Rules Relaxed'; http://www.bbc.co.uk/news/special/politics97/news/06/0605/straw.shtml [retrieved: 20.02.2016]

4   'Huge rise in forced marriages for women', Independent.ie, 20 July 1998; 'MPs told: Don't aid forced marriages', *Independent*, 7 August 1998.

5   BBC 'MP calls for English tests for immigrants', 13 July 2001; http://news.bbc.co.uk/1/hi/uk/1436867.stm [retrieved:20.2.2016]

6   Helen Pidd: 'Rotherham report "reduced me to tears", says MP who exposed abuse decade ago', *Observer*, 14 August 2014.

7   Yasmin Alibhai-Brown: 'I'm no Tory, but we should all be thanking David Cameron for ending forced marriages', *Independent*, 14 June 2015.

8   ibid.

9 명예 없는 명예살인: 파키스탄과 요르단

1   Aurangzeb Qureshi, 'Defending Pakistani women against honour killings', Aljazeera, 7 March 2016.

2   'Pregnant Pakistani Woman Stoned to Death', *Guardian*, 28 May 2014.

3   http://www.liquisearch.com/pakistani_diaspora_in_the_united_kingdom/health_and_social_issues/forced_marriage

4   IRIN, ' "Honour" killings pose serious challenge to rule of law' (UNOCHA 2007); http://www.irinnews.org/report/74591/jordan-%E2%80%9Chonour%E2%80%9D-killings-pose-serious-challenge-rule-law [retrieved 28.02.16]

5   Manuel Eisner, 'Belief that honour killings are "justified" still prevalent among next generation, study shows', Cambridge University, 20 June 2013; http://www.cam.ac.uk/research/news/belief-that-honour-killings-are-justified-still-prevalent-among-jordans-next-generation-study-shows

6   Dan Bilefsky, 'How to avoid honor killing in Turkey? Honor Suicides', *New York Times*, 16 July 2006.

7   IPCC, November 2008, https://www.ipcc.gov.uk/sites/default/files/Documents/investigation_commissioner_reports/banaz_mahmod_executive_summary_nov_08_v7.pdf

8   BBC, ' "Honour" attack numbers revealed by UK police forces', 3 December 2011; http://www.bbc.com/news/uk-16014368 [retrieved 8/03/16]

9   Jerome Taylor, Mark Hughes, 'Mystery of Bradford's Missing Children: were they forced into marriages abroad?', *Independent*, 4 February 2008.

10 ibid.

10 세계에서 여자로 살기 가장 어려운 곳: 인도

1   Ministry of Law and Justice, New Delhi, 11 January 2007, 1Pausa21, 1928 (Saka).

2   Ministry of Law and Justice, New Delhi, 11 January, 2007, 1Pausa21, 1928 (Saka).

3   Neeta Lal, 'India: Home to One in Three Child Brides', Inter Press Service News Agency, 20 August 2014.

4   'India police arrest eight for "brutal" Haryana rape and murder', BBC News, 9 February 2015.

5   조티 싱의 강간 살해에 관한 세부사항은 당시의 신문 기사와 다큐멘터리 *India's Daughter*, directed by Leslee Udwin (Assassin Films, March 2015)에서 가져왔다.

6   *India's Daughter*, directed by Leslee Udwin (Assassin Films, March 2015)에서 인용.

7   'Soumya murder: CM remark has city fuming', *The Times of India*, 3 October 2008.

8   India's National Crime Records Bureau (NCRB), Crime against Women, 2013; http://ncrb.nic.in/StatPublications/CII/CII2013/Chapters/5-Crime%20against%20Women.pdf

9   'Indians See Rape as a Major National Problem: Majorities Say Law and Law Enforcement Are Inadequate', Pew Research Center, 22 April 2014.

10 *India's Daughter*, by Leslee Udwin (Assassin Films, March 2015)에서 인용.

11 *India's Daughter*, by Leslee Udwin (Assassin Films, March 2015)에서 인용.

12 http://www.censusindia.gov.in/2011-common/census_2011.html

13 *India's Daughter*, by Leslee Udwin (Assassin Films, March 2015)에서 인용.

14 http://www.censusindia.gov.in/2011-common/census_2011.html

15 George Thomas, 'Disappearing Daughters: India's Female Feticide', CBN World News, 6 July 2012; http://www.cbn.com/cbnnews/world/2012/june/disappearing-daughters-indias-female-feticide/?mobile=false

16 http://www.ncpcr.gov.in/view_file.php?fid=434

17 'Doctor sentenced to 2 years imprisonment for violating PCPNDT',

주석

Business Standard, 12 February 2013; http://www.business-standard.com/ article/ptistories/ doctor-sentenced-to-2-years-imprisonment-for-violating-pcpndt-113021200833_1.html

18 Sriti Yadav, 'Female Feticide in India: The Plight of Being Born a Woman', Feminspire, 5 April 2013.

19 Amrita Guha, 'Disappearing Daughters: Female Feticide in India', Seneca International, 20 January 2014; http://www.seneca-international. org/2014/01/ 20/disappearing-daughters-female-feticide-in-india/

20 'Challenges in implementing the ban on sex selection' by Sandhya Srinivasan, Info Change India; http://infochangeindia.org/women/ analysis/challenges-in-implementing-the-ban-on-sex-selection.html에서 인용.

21 http://www.censusindia.gov.in/2011-common/census_2011.html

22 Manjeet Sehgal, 'Voters in Haryana village demand brides for votes', *India Today*, 25 September 2014.

23 India's National Crime Records Bureau (NCRB) Crime against Women, 2012. http://ncrb.nic.in/StatPublications/CII/CII2012/cii-2012/Chapter %205.pdf

24 Dean Nelson, 'Women killed over dowry "every hour" in India", *Telegraph*, 2 September 2013.

25 George Thomas, 'Disappearing Daughters: India's Female Feticide', CBN World News, 6 July 2012; http://www.cbn.com/cbnnews/world/2012/ june/disappearing-daughters-indias-female-feticide/?mobile=false

26 Dean Nelson, 'India "most dangerous place in world to be born a girl"', *Telegraph*, 1 February 2012; http://www.telegraph.co.uk/news/ worldnews/asia/india/9054429/India-most-dangerous-place-in-world-to-be-born-a-girl.html

27 *Express Tribune*, 12 April 2016; http://tribune.com.pk/story/393034/ indiaadvances-but-many-women-still-trapped-in-dark-ages/

28 *Anita Desai: A Life in Literature*, BBC HARDtalk, 21 January 2005.

29 Anita Desai, *Voices in the City* (Orient Longman India, 2001).

30 Neeru Tandon, *Anita Desai and her Fictional World* (Atlantic Publisher & Distributors, 2007), p. 204.

31 Joshua Barnes, '"You Turn Yourself into an Outsider": An interview with Anita Desai', Sampsonia Way, 14 January 2014.

32 Rama Lakshmi, 'India's Modi just delivered the world's worst compliment', *Washington Post*, 8 June 2015.

11 강간이라는 전쟁 무기: 보스니아와 콩고민주공화국

1 Elisabeth J. Wood, 'Multiple perpetrator rape during war', in Miranda A. H. Horvath & Jessica Woodhams (eds.), *Handbook on the Study of Multiple Perpetrator Rape: A multidisciplinary response to an international problem* (Routledge), p.140. See also Wikipedia: https://en.wikipedia.org/wiki/Rape_during_the_Bosnian_War

2 화이트시티에 있는 BBC의 TV 스튜디오에서 열린 '보스니아를 위한 디스코'는 6만 파운드를 모금했으며, 분쟁에 해를 입은 어린이들을 지원하는 자선단체 '전쟁의 아이(War Child)'를 시작하는 데 중요한 역할을 했다.

3 R. Gutman, 'General Mladic Directly Involved in "Cleansing"', Witnesses Say', *Moscow Times*, 9 August 1995; http://www.themoscowtimes.com/ (9th August 1995)

4 Lance Corporal David Vaasen (then private first class) T.1429-30. Judgement, Prosecutor vs Krstic, Case no. IT-98-33-T, T, ChI, 2 August 2001 Klip/Sluiter (eds.), ALC-VII-575에서 인용.

5 Albina Sorguc, 'Srebrenica Anniversary: The Rape Victims' Testimonies', Balkan Insight, 11 July 2014; http://www.balkaninsight.com/ [retrieved: 12 Feb. 16]

6 Andrea Dworkin, *Pornography: Men Possessing Women* (New York, Dutton, 1989), p.243.

7 Alexandra Stiglmayer, 'The Rapes in Bosnia-Herzegovina' in Alexandra Stiglmayer (ed.), *Mass Rape: The War Against Women in Bosnia-Herzegovina* (University of Nebraska, 1994), p.96.

8 A. Zalihic-Kaurin, 'The Muslim Woman' in A. Stiglmayer (ed.), *Mass Rape: The War Against Women in Bosnia-Herzegovina* (University of Nebraska, 1994), p.173.

9 Witness 50, 29 March 2000. Transcript 30, p.1270, Kunarac et al. (IT-96-23 & 23/1) 'Foča' [Retrieved 12.02.2016]에서 인용.

10 Paragraph 2, p.1012, Judgment International Military Tribunal for the Far East; http://www.ibiblio.org/ [retrieved 12.02.2016]

11 Tilman Remme, BBC History: World Wars: 'The Battle for Berlin in World War Two; http://www.bbc.co.uk/history/worldwars/wwtwo/berlin_01.shtml[Retrieved 12.02.2016]

12 Seada Vranić, *Breaking the Wall of Silence: The Voices of Raped Bosnia* (Izdanja Antibarbarus, 1996).

13 ibid.

14 Alan Riding, 'European Inquiry says Serbs' Forces have Raped 20,000',

New York Times, 9 January 1993.

15 Alexandra Stiglmayer, 'The Rapes in Bosnia-Herzegovina' in Alexandra Stiglmayer (ed.), *Mass Rape: The War Against Women in Bosnia-Herzegovina* (University of Nebraska, 1994), p.92.

16 Lindsey Crider, 'Rape as a War Crime and Crime against Humanity: The Effect of Rape in Bosnia-Herzegovina and Rwanda on International Law', p.19; http://www.cla.auburn.edu/alapsa/assets/file/4ccrider.pdf

17 Alexandra Stiglmayer, 'The Rapes in Bosnia-Herzegovina' in Alexandra Stiglmayer (ed.), *Mass Rape: The War Against Women in Bosnia-Herzegovina* (University of Nebraska, 1994), p.109.

18 이 전쟁에서 사망한 민간인의 수는 각기 다르다. Centre for Justice and Accountability 참조; http://www.cja.org/article.php?id=247; https://en.wikipedia.org/wiki/Bosnian_War#Casualties

19 Alexandra Stiglmayer, 'The Rapes in Bosnia Herzegovina' in Alexandra Stiglmayer (ed.), *Mass Rape: The War Against Women in Bosnia-Herzegovina* (University of Nebraska, 1994), p.118.

20 Alexandra Stiglmayer, p.119.

21 Alexandra Stiglmayer, p.133.

22 Alexandra Stiglmayer, p.133.

23 Todd A. Salzman, 'Rape Camps as a Means of Ethnic Cleansing: Religious, Cultural, and Ethical Responses to Rape Victims in the Former Yugoslavia', *Human Rights Quarterly*, Vol. 20, No.2 (May 1998), pp.361-2.

24 Angela Robson, 'Weapon of War', *New Internationalist*, issue 244 (June 1993).

25 David M. Crowe, *War Crimes, Genocide, and Justice: A Global History* (Palgrave Macmillan, 2013).

26 International Criminal Tribunal for the former Yugoslavia의 언론 성명: Judgement of Trial Chamber II In the Kunarac, Kovac and Vukovic case, 22 February 2001; http://www.icty.org/en/press/judgement-trial-chamber-ii-kunarac-kovac-and-vukovic-case [retrieved: 13.02.2016]

27 International Criminal Tribunal for the former Yugoslavia, 2014 'Crimes of Sexual Violence in Numbers'; http://www.icty.org/en/in-focus/crimes-sexualviolence/in-numbers [retrieved 13.02.16]

28 Jo Adetunji, 'Forty-eight women raped every hour in Congo, study finds', *Guardian*, 12 May 2011

29 'DRC: Some progress in the fight against impunity but rape still widespread and largely unpunished - UN report'; http://www.ohchr.org/EN/

NewsEvents/Pages/DisplayNews.aspx?NewsID=14489&

30 Chris McGreal, 'The roots of war in eastern Congo', *Guardian*, 16 May 2008.

31 Human Rights Watch, 'Soldiers who Rape, Commanders who Condone: Sexual Violence and Military Reform in the Democratic Republic of Congo', 16 July 2009; https://www.hrw.org/report/2009/07/16/soldiers-whorape-commanders-who-condone/sexual-violence-and-military-reform

32 M. Ohambe, J. Muhigwa, B. Mamba: 'Women's Bodies as a Battleground: Sexual Violence Against Women and Girls During the War in the Democratic Republic of Congo' (International Alert 2005), p.30.

33 'Atrocities Beyond Words: A Barbarous Campaign of Rape', *Economist*, 1 May 2008; http://www.economist.com/node/11294767

34 Timothy Docking, United States Institute of Peace, 'Special Report: AIDS and Violent Conflict in Africa', 15 October 2001; http://www.usip.org/publications/aids-and-violent-conflict-in-africa

35 Human Rights Watch: 'Soldiers Who Rape, Commanders Who Condone: Sexual Violence and Military Reform in the Democratic Republic of Congo', 16 July 2009; https://www.hrw.org/report/2009/07/16/soldiers-who-rapecommanders-who-condone/sexual-violence-and-military-reform

36 Human Rights Watch, 'Soldiers Who Rape, Commanders Who Condone: Sexual Violence and Military Reform in the Democratic Republic of Congo', 16 July 2009; https://www.hrw.org/report/2009/07/16/soldiers-who-rape-commanderswho-condone/sexual-violence-and-military-reform [retrieved:13.02.16]

37 18세의 피해자 사케(Sake)와 휴먼라이프워치의 인터뷰, 29 March 2009, ibid.

38 Carly Brown, 'Rape as a Weapon of War in the Democratic Republic of the Congo', Torture, Vol. 22, No. 1, 2012; http://www.corteidh.or.cr/tablas/r29631.pdf

39 Jonathan Gottschall, 'Explaining Wartime Rape'; *The Journal of Sex Research*, Vol. 41: issue 2 (2004).

40 Mark Townsend, 'Revealed: how the world turned its back on rape victims of Congo', *Guardian*, 13 June 2015.

41 Human Rights Watch 2015, 'Justice on Trial: Lessons from the Minova Rape Case in the Democratic Republic of Congo'; https://www.hrw.org/report/2015/10/01/justice-trial/lessons-minova-rape-case-democratic-republic-congo[Retrieved: 13.2.2016]

42 Mark Townsend, 'Revealed: how the world turned its back on rape victims of Congo', *Guardian*, 13 June 2015.

43 ibid.

44 William Hague, End Sexual Violence in Conflict Global Summit 2014; https://www.gov.uk/government/uploads/system/uploads/attachment_data/file/319958/Global_Summit_to_End_Sexual_Violence_Statement_of_Action__1_.pdf

45 Mark Townsend, 'Revealed: how the world turned its back on rape victims of Congo', *Guardian*, 13 June 2015.

12 제도화된 여성혐오: 영국

1 ONS 2015, Annual Survey of Hours and Earnings 2015 Provisional Results, Table 2.6a (hourly pay excluding overtime); http://www.ons.gov.uk/employmentandlabourmarket/peopleinwork/earningsandworkinghours/datasets/occupation2digitsocashetable2

2 https://www.tuc.org.uk/equality-issues/gender-equality/equal-pay/women-still-earn-%C2%A35000-year-less-men

3 자료 출처: Annual Survey of Hours and Earnings 2012. 35개 주요 직업군에서 나타난 성별 임금격차는 TUC의 홍보 담당 부서에서 구할 수 있다. 모든 성별 임금격차 수치들은 초과 근무시간을 배제한 평균 시간당 임금을 사용해 계산했다. 연간 수치는 시간당 임금격차에 37.5(풀타임 노동자의 평균 주당 노동 시간)를 곱한 후 다시 52를 곱해 계산한 것이다.

4 Ehrc 2015, Pregnancy and Maternity-Related Discrimination and Disadvantage First findings: Surveys of Employers and Mothers; http://www.equalityhumanrights.com/publication/pregnancy-and-maternity-related-discriminationand-disadvantage-first-findings-surveys-employers-and-0

5 http://us11.campaign-archive1.com/?u=a5b04a26aae05a24bc4efb63e&id=64e6f35176&e=1ba99d671e#wage

6 http://www.newstatesman.com/politics/2015/07/motherhood-trap

7 http://hbswk.hbs.edu/item/kids-benefit-from-having-a-working-mom

8 http://www.theguardian.com/commentisfree/2015/dec/02/sue-lloyd-roberts-memorial-service

수 로이드 로버츠

수 로이드 로버츠는 ITN과 BBC에서 일한 프리랜스 비디오 저널리스트이자 방송기자다. 옥스퍼드 대학교를 졸업한 뒤 1973년 수습기자로 ITN에 입사해, 구소련을 비롯한 전 세계 여러 분쟁지역과 험지에서 혼자 취재와 촬영, 보도를 모두 해낸, 영국 최초의 여성 비디오 저널리스트가 됐다. 1981년부터 채널4 뉴스와 다큐멘터리에 합류했고, 11년 뒤인 1992년에 BBC로 이적했다. 인권과 환경 분야 취재에서 특히 많은 성과를 냈고 중국, 버마, 짐바브웨 등지에서 위장취재한 보도로 찬사를 받았다. 수는 또 2011년 시리아 내전이 시작될 때 다마스커스와 홈스에 가장 빠르게 도착한 비디오 저널리스트였다. 20년 넘게 BBC의 〈뉴스나이트〉를 위해 보도했고, 마지막 10년 동안은 BBC 다큐멘터리 채널 아워 월드Our World에서 다큐멘터리를 만들었다. BBC 라디오4에 기자이자 해설자로 정기적으로 출연하기도 했다.

1980년대에 수는 영국 원자폭탄 실험의 역사와 그 여파를 취재한 여러 영상물을 보도했고 1985년 이 주제를 다룬 책《천둥의 들판, 영국의 폭탄 실험Fields of Thunder, Testing Britain's Bomb》을 공동 집필했다. 1993년 영국 환경 미디어상을 비롯해 많은 상을 받았다. 중국의 강제수용소를 다룬 보도로는 1995년 왕립 텔레비전 협회의 국제 뉴스상, 국제앰네스티 언론상의 TV 뉴스상을 받았다.

1996년 인권유린 실태를 파헤친 탁월한 업적으로 유럽여성연합에서 유럽 여성 공로상을 받았다. 1998년 버마 잠입취재 보도로 원월드 시상식에서 텔레비전 뉴스 부문상을 받았다. 2000년 6월, 네팔 여성 학대에 관한 보도로 국제앰네스티 언론 상에서 또다시 TV 뉴스 부문을 수상했다. 2001년 4월에는 인신매매 실태를 다룬 탐사보도로 뉴스월드 2000 바르셀로나에서, 탄자니아의 마사이족에 대한 리포트로 원월드 시상식에서 각각 국제 영상 부문의 상을 받았다. 2002년 인도의 아동노동에 관한 영상으로 원월드 시상식 다큐멘터리 부문상을 받았다. 영화 〈북한 거품의 속사정Inside the North Korean Bubble〉으로는 2011년에 미국 뉴욕에서 에미상을 받았다. 2012년 시리아에서 촬영한 보도물로 국제앰네스티 언론상에서 텔레비전 뉴스 부문상을 받았으며 원월드 시상식에서 '올해의 국제 뉴스 기자'로 선정되었다. 2014년 감비아의 FGM 실태 보도로 유엔의 '전진하는 여성상'을 받았다.

2002년 수 로이드 로버츠는 저널리즘에 기여한 공로를 인정받아 대영제국 5등급 훈장인 MBE를, 2013년에는 3등급 훈장인 CBE를 받았다. 세계를 누비지 않을 때면 수는 남편 닉과 함께 스페인 마요르카, 그리고 영국 런던에서 살았다. 아들 조지와 딸 세라를 뒀다.

© Bogdan Adrian Bisa

여자 전쟁
잔혹한 세상에 맞서 싸우는 용감한 여성을 기록하다

1판1쇄 펴냄 2019년 3월 8일
1판2쇄 펴냄 2019년 6월 24일

지은이 수 로이드 로버츠 (그리고 세라 모리스) │ **옮긴이** 심수미

펴낸이 김경태 │ **편집** 홍경화 성준근 남슬기 / 손희경 │ **디자인** 박정영 김재현 │ **마케팅** 곽근호 전민영
펴낸곳 (주)출판사 클
출판등록 2012년 1월 5일 제311-2012-02호
주소 03385 서울시 은평구 연서로26길 25-6
전화 070-4176-4680 │ 팩스 02-354-4680 │ 이메일 bookkl@bookkl.com

ISBN 979-11-88907-57-1 03330

이 도서의 국립중앙도서관 출판예정도서목록(CIP)은 서지정보유통지원시스템
홈페이지(http://seoji.nl.go.kr)와 국가자료공동목록시스템(http://www.nl.go.kr/kolisnet)에서
이용하실 수 있습니다. (CIP제어번호: CIP2019006231)

이 책은 저작권법에 의해 보호를 받는 저작물이므로 무단 전재 및 무단 복제를 금합니다.
잘못된 책은 바꾸어드립니다.